명리 혁명 심화편

—— The Revolution ——

명리 혁명(The Revolution) 심화 편

발행일   2021년 3월 2일

지은이   허주(虛舟) 김성재
펴낸이   손형국
펴낸곳   (주)북랩
편집인   선일영   **편집**   정두철, 윤성아, 배진용, 김현아, 이예지
디자인   이현수, 김민하, 한수희, 김윤주, 허지혜   **제작**   박기성, 황동현, 구성우, 권태련
마케팅   김회란, 박진관
출판등록 2004. 12. 1(제2012-000051호)
주소   서울특별시 금천구 가산디지털 1로 168, 우림라이온스밸리 B동 B113~114호, C동 B101호
홈페이지 www.book.co.kr
전화번호 (02)2026-5777   **팩스**   (02)2026-5747

ISBN   979-11-6539-621-3 04180 (종이책)   979-11-6539-622-0 05180 (전자책)
              979-11-6539-270-3 04180 (세트)

(주)북랩 성공출판의 파트너

북랩 홈페이지와 패밀리 사이트에서 다양한 출판 솔루션을 만나 보세요!

홈페이지 book.co.kr   •   **블로그** blog.naver.com/essaybook   •   **출판문의** book@book.co.kr

명리 혁명 심화편

The Revolution

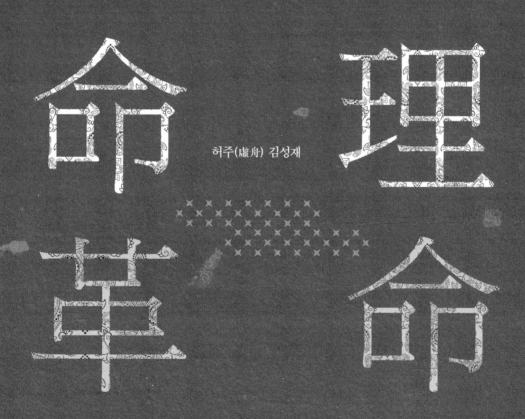

허주(虛舟) 김성재

命理革命

사람은 인생의 시기에 따라 3번의 큰 변화가 찾아온다. 근묘화실의 원리를 안다면 그 이치를 깨닫게 되고 분수에 맞는 삶을 누릴 수 있다. 자신의 일생을 한눈에 조망하면서 시의적절하게 처세하는 방법에 대해 명리 전문가 허주 선생의 명쾌한 가르침을 들어본다.

북랩 book Lab

삶 속에서 명리는 멀리 있는 것이 아니라 가깝게 있습니다.

우리가 숨 쉬고 내뱉는 것.
아침에 일어나 출근하고 저녁이 되어서야 퇴근해 휴식을 취하는 것.
추우면 따뜻한 음식을 먹고, 더우면 차가운 음료를 마시는 것.

모든 것이 음양의 기운 아래에서 일어나는 일입니다.
사계절 아래에서 사람들은 온순하게도 살아갑니다.

자연은 눈이 없습니다.
사람의 기준에선 선인과 악인이 있겠죠.

자연은 편을 가르지 않고 따뜻한 햇볕을 골고루 내려 줍니다.

생각해 보면 운이란, 또 이런 면에서 너무나 불공평한 것이 아닌가 싶습니다.

노력 대비 타고 난 천재들의 실력이나 타고난 것은 보통이지만 남들의 몇십 배로 노력하는 일반인들의 결과를 같게 만들어버리는 사람들의 평가와 순위들이란….

오름차순의 패턴 속에 늘 노출된 삶이기에, 고요함과 비움에 대한 철학이 절실하게 필요한 요즘이 아닌가 싶습니다.

삶은 치열하고 불꽃 같다가, 나이 들면 더 이상 건강하지 않으며, 가을철에는 쓸쓸하게 매달려 끝까지 여름철의 화려함을 지켜내고픈, 바람 불면 툭 쓰러질 마지막 잎새의 모습처럼 인간의 생로병사가 이와 비슷한 게 아닐까 합니다.

잡으려 할수록 달아날 수밖에 없듯이, 내게 주어진 삶에 감사하며 사는 것이 명리의 흐름이겠구나 하는 것을 깨닫기도 합니다.

불혹이 되는 시점에 맹기옥 교수님의 새 12운성 학당에서 천을귀인 한 분을 만나게 되었습니다.

명리계의 모차르트 같은 사람이었고, 성격 또한 담백한 분이셨지요. 서두에 쓴 불공평한 천재는 이 책의 저자인 허주님을 모티브로 얘기했답니다.

스승님과 함께 삶, 자연과 음양오행을 꾸준히 학습했던 내용이 고스란히 담겨있는 『명리 혁명(The Revolution) 심화 편』은 『명리 혁명(The Revolution) 기초 편』을 2~3회 읽고 명리는 이런 것이구나 깨달을 무렵에 정작 알고자 하던 사주풀이의 심화 과정을 좀 더 핵심적으로 서술해 주는 도서입니다.

어렵지 않게 최대한 현실과 밀접한 인문학의 범주 안에서 가까이 첨삭 지도를 해 주시는 과외 선생님처럼 여러분이 쉽게 이해하실 수 있도록, 새벽을 불태우시며 온고이지신의 마음으로 집필하셨답니다.

누구나 글을 쓸 수는 있지만 아무나 책을 완성할 수 없다는 것을 잘 알기에, 대장정의 2막인 『명리 혁명(The Revolution) 심화 편』을 성공적으로 완주하신 허주 스승님의 노고에 힘찬 박수를 보냅니다.

허주님의 1호 세사가 되어, 『명리 혁명(The Revolution) 심화 편』의 서막에 발자취를 남길 수 있어서 저 또한 매우 영광이고요.

제가 사주를 보는 방법은 기본 명리 지식에 충실하고, 음양을 이해하며, 시기에 맞는 근묘화실론의 해석과 질문자가 원하는 운의 향방을 새 12운성의 정확한 눈금과 자의 정수로 답변을 드리는 길이라고 믿고, 실천하고 있습니다(저는 현재 맹기옥 교수님의 새 12운성의 이론으로 사주통변, 허주 스승님의 근묘화실 관법을 도입하고 내담자들께 상담을 해드리고 있습니다.)

그 초석의 귀한 자료인 심화 편을 완성하신 허주 스승님께 깊은 감사를 전합니다.

"명리 혁명(The Revolution) 심화 편!"

2021년 신축(辛丑)년 신축(辛丑) 일주 허주의 명리 대혁명의 세계로 독자님들을 초대합니다.

이제, 바쁘게 책장을 넘기실 준비가 되셨나요?

2021년 2월의 어느 날
허주 명리학 1호 제자, 엘샤다이 홍나겸

"Break The Frame(틀을 깨라)!"

우리는 늘 고정관념, 선입관, 편견 속에 둘러싸여 살아가는 게 아닐까 하는 생각이 문득 들 때가 있습니다. 십신의 하나인 관성은 크게 보면 우리를 둘러싼 울타리이기도 한데, 이는 단순히 물질적인 것뿐만 아니라 정신적인 면도 해당합니다. 때로는 나를 보호해 주고 지켜 주지만, 때로는 내 생각의 확장을 막고 통제하는 것이 마치 음(陰)과 양(陽)의 모습과 닮았습니다.

송대 초 서자평 선생의 자평명리학이 명리학의 기틀을 잡은 이래로 학문의 발전은 참으로 더디고 느렸습니다. 음지의 학문이라는 숙명 때문이었을까요? 그나마 고려, 조선 시대에는 비주류였지만, 기술 관료를 뽑는 잡과(雜科)가 있어 학문으로서의 명맥을 이어 갈 수 있었습니다. 그러나 조선이 망한 이후에는 더 깊은 음지로 스며드니 어찌 보면 중세처럼 명리학의 암흑시대라고 불러도 이상하지 않을 100년간의 세월이 흘러갔습니다.

산업화 시대의 기술과 물질문명이라는 대세 속에서 정신문명을 상징하는 명리학이 미신처럼 취급받고, 학문으로서의 존엄과 명예가 바닥에 곤두박질치는 질곡의 시기를 보내왔던 것입니다.

더 안타까운 것은, 그 누구도 이러한 현실에 분노하지 않고 왜곡된 인식을 개선하고자 치열하게 발 벗고 나서지 않았다는 것입니다. 현업 역술인이라면 명리학의 음지화라는 책임에서 자유로울 수 있는 사람은 아무도 없을 것입니다.

하지만 세상에는 영원한 것은 없습니다. 태양과 지구, 그리고 다른 별들이 끊임없이 움직이듯이 늘 변하고 변하여 양지가 음지가 되고, 음지가 양지가 되곤 합니다. 새벽의 깊은 어둠 속에서 아침이 올 것을 예감하듯이 이제 명리학이 깊은 침잠 속에서 벗어나 날개를 펼치며 양지의 학문으로 도약하는 시기가 도래했음을 느끼고 있습니다.

올해 신축(辛丑)년은 명리학의 본고장인 중국과 대만 그리고 일본 명리의 수혜자에서 벗어나 우리나라가 명리학의 발전에 반석과 같은 토대를 올리는 K-명리의 원년이 될 것이고, 그 시작은 『명리 혁명(The Revolution) 심화 편』이 될 것입니다. 심화 편의 출간 이후 기초 편과 심화 편은 각국의 출판사와 관련 전문가와 손을 잡고 중국어, 일본어 번역 및 편역본으로 2024년 제3부인 『명리 혁명 리로드(The Reload)』출간에 맞추어 출판을 하게 될 것입니다.

『명리 혁명(The Revolution) 심화 편』의 핵심인 근묘화실(根苗花實) 관법과 음양의 운동성을 정확히 규명한 새 12운성은 그들에게 학문적인 충격을 안겨줄 것입니다. 청출어람(靑出於藍)이라는 말처럼 도자기의 원류는 중국이지만, 섬세하고 예술적인 우리의 고려청자로 세계를 놀라게 했듯이 K-명리가 학문을 변화시키고 발전과 성장에 원동력이 될 것을 믿어 의심치 않습니다.

긴 시간 동안 『명리 혁명(The Revolution) 심화 편』을 집필하는 중에 머리를 식힐 겸 다시 읽었던 헤르만 헤세의 『데미안』의 한 구절이 생각났습니다.

"새는 투쟁하여 알에서 나온다. 알은 세계이다. 태어나려는 자는 하나의 세계를 깨뜨려야 한다. 새는 신에게로 날아간다. 신의 이름은 아프락사스."

앞서 말한 고정관념, 선입관, 편견이라는 알을 깨뜨리지 않으면 새로운 세상을 만날 수 없으며, 선학(先學)들이 남겨 놓은 것을 기반으로 배우고 익히되, 그 안에서 안주하려 한다거나 맹신한다면 작은 알에 갇혀 더 이상 성장이 멈추어 정체된 자아와 만날 뿐입니다.

지장간에도 없는 무관성(無官星)이라 울타리가 없어 아쉽고 힘들었던 단점이 이제는 쉽게 알을 깨고 나올 수 있게 해 주어 장점으로 다가오니 이 역시 음과 양의 모습이 아닌가 하는 생각이 듭니다.

오늘도 눈을 감으면 무한히 펼쳐진 우주 공간 속에서 음과 양의 변화와 오행의 흐름을 온몸으로 느낍니다. 그 공간 속에서는 물리적인 시간이 의미 없고, 공간의 제약이 없는 시간과 공간의 밖과도 같습니다.

눈을 감으면 천 년의 시간이 바위 돌에 떨어지는 낙수처럼 더디게 느껴지기도 하고, 억겁의 세월들이 찰나의 순간처럼, 번갯불처럼 스쳐 지나가기도 합니다. 음지의 학문인 명리학을 양지의 학문으로 반석 위에 세우고, 명리의 정확한 저울과 자를 제시하고, K-명리의 우수성과 깊이를 세계에 알리는 원년이 될 것입니다.

이번 『명리 혁명(The Revolution) 심화 편』의 출간에 추천사를 써주시고 기획단계부터 도움을 주신 홍나겸 선생님, 전체적인 교정 및 교열을 봐주신 관정 이상석 선생님과 이민희 선생님, 심화편을 고대하며 기다려주신 허주명리학 카페 모든 회원분 및 독자 여러분에게 진심으로 감사드립니다.

끝으로 드라마 〈이태원 클라쓰〉의 주인공인 박새로이의 대사를 조금 바꿔서 답변을 드리고 서문을 마무리 짓겠습니다.

"내 한계를 너희들이 정하지 마."

신축(辛丑)년 인(寅)월의 훈풍을 느끼며
허주(虛舟) 배상(拜上)

차례

격(格)과 용신(用神)

1) 당신의 품격을 논한다

격(格)과 용신(用神)의 구분에 어려움을 느끼는 초학자분들이 많다.

특히 용신(用神)의 의미를 혼동하는 경우가 많은데, 용신이란 무엇일까?

한자를 해석해 보면 쓸 용(用)과 귀신 신(神)이 된다. 여기서 신(神)은 존칭으로 생각하시면 된다.

한창 한류 열풍이 불던 시절에 배용준 씨를 일본인들이 욘사마로 불렀는데, '사마'는 누군가를 높여서 부르는 존칭이다. 신도 마찬가지다.

정의하면 내가 쓰는 기운을 의미한다.

사주팔자에는 여러 가지 기운이 존재하고 모두가 내가 가진 기운이니 모두 쓸 수 있지만, 어떤 기운을 쓰는가는 본인이 선택할 문제이다. 강한 기운을 쓰는 경우가 대부분이고, 드물게 약하거나 없는 기운을 쓰는 경우도 있다. 또한, 오행구족(五行具足)으로 특별히 강한 기운이 없이 고만고만한 다양한 기운을 골고루 가진 경우도 있다. 초보자뿐만 아니라 상당 기간 동안 명리학을 배운 분 중에서도 용신(用神)이 뭔지를 물어보는 경우가 있다. 이는 나에게 좋게 작용하는 기운인 희신(喜-기쁠 희, 神-귀신 신)과 혼동하여 용어의 정립이 안 된 경우이니 이를 바로잡고자 한다.

세상, 특히 한국 사회는 치열한 경쟁 사회라 남들과 경쟁하여 우위를 점하기 위해서는 남들과 차별화되고, 내가 잘할 수 있는 강한 기운을 쓰는 것이 유리하다. 이는 자명한 일이다.

쓰고 싶은 기운을 쓰는 게 아니라, 잘 쓸 수 있는 기운을 쓰면서 사는 것이 경쟁력을 가진다.

그러므로 사주원국에서 가장 강한 기운을 쓰는 것이 좋다. 그것이 용신(用神)이다.

사주의 격(格)은 『자평진전』에서 보듯이 태어난 달(월지)을 기준으로 정해지게 된다.

명리학은 다른 말로 계절학이라고 하는데, 월지를 월령(月令)이라고 하여 원국을 지배하게 된다.

자(子)월에 태어난 아이는 엄마도 겨울이고, 아빠도, 집도, 공기도 추운 겨울처럼 느껴지게 된다.

그러므로 월지의 지장간에서 투간된 글자가 천간에 있다면 그것이 격이 되고, 가장 강한 기운이 되니 내가 힘 있게 쓸 수 있는 용신(用神)이 된다. 격(格)과 용신(用神)은 단어의 차이가 있지만, 대략 비슷하다고 보시면 좋겠다.

앞서 『명리 혁명(The Revolution) 기초 편』에서 설명한 바와 같이 대운은 원국을 둘러싸고 있는 큰 환경이 된다.

자(子)월의 추운 겨울에 태어난 사람이라도 대운이 천간지지에 병정(丙丁), 사오미(巳午未)로 흐른다면 여름 속을 살아가게 된다. 크게 보면 사주원국과 대운을 체(體)로 볼 수 있다. 하지만, 다시 나누어서 보면 사주원국은 명주와 평생을 같이 할 동반자지만, 대운은 10년 단위로 지나가는 행운(行運)이 되니 용(用)이 된다.

그러므로 밝고 환하며 따뜻한 여름을 살고 있더라도, 자(子)월에 태어난 사람은 자(子)수의 모습처럼 연구실이나 강의실, 작업실 같은 작은 공간에서 활동하는 경우가 많다. 체(體)의 모습이기 때문이다.

월지에서 투간된 글자가 천간에 있고, 새 12운성으로 그 기운이 강하다면, 격이 뚜렷하고 강한 기운을 가지게 된다. 타고날 때부터 고유한 성향과 기질을 가지게 되니 대운이 바뀌더라도 그 고유성을 유지하려고 한다. 반면에 월지에서 투간된 글자가 없거나 월지가 주변에 충과 형으로 구성된 구조라면 대운에서 들어오는 기운에 영향을 많이 받게 되니, 격도, 용신도 쉽게 변할 수 있다.

사주의 격(格)의 종류는 기본 10가지 십정격(十正格)부터 오행을 기준으로 한두 가지 기운이 강한 일행득기격(一行得氣格), 십신을 기준으로 한두 가지 기운이 강한 종격(從格) 및 천간의 합으로 바뀌는 화격(化格), 기타 특수격으로 나누어지게 된다.

인터넷을 찾아보면 수백 가지의 다양한 격이 존재한다. 이를 잡격(雜格)이라고 하는데, 참고용일 뿐이고 깊게 공부할 필요는 없다. 의사는 사람들에게 많이 발생하는 일반적인 질환에 관해 먼저 많이 연구하고 다양한 임상 경험을 쌓는 것이 중요하지, 100명 중에 1명, 1,000명 중에 1명꼴로 발생하는 희귀병부터 연구하다 보면 정작 중요한 것을 놓치게 된다.

세상은 넓고 다양하니 인간도 다양한 형태의 사주가 존재한다. 얼음으로 가득 찬 북극과 남극이 있고, 사방에 온통 모래로 가득한 사막, 숲으로 우거진 아마존이 존재하듯이 사람도 한두 가지 오행이나 십신으로 구성된 사주가 있을 수 있다. 십정격과 종격을 제외한 나머지 잡격에 대해서는 명리학의 기반을 충실히 다진 후 나중에 참고삼아 보는 것이 좋겠다. 물론 이 또한 새로운 접근과 다른 방식이 아니라 음양의 기본적인 공부를 기반으로 하여 해석하는 것이 좋다.

십정격(十正格)은 식신격, 상관격, 정재격, 편재격, 정관격, 편관격, 정인격, 편인격의 8격과 겁재격(양인격), 비견격으로 구분된다. 여기서 비견격은 예전에는 건록격이라고 불리기도 했다. 다만, 인(寅)월에 태어난 갑(甲)목 일간은 건록격이지만, 을(乙)목 일간이 묘(卯)월에 태어나면 예전의 12운성으로는 건록이 되어서 건록격이라고 불렀지만, 새 12운성을 통해서는 태지가 되므로 이 경우는 해당하지 않는다. 『명리 혁명(The Revolution) 심화 편』에서는 10개의 십정격(十正格)과 일행득기격, 종격, 화격을 위주로 설명하고자 한다.

2) 격(格)은 어떻게 정하는가?

격(格)은 그 사람의 타고난 성향과 기질을 의미한다. 품격(品格)이기도 하고 등급(等級), 레벨(level)로 봐도 무방하다. 격은 그 사람이 어떠한 상황에 처했을 때 대처하는 행동의 핵심 원리가 된다. 거리에서 교통사고가 났을 때, 편관격은 바로 뛰어들어서 119에 연락해 사상자를 구조하고 인공호흡 등을 한다면, 정관격은 119에 신고는 하지만 멀리 떨어져서 안타까워하면서도 직접적인 구조 등은 하지 않을 수 있다. 정치인의 부정 스캔들이 터지면 상관격은 댓글 창에 조목조목 이를 비판하고 소위, 뼈를 때리는 글로 많은 사람의 공감을 얻는다. 그러나 식신격은 '그런가 보다…' 하면서 기사를 한번 흘깃 스쳐 지나가듯 보고 이내 자기 일에 집중한다. 이처럼 격은 사람들의 생각과 행동의 기준이 되고, 문제를 해결하는 행동 패턴을 나타낸다.

사주의 격이 강할수록, 그리고 격이 높을수록 이러한 성향이 더욱더 강하게 드러나게 된다.

격은 그 사람의 정신과 육체를 지배하는 정체성이면서 캐릭터를 보여 주게 된다. 천간은 명주의 드러난 마음, 의지, 욕망이며 남들이 나를 보는 겉모습이고 포장지와 같으니 천간에 투간되어 있다면 남들이 알아볼 수 있게 뚜렷하고 선명하게 나타나게 된다. 사주팔자의 본부는 월지이니, 월지에서 투간된 글자가 월간에 있다면 월지와 바로 호응하므로 더욱 강한 격이 된다. 또한, 월지가 경신(庚申)처럼 간여지동으로 있고, 경(庚)금이 12운성으로 신(申)금에서 건록이 되니 시너지가 생겨서 강한 격으로 발현된다. 마치 기독교에서 말하는 뜻이 하늘(천간)에서 이루어진 것처럼 땅(지지)에서도 이루어지게 되는 것과 같다.

월지에서 투간된 글자가 격이 된다.

십신으로 정관이면 정관격이 되고, 편관이면 편관격이 된다. 투간되지 않으면 그대로 월지가 격이 된다. 그러므로 월지를 중심으로 지장간 글자의 투간 여부를 살펴보면 사주의 격과 용신을 쉽게 알 수 있다. 용신 찾아 삼만리를 떠날 이유가 없다는 뜻이다.

월지에서 투간된 글자가 2개 이상이면 어떻게 될까?

예를 들어, 신(辛)금 일간의 월지 해(亥)수에서 투간된 갑(甲)목 정재와 임(壬)수 상관이 천간에 있다면 두 가지를 겸하는 겸격(兼格)이 된다. 정재 겸 상관격이 된다. 물론 정재와 상관 중에 지장간 말기(정기)에서 투출된 임(壬)수 상관이 메인이 되고, 갑(甲)목 정재가 서브가 된다. 지장간이 머문 날짜[임(壬)수-16일, 갑(甲)목-7일]에서도 차이가 나지만, 새 12운성으로 임(壬)수 상관은 월지에서 건록이고, 갑(甲)목 정재는 장생이니 임(壬)수 상관의 세력이 더 강하기 때문이다.

또한, 격은 영원하고 고정된 것이 아니다.

월지가 자오묘유(子午卯酉)의 왕지의 글자이면서 월간, 년간에 투간되고 12운성으로 그 힘이 강하다면, 오랜 세월 자신의 격을 유지하고 지킬 수 있겠지만, 천간에 투간되지 않은 월지만으로 구성된 격이나 진술축미(辰戌丑未)의 고지의 글자나 인신사해(寅申巳亥)의 생지의 글자, 또는 투간된 글자가 월지와의 관계가 12운성으로 약하다면, 지지의 대운이 어떤 글자가 오는가에 따라서 합을 이루어 역할이 달라지므로 격의 변화가 오게 된다. 식신격 같은 순하고 착한 온달이 평강공주를 만나 고구려의 대장군인 편관격으로 바뀌고, 수전노이자 냉혈한 같은 스크루지가 크리스마스에 세 명의 유령을 만난 후 넉넉한 마음을 지닌 식신격으로 바뀌는 것처럼 말이다.

그런데 격이 강하고 뚜렷하다면 좋을까?

대부분의 경우에는 좋게 작용한다. 강하기 때문에 사회에서 경쟁력을 가지게 된다. 하지만 모든 경우가 그렇지는 않으므로 당대의 상황을 살펴야 한다. 명리를 이분법적으로 보는 안 좋은 습관을 내려놓으면 더 넓은 세상이 보일 것 같다. 가냘픈 갈대는 태풍에 부러지지 않지만, 거목들은 때론 뿌리째 뽑히기도 한다. 상관격, 편관격이 강해서 일제의 폭정에 대항한 독립운동가들의 삶을 생각해보면 그 의미를 조금이나마 이해할 수 있을 것이다.

3) 십신(十神)과 상신(相神)에 대한 이해

격(格)의 비교는 항상 식신 VS 상관, 정재 VS 편재처럼 같이 보는 것이 설명도 쉽고 이해가 빠르다.

정관과 편관은 같은 관성이지만, 세분하면 음양의 관계이니 반대의 모습이 나타나게 된다. 그러니 갑(甲)목을 설명할 때 을(乙)목을 같이 보면서 설명하면 이해가 쉽다.

그런데 격을 설명하기 전에 먼저 십신(十神)과 상신(相神) 대한 정확한 이해가 우선되어야 하는데, 비견에서 파생된 식신과 겁재에서 파생된 상관은 큰 테두리에서는 비슷한 듯 보이지만, 세분하면 음양의 이치로 반대가 된다. 이에 십정격을 설명하기 전에 잠시 십신의 성향과 지향점을 다시 정리하고자 한다. 이는 앞으로 설명할 십정격(十正格)을 이해하는 데 도움이 될 것이다.

비견 계열인 비견-식신-정재-정관-정인은 생존을 위해서 협력, 협동의 수성의 모습으로 발현되며, 자기중심의 자의식의 발동이고, 안정성과 지속성을 중시한다. 세상을 살아가는 중심이 나 자신이 된다. 비견 계열의 십신은 '유신(柔神)'으로 호칭하면 좋을 것이다. 부드럽다는 의미인데 가늘지만 길게 오래 가고, 순발력과 속도는 떨어지지만, 지구력이 좋고 안정적이며 체계와 절차를 다지면서 가니, 기업에 비유하자면 관리의 삼성과 비슷하다. 특히 비견을 제외한 나머지는 재관인식(財官印食)이라고 하여 길신(吉神)으로 보았다. 재(財)는 정재, 편재, 관(官)은 정관, 인(印)은 정인, 식(食)은 식신을 의미하는데, 사주의 구성에 따라 안 좋게 작용할 수 있으니 좋고 나쁨의 이분법적인 사고는 사주감명에 방해가 된다.

겁재 계열인 겁재-상관-편재-편관-편인은 생존을 위해서 경쟁, 투쟁의 공성의 모습으로 발현되며 타인 중심의 무의식의 발동이라 모험성과 순발력이 뛰어나다. 세상을 바라보는 기준이 타인이 되니 타인을 많이 의식하게 된다. 겁재 계열의 십신은 '강신(强神)'으로 호칭하면 좋을 것이다. 순간적으로 강한 힘을 낸다는 의미이다. 굵고 짧게 가니 삶이 극에서 극으로 오르락내리락하며 기복이 심한 편이고, 지구력은 떨어지지만 순발력과 응용력이 뛰어나다. 항상 파도가 치는 바다와 같으니,

기업에 비유하자면 1980~1990년대의 대우 그룹과 비슷하다. 이중에서 편재를 제외한 겁재(양인), 상관, 편관, 편인을 살상효인(殺傷梟刃)이라하며 흉신(凶神)으로 보았다. 살(殺)은 편관, 상(傷)은 상관, 효(梟)는 편인, 인(刃)은 양간의 겁재를 의미한다. 사주 구성이 잘 되거나 제화가 되면 귀하게 쓸 수 있는 십신이니 좋고 나쁨의 선입관과 편견을 버리는 게 사주감명에 도움이 된다.

상신(相神)은 사주의 격을 성격(成格)으로 만드는 데 도움이 되는 십신을 의미한다.
상관격이 천간에 투간되었는데, 옆에 인성이 있어서 상관패인이 되면 인성이 상신이 된다.
월지가 양인격인데 천간에 편관이 있어서 양인대살이 되면 편관이 상신이 된다.
사주의 격을 성격(成格)으로 구성하는 데 좋은 영향을 끼치므로 희신(喜神)이라고 하기도 한다.
원국에 상신이 없을 때는 대운으로 들어올 때 성격이 되는 경우도 있고, 반대로 정인격인데 대운으로 재성이 들어오거나(재극인), 식신격인데 대운으로 편인이 들어오는 경우(식신봉효)에는 도식(倒食)이 되어 파격이 되는 경우도 있다. 보통 초급 자분들이 자신의 용신을 찾거나 물어보는 경우가 있는데, 자신에게 도움이 되는 상신 또는 희신이 무엇이고 언제 들어오는가를 물어보는 경우가 대부분이다.

『자평진전』이나 기타 고서에서는 흉신과 길신으로 구분했다. 그러나 그 시대에도 그렇지만, 현대에서도 이는 큰 의미가 없다. 지식과 정보가 적었던 시절의 구분이니, 마치 세상이 '좋은 사람 VS 나쁜 사람'으로 구성된다는 단순한 이분법적인 사고의 발상일 뿐이다. 세상은 다양한 사람들로 구성되어 있고, 때로는 나에게 좋았던 사람이 운이 바뀌면 나와 원수가 될 수 있으니 맞지 않는다. 유신(柔神)만으로 구성된다고 좋고 강신(强神)만으로 구성된다고 나쁘고의 개념이 아니니, 서로 강점을 살리고 부족함을 메꾸어 균형을 이루는 것이 중요할 것이다. 어머니가 어린 시절 나를 돌보고 챙기니 길신이었는데, 나이가 들고 치매가 생겨서 나를 힘들게 한다면 흉신일까? 좋고, 나쁘고, 흉하고, 길하고의 이분법적인 접근은 명리학에 관한 생각의 폭을 좁게 만드니 그러한 관점을 내려놓는 것이 좋다. 대운과 세운을 넓게 보면 봄, 여름, 가을, 겨울의 순환일 뿐이다. 겨울이 오면 겨울에 맞게 패딩을 입고 보일러를 틀고 보습제를 바르고 살면 되고, 여름이 오면 여름에 맞게 반팔 티를 입고 에어컨을 틀고 선크림을 바르고 살면 무탈하고 평온하게 살아갈 수 있을 것이다.

4) 식신격(食神格) VS 상관격(傷官格)

격(格)이 구성되더라도 그 힘의 강도는 천차만별이다. 사람의 격의 고저와 그릇이 천차만별인 것과 다르지 않다. 월지를 기준으로 투간된 글자의 힘의 강약을 천간지지의 관계를 보는 새 12운성으로 살핀다. 예를 들어, 상관이 투출되었는데 월지에서 절태양이라면 격의 고저가 떨어지게 된다.

투간된 상관이 록왕쇠이고, 격을 형성하는 상신(相神) 역시 록왕쇠나 생욕대로 힘이 강하다면 격이 높아지게 된다. 기존의 격이 성립되는 성격(成格)과 격이 깨지는 파격(破格)의 개념보다는 사주의 가장 강한 세력은 어떤 것이고, 월지에서 어떤 모습이며, 다른 글자와 어떤 구성을 형성하는가를 살펴보는 것이다. 뚜렷하게 성격(成格)이 되는 사주도 많지 않지만, 운에 의해서 파격이 될 수도 있고, 파격(破格)이지만, 운에 의해서 성격이 될 수도 있기 때문이다. 또한, 성격된 사주, 파격된 사주의 좋고 나쁨의 이분법적인 논리에 매몰될 수 있다.

(1) 식신격(食神格)

식신은 투간된 식신이 천간에서 재성을 만나거나(식신생재), 편관을 만나면(식신대살) 구성이 좋다. 반면에 식신이 편인을 만나는 경우(식신봉효)는 밥그릇을 뒤집는다는 의미의 도식(倒食)이라고 하여 좋지 않다.

己甲○丙 식신생재(食神生財)
□□巳□

① 월지 사(巳)화에서 투간된 년간의 병(丙)화 식신이 시간의 기(己)토 정재를 바라보고 있다. 식신생재(食神生財)로 구성된 모습이다. 병(丙)화는 월지에서 건

복이 되고, 기(己)토는 절지가 되니 주도권은 병화 식신에게 있다. 식신은 정재보다는 편재와의 조합이 좀 더 이상적이다. 식신의 수성과 편재의 공성의 에너지의 만남이니 공수의 조화가 생긴다.

甲戊庚○ 식신대살(食神帶殺)
□□申□

② 월지 신(申)금에서 투간된 월간의 경(庚)금 식신이 시간의 갑(甲)목 편관을 바라보고 있다. 식신대살(食神帶殺)로 구성된 모습이다. 경(庚)금 식신은 월지에서 건록이 되고, 갑(甲)목 편관은 절지가 되니 주도권은 식신이 쥐게 된다. 식신은 일간을 보호하는 기능이 있으므로 편관의 극함을 특유의 전문성과 느긋함으로 대적한다.

○庚己○ 식신봉효(食神逢梟)
□辰亥□

③ 월지 해(亥)수가 식신인데 일지 진(辰)토가 편인이 된다. 월지와 진해(辰亥)원진을 구성하고 있다. 월지가 사주팔자의 본부이니 당연히 식신의 힘이 강하지만, 때로는 운에 따라서 흔들릴 수 있다.
실제로 감명한 사주인데 진(辰) 대운의 편인 운이 왔을 때, 특정 종교에 심취하여 생업을 포기해 생계유지에 큰 어려움이 있었다. 효(梟)는 '올빼미 효'인데 편인을 의미한다.

식신생재(食神生財), 식신대살(食神帶殺) 등을 구성하면 좋고, 식신격이 편인을 보는 것을 식신봉효(食神逢梟)라 하여 안 좋게 보았다. 다른 말로 도식(倒食)이라고도 한다.

(2) 상관격(傷官格)

상관은 인성을 만나거나(상관패인), 재성을 만나거나(상관생재), 편관을 만나면(상관대살) 구성이 좋다. 상관이 정관을 만나면 상관견관으로 좋지 않다. 정관의 입장에서는 상관이 편관이 되기 때문에 그 극함이 심하니 여러 가지 어려움으로 나타난다.

己辛壬○ 상관패인(傷官佩印)
□□子□

① 월지 자수의 식신에서 투간된 임(壬)수 상관이 시간의 기(己)토 편인을 바라보고 있다. 상관패인(傷官佩印)된 모습이다. 월지를 기준으로 임(壬)수 상관과 기(己)토 편인이 모두 제왕이 되니 상관도, 편인도 강하게 쓸 수 있다. 일간을 기준으로 좌우에 입력 장치(편인)와 출력 장치(상관)가 위치하니 배운 바를 잘 써먹는 형태가 된다.

○辛乙壬 상관생재(傷官生財)
□□亥寅

② 월지 해(亥)수에서 투간된 년간의 임(壬)수 상관이 월간의 을(乙)목 편재를 바라보고 있다. 상관생재(傷官生財)된 모습이다. 월지 해(亥)수를 기준으로 임(壬)수 상관은 건록이 되고, 을(乙)목 편재는 병지가 되니 주도권은 임(壬)수 상관에게 있다.

○甲庚丁 상관대살(傷官帶殺)
□□午□

③ 월지 오(午)화에서 상관 정(丁)화가 투간되었지만, 새 12운성으로 태지이니 약한 상관이 된다. 상관이 경(庚)금 편관을 바라보고 있다. 월지를 기준으로 경

(庚)금 편관은 목욕으로 상관보다 강하다.

정(丁)화 상관만으로는 상관대살이 어렵고 월지 오(午)화의 도움을 받아서 상관대살할 수 있다.

대(帶)는 '띠 대'라는 글자로 상관이 편관을 띠로 두르고 있다는 의미이다.

O丙丙己 상관견관(傷官見官)
□□子未

④ 월지 자(子)수는 병화 일간에게 정관이 된다. 년간의 기(己)토, 년지의 미(未)토는 상관이 된다. 지지에서 자(子)수 정관과 기(己)토, 미(未)토의 상관이 대치하고 있는 모습이다. 자미(子未)원진을 구성하고 있다.

년간의 기(己)토 상관은 월지 자(子)수에서 제왕이 되니 상관의 기운도 강한 모습이다. 월지는 원국의 본부와 같으니 정관이 강하여 상관을 억누르지만, 세운으로 기(己)토나 미(未)토가 들어오면 상관의 기운이 일시적으로 강해지니 상관견관의 모습이 나타나게 된다. 지인의 사주인데 미(未)토 세운에 상부와의 충돌로 회사를 그만두었다.

상관패인(傷官佩印), 상관생재(傷官生財), 상관대살(傷官帶殺)의 구성을 좋게 보았다. 반면에 상관견관(傷官見官), 상관봉비(傷官逢比), 중상(重傷) 등은 안 좋게 보았다. 중상(重傷)은 원국에 상관이 3개 이상 많은 것을 의미한다.

5) 정재격(正財格) VS 편재격(偏財格)

재격은 정재나 편재를 모두 좋게 보았기 때문에 구분 없이 같이 보는 경우가 대부분이다.

재격은 정재가 정관을 보는 재봉정관(財逢正官), 정재가 식신을 보는 재봉식신(財逢食神)과 상관을 보는 재봉상관(財逢傷官), 정재가 인성을 보는 재격패인(財格佩印) 등이 구성이 좋다. 단, 재격패인은 재성과 인성이 서로 맞닿아 있지 않은 재인불애

(財印不碍)의 경우에 해당한다. 재격에서 자주 나오는 봉(逢)은 '맞이하다'라는 뜻을 담고 있다. 성격과 파격을 구분하는 것이 아니라 재격의 힘의 강도와 다른 글자와의 구성 및 작용을 위주로 살펴본다.

甲己壬○ 재봉정관(財逢正官)
□□子□

① 월지 자(子)수 편재에서 투간된 임(壬)수가 갑(甲)목 정관을 바라보고 있다. 재봉정관의 모습인데, 임(壬)수 정재는 새 12운성으로 월지 자(子)수에서 제왕이 되니 격이 높다.
갑(甲)목 정관은 천간에 투간되어 있을 때, 재성과 인성의 보좌를 받으면 좋다.
갑(甲)목 정관은 월지 자(子)수에서 목욕이니 힘이 아주 강하지도, 약하지도 않은 청소년기의 모습인데, 강한 정재의 후원을 받으니 성장 가능성이 높아진다. 재성은 끊임없이 정관을 생해 주는 재생관(財生官)의 모습이기 때문이다.

○庚甲壬 재봉식신(財逢食神)
□□寅□

② 월지 인(寅)목 편재에서 투간된 갑(甲)목 편재가 임(壬)수 식신을 바라보고 있다. 재봉식신의 모습이 된다.
공성의 기운인 편재가 수성의 기운인 식신을 마주하니 이상적인 조합이라고 할 수 있다. 공격을 잘해도 수비가 안 되면 좋은 결과를 내기 어렵다. 공수의 조합이 잘 이루어진 모습이니, 편재의 입장에서는 재봉식신의 모습이고, 식신의 입장에서는 식신생재의 모습이 된다.
갑(甲)목 편재는 월지에서 건록이니 역시 격이 높다. 임(壬)수 식신은 병지가 되니 낮지 않다.
격이 형성되더라도 12운성을 통해서 투간된 글자의 힘의 강도를 보면 격의 고저(高低)를 세분화할 수 있고 주도권이 어디에 있는지 알 수 있다.

丁庚○甲 재봉정관(財逢正官)
□□寅□

③ 월지 인(寅)목 편재에서 투간된 갑(甲)목 편재가 시간의 정(丁)화 정관을 바라
보고 있다. 재봉정관의 모습이 된다. 공성의 기운인 편재와 수성의 정관이 만
나니 적극적인 재생관이 이루어진다.

반면에 정재가 정관을 생해 주는 것은 소극적인 재생관의 모습이 된다.

갑(甲)목 편재는 월지 인(寅)월에서 건록이니 당당한 천간의 주인공이 되어 주
도권을 잡는다.

경(庚)금 일간은 월지 인(寅)목에서 절지가 되어 약하니 더욱 그렇다. 편재가 힘
이 강하다는 것이 꼭 좋은 것만은 아닐 수 있다는 의미이다.

丙戌○○ 재격패인(財格佩印)
□□子□

④ 월지 자(子)수 정재에서 투간된 글자가 없으니 월지를 기준으로 정재격이 된
다. 월지는 사주팔자의 본부와 같으니 천간의 모든 글자와 활발하게 소통하
고 지휘한다. 자(子)수 정재가 시간의 병(丙)화 인성을 바라보고 있으니 재격
패인으로 구성된 모습이다.

재성의 성향은 현실감이며 실용성을 중시한다. 수 기운의 현실감이니 더욱더
그렇다. 그러다 보면 야박하고 인정미가 떨어질 수 있는데, 시간에 병(丙)화 편
인이 있으니 덜하게 된다.

병(丙)화 편인은 이상을 추구하는 경향이 있는데 지지의 정재 현실감과 만나
면 좋은 그림이 나올 수 있다. 현실과 이상이 조화된 모습을 나타낼 수 있는
데 정재(수성)과 편인(공성)의 만남이기도 하고, 재성과 인성이 거리를 두고 떨
어져 위치하니 재인불애(財印不碍)의 모습이기도 하다. 애(碍)는 '거리낄 애'란 뜻
이니 서로 꺼림이 없다는 뜻이다.

재성은 작은데 많은 겁재나 비견에 둘러싸인 구성인 군겁쟁재(群劫爭財), 군비쟁재(群比爭財)나 재성이 편관을 생해 주어서 편관이 일간의 극함을 가속화시키는 재생살(財生殺) 등을 안 좋게 보았다.

군겁쟁재, 군비쟁재를 비유하자면 마치 적은 고객을 상대로 매장들이 출혈 경쟁하는 모습과 비슷하고, 재생살은 조폭들에게 상납한 돈으로 조폭들이 더 강해지거나, 빚을 갚기 위해서 더 비싼 이자의 대출금을 빌리는 모습일 수 있다. 즉, 악순환의 연속을 의미한다.

6) 정관격(正官格) VS 편관격(偏官格)

고전에는 정재와 편재를 재격으로 보아서 좋다고 했다. 알뜰하게 모은 돈(정재)이나 뜻밖의 횡재, 공공재, 남의 돈도 좋다고 보았으니 백성들의 고충이 심했을 것을 알 만하다. 현대에도 마찬가지다.

반면에 정관과 편관은 엄격하게 나누어 격을 구분하였다. 적당히 순종하며 기득권을 따르는 정관을 높게 평가했다. 반면에 조직의 체계와 명령을 따르지 않고 백성들의 인기와 조직원들의 충성을 이끌어내는 편관을 안 좋게 평가했다. 편관을 살(殺, 죽일 살)이라고 표현했는데, 역시 주체가 뚜렷하지 않다. 명주를 죽이는 살(殺)인지, 부패한 국가, 정권을 죽이는 살(殺)인지 말이다.

어쨌건 봉건 국가의 통치하에 있었던 명리학에서 편관을 자신의 정권을 뒤집을 에너지가 있는 두려움의 십신으로 인식했던 것은 사실인 것 같다. 인간은 극귀(極貴), 극부(極富)를 추구하면서도 한편으로는 편관과 겁재를 경원시하고 두려워하니 참으로 아이러니하다. 그것이 없으면 이룰 수 없는데도 말이다.

(1) 정관격(正官格)

월지에서 투간된 정관이 재성을 보거나(정관봉재), 인성을 보는 경우(정관패인)를 좋게 보았다.

천간에 올라간 정관은 재성과 인성의 보좌를 받아야 지속해서 정관을 잘 쓸 수 있다.

　정권이 잘 유지되려면 경제적인 세금(재성)이 필요하고, 안정적으로 통치하려면 정통성과 명분(인성)의 도움을 받아야 하는 것과 같은 이치이다.

　○辛丙甲 정관용재(正官用財)
　□□午□

① 월지 오(午)화에서 투간된 정관 병(丙)화가 갑(甲)목 정재를 바라보고 있다(정관
　용재).
　　병(丙)화 정관이 정재의 보좌를 받는 모습이니 잘 쓸 수 있다.
　　정재의 입장에서는 재생관의 모습인데, 소극적인 재생관이 된다. 편재였다면
　적극적인 재생관의 모습이니 사뭇 다르다. 기업에서 일상적으로 내는 법인세
　등의 세금이 소극적인 재생관이라면, 기업이 국가로부터 이권을 얻거나 소유
　권을 방어하기 위해 적극적으로 로비하는 경우가 적극적인 재생관이 된다. 이
　권을 얻어서 크게 성공할 수 있지만(노태우 정권의 SK 그룹), 정권이 바뀌면 어려
　움을 겪기도 하니 편재가 가지는 기복을 경험하기도 한다.

　壬丁○甲 정관패인(正官佩印)
　□□亥□

② 월지 해(亥)월에서 투간된 임(壬)수 정관과 갑(甲)목 정인이 천간에 있다. 정관
　패인의 모습이고 관인상생이기도 하다. 둘 중에 어느 쪽의 힘이 더욱 강할까?
　임(壬)수 정관이 된다. 해(亥)수 속에 지장간을 보면 천간이 머문 한 달 기준으
　로 무(戊)토-7일, 갑(甲)목-7일, 임(壬)수-16일이 되니 임(壬)수의 영향력이 절반
　을 넘어간다. 또한, 새 12운성으로 살펴보면 갑(甲)목 정인은 해(亥)수에서 장
　생이지만, 임(壬)수 정관은 해(亥)수에서 건록이 된다. 두 가지를 겸하고 있는
　겸격(兼格)으로 볼 수 있다. 시간에 있으니 세월이 흐르고 나이를 먹을수록
　임(壬)수 정관이 더 강해질 것이다. 천간은 명주의 드러난 마음, 생각, 의지,
　욕망을 보여 준다.

임(壬)수 정관이 갑(甲)목 정인을 바라보고 있는데 정인은 정관에게 정통성과 권위를 부여하는 모습이다.

乙癸戊壬 고관무보(孤官無補)
□亥辰□

③ 월지 진(辰)토는 계(癸)수 일간에게 정관이 된다. 월지 진(辰)토에서 투출된 무(戊)토 정관이 월간에 있다.

무(戊)토 정관의 주변에는 보좌해 줄 인성과 재성은 없고 임(壬)수 겁재와 을(乙)목 식신이 있으니 고립된 모습이다. 고관무보(孤官無補)라고 한다. 정관무보(正官無補)이기도 하다. 홀로 떠 있으니 정관을 극하는 상관이나 겁재가 운으로 들어올 때 어려움을 겪게 된다. 고서에서는 정관이 투간되어 인성과 재성의 보좌를 받지 못한 경우에는 차라리 투간되지 않는 것이 낫다고 평가하기도 한다. 국가 재정(재성)이 빈약하고 정통성(인성)의 도움을 받지 못하니 흔들리고 저항을 받게 되는 것과 다름이 없다.

(2) 편관격(偏官格)

월지에서 투간된 편관이 식신을 보는 칠살식제(七殺食制), 상관을 만나는 살봉상관(殺逢傷官), 인성을 보는 살인상생(殺印相生), 양인(겁재)를 만나는 칠살봉인(七殺逢刃)을 좋게 보았다.

편관은 명주를 심하게 극하는 기운이므로 이를 이겨내려면 식상이 필요하다. 코로나19가 창궐할 때(편관), 예방하는 백신은 상관이 되고, 치료제는 식신이 된다.

강한 기운의 편관을 인성으로 생해 주는 경우는 거칠고 투박한 남편을 부드럽고 현명한 아내가 순화시키는 예에 해당한다. 부드러움은 능히 강함을 이길 수 있다는 이유제강(以柔制强)과 같다.

편관도 살벌하고 양인도 살벌하니 둘을 붙여놓으면 좋은 상대가 된다.

편관의 기운이 강하면 일상생활은 힘들지만, 전쟁터나 격투기장에 내보내면 마음껏 자기 실력을 발휘할 수 있다. 메시(편관)와 호날두(양인)가 맞붙으면 전 세계인이 주목하는 빅 매치가 된다.

辛乙丁○ 칠살식제(七殺食制)
□□丑□

① 월지 축(丑)토에서 투간된 신(辛)금 편관이 정(丁)화 식신을 바라보고 있으니 칠살식제(七殺食制)의 모습이다. 편관의 입장에서 바라보면 칠살식제가 되고, 반면에 식신의 입장에서 바라보면 식신제살이 된다. 식신은 다들 좋다고 하는데 편관이 식신을 제압한다는 것이 왜 좋을까? 식신이 강하면 게을러지기 쉽고 세상일에 관심이 없어진다. 일간의 안위와 생리적인 쾌락을 추구하기 때문이다. 이럴 때 편관이 있어서 자기관리를 하고 세상을 바라보는 눈을 넓히면 좋다. 견제와 균형(Check and Balance)은 단순히 정치에만 적용되는 것이 아니다.

辛乙○丙 살봉상관(殺逢傷官)
□□酉□

② 월지 유(酉)금에서 투간된 시간의 신(辛)금 편관이 이번에는 병(丙)화 상관을 바라보고 있다. 살봉상관(殺逢傷官)의 모습이 된다. 편관과 상관은 겁재의 계열로 항상 타인을 의식하는 공성의 십신들이다. 에너지가 강한 두 기운이 만나니 일간 을(乙)목은 위의 칠살식제보다 에너지의 소모가 더 크다.

술집에서 여자친구(일간)에게 시비를 걸고 해코지하려는 편관(건달)을 식신이 그들의 부당함과 무례를 주장하고 CCTV, 주변의 증인들을 거론하면서 그들을 물러나게 할 때, 상관은 냅다 주먹부터 날린다. 소위 가오가 있고 폼은 나지만, 술집은 난장판이 되고, 여차하면 오히려 줘 터질 수도 있다. 일간(여친)은 안절부절못하게 된다.

위의 칠살식제도 그렇고 살봉상관은 일간이 강할 때 그 격이 높아지게 된다. 그러므로 운으로 비겁운이 들어올 때 유리하게 작동할 것이다.

壬甲○庚 살인상생(殺印相生)
□□申□

③ 월지 신(申)금에서 투간된 경(庚)금 편관이 년간에 위풍당당하게 자리를 잡고 있으며 일간을 노려보고 있다. 시간에 임(壬)수 편인이 있어 편관의 극함을 중화시켜 주는 모습이다. 살인상생(殺印相生)의 모습이다. 현명하고 어진 아내가 거칠고 사나운 남편을 길들이는 모습일 수도 있고, 전문 자격증을 갖춘 복어 요리사가 복어를 다듬는 모습일 수도 있다. 세계 곳곳에서 코로나바이러스의 백신과 치료제를 연구하는 연구원의 모습이기도 하다. 이들이 취급하는 편관은 살(殺)이라고 부를 만큼 위험성이 크다. 따라서 편관을 다스리려면 거기에 걸맞은 자격증이나 기술, 인내심이 동반되어야 한다. 한약재의 부자는 잘 쓰면 약이 되고, 복어는 독을 잘 제거하면 최상의 요리가 된다.

乙甲○庚 칠살봉인(七殺逢刃)
卯□申□

④ 월지 신(申)금에서 투간된 경(庚)금 편관이 시간의 을(乙)목 양인을 바라보고 있다. 칠살봉인(七殺逢刃), 메시(편관)와 호날두(양인)의 만남이다. 둘 다 에너지가 강한 십신이니 많은 사람이 주목하는 빅 이벤트이자 쇼타임이 펼쳐진다. 편관이 강한데 이를 제어해 줄 식신이나 순화시켜 줄 인성이 없다면 겁재(양인)라도 있어야 한다. 편관도, 양인도 에너지가 강하며 공성의 기운이니 무관 직업(군인, 경찰, 검찰) 쪽에서 크게 성공할 수 있다. 군대와 경찰이 존재하는 이유는 적군과 범법자가 있기 때문이다. 이들이 없다면 군인도, 경찰도 실직자가 된다. 세상에 필요 없는 십신(十神)은 없다. 세상에 필요 없는 사람은 없는 것처럼…

 정관이 3개 이상 많은 중관(重官)이나, 편관이 3개 이상인 중살(重殺)을 좋지 않게 보았다. 사주의 구성에 과유불급이 좋게 작용하지는 않는다. 넘치는 것에 대한 과함과 그로 인해 없거나 부족한 것에 대한 아쉬움이 있을 것이다. 제대로 된 정부와 남자는 1명으로 족하다.

정관이 투간되어 있는데 상관과 맞닿은 것을 상관견관으로 좋지 않게 보았다. 보통은 안 좋게 작용하는 경우가 많으나 정관도 힘이 강하고, 상관도 힘이 강하면 괜찮다. 정치가, 변호사, 언론인 등이 정권에게 할 말을 하고 정권의 부패와 무능을 제어할 능력을 갖추게 된다. "상관견관 위화백단(상관과 정관이 만나면 백 가지 일이 해롭다)"이라는 말의 이면에는 부패하고 무능한 정권에 저항하는 상관을 경계하는 기득권층의 두려움을 깔고 있다.

정관과 편관이 섞여 있는 관살혼잡도 좋지 않게 보았다. 식상혼잡, 인성혼잡처럼 관살혼잡도 일관성을 잃고 좌충우돌하기 쉽다. 일간을 극하는 것이 관성인데, 정관과 편관이 혼재되어 있으니 일간이 힘들게 된다. 오늘은 구청(정관)에서 호출하고, 내일은 경찰서(편관)에서 호출하니 그 고단함이 간단하지 않다.

편관이 재성을 보는 것은 재생살이라고 하여 좋지 않게 보았다. 재성은 관성을 생해 주는데, 편관은 나를 심하게 극하는 기운이기 때문이다. 보통은 안 좋게 작용하지만, 사주의 구성에 따라 일간이 무척 강하거나, 편관이 약한 경우에는 재생살이 도움이 된다. 명리학은 일반론이지만 개인의 사주감명은 개별론이니 미세 조정이 필요하다.

7) 정인격(正印格) VS 편인격(偏印格)

인성은 격의 구분에 있어 정인과 편인을 구분하였는데, 정인은 인수라고 하여 좋게 보고, 편인은 그것보다는 급이 떨어지는 것으로 보았다. 마치 오행에서 드러난 양간들 갑(甲)목, 병(丙)화 등은 메인으로 하고, 을(乙)목, 정(丁)화 등을 서브로 봤던 것과 다르지 않다. 같은 상관패인이라고 하여도 상관+정인은 높게, 상관+편인은 낮거나 안 된다고 보는 경우가 그러한 사례이다. 물론 그렇게 판단한 이유는 정인의 폐단보다는 편인의 폐단이 더 컸기 때문이다.

인성의 폐단인 자기중심적인 이기주의가 음양이 갖추어진 정인은 적당히, 어느 수준을 한도로 하여 생겨나지만, 음양이 한쪽으로 치우쳐진 편인은 극단적으로 드러나니, 그 폐단을 많은 이가 알 수 있어 경계로 삼았기 때문이다. 그렇다고 일 방적으로 편인을 안 좋게 보거나 흉신 취급하는 것은 옳지 않다. 사주의 구성을 살피고 어떤 작용을 하는가를 살피는 것이 더욱 중요하겠다. 옛날에 그렇게 썼다 고 해서 명리학이 발전한 현대에도 그렇게 쓸 이유는 없다. 사주감명의 오류가 생 기기 쉽기 때문이다.

인성이 정관을 보는 인수봉관(印綬逢官), 인성이 편관을 보는 인수봉살(印綬逢殺), 인성이 상관을 보는 인봉상관(印逢傷官) 등이 있다. 용어가 다양하여 헷갈릴 수도 있다. 그러나 어느 십신의 입장에서 보는가에 따라서 달라지는 것이지, 인수봉관 은 관인상생, 인수봉살은 살인상생, 인봉상관은 상관패인과 다름이 없다.

癸丙○甲 인수봉관(印綬逢官)
□□寅□

① 월지가 인(寅)월인데 년간에 갑(甲)목이 투간되어 편인격이다. 갑(甲)목 편인이 년간에 투간되어 시간의 계(癸)수 정관을 보고 있으니 인수봉관(印綬逢官)의 모습이 된다. 인성이 의미하는 상장, 합격증, 임명장, 자격증, 땅문서 등은 국 가나 지자체장, 기관 대표의 보증이 있어야 한다. 그래야 명실상부한 문서로 서 효력을 발휘하게 된다. 관성이 인성을 생해 주고, 인성은 관성을 식상으로 부터 지켜 주는 공생관계를 유지하게 된다. 정관에게 인성은 정통성이 되어 식상의 공격을 지켜 주게 된다. TV 등의 언론에서 정치권과 정부를 공격할 때 학계의 전문가가 나와서 정부를 옹호하는 발언과 통계로 반박하는 모습 이 그러하다.

庚甲○○ 인수봉살(印綬逢殺)
□□子□

② 월지 자(子)수가 정인인데, 시간의 경(庚)금 편관을 바라보고 있어 인수봉살(印綬逢殺)의 모습이 된다.

월지는 사주팔자의 본부와 같으니 나머지 7글자와 모두 소통하고 있다. 자연의 법칙은 생함이나 합이 극과 충을 우선한다. "탐합망극(합을 탐하여 극함을 잊는다)"이라는 말은 그런 원리에서 나온 것이다. 경(庚)금 편관의 에너지는 일간 갑(甲)목을 극하는데도 흘러가지만, 월지의 자(子)수 정인을 생하는 데 상당한 기운이 흘러가게 되니 일간을 극하는 것이 줄어들게 된다.

戊庚○癸 인봉상관(印逢傷官)
□子辰□

③ 월지 진(辰)토가 편인인데 시간으로 무(戊)토 편인이 투간되어 계(癸)수 상관을 보고 있으니 인봉상관(印逢傷官)의 모습이다. 비겁을 생해 주는 인성은 대표적인 입력 장치에 해당한다. 반면에 식상은 출력 장치에 해당한다. 특히 상관은 출력 전용 장치로 특화된 십신인데, 입력과 출력을 골고루 쓰는 식신과는 차별화된다. 배운 것(인성)을 잘 써먹는 모습이 된다. 무(戊)토와 계(癸)수는 병(丙)화와 함께 사오미 여름에 맹활약하는 글자가 되며 새 12운성을 같이 간다. 월지 진(辰)토에서 무(戊)토도, 계(癸)수도 모두 관대가 된다. 편인과 상관이 균형 잡힌 모습이다. 근묘화실의 시기에 따라 년간의 계(癸)수 상관이 먼저 발현되어 강해 보이고, 무(戊)토 편인이 시간이라서 늦게 발현되지만, 인생이라는 긴 세월 속에서 살펴보면 힘의 강도는 비슷해진다.

인성격을 깨뜨리는 재극인(財剋印)을 가장 안 좋게 보았다. 재극인의 극단적인 현상들을 사회 전반에서 매스컴을 통해 보았기 때문이다. 부정한 뇌물을 받고 구속된 공무원, 교직원이나 불륜이나 성추행 등으로 명예가 실추되는 다양한 경우를 의미한다. 그렇다고 모든 재극인이 안 좋게 작동하는 것은 아니다. 인성이 너무 강한데 재성이 들어오면 인성의 완고함과 아집을 깨뜨릴 수 있다.

인성이 강하면 이상주의, 관념론에 빠지기 쉬운데 재성이 있으면 현실성을 반영할 수 있으니 좋게 작용한다. 인성과 재성은 음양의 만남이고 조화가 이루어진다.

서로 적절하게 균형과 조화를 이룬다면 이상과 현실이 만나고 관념과 실제가 만나서 좋은 방향으로 나아갈 수 있다.

8) 양인격(陽刃格) VS 비견격(比肩格)

양간[갑(甲)목, 병(丙)화, 무(戊)토, 경(庚)금, 임(壬)수]의 겁재를 양인(陽刃)이라고 부른다. 월지가 이와 같이 양간의 겁재인 묘(卯), 오(午), 유(酉), 자(子)로 구성된 경우를 양인격이라고 한다. 월지의 자오묘유(子午卯酉)는 왕지(旺地)의 글자로 사계절을 대표하는 글자이니 그 힘이 막강하여 웬만한 편관의 압박을 이겨낼 수 있다고 한다. 양간의 겁재는 무의식을 대표하며 강한 잠재력을 가지고 있으니 편관을 만나는 경우 양인용살(陽刃用殺), 정관을 만나는 경우 양인용관(陽刃用官), 식상을 만나는 경우 양인용식(陽刃用食) 등이 있다. 일간의 힘이 강하니 비겁운이 오거나, 인성운이 오는 경우는 좋지 않게 보았다.

　○壬○戊 양인용살(陽刃用殺)
　□□子□

① 월지가 양간 임(壬)수 일간의 겁재인 자(子)수이니 양인격이다. 월지는 사주 팔자의 본부와 같은데, 왕지의 글자인 자(子)수가 차지하고 있으며 년간의 무(戊)토 편관을 바라보고 있다. 양인용살(陽刃用殺)의 모습이다. 일간 임(壬)수가 월지의 지원을 든든히 받으니 편관의 극함을 능히 이겨낼 수 있다. 무(戊)토 편관도 팔자 안의 글자이니 월지의 명령을 따라야 한다. 월지의 지원은 어떤 것을 의미할까? 신입사원으로 들어가서 실력이 출중하고 톡톡 튀니 이를 경계하고 못마땅하게 생각하는 상사와 동료의 견제와 압박과 질시를 받지만, 나중에 알고 보니 회장님의 숨겨둔 막내아들이었던 사례다. 이 내용이 드라마 였다면 시청률 폭등의 계기가 된다.

○甲○辛 양인용관(陽刃用官)
□□卯□

② 월지가 양간 갑(甲)목 일간의 겁재인 묘(卯)목이니 양인격이다. 묘(卯)목 양인이 년간의 신(辛)금 정관을 바라보고 있어 양인용관(陽刃用官)의 모습이다. 양인용살보다 격이 낮아진다. 신입사원이 들어왔는데 정보가 새어 나가 이미 상사와 동료가 회장님의 숨겨둔 막내아들이라는 것을 알게 되어 미리 티 안 나게 잘 챙겨 주고 저자세로 간다. 주인공에게 시련과 위기, 고충이 있어야 시청률도 오르고 다음 회를 기대하게 되는데 이미 오픈되고 반전이 없으니 시청률의 상승은 요원한 일이다. 즉, 악당(Villain, 편관)이 강해야 영웅(Hero, 양인)이 빛나는 법이다.

○甲○丙 양인용식(陽刃用食)
□□卯□

③ 양인격은 관성을 만나는 것이 가장 좋지만, 여의치 않으면 식상을 만나는 것도 괜찮다.

양인의 강함을 꼭 전쟁터나 범죄 소탕에만 쓰는 것이 아니라 식상의 생산적인 분야에 쓰는 것을 의미한다. 월지가 양간 갑(甲)목 일간의 겁재인 묘(卯)목인데, 년간의 병(丙)화 식신을 보는 양인용식(陽刃用食)의 모습이다. 평화의 시대가 오니 창검을 내려놓고 낙향하여 전답을 일구는 모습과 같다. 일간의 힘이 강하니 식신을 잘 쓸 수 있어서 생산성이 높을 것이다.

비견격(比肩格)은 보통 건록격으로 많이 쓰인다. 일간이 을(乙)목인 경우 월지가 묘(卯)월이면 기존의 12운성으로 건록이 되어 건록격으로 보았지만, 새 12운성을 기준으로 보면 태지의 모습이니 건록격이라는 용어가 맞지 않아 그대로 비견격으로 쓴다. 양간의 갑(甲)목, 병(丙)화, 무(戊)토, 경(庚)금, 임(壬)수의 경우 월지가 비견 인(寅)목, 사(巳)화, 신(申)금, 해(亥)수인 경우에는 12운성으로 건록이 되니 건록격으로 써도 무방하다. 그러나 을(乙)목, 정(丁)화, 기(己)토, 신(辛)금, 계(癸)수의 경우 월지가 묘(卯)목, 오(午)화, 유(酉)금, 자(子)수일 때 새 12운성으로 태지가 되니 비견격으로 보는 것이 맞다.

비견격 중에서 양간의 건록격은 양인격보다는 낮지만 힘이 강한 편이고, 음간의 비견격은 태지가 되니 자체적인 힘은 약하다. 대신 월지가 자오묘유(子午卯酉)의 왕지의 글자이니 월지의 비겁들의 도움을 받으면 좋겠다. 비견이 관성을 보는 비견용관(比肩用官), 비견이 식상을 보는 비견용식(比肩用食), 비견이 인성을 보는 비견용인(比肩用印)을 좋게 보았다. 용어에 너무 집착하지 말고 천간지지의 모습을 살피는 것이 더 중요하다.

○庚○丁 건록용관(建祿用官)
□□申□

④ 월지가 경(庚)금 일간의 비견인 신(申)금으로 건록인데 년간의 정(丁)화 정관을 바라보고 있는 건록용관(建祿用官)의 모습이다. 비견은 수성의 에너지이므로 정(丁)화 정관의 법과 규칙을 잘 준수한다. 열심히 일하고 잘 살아가고 있는데, 집 주변에 경찰서도 있으니 도둑이나 강도 걱정이 없는 모습이다. 양간의 비견인 건록이 아닌 음간의 비견이라면 더욱 정관의 도움이 절실할 것이다. 일간이 태지로 약하기 때문이다.

○乙○丁 비견용식(比肩用食)
□□卯□

⑤ 월지가 을(乙)목 일간의 비견인 묘(卯)목인데 년간의 정(丁)화 식신을 바라보고 있다.
   예전의 12운성으로는 건록격이었는데 새 12운성에서는 비견격이 된다. 비견이 식신을 바라보니 비견용식(比肩用食)의 모습이다. 위의 경(庚)금은 월지 신(申)월에서는 건록으로 자체적인 힘이 강하니 강한 추진력으로 밀어붙일 수

있지만, 을(乙)목은 월지 묘(卯)월에서 태지로 약하니 단독이 아닌 월지의 비견과 겁재들의 협력과 도움을 잘 이끌어내야 유리하다. 독불장군 스타일은 안 된다는 의미다.

○甲丙己 건록용재(建祿用財)
□□寅□

⑥ 월지가 갑(甲)목 일간의 비견인 인(寅)목인데 년간의 기(己)토 정재를 바라보고 있어 건록용재(建祿用財)의 모습이다. 또한, 식신생재의 모습이기도 하다. 식상이 없다면 어려움이 있는데, 다행히 월간에 병(丙)화 식신이 있어서 좋은 모습이 된다. 비견이 재성을 만나는데 왜 어려움이 있을까? 갑(甲)목은 월지 인(寅)목에서 건록으로 힘이 강한데 식상이 없다면 재성을 얻는 데 필요한 절차와 과정을 생략할 수가 있다. 그런 경우는 자칫하면 탈법이나 불법에 연루되기 쉽다. 식상은 재성을 얻는 데 필요한 절차와 과정이니 성(城)을 공략하는 데 필요한 공성무기가 된다. 이러한 공성 무기가 없이 머릿수로만 공격한다면 얻기도 힘들지만 얻더라도 피해가 이만저만이 아닐 것이다.

월지 건록격이 인성을 보는 경우 건록용인(建祿用印)은 이미 일간이 월지 건록으로 강한데 인성이 생해 주니 유리함이 없다. 아이가 알아서 잘하는데, 부모의 쓸데없는 참견과 간섭이 끼어들면 과유불급이 된다.

사주에 겁재가 많고 강한데 재성이 작다면 군겁쟁재의 모습으로 나타난다. 입은 많은데 먹을 것이 부족하니 치열하게 다투고 경쟁하는 모습이다. 관성이 없거나 미약하다면 생존이 걸려 있으므로 룰도, 규칙도 없이 치열한 쟁탈전과 편법이 오갈 수 있으니 어려움이 크다.

9) 일행득기격(一行得氣格)의 성패에 관하여

명리학에서 조후(기후)는 절대적으로 중요하다.

금수상관 희견관에서 볼 수 있듯이, 조후를 맞추기 위해서는 상관견관도 반긴다.

일행득기격은 사주에서 한 오행으로 편중된 것으로 외격의 하나이다. 이는 음양오행의 체(體)로 구분한 것이고, 십신으로 구분한 종격(종강격, 종왕격, 종아격, 종재격, 종살격)은 용(用)으로 구분한 것이다. 사주의 대부분을 비겁이 독차지하고 있으며 재와 관살이 없어야 한다.

곡직격(목), 염상격(화), 가색격(토), 종혁격(금), 윤하격(수) 등이 있다.

모든 사주는 그 쓰임이 있고 모든 글자는 저마다 제 역할이 있다.

곡직격(목)을 살펴보자.

온통 목의 바다이다.

〈아마존〉

곡직격을 생각하면서 남미의 아마존이 떠올랐다.

지구의 허파라고 불리는 곳이다.

일반 사주처럼 금으로 목을 극하고, 가지를 쳐서 개간할 이유가 없다.

그 자체로서 소중한 것이다.

윤하격을 살펴보자.
사방이 온통 얼음투성이다.
이런 곳이 있다.

〈빙하 지대〉

지구의 남극과 북극의 빙하 지대이다.

이쪽 빙하 지대를 너무 춥다고 해서 병정화로 녹인다면 북극곰과 펭귄은 그 삶의 터전을 잃어버릴 것이고, 해안 도시들은 바닷물에 잠기는 대재앙이 일어날 것이다.

그 자체로 소중하고 존재가치가 있다.

이와 같은 원리로 비유하자면 염상격은 용암 지대, 종혁격은 철광산 지대, 가색격은 사막 지대로 보면 된다. 명리학을 가르치는 사람은 누군가가 일행득기격에서의 조후 문제를 물었을 때, 조후와 상관없다고 하며 예외니까 해당하지 않는다고 설명하면 안 된다. 왜 그런지 그 근거를 설명해야 한다.

지구에는 조후의 밸런스를 벗어나 제 역할을 하는 곳이 있듯이, 수많은 사주 중에도 일반적인 조후 관계를 벗어나 성격되는 사주가 드물지만 있을 수 있다.

일행득기격에서 성격되고 대운에서 비겁운, 인성운이 찾아온다면 대길하지만, 반대로 극하는 운이 찾아온다면 실로 대흉을 면하기 어렵다.

온난화로 녹고 있는 빙하 지대나 무분별한 산림 개간으로 황폐해져 가는 아마존 일대를 생각하면 쉽게 이해할 수 있을 것이다.

〈무분별한 개발로 파괴된 아마존 숲〉

〈MBC 다큐멘터리 '북극의 눈물'〉

어쨌든 한두 개의 오행으로 편중된 사주는 성격의 여부를 떠나서 삶이 평탄치 않다. 한두 개의 오행이 강하니 운이 좋으면, 세상에서 남들보다 강한 힘을 경쟁력으로 하여 성공할 수도 있지만, 반면에 없는 오행으로 인해 아쉬움과 아픔을 겪을 수도 있다. 어찌 되었든 남들과는 많이 다른 특이한 삶을 경험할 것이며, 대길(大吉)과 대흉(大凶)속을 살아갈 가능성이 큰 것이다.

10) 종격(從格)의 성패에 관하여

사주의 격에 종격(從格)이라는 것이 있다. 앞서 설명한 일행득기격(一行得氣格)은 오행으로 구분한 것이니 체(體)의 모습이 되고, 종격은 십신으로 구분한 것이니 용(用)이 된다. 같은 것 같지만 둘은 다르다.

일행득기격은 드물지만 한 개의 오행(일간 포함)으로 구성되어 있거나, 일간을 생해 주는 인성으로 구성된 것이고, 종격은 일간이 약하고 월지를 포함한 나머지 십신이 워낙 강할 때, 일간이 그 나머지 세력을 말 그대로 종(從, 쫓을 종)한다는 것을 의미한다. 다음의 설명에 비겁으로 구성된 종왕격은 제외됨을 미리 주지하고 살펴보도록 하자.

종격(從格)의 종류는 다음과 같다.

　종강격(從强格)-인성이 강하니 인성을 따라간다.
　종왕격(從旺格)-비겁이 강하니 비겁을 따라간다.
　종아격(從兒格)-식상이 강하니 식상을 따라간다.
　종재격(從財格)-재성이 강하니 재성을 따라간다.
　종살격(從殺格)-관성이 강하니 관성을 따라간다.

사주팔자는 8글자로 구성되는데, 이렇게 한두 개의 강한 기운이 왕성하니 이에 거스르지 않고 일간을 버리고 왕성한 십신을 따르게 된다. 의학에서 보는 희귀병 같이 드문 사례다. 실제 사주를 보면 제대로 된 종격 사주는 몇백 명 중에 1명, 몇

천 명 중에 1명꼴로 찾아보기가 힘들다. 보통의 의사라면 희귀병보다는 일반 사람들에게 많은 일반병에 대해 더 깊게 공부하는 것이 좋다. 그래도 학문이 깊어지면 그러한 일행득기격이나 종격에 대해서 알아두면 음양오행과 십신을 이해하는 데 도움이 된다. 드물지만 실제로 존재하는 사주이고, 가끔, 영화나 드라마에서 그러한 종격의 사주를 볼 수 있다. 이해를 쉽게 하기 위해 몇 가지 예를 들어보고자 한다. 종아격에 대해서는 전에 쓴 '명필 한석봉의 엄마는 계모였다'를 생각해 봤다.

〈석봉 천자문〉

자식의 뒷바라지와 그를 위해 헌신했던 한석봉의 어머니를 통해서 종아격을 볼 수 있다.

내가 생하는 것은 식상인데, 여자의 경우 자식이 되니, 자식에게 모든 것을 헌신하고 자식을 따라간다.

종아격은 현대에도 존재한다. 자식들을 위하여 재혼도 하지 않고, 본인의 인생보다는 자식의 인생에 초점을 맞추면서 헌신한다. 그러한 열정과 헌신이 보답받으면 좋겠지만, 나이가 들어서 자식에게 버림을 받는 부모도 많으니 안타깝다. 종아격은 전적으로 자식에게 달려있으니, 한석봉이 명필로 이름을 날리면 보상을 받고, 무명지인으로 사라지면 의미가 퇴색된다.

꼭 종아격이라서 그런 것만은 아니고 원국에도 식상이 강한데 대운에서 식상운이 오래 길게 들어오면 그러한 형태를 보여 준다.

〈일본 영화 〈가케무샤〉의 한 장면〉

1980년에 개봉한 일본 영화 〈가케무샤〉인데, 가케무샤는 그림자 무사라는 뜻이다. 주군의 암살 등을 대비하여 똑같은 복장과 외모로 대역을 맡은 인물의 상황을 다루었다. 자신의 삶도, 이름도 없이 관성에 종하는 모습이 된다. 자신의 상관인 전두환을 위해 절대적인 충성을 바치고 감옥에도 웃으면서 들어간 장세동 씨도 그러하다.

관성에 종한 종살격이 되는데, 이러한 종살격은 내가 속한 조직이나 리더가 성공하는가, 혹은 실패하는가에 따라 성패가 갈라지게 된다. 전두환을 따랐던 부하들은 쿠테타 이후로 고위직의 호사를 누렸고, 김재규를 따랐던 부하들은 형장의 이슬로 사라졌으니 희비가 엇갈리게 된다.

인성을 따르는 종강격도 그러하다. 내가 따르는 인성이 공인을 받으면 주류로 활약하지만, 다른 인성에 패한다면 이단이고 사이비로 몰려서 흉함을 면하기 어렵다.

〈니케아 종교 회의〉

기원전 325년 니케아 종교 회의에서 아나타시우스파의 삼위일체설이 공인되니, 반대편에 서 있던 아리우스파는 이단으로 몰려서 쫓겨나게 된다. 아리우스를 따르던 많은 이 역시 종교적인 박해를 면치 못하고 비주류로 낙인 찍혀서 어둠 속으로 사라지게 된다. 일반적인 삶에서 종강격은 인성이 너무 강하니 윗사람으로부터 받는 혜택도 많고 능력에 비해 오래도록 같이 갈 수 있지만, 자기 뜻을 펼치지 못한다는 어려움을 동반하게 된다. 심각해지면 부모의 능력과 보호 안에서 안주하는 마마보이, 마마걸이 될 수 있을 것이다.

종격의 사주가 극귀해지거나 극천해지는 이유는 팔자의 주인공이 자신이 아닌 인성(학파, 종단, 부모), 관성(조직, 회사, 리더), 식상(자식, 부하 직원, 후배), 재성(부친, 돈, 아내)에 의지해야 하기 때문이다.

자신의 운명을 자신이 결정하고 진행하지 못하니 아쉬움이 있지만, 팔자가 그렇게 구성되었으니 따르게 된다. 그 와중에 지혜를 발휘한다면 성공 가능성이 높은 인성, 관성, 재성에 투신하는 것이 좋고, 자식을 바르고 큰 인물로 키워 가는 것도 좋을 것이다.

사주팔자가 종격이라도 대운에 따라 영향을 받게 된다. 대운은 사주팔자를 둘러싼 큰 환경이기 때문이다. 종살격으로 살다가도 식상운이 들어오면 관성을 거부하고 뜯어 고치려고 할 수 있다.(중앙정보부장 김재규 씨) 종강격으로 살다가도 자신만의 종교를 창시할 수도 있겠다.(신천지 이만희 씨)

종재격이나 종아격으로 살다가도 아내나 자식에게 의지하지 않고 이제는 자신만의 삶을 살아가려는 평범한 사람들의 삶에서 우리는 사주팔자 원국의 글자들은 항상 대운의 영향을 받고 의식이 변한다는 것을 살펴볼 수 있는 것이다.

명리학을 공부하다가 막히고 답답해지면 책을 덮고 밖으로 나와 자연을 바라보거나 세상사 인간 군상들을 살펴보면 답을 찾을 수 있다. 자연의 기운과 흐름, 인간의 삶의 다양한 현상을 담은 것이 사주팔자이고 명리학이기 때문이다.

11) 화격(化格)의 성패에 관하여

화격(化格)은 사주의 격국에서 외격(外格)으로 분류되었다. 즉, 일행득기격이나 종격처럼 일반적이지 않은 모습이라는 것이다. 일간이 옆 글자인 월간과 시간의 글자와 합쳐 새로운 오행으로 변하는 것을 의미하는데, 오행을 기준으로 다루었으니 5개로 구분이 된다.
화목격(化木格), 화화격(化火格), 화토격(化土格), 화금격(化金格), 화수격(化水格)이다.

기존의 화격(化格)에 대한 설명은 오랜 세월 동안 이러한 현상에 대한 고민 없이 옛 것을 답습하는 형태를 벗어나지 못했다. 격국을 다룬『자평진전』의 일부분처럼 인식되는 경우도 많았다. 하지만 자평명리학은 화오행이나 납음오행을 거의 쓰지 않으니, 이는 후세의 누군가가 첨삭했을 가능성이 크다. 유명한 고서에 평전을 쓰거나 주석을 달면서 슬쩍 자기의 의견을 넣어서 원저를 수정하고 바꾸어서 정통성과 정당성을 인정받은 것이다. 물론 저작권이 없던 시절이니 가능할 법한 일이다. 대개 고서들은 원작자가 불분명한 경우가 많기 때문이다.

화격(化格)의 기본은 일간이 월간과 시간의 글자와 합하여 다른 오행이 되는데, 월지가 그 오행과 같아서 종격이나 일행득기격처럼 해당 오행의 기운으로 바뀐다는 것이 기본 프레임이다.

과연 그럴까? 실은 그렇게 단순하지 않다. 일간과 합을 한 글자의 월지와의 힘의 관계, 근묘화실에 따른 인생의 시기별 무게 중심이 어디에 있는가, 대운이라는 큰 환경이 합화하여 다른 오행으로 바뀌는 것을 지지하고 있는가의 복합적인 문제이기 때문이다. 또한, 일간이 양간인가, 음간인가에 따라서도 차이가 생길 것이다.

천간합에 대한 정리를 생각해 보자. 일부 역학자들은 갑(甲)목 일간의 경우는 월간의 병(丙)화와 년간의 신(辛)금이 병신(丙辛)합이 되어 못쓰거나 없는 글자가 된다고 말한다. 사주원국의 8글자는 나와 평생 함께하는 글자인데 천간의 네 글자 중에서 두 글자를 못 쓰거나 없는 글자가 된다는 것은 논리적이지 않다.

물론 합이 되니 그 글자의 고유한 역할과 활동은 약해지지만, 합으로 묶여서 극(剋)이 되는 임(壬)수나 정(丁)화가 들어올 때 보호받을 수 있다. 이 또한 음과 양의 모습이 된다.

병신(丙辛)합으로 묶여 있어도 월지가 무엇인가에 따라서 합의 주도권이 다르다. 월지가 오(午)화라면 합의 주도권은 병(丙)화 식신에게 있다. 나의 전문성으로 탄생한 독특한 아이템에 많은 기업들이 계약을 맺고 생산해달라는 모습이다. 반면에 월지가 인(寅)목이라면 신(辛)금 정관이 주도권을 가진다. 기업이나 관공서의 까다로운 요구사항과 옵션에 맞추어서 내가 생산하고 납품하는 모습이 될 것이다. 합이 되어 있더라도 주도권이 어디에 있는가를 살피는 것이 그런 이유이다.

일간과 합을 하는 것도 마찬가지다.

癸 戊 壬 己
亥 戌 午 丑

위의 사주라면 일간 무(戊)토가 시간의 계(癸)수와 무계(戊癸)합을 하여 화(火) 기운(인성)을 만들고자 하는 열망이 강한데, 월지에 오(午)화가 있으니 본부의 도움으로 화격이 되는 모습이다. 일간과 정재의 합이니 예를 들어, 재테크에 관심이 많아서 열심히 공부하여 자격증을 취득하거나 주식관련 책을 출간하여 명예와 명성을 읽는 모습으로 이해하면 쉽다. 월지를 기준으로 무(戊)토도 제왕이고 계(癸)수도 제왕이니 큰 사이즈의 화화격(化火格)이 된다.

戊 己 甲 丁
辰 酉 辰 未

위의 사주는 일간 기(己)토와 월간의 갑(甲)목이 갑기(甲己)합을 하여 토(土) 기운(비겁)을 만들고자 하는 열망이 강한데 쉽지 않다. 월지 진(辰)토에서 기(己)토 일간은 묘지가 되니 약하고, 갑(甲)목 정관은 쇠지가 되니 강한 모습이다.

합의 주도권을 갑(甲)목이 쥐고 있으니 합하여 화토격(火土格)이 되기 어려운 모습이다.

내가 직장 등 조직에서 활동하며 나를 따르고, 우호적인 내 편을 키우려고 하지만 조직에서 이를 주시하고 견제하는 모습으로 이해하면 좋다.

癸 丁 壬 癸
卯 未 寅 丑

위의 사주는 일간 정(丁)화와 월간의 임(壬)수가 정임(丁壬)합을 하여 목(木) 기운(인성)을 만들고자 하는 열망이 강한데, 둘 다 월지 인(寅)목에서 병지의 모습이고 해자축(亥子丑) 겨울에 함께 응축 하강하는 운동을 하니 시너지가 생긴다. 화목격(火木格)의 모습이 된다. 내가 회사나 대학의 전폭적인 지원을 받아서 혁신적인 논문을 발표하거나 신기술 개발에 성공하는 모습으로 생각하면 좋다.

화격(化格)의 성패는 일간이 합하는 글자와 월지와의 관계를 살펴보는 것이 가장 중요하다.

나카무라 슈지라고 하면 아는 사람이 거의 없을 것이다. 하지만 발광 청색 다이오드(LED)는 많은 사람이 알고 있으며 스마트폰, 브라운관, 도시의 광고판에서 쉽게 볼 수 있다. 청색 LED를 세계 최초로 개발한 사람이 나카무라 슈지 박사이다.

그는 1993년 발광 청색 다이오드(LED) 개발 이후로 니치아 화학 회사에 10억 달러가 넘는 매출을 올려 주었지만, 니치아에서 그에 지급한 것은 고작 포상금 2만 엔과 과장 승진에 그쳤다. 그나마 발명권도 회사에 귀속시켜서 국내에서도 크게 화제가 된 적이 있다. 그 이후에 회사를 나와 지루한 소송을 거쳐 2005년에 8억 4천만 엔의 금액을 회사로부터 받아냈고, 2014년에는 노벨 물리학상을 수상하기도 하였다.

위의 예를 설명한 이유는 일간과 합하여 나오는 오행은 이전의 오행과 다른 새로운 오행이며, 업그레이드된 오행임을 말하고 싶었기 때문이다. 나와 자본의 합으로 나온 신기술, 나와 관성의 합으로 나온 새로운 법이나 시스템, 나와 식상의 합으로 나오는 학문은 기존의 프레임을 깨고 패러다임을 전환하는 새로운 이론, 새로운 학문이 된다는 것을 보여 준다. 화격(化格)의 성패는 단순히 원국뿐만이 아니라 대운의 모습도 중요하다. 대운은 원국을 둘러싼 큰 환경이니 원국에서 화격을 이루었더라도 대운에서 받쳐주지 못한다면 어려운 상황에 처하게 될 것이다.

12) 격(格)과 용신(用神)-격의 고저(高低)

사주의 격의 고저(高低)는 사주원국을 보는 것이다.

따라서 대운, 세운과는 크게 상관이 없다. 또한, 태어날 때 가지고 나오니 격은 크게 바뀌지 않는다.

벤츠나 아우디급으로 태어난 차가 비포장도로를 달리는 고단한 삶이 있을 수 있고, 모닝이나 마티즈급으로 태어난 차가 고속도로를 달리는 편안한 삶도 있을 수 있다.

차도 튜닝을 하거나 엔진을 교체하여 업그레이드하듯이, 사주도 대운에 따라서 어느 정도의 격의 상승은 가능하다. 어느 쪽이 더 좋을까? 사람마다 다를 것이다. 사업이 망해서 반지하 단칸방에 살더라도 마지막 남은 자존심이라며 벤츠를 끝까지 붙잡고 있는 사람도 있을 테니 말이다.

사주는 체(體)로서 귀천은 없다. 대한민국은 귀하고 천한 사람이 구별되는 신분제의 사회는 아니기 때문이다. 하지만 격은 존재한다. 쉽게 이해하기 위해 한우의 등급을 가지고 이야기해 보자.

육색, 지방색, 조직감, 성숙도에 따라 6단계로 나눌 수 있다. 1++, 1+, 1, 2, 3, 등외 등급으로 나뉘며 등급이 높을수록 육질이 부드럽고 깊은 맛을 낸다고 한다. 등급에 따라 가격의 차이가 나는데, 한우와 수입산이 가격 및 품질의 차이가 있듯이, 또 그 안에서도 세분화된다. 특히, 근육 속의 지방 조직인 마블링이 등급을 정하는 데 큰 영향을 끼친다. 다만 최근에는 마블링을 기준으로 등급을 정하는 것에 이견이 많아져서 조정하려고 하는 움직임이 있다. 육류의 소비가 적어서 기름이 적당한 고기가 높은 등급을 받던 시절과 육류의 소비가 많아져서 건강, 다이어트가 중요한 시절의 등급의 개념은 다르기 때문이다.

사주도 마찬가지다. 마블링 등급 적용의 중요성이 변화하듯이, 격의 고저도 달라져야 한다.

특히 새 12운성의 적용으로 인한 음간들[을(乙)목, 정(丁)화, 기(己)토, 신(辛)금, 계(癸)수]의 월지와의 관계가 달라지니, 격의 고저도 이에 따라 변하고 발전하는 것이다.

첫째, 월지를 기준으로 천간의 글자들과의 관계와 십신을 살펴본다.

천간의 글자가 월지에서 록왕쇠면 격이 높은 것이다. 더 세분하면 '제왕>건록>쇠지'의 모습이 될 것이다. 일간만을 보는 것이 아니라 일간을 기준으로 하여 다른 십신도 같이 보는 것이다.

요즘 <싱어게인>이란 오디션 프로그램을 보면 많이 들어 보고 누구나 알 만한 유명한 노래인데, 정작 가수 이름을 모르는 경우가 많다. 일간은 월지에서 절태양인데, 월간의 식상이 월지에서 록왕쇠이면 그렇다.

절태양의 모습이니 일간(주인공)은 보이지 않지만, 일간이 만든 곡이나 노래(식상)는 록왕쇠의 모습으로 많은 사람이 알게 되고 유명해진다.

둘째, 천간의 글자들이 시너지 효과를 내면 격이 높아지게 된다.

사람들만 시너지 효과를 내는 것이 아니라 천간의 글자들도 시너지를 내는 글자들이 있다.

갑(甲)목+신(辛)금(봄), 을(乙)목+경(庚)금(가을), 병(丙)화+무(戊)토+계(癸)수(여름), 임(壬)수+정(丁)화+기(己)토(겨울)가 그렇다.

천간에 갑(甲)목과 신(辛)금이 떠 있는데 월지가 인묘진(寅卯辰)으로 록왕쇠라면 하나만 있는 것보다 격이 높을 것이다.

봄에 갑(甲)목은 눈에 보이는 밖에서 상승 확산을 하고, 신(辛)금은 눈에 보이지 않는 안에서 상승 확산을 하니 시너지가 생긴다. 천간에 병(丙)화, 무(戊)토, 계(癸)수가 있는데 월지가 사오미(巳午未)라면 격이 높은 것이다. 여름에 병(丙)화와 무(戊)토가 눈에 보이는 밖에서 더 상승하고 더 확산할 때, 계(癸)수가 내부에서 같이 더 상승하고 더 확산하며 무더운 여름에 수분을 공급하기 때문이다.

셋째, 천간의 글자들이 월지에서 생욕대인데, 대운이 록왕쇠로 흐르면 격이 업그레이드될 수 있다.

생욕대 그 자체는 록왕쇠보다 약하지만, 그래도 나름대로 힘을 가지고 있다. 대운이 록왕쇠로 흐른다면 타고난 글자를 200% 잘 쓸 수 있으니 격이 상승하게 된다. 생욕대는 배우고 익히며 자기 차례를 준비하는 학생, 신입사원, 대타 요원과 같은데 그 차례가 온 것이니 격이 상승하게 된다.

넷째, 천간의 글자가 양간의 간여지동으로 있으면 격이 높아진다. 갑인(甲寅), 경신(庚申), 임자(壬子), 병오(丙午)와 같은 구성을 의미한다. 일주, 시주보다 년주, 월주면 좀 더 높다. 근묘화실 관법에 의해 사람이 살아가는 시기에 따라 마음의 중심이 달라지는데, 국가 단위, 사회 단위인 년월주의 간여지동은 이상과 포부를 펴기에 유리하기 때문이다. 초년, 청년, 장년, 중년의 시기에 마음과 현실이 함께 이루어지니 이상과 현실이 달라서 고민하지 않아도 된다.

다섯째, 격의 고저에 앞서서 음양을 먼저 살펴야 한다. 격이 높더라도 음양의 균형이 깨져 있다면 격이 높다는 것이 큰 의미가 없다. 음양의 균형은 조후와 다름이 없다. 냉동 창고에 얼음이 가득 있어도 여름이 오지 않으면 팔리지 않는다. 보일러를 잘 만들어도 겨울이 오지 않으면 창고에서 쌓이는 먼지와 함께 묶여 있을 것이다.

여섯째, 월지가 생왕묘에서 왕지의 글자인 자오묘유(子午卯酉)라면 격이 높다. 왕지는 각 계절의 절정이며 가장 왕성한 시기를 의미한다. 왕성한 추진력과 자존심이 강하고 운에 따라 흔들리지 않으니 강한 대세 주도력을 가지고 있다.

己 辛 壬 壬 (남명 48세)
丑 丑 子 子

월지 자(子)수 기준 천간의 임(壬)수 상관이 제왕이고, 기(己)토 편인이 제왕이며 신(辛)금 일간이 목욕인 모습이다.
격이 높은 모습이지만 음양의 균형, 즉 조후가 극단적으로 치우쳐 있으니 높은 격을 잘 쓰기 어렵다.
얼음 왕국에서는 사람이 모여서 문명을 만들기 어렵다. 조후가 맞추어지는 사오미(巳午未) 대운이 들어올 때 발복할 수 있다.

戊 戊 壬 壬 (남명 58세)
午 戌 子 寅

월지 자(子)수 기준 월간의 임(壬)수, 년간의 임(壬)수가 제왕이 된다. 자(子)월의 무(戊)토로 정재격인데 천간에 임(壬)수가 투간되어 편재격으로 바뀌었다. 시지에 오(午)화가 있어서 약하지만 조후도 맞추어진 모습이다. 43세 정사(丁巳) 대운의 시기에 시중 은행의 임원으로 승진하였다.

壬 戊 己 丁 (여명 44세)
戌 子 酉 巳

월지 유(酉)금을 기준으로 시간의 임(壬)수, 월간의 기(己)토, 년간의 정(丁)화가 모두 목욕이 된다. 록왕쇠는 아니지만, 목욕이니 다소 힘이 있는데, 겨울 해자축에 활동하는 글자들로 구성되어 있으니 강한 시너지가 생긴다. 대운이 13세부터 해자축(亥子丑)으로 흘렀고 천간도 23세부터 임계(壬癸)수로 흘렀다. 골프 여제 박세리 씨의 사주이다.

13) 조후(調候)에 대한 이해

명리학에서 조후는 음양과 다름이 없다. 조후가 너무 한쪽으로 치우쳐져 있으면 삶의 활력이 떨어지게 된다. 너무 더운 적도 지방이나 너무 추운 극지방에서는 사람이 살기가 어려우니 문명과 문화가 발달하기가 어렵다. 아무리 격이 높더라도 조후가 맞지 않으면 높은 격을 제대로 쓰기가 어렵다는 의미이다.

금수(金水)로 이루어진 사주는 추운 사주이니 화(火)를 필요로 한다.
반면에 목화(木火)로 이루어진 사주는 더운 사주이니 수(水)를 필요로 한다.

이는 생존과 관련이 있으니 격을 뛰어넘고 십신을 가리지 않는다.
상관과 정관이 만나면 백 가지가 위태롭다는 '상관견관 위화백단'을 주기도문처럼 외우는 역술가도 조후 앞에서는 '금수상관 희견관'을 주장한다. 금수상관은 관성인 화(火)를 만나면 반긴다는 의미다. 당장 추워서 죽게 생겼는데, 태양이든 난로든 무얼 가리겠는가? 핫팩이라도 감사하게 반길 것이다.

따라서 금수의 차가운 사주는 운으로 화(火) 대운을 만나면 발복할 수 있다.
시베리아의 동토에도 여름이 찾아온 것이다. 얼어붙은 땅이 기지개를 켜고 생명력이 생긴다.
목화의 뜨거운 사주는 운으로 수(水) 대운을 만나면 좋을 것이다. 뜨거운 적도의 사막에 드디어 기다리던 비가 내린 것이다. 초원에 오래 지속된 건기로 강이 마르고, 초목이 시들고, 생명체들이 허덕일 때, 우기가 시작되니 삶의 희망이 생긴다.

음양이 조후이고, 조후가 음양이다. 숨을 들이쉬고 내쉬는 게 음양이고, 봄, 여름, 가을, 겨울이 바뀌고 순환하는 것이 조후이다. 나타났다가 사라지는 것, 올라갔다가 내려가는 것, 먹었다가 배설하는 것, 태어났다가 흙으로 돌아가는 그 모든 것이 음양 운동의 모습이다. 인간의 삶이 다양하고 파란만장한 것 같지만, 억만년 동안 변함없는 자연이라는 긴 세월 속에서 보면 아주 단순하다. 태어나서 활동하고 결혼하고 자식을 키우며 살다가 언젠가는 죽는다는 기본적인 틀에서 보면 다들 대동소이하기 때문이다.

음양 운동은 소중하고, 이와 같은 조후 역시 중요하다. 우리는 너무나 자연스럽게 숨을 들이쉬고 내쉬는 호흡을 하지만, 호흡기, 천식, 폐 질환 환자들에게는 그러한 자연스러운 호흡이 소중하게 느껴질 것이다. 우리가 쉽게 마시는 깨끗한 물도 아프리카의 누군가에게는 그림의 떡이다. 그들은 땅에 고인 오염된 물조차도 생존을 위해서 마신다. 가끔은 자연스럽게 호흡하고 아무 생각없이 마시는 공기와 물에 고마워해도 괜찮을 것 같다.

14) 외전-나는 신강(身强)할까, 신약(身弱)할까? 자가진단법

본인이 신강한지, 신약한지를 물어보시는 분이 많다.

19세기 서락오 선생의 『자평진전』 평주에서는 전개한 용신 중에서 억부용신을 다루고 있다.

서락오의 억부용신 등의 용신론은 일본으로 넘어가 널리 퍼졌으며 일제치하의 우리나라에도 들어와 당대의 역술가들에게 많은 영향을 주었다. 신강과 신약은 2000년 초반에 용신론이 강세를 보이고 억부론이 대세였을 때 많이 등장했던 화두이고, 지금도 어느 정도 그러한 잔재가 남아있다.

저에게 수업을 듣는 분들도 예전에 배운 분들이 많아서 역시 이를 물어본다. 그럴 때면 저는 역으로 이렇게 질문한다.

"어떠세요? 선생님은 본인이 신강하다고 생각하나요, 아니면 신약하다고 생각하

57

1. 격(格)과 용신(用神)

나요?"

　일단 신강하냐, 신약하냐를 물어보는 것은 다소 유치한 감이 있다.
　마치 예전에 인간은 태어날 때부터 악한가, 선한가를 따진 성악설과 성선설의 토론 같기도 하다.
　세상이 옳은가, 그른가를 따지는 것 같기도 하다.
　전 세계에 약 70억 명의 다양한 인간들이 살고 있는데, 이들을 신약과 신강이라는 이분법으로 나누는 것 같다. 수많은 사람이 함께 살아가니 자기 뜻대로, 자기 생각대로 밀어붙이고 주변의 이야기나 세상의 여론을 뭉개는 트럼프 같은 사람도 있고, 자기의 소신과 의지 없이 명령과 지시에 따라서 주관 없이 살아가는 사람도 있다. 이 시점에서 신강과 신약을 구분하는 방법을 하나 알려드릴까 한다.
　굳이 사주를 안 봐도 쉽게 알 수 있다.

　내가 타인의 의견과 견해, 조언에 귀를 기울이는가? 타인과 의견 충돌이 있을 때, 타인의 견해를 어느 정도 수용하고 절충하려는 성향이 있는가? 트러블이 생겼을 때, 서로의 의견을 조율하고 협의하여 덜 먹고, 덜 잃거나 또는 모두가 승리자가 되는 것을 바라는가? 타인의 충고와 조언, 가르침을 존중하며 행동하고 결정하는가? 그렇다면 신약한 편이다. 그리고 내 주장이 약하거나 없고, 남의 의견과 결정에 반박하지 못하고, 그대로 줏대 없이 따라가며 일이 잘못되었을 때는 조상 탓, 부모 탓, 남 탓, 팔자 탓, 신세타령을 하는 분들은 극신약한 사주의 모습이다.

　내가 타인의 견해나, 의견, 조언 등을 귀담아듣지 않는가? 나의 의견, 소신, 의지가 나의 행동과 결정에 더 큰 영향을 주는가? 뭔가 잘못되어 간다는 느낌을 받지만 그래도 밀어붙이고 자신의 실수나 잘못을 인정하고 싶지 않은가? 부모나 윗사람들의 이야기가 꼰대의 잠꼬대처럼 들리고, 시대와 동떨어진 구닥다리로 느껴지는가? 트러블이 생겼을 때 상대방을 쓰러뜨려 짓밟고 올라가서 승자 독식을 꿈꾸는가? 그렇다면 신강한 편이다. 의견과 결정을 할 때 나의 주장이 거의 반영되며, 또한 그것을 강력하게 주장하고 늘 잘못되면 내가 책임지겠다고 호언장담하고, 큰소리치며, 잘못되었어도 본인의 잘못을 인정하지 못하는 것은 극신강한 사주의 모습이다.

원국은 타고난 나의 성향, 기질, 성격을 의미한다. 사주팔자를 둘러싼 큰 환경인 대운에 따라서 신약한 사람이 신강해지기도 하고, 신강한 사람이 신약해지기도 한다. 늘 자기 마음대로 고집을 부리던 사람이 어느 때는 타인의 의견을 수용하여 따르고, 늘 타인의 의견을 수용하고 그대로 따랐던 이가 어느 때는 전혀 다른 사람처럼 자기주장을 고집하고, 자기 목소리를 내기도 한다. 이는 운의 변화에 따라서 새로운 기운이 들어와 사람을 변화시켰기 때문이다. 그러니 큰 의미를 부여할 것은 아닌 것 같지만, 그래도 많은 분이 궁금해하니 구분하는 방법을 남겨놓는다.

아! 물론 신강과 신약도 음양오행, 십신의 구성에 따라 다양한 경우의 수가 생기지만, 다 쓰자면 너무 길어지므로 명리학을 안 배우셨거나 초급자분들을 대상으로 하여 대략적으로 적어 본다.

근묘화실(根苗花實) 관법
– 사주명리 패러다임의 전환

1) 왜 근묘화실(根苗花實) 관법인가?

근묘화실은 명리학에 입문하는 사람들이라면 누구나 배우고 지나가는 부분이다. 사주팔자의 총 4가지 기둥에서 년주(年柱)를 초년 시절, 월주(月柱)를 청년 시절, 일주(日柱)를 장년 시절, 시주(時柱)를 중년 이후의 노년 시절로 본다는 이론이다. 이 부분에 대해서는 어느 누구도 이의가 없으리라고 생각한다. 그런데 과연 기초 부분에서 배운 근묘화실을 실제 감명에서는 제대로 쓰고 있을까? 정말 중요한 부분인데 수박 겉핥기식으로 넘어가는 것은 아닐까?

허주가 말하는 근묘화실 관법은 여러분이 알고 있는 것과는 차이가 있다.
일간을 기준으로 보는 관법에 이의를 제기하고, 인생의 각 해당 시기의 천간이 일간처럼 주인공이 되어 십신을 재배치하는 것이 핵심이 된다.

초년 시절은, 년간이 기준이 되어 십신을 바꾸어서 본다. 즉, 초년 시절의 마음은 년간이 중심이 된다.
청년 시절은, 월간이 기준이 되어 십신을 바꾸어서 본다. 즉, 청년 시절의 마음은 월간이 중심이 된다.
장년 시절은, 일간이 기준이 되어 십신을 본다. 이것은 동일하다.
중년(노년) 시절은, 시간이 기준이 되어 십신을 바꾸어서 본다. 즉, 중년(노년) 시절의 마음은 시간이 중심이 된다.

일간 중심의 감명법은 1000년 님세 전해져 내려왔으니 어떻게 보면 파격적이다.

오랜 세월 동안 일간 중심으로 감명했던 역술인들에게는 충격적인 이론일 수도 있다.

하지만 서자평 선생의 자평명리학이 나오기 전에는 어떠했을까?

일간 중심이 아닌 년간 중심의 감명을 했으며 태어난 해의 띠를 중시한 삼명법 (당사주)이 대세였다.

우리는 서자평 선생의 자평명리학을 표방한 명통부를 기점으로 고법과 신법으로 나누게 되었다는 것을 기억해야 한다.

일간 중심의 자평명리학의 이론이 나왔을 때도 많은 이에게 정신적인 충격을 주었을 것이라고 예상할 수 있다. 신분에 따라서 사람의 운명이 결정되는 고대 사회를 지나 송대 초기는 학문을 익힌 사대부의 대두로 개인의 능력도 중요한 시대를 맞이하여 일간 중심의 관법이 대두된 것은, 시대적인 흐름을 읽은 서자평 선생의 혜안과도 같다. 여기서 우리는 일간 중심의 관법이 고정불변의 진리가 아니라, 명리학의 발전과 시대 상황의 변화에 따라 년간 중심에서 일간 중심으로 발전해 왔다는 것이 팩트임을 알 수 있다.

허주의 근묘화실 관법은 이러한 일간 중심의 관법을 부정하는 것이 아니다.

배우자를 만나 결혼하여 일가를 이루고, 자식을 키우는 일주의 시기는 오랜 세월 동안 한 사람의 중심이 되는 것이 당연하다. 년주+월주가 부모의 그늘과 보호 속에 살아온 삶의 전반전이라면, 일주+시주는 후반전이고 독립된 개체로 사회의 구성원으로서 당당한 역할을 담당하니 중요하다.

하지만 나이가 어리건, 미혼이건 모두 일간을 기준으로 감명을 하는 관법에는 문제가 있다.

시간으로 따지면 년주의 초년 시절과 일주의 장년 시절은 최소 십수 년의 시간적인 차이가 발생하기 때문이다. 일간의 기준에서는 년주가 먼 과거고, 월주가 가까운 과거의 모습이 되니, 인생이라는 긴 흐름 속에서는 맞을 수 있지만, 당장의 초년 시절의 모습과 상황, 청년 시절의 모습과 상황을 설명하고 감명하는 데는 어려움이 생긴다. 10살 초등학생에게 생긴 학폭(학교 폭력) 위원회의 진행과 과정을 먼 미래의 일간의 시점에서 설명하니 맞지 않는다. 20대 중반의 미혼 여성에게 올해, 내년의 취업운이나, 이성운도 맞지 않는다. 이들에게는 일간 중심의 감명은 가까운 미래, 먼 미래의 모습이니 현실의 모습이 반영되지 않는다. 그래서 아마도 어린이 사주나 젊은 사람의 사주는 보지 않는다는 말이 생겼는지도 모른다.

왜? 적중률이 떨어지니 뭔가 변명할 이유가 필요하기 때문이다.

어린이 사주를 보면 부모가 아이를 좌지우지하니 안 좋다는 설명은 구차하기까지 하다. 그렇다면 신생아 택일이나 작명은 왜 하는가? 사주는 결혼한 후에 보라는 말은 비루하기까지 하다. 사주는 결혼 이후 장년들만의 전유물이 아니다.

근묘화실 관법은 환경의 큰 변화인 결혼을 기준으로 월주와 일주를 나누었지만, 부모로부터 경제적인 독립을 했는지 혹은 영향력이 감소되었는지를 세부적으로 살펴야 한다. 특히, 30세가 넘고 경제적, 일상의 생활이 부모로부터 독립된 미혼 분들은 일주와 월주를 걸치는 경우가 많으니 보기가 쉽지 않다. 세운의 흐름 속에 월간과 일간의 반응과 변화를 살펴보면 좀 더 정확할 수 있다.

2) 사주명리학은 시대의 상황을 반영해야 한다

20~30대 젊은 분들의 관심을 받으면서 사주명리학이 점차 양지의 학문으로 나아가고 있다.

많이들 보는 유튜브 등에서도 30대 젊은 역학인들이 적극적으로 명리학을 전파하고 있다.

이전에는 주로 기혼 여성분들이 사주를 보면서 본인이나 남편의 승진이나, 재물, 건강을 많이 물어보셨다면, 작년부터 미혼 분들의 사주감명이 2~30%로 늘어났고 앞으로 더 늘어날 것이다.

많은 미혼인 젊은 분들의 사주를 감명하면서 일간 중심의 감명이 현재의 모습을 제대로 반영하지 못한다는 것을 절실하게 느꼈다. 긴 흐름의 미래도 알고 싶지만, 당장의 재물, 취업, 승진, 이성운을 보기 위해서는 월간을 살펴야 한다는 것을 임상 끝에 새삼 느끼게 되었다.

그리하여 미혼 사주의 다양한 고찰과 연구, 임상을 통한 감명을 통해서 근묘화실 관법을 표방하게 된 것이다. 아주 새로운 학설이나 이론이 아니다. 나에게 와서 오랜 세월 동안 전수를 받아야 하는 것은 더욱더 아니다. 이는 마치 콜럼버스의 달걀과도 같다.

신대륙을 발견한 콜럼버스에게 누군가가 "당신은 그냥 서쪽으로 항해한 것이 전부 아니냐? 그렇다면 누구라도 아메리카를 발견했을 것이다."라고 비아냥거리자 콜럼버스는 달걀을 주며 테이블에 세워보라고 했다. 아무도 세우지 못하자 끝을 깨서 달걀을 세웠다. 여러분도 그 일화를 생각해 보시길 바란다.

오랜 세월 일간 중심으로 감명을 배웠고, 또한 많은 이들을 감명했으며, 그렇게 가르쳤기 때문에 우리의 머릿속에는 고정관념이란 것이 깊게 자리 잡고 있다.

고정관념을 깨면 알에서 깨어난 새처럼 새로운 세상을 볼 수 있다.

수천 년 동안 믿어 왔던 태양이 돈다는 천동설도 과학과 지식의 발전으로 틀렸다는 것을 알게 되었듯이, 앞으로 전개될 근묘화실 관법에 대한 설명은 부디 고정관념을 깨고, 선입관과 편견을 버리고 보는 것이 좋겠다.

역학 갤러리의 어느 회원분이 "왜 허주는 사주를 창조하느냐?"라고 비판하는 글을 올렸기에 답글을 달아드렸다. 타임머신이 있다면 그분을 1000년 전 송대 초 서자평 선생님에게 보내드려 저에게 했던 이야기와 같은 이야기를 해 주셨으면 좋겠다고 말이다.

"왜 서자평은 사주를 창조하느냐?"

오랜 세월 동안 내려온 년주 중심의 삼명법(당사주)을 일간 중심의 자평명리학으로 바꾸신 분이기에….

3) 인생에는 3번의 큰 변화가 있다

〈표 1. 근묘화실(根苗花實)의 상징과 의미〉

	시주(時柱)	일주(日柱)	월주(月柱)	년주(年柱)
근묘화실	실(實)-열매	화(花)-꽃	묘(苗)-싹	근(根)-뿌리
인생의 시기	중년(약 46세 이후~) 또는 61세 이후~	장년(약 31~45세) 또는 41세~60세	청년(약 16~30세) 또는 20세~40세	초년(약 1~15세) 또는 1~20세
계절	겨울	가을	여름	봄
하루	밤	저녁	낮	아침
가계(家係)	자식, 부하 직원	나, 배우자	부모, 형제, 자매	조부모, 조상

근묘화실(根苗花實)의 대략적인 상징과 의미를 표로 만들어 보았다.

많은 명리 서적에서 일간을 사주팔자의 주인공이라고 하는데, 꼭 그런 것만은 아니다. 사주팔자 천간의 글자들은 모두 명주의 드러난 마음, 생각, 의지, 욕망이며 남들이 보는 나의 겉모습이자 포장지와 같다. 년간-월간-일간-시간으로 순차적으로 나의 마음, 생각, 의지, 욕망의 무게 중심이 바뀌어 간다.

지지는 명주의 현실이고 살아가는 무대가 되며 포장지 안의 내용물과 같다.

모두 나의 글자이니 년지-월지-일지-시지로 순차적으로 현실과 무대의 무게 중심이 변해 간다.

<표 2. 사주의 시기별 무게 중심>

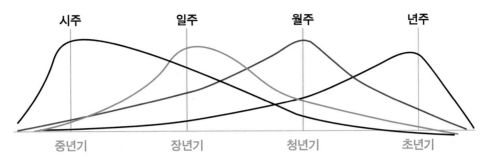

<table>
<thead>
<tr><th>시주</th><th>일주</th><th>월주</th><th>년주</th></tr>
</thead>
<tbody>
<tr><td>중년기</td><td>장년기</td><td>청년기</td><td>초년기</td></tr>
</tbody>
</table>

년주는 초년기 사주팔자의 무게 중심이고 절정이었다가 청년기-장년기-중년기로 흘러가면서 점차 약해진다. 마치 가문, 집안 환경, 조부모가 초년 시절에 큰 영향을 끼치다가 청년, 장년으로 흘러가면서 덜 중요해지는 것과 같다. 물론 덜 중요해지는 것이지, 아예 사라지는 것은 아니다. 말 그대로 근(根), 뿌리이니 청년과 장년에도 지대한 영향을 끼치게 된다. 인생의 전반전의 과정과 같다.

월주는 초년기에서 대기하고 있다가 본격적으로 청년기가 오면 사주팔자의 무게 중심이고 절정이었다가, 장년기-중년기로 흘러가면서 점차 약해진다. 월주는 사회적인 자리이니 열심히 직장 생활을 하고, 사회적인 활동을 하다가 퇴직하거나, 실직, 자기 사업을 준비하면서 사회적인 활동보다는 개인의 삶을 중시하는 모습과 같다. 인생 전반전의 결과와 같다. 과정인 년주에 학업 및 미래를 위해서 잘 준비했다면 결과도 알차다.

일주는 초년기, 청년기를 살다가 배우자를 만나 결혼과 함께 장년기에 접어들면 사주팔자의 무게 중심이고 절정이었다가 정년퇴직, 은퇴 등으로 사회적 활동(用)이 줄어들고 자녀 문제, 가정의 일(體)등으로 무게 중심이 시주 쪽으로 흘러가게 된다. 인생 후반전의 과정과 같다. 이 시기에 건강관리, 노후 준비, 자식 농사를 잘 준비했다면 후반전의 결과인 시주 쪽이 알차다.

시주는 년주-월주-일주의 시기, 즉, 초년기-청년기-장년기를 지나 중년기(노년기)

에 접어들면 사주팔자의 무게 중심이 되고 절정의 모습으로 살아가게 된다. 경제적인 활동의 중단, 건강 악화나 노화로 인해 자식에게 의지하는 시기가 된다. 마치 년주의 시절에 부모에게 의지했던 시기와 같다고 보면 된다. 자녀뿐만 아니라 손자, 손녀를 볼 수 있는 나이가 되고 이들(손주)에게 본인이 어린 시절 보았던 년주의 모습으로 다가와 조부모, 조상, 가문, 가풍의 역할을 하게 되면서 인생을 마감하게 되는 모습이다. 자연도 끊임없이 순차적으로 순환하듯이 사람의 삶도 이렇게 년주, 월주, 일주, 시주로 순차적으로 흘러가게 된다.

사주에서는 대운이 10년마다 바뀔 때를 교운기라고 하여 삶에 큰 변화가 생긴다고 말한다.

하물며 년주에서 월주로, 월주에서 일주로, 일주에서 시주로 옮겨가는 시기의 변화는 말할 나위가 없다. 우리 인생에는 그러한 엄청난 삶의 변화가 3번 찾아온다.

첫 번째로, 초년 시절 년주에서 청소년, 미혼 시절의 월주로 넘어갈 때 극심한 변화가 생긴다.

목에서 화로 넘어가게 되는 것을 의미하며 양이 극단적으로 팽창하고 확산하는 시기가 되는데, 그것을 우리는 사춘기라고 한다. 교육학에서는 질풍노도의 시기라고도 부른다. 착하고 순했던 아이가 갑자기 부모나 선생에게 반항을 하고 친구들끼리 어울리며 말을 듣지 않는다. 양의 기운(비겁, 식상)이 폭발적으로 증가하니 양의 기운을 통제하고 가두려는 음의 기운(관성, 인성)의 통제를 저항하고 거부하려는 기운이 찾아오기 때문이다. 양의 폭발적인 증가로 여드름도 생기고, 변성기가 찾아오며, 이차 성징이 뚜렷해지는 시기이다. 한 해에 10㎝ 이상 키가 훌쩍 자라기도 한다. 이렇게 찾아온 큰 변화에 아이도 당황하게 되고, 통제가 쉽지 않다. 원국에 목화의 양의 기운이 강한 아이라면 더 심하고 혹독하게 보내게 된다.

두 번째는, 월주에서 일주로 넘어갈 때이다.

화토에서 금으로 넘어가게 되는 것을 의미하며 그러한 변화를 결정짓는 것은 결혼이다. 옛날부터 결혼을 인륜지대사라고 말한 것은 그러한 이유에서이다. 첫 번째 변화보다도 너 큰 환경의 변화가 도래하는데, 전반전에서 후반전으로 넘어가는 것을 의미하고, 지구의 공전에서 자전으로 넘어가는 것이다. 부모의 영향력에서 벗어나 배우자를 만나서 하나의 가정을 이루고 자식을 얻게 된다. 년주-월주의 인생의 전반전이 끝나고 일주-시주 인생 후반전의 시작을 알리는 것이다. 전반전에 자신에게 가장 큰 영향을 끼친 것이 부모, 형제였다면, 후반전은 배우자와 자식이 된다. 라이프 스타일, 삶의 가치관에 변화가 오는데 누군가의 자식이 된 것은 내 의지와 상관없이 이루어졌지만, 누군가의 배우자, 부모가 된 것은 자신의 선택이니 자신의 인생을 스스로 결정하고 책임을 지며 배우자와 자식을 부양하며 살아가게 된다.

세 번째는, 일주에서 시주로 넘어갈 때이다.

사회와 직장에서 은퇴하는 시기이며, 경제적인 활동이 끝나는 시기를 말한다. 아프거나 병들어서 자식에게 더 많이 의지하게 되면 이 시기로 더 빨리 넘어가게 된다. 어린 시절에 부모 손을 붙잡고 병원에 갔다면, 이번에는 자식이 나의 보호자가 되어 병원에 가게 되는 시기이며, 년주에 부모의 경제적인 도움으로 생활을 했다면, 시주의 시절에는 자식의 경제적인 지원에 의지하는 시기가 된다. 년주의 시절에 본인이 바라보았던 조부모의 모습과 같이, 시주의 시절에는 손주들이 자신을 조부모로 인식하며 바라보게 된다.

4) 사주(四柱)의 시기별 해석과 의미

년주는 사주팔자의 근(根, 뿌리 근)에 해당한다.

인생의 시기로는 약 1세~15세가량을 의미하며, 가계(家係)의 의미로는 조상, 부모가 된다.

어린 시절을 의미하며 집안의 가풍이나 전통 등에 영향을 많이 받게 되는데, 하루 중에는 아침, 일 년 중에는 봄에 해당한다. 년주와 월주는 지구의 공전과 관련이 있는데, 년주는 비교적 규모가 큰 국가를 의미한다. 어떤 이는 한국에서 태어나고, 또 어떤 이는 아프리카에서 태어나는데, 같은 사주라도 삶에 큰 차이가 생기니 이는 년주와 관련이 있다.

사주팔자를 월주와 일주 사이를 기준으로 전반전(년주, 월주), 후반전(일주, 시주)으로 나누는데, 년주는 전반전의 과정, 활동, 노력 등이 된다. 간단히 설명하자면, 학창 시절에는 체력을 기르고, 학업에 매진하여 노력하는 모습이 되는데, 그러한 노력과 활동의 결과물이 월주의 모습으로 나타나게 된다.

년주의 시기에 자기의 꿈을 위해 열심히 공부하고 체력을 키웠다면, 월주의 시기에 좋은 직장에 취직하거나 자신의 꿈을 잘 펼칠 수 있다. 이 시기에는 년간이 주인공이 되니 년간을 기준으로 십신을 재배치하여 보면 현재의 모습을 반영할 수 있다.

월주는 사주팔자의 묘(苗, 싹, 줄기 묘)에 해당한다.

인생의 시기로는 약 16세~30세가량을 의미하며 가계(家係)의 의미로는 부모, 형제, 자매가 된다.

미혼의 청년 시절을 의미하며, 부모의 성향이나 경제 규모, 형제자매의 영향을 많이 받게 되는데, 하루 중에는 낮, 일 년 중에는 여름에 해당한다. 년주와 월주는 지구의 공전과 관련이 있는데, 월주는 년주 다음으로 규모가 큰 사회를 의미한다. 어떤 이는 서울에서 태어나고, 또 어떤 이는 작은 섬에서 태어났다면 살아가는 모습과 직업 선택 등에서 큰 차이를 보이게 되는데 이는 월주와 관련이 있다.

사주팔자를 전반전(년주, 월주)과 후반전(일주, 시주)으로 나누는데 월주는 전반전의 결과물이고 결실이 된다. 년주의 시절에 학업을 게을리하고 유흥을 즐기면서 살았다면 월주의 시기에 취업이 안 되거나 본인이 원하는 직업 또는 직장에 들어가기가 요원하다. 이 시기에는 월간이 주인공이 되니 월간을 기준으로 십신을 재배치하여 보면 현재의 모습을 반영할 수 있다. 위의 나이는 일반적인 것이다.

사주는 개별론이니 개인의 상황에 따라서 20대 초반에 결혼하면 일주의 시기로 빨리 넘어가게 된다. 반면에 결혼이 늦어지면 일주의 시기로 가는 것이 느려지게 된다. 물론 그렇다고 해서 일주로 넘어가지 않는 것은 아니다. 결혼하지 않는 비구승이나 가톨릭의 신부에게 일주, 시주가 없는 것이 아니기 때문이다. 미혼인 경우는 부모와의 독립 여부 및 경제력 등을 살펴야 한다.

일주는 사주팔자의 화(花, 꽃 화)에 해당한다.

인생의 시기로는 약 31세~45세가량을 의미하며, 가계(家係)의 의미로는 배우자, 본인이 된다.

장년 시절을 의미하며, 부모의 품을 떠나 배우자를 만나서 가정을 이루면서 주체적으로 삶을 살아가는 모습으로 배우자의 영향을 많이 받게 된다. 하루 중에는 저녁, 일 년 중에는 가을에 해당한다.

일주와 시주는 지구의 자전과 관련이 있는데, 일주는 가정과 개인, 사적인 공간을 의미한다. 서울에 살더라도 어떤 이는 타워펠리스에 살고, 또 어떤 이는 낡은 빌라에 사는데 이는 일주와 관련이 있다.

일주에서부터 인생의 후반전이 시작되는데, 그 기준은 배우자를 만나서 부모의 품을 떠나 독립적인 가정을 이룰 때이다. 결혼을 인륜지대사(人倫之大事)라고 하며 중요시하는 이유는 바로 이 때문이다.

사람마다 결혼의 시기가 빠르거나 늦을 수 있으니 나이를 떠나서 일주로 무게중심이 작동되는 시기가 차이가 있을 수 있다. 물론 결혼을 안 한다고 일주의 시기로 가지 않는 것은 아니다.

장강의 앞물결이 뒷물결에 밀려가듯이, 누구든지 세월에 떠밀려 일주의 시기로 가게 된다. 단지 그 시기가 늦어질 뿐이다. 나이가 들어도 부모와 동거를 하는 형태라면 더욱 늦어지게 된다.

일주의 시기는 인생 후반전의 과정, 활동, 노력이 된다. 시주는 일주 시기의 과정 및 활동의 결과물이 된다. 일주의 시기를 어떻게 보내는가에 따라서, 흔히 자식 농사라고 부르는 자녀의 모습과 본인 노후의 모습이 달라지게 될 것이다.

시주는 사주팔자의 실(實, 열매 실)에 해당한다.

인생의 시기로는 약 45세 이후를 의미하며, 가계(家係)의 의미로는 자식이 된다. 중년(노년) 시절을 의미하며, 배우자와 자녀, 손주의 영향을 많이 받게 된다. 하루 중에는 밤, 일 년 중에는 겨울에 해당한다. 배우자를 맞아 하나의 가정을 이루면서 인생의 후반전이 시작되는데, 일주의 시기가 후반전의 과정, 행동, 노력이었다면, 시주는 후반전의 결실, 결과물이 된다. 시주는 나의 사적 공간을 의미하며, 본인이 년주의 시기에 보았던 조부모, 조상, 가문, 가풍의 모습을 시주의 시기에 자신의 손주들에게 보여 주게 된다. 이렇듯이 자연은 끊임없이 순환하고, 인간의 가계(家係)도 순환하게 되는 모습인데 순환하고 변하고 반복되는 모습, 그것이 역(易)이고 명리이다.

〈표 3. 사주팔자의 전반전 및 후반전〉

← 후반전(배우자와 동거, 자전)		전반전(부모와 동거, 공전) →	
시간	일간	월간	년간
시지	일지	월지	년지
자녀	배우자	부모·형제	부모·조부모

축구에도 전반전이 있고, 야구도 5회를 끝내면 클리닝타임이 있어 전후반을 가르듯이, 사주팔자도 마찬가지로 배우자를 맞이하면서 전반과 후반으로 나누어진다. 특히 전반전(년주-월주)이 힘들었는데, 배우자를 잘 만나서 후반전(일주-시주)이 행복해지기도 하고, 전반전에 잘나갔는데, 배우자를 잘 못 만나서 후반전이 불행해지기도 한다. 임상에서 보면 일간과 월간이 갑(甲)-을(乙), 병(丙)-정(丁), 무(戊)-기(己), 경(庚)-신(辛), 임(壬)-계(癸)와 같은 오행에서도 음양인 비견과 겁재로 구성된 사주가 그러하다. 월지와의 관계와 대운에서 반대의 모습으로 흘러가니 크게 달라진다. 또한 갑(甲)-경(庚), 을(乙)-신(辛), 병(丙)-임(壬), 정(丁)-계(癸)의 구조도 마찬가지다.

천간이 극(剋)의 모습이니 힘든 것도 있지만, 월지와의 관계와 대운에서 반대로 작용하니 결혼 후 삶에 큰 변화가 찾아오게 된다. 사주원국의 일간과 월간이 위와 같은 구조로 되어 있는 기혼의 독자분들은 지나간 삶의 변화를 살펴보면 자기 사주를 감명하는 데 도움이 될 것이다.

선생님에 따라서 근묘화실의 시기를 20년을 단위로 년주(1세~20세), 월주(21세~40

세), 일주(41세~60세), 시주(61세 이후~)로 나누기도 한다. 타당하고 일리가 있다. 의학의 발달과 접근성으로 인해 인간의 수명이 늘어났기 때문이다. 15세 단위가 전통적이었다면, 20세 단위는 현대적인 모습으로 시대의 변화와 삶의 모습에 발맞추는 모습일 수도 있다. 15세 단위는 자연의 흐름을 중시하여 구분한 것이고, 20세 단위는 인간의 삶을 중시하여 나눈 것이다. 자연을 12절기로 쪼개건, 24절기로 쪼개건 그건 나누는 사람의 마음이다. 명리학은 일반론이지만, 사주를 감명하는 것은 개별론이니 그 사람의 현실 상황에 맞추어서 삶의 무게 중심을 살피는 것이 더 중요하겠다.

5) 어린이의 사주는 보는 것이 아니다? Why?

일부 선생님들은 어린이의 사주는 보는 것이 아니라고 한다. 이에 대한 여러 가지 근거도 대는데, 대표적인 것이 아이의 사주는 아이의 사주를 알게 된 부모에 의해서 좌지우지된다고 하는데 이는 일리가 있다. 그런데 그것은 아이의 사주를 알게 된 부모의 태도 중에 부정의 모습일 뿐이다. 만약 긍정의 모습이라면 아이의 직업적인 재능과 소질을 알아보고 조기에 발견하여 키워 준다면 어떨까? 장차 사회에서 크게 쓰일 수 있을 것이다.

그러면 그 외에 다른 이유도 있을까? 아이의 현실의 모습과 상황이 잘 안 맞기 때문이다. 부모 중에는 아이의 장래가 궁금하기도 하지만 당장 현실에서 아이가 학교에서 학교 폭력에 연관되어 학폭 위원회가 열리거나, 왕따를 당하거나, 혹은 친구들을 괴롭히거나 하는 그런 상황에서의 해결책을 물어보는 경우도 많다.

그래서 현실 속의 아이의 상황을 이야기해 주면 부모는 고개를 갸우뚱한다.

"어, 선생님. 우리 아이의 현재의 모습과 많이 다른데요."

그러면 역술가는 그때부터 진땀을 흘리기 시작하며, 이런저런 이론을 설명하면서 상담자를 이해시키려 한다. 왜 그런 현상들이 나타날까? 그것은 아이의 사주를 일간을 기준으로 잡아서 감명했기 때문이다. 아이가 어른이 되어 배우자를 만나서 일가를 이루는 일주의 시기를 기준으로 현재의 모습을 감명하니 핀트가 어긋나는 모습이다. 이는 일간과 년간의 글자가 다르다는 전제하이다.

다들 명리학 초보 때 배웠던 근묘화실을 기억해 주길 바란다. 인생은 근묘화실로, 년주, 월주, 일주, 시주의 시기로 흘러가며 년주는 초년, 월주는 청년, 일주는 장년, 시주는 중년(노년)이라고 다들 배웠을 것이다.

기억하는가? 그런데 막상 사주감명을 하면 어리거나 노인이거나, 미혼이거나 기혼이거나 일간을 기준으로 하여 십신을 구분하고 감명을 하니, 아이의 장래의 모습은 맞출 수 있어도 현재의 모습과 상황을 감명하기 어렵게 된다.

10살 아이는 년주의 시기를 살고 있고 삶의 중심점이 년주가 된다. 따라서 년간이 기준이 되어 십신을 구분하는 것이 정확하게 아이의 현실의 모습을 반영할 수 있을 것이다. 또한, 아이는 부모의 보호와 통제하에 있기 때문에 아이의 1대운이 너무도 중요하다. 어린이는 성인보다 환경적인 요소에 더 큰 영향을 받기 때문이다.

어떤 선생님은 아이 사주를 보는 게 편하다고 말하곤 한다. 왜 그런가 물어봤더니, 뭐 어차피 맞건 틀리건 먼 미래인데 설마 20~30년 후에 나를 찾아와서 멱살을 잡겠냐고 웃으면서 말씀하신다.

실력이 뛰어난 선생님이니 멱살을 잡힐 일은 없으실 것이다. 그래서 내가 년주를 중심으로 1대운의 모습을 살피시고, 십신을 년간을 기준으로 바꿔서 아이의 현재의 모습을 보시면 어떻겠냐고 권해드렸는데, 고개를 절레절레 저으신다.

어떻게 항상 일간을 중심으로 봤는데, 뜬금없이 년간을 기준으로 십신을 바꿔서 보냐고, 세상에 그런 관법은 없다고 하며 손을 내젓기에 나도 그냥 웃고 말았다. 나보다 더 오랜 세월 동안 기반을 다지고 기존의 방식으로 학생을 가르쳤던 선생님이라서 쉽시 않은 일일 것이다. 사람마다 팔자가 다르고 생각이 다르니 그 선생님의 의견을 존중한다. 하지만 허주에게는 아이의 장래와 미래도 궁금하지만, 그만큼 현실도 궁금하니 그럴 때는 년주를 중심으로 볼 수밖에 없다. 정확하게 볼 수만 있다면 그간 내가 쌓아올린 기득권이 뭐가 중요하겠는가?

허주가 명리 입문 때 배웠던 근묘화실이고 인생의 시기에 따라 년주, 월주, 일주, 시주로 흘러가는 모습이기 때문인데, 천간은 마음, 의지이고, 지지는 그 아이가 살아가는 현실이고 무대이며, 대운은 아이를 둘러싼 환경이니 반드시 해당 시기의 기준점에서 살피려고 한다. 현재의 교우관계, 학교 폭력, 적성, 소질, 현재의 부모와의 관계 등 미래의 모습만큼이나 현재의 모습도 중요하다. 남들이 안 쓴다고 해서 내가 안 쓸 이유가 없으며 맞다면 기존의 나를 뜯어고쳐서라도 올바른 저울과 자를 따를 뿐이다. 기존에 배웠던 지식과 기득권도 중요하지만, 진실을 위해서는 가차 없이 버릴 뿐이다. 그것이 상관격 허주가 생각하는 명리학이다.

6) 젊은 사람의 사주는 보는 것이 아니다? Why?

젊은 사람? 옛날부터 전해져 내려오는 저 말에서 젊은 사람의 기준은 뭘까?
옛날에는 결혼해야 어른으로 보았고 미혼인 사람은 여전히 어린아이로 취급하던 시절이 있었다.
그러므로 젊은 사람의 기준은 결혼하지 않은 사람을 의미하고 나이로는 대략 30세 미만을 의미한다.
물론 대략적인 기준이고, 상담자가 부모랑 같이 사는 경우는 월주에 머문 기간을 길게 보고, 독립생활을 하거나, 부모의 의존도가 낮다면 미혼이라도 나이가 차면 일주로 넘어갈 수 있겠다. 개인의 상황이 다르니 괜히 도사나 쪽집게 흉내를 내지 말고, 현재의 생활을 자세히 물어보는 것이 좋겠다.

미혼의 젊은 분의 사주를 보는 것은 까다롭다. 미래의 모습과 방향성은 일주를 기준으로 감명하니 어렵지 않지만, 현재의 승진, 취업, 시험, 연애 등을 보려면 월주의 모습을 살펴야 하기 때문이다.

거기에 사주를 어느 정도 아는 분이라면 더욱더 그렇다. 월주를 기준으로 십신을 다르게 설명해야 하니 두 배로 힘이 든다. 그래도 한 사람의 운명을 감명하는 것이니 대충할 수는 없다.

월주를 중심으로 설명하는 이유를 설명해 주고, 월주를 통해서 현재 본인의 모습과 상황을 말해 준다.

질문 중 현재의 모습은 월주로, 미래의 모습과 진행을 물어보면 다시 일주로 돌아가 설명해 준다.

마치 타임머신을 타고 현재와 미래를 오가는 모습으로 생각하시면 된다.

미혼인 분 중에는 궁합을 물어보는 분들이 많은데, 역시 현재의 모습은 서로의 월주의 합과 충형을 살펴본다. 그리고 결혼 후 미래의 모습은 일주를 살펴본다. 물론 일주만으로 간단히 보는 단식법에 한에서이다. 그래서 월주에서는 합과 생함으로 좋았는데, 결혼 후 일지 충이나 일간 극의 모습으로 흉하게 나타나는 경우가 존재한다. 사주를 상담하다 보면 부부 중에 일지가 충인 분들이 있다. '왜 일지가 충인 사람들이 결혼한 거지?'라고 생각하지 말고 월주의 모습을 살펴보면 거기에 답이 있는 경우가 많다. 가까운 미래인 일지에서는 충이지만, 현실의 모습인 월주에서는 너무 좋기 때문이다.

허주는 현업 역술인이니 그간 많은 사주 상담의 임상을 통해서 도출한 결과를 적용한 것이다.

이전에 미혼 분의 감명이 만족스럽지 않았다면 실제로 적용해 보면 되니 이 칼럼에 대해 왈가왈부를 할 필요는 없다. 단지 양간인 갑(甲)목과 음간인 을(乙)목의 역할과 포지셔닝, 활동 시기에 관한 음양의 이해는 정확하게 해놓고 이견을 제시하시길 바란다. 양간은 잘 알지만 보이지 않는 음간의 활동과 작용을 모르는 역술인이 너무 많으니 그게 안타까울 뿐이다. 다음의 예시를 통해서 음양의 차이를 알아가면 좋겠다.

실제 사주의 감명인데, 개인의 프라이버시가 있어서 구체적인 기술은 하지 않는다.

미혼의 사주 중에 결혼 후 인생이 바뀌는 그러한 사주가 있다.

전반전(년주+월주)과 후반전(일주+시주)을 나누는 결혼은 그래서 정말 중요하다. 좋은 배우자를 만나는 것이 중요하고, 그렇기 위해서는 스스로가 좋은 배우자가 될 수 있는 품성과 자격을 갖추어야 한다. 사람은 유유상종이고 끼리끼리 만나기 때문이다. 어떤 사주가 크게 바뀔까? 실례를 보기로 하자.

○甲乙○ 지지의 대운(남명)

□□□□　　　　인묘진(寅卯辰) 목 기운으로 흐를 때

미혼 시절에 을(乙)목 월간으로 살아가다가 결혼으로 갑(甲)목 일간의 시대로 바뀌었다.

을(乙)목은 음간이니 보이지 않는 내부에서 목 기운을 응축하고 줄이는 역할을 한다.

양간인 갑(甲)목이 자기 계절인 인묘진(寅卯辰)에서 맹활약할 때, 음간인 을(乙)목은 반대편의 계절인 가을에 내부에서 맹활약한다. 갑(甲)목이건, 을(乙)목이건 음양과 상관없이 같은 오행인 목(木)으로 해석한다면 답이 없다.

현재의 대운이 인묘진(寅卯辰)일 때, 을(乙)목 월간은 절지, 태지, 양지로 약하고 활약하지 못하다가, 결혼을 하고 갑(甲)목 일간으로 가니 건록, 제왕, 쇠지로 대운의 흐름이 바뀌었다. 갑(甲)목은 양간으로 밖에서 외형을 키우고 확산하는 역할을 하니 결혼 후 왕성한 활동을 하는 모습이다. 을(乙)목 월간일 때는 일간의 갑(甲)목 겁재(경쟁자, 후배)가 대운에서 강하니 겁재의 현상도 생겨서 어려움이 많다가, 갑(甲)목 일간의 시대로 가니 에너지 충만, 자신감이 뿜어져 나오는 모습으로 살아가게 된다.

○乙甲○ 지지의 대운(여명)

□□□□　　　　인묘진(寅卯辰) 목 기운으로 흐를 때

반면에 반대의 모습은 어떻게 흘러갈까? 미혼일 때 갑(甲)목 월간으로 자기 계절인 봄을 만나서 맹활약하다가, 결혼과 함께 을(乙)목 일간의 시기로 들어왔다. 을(乙)목 일간에게 큰 환경인 인묘진(寅卯辰)에서 절태양의 모습이 되니 이전과 같은 활약을 하기가 어렵다. 실제 감명 사주인데 결혼 후 바로 아이가 생겨서 회사를 그만두었다.

이는 경력 단절 여성, 즉 경단녀의 시작이 된다. 사회활동을 잘하다가 결혼과 함께 그만두고 임신과 출산, 육아에 집중하니 사회의 입장에서 보면 보이지 않는 절지의 모습이 된다.

아이를 어느 정도 키워놓고 다시 사회에 복귀하여 일하고자 하나 상황이 녹록지 않다. 이럴때 경단녀의 슬픔이 나타나게 되는데, 이는 월간에서 일간으로 넘어가면서 대운의 흐름이 바뀌었기 때문이다. 우리가 흔히 보는 현상들이니 이해하기 쉬울 것이다.

○庚甲○ 지지의 대운(남명)
□□□□　　신유술(申酉戌) 금 기운으로 흐를 때

앞서 갑(甲)과 을(乙)의 목 운동을 음양으로 비교해 보았는데 위의 사례는 월간이 갑(甲)목, 일간이 경(庚)금의 경우인데, 봄의 대장인 갑(甲)목과 가을의 대장인 경(庚)금은 서로 영역이 달라 역시 결혼 이전과 이후가 완전히 다른 양상이 된다. 갑(甲)목 월간에게 신유술(申酉戌) 대운은 절태양의 시기이니 활약하기가 어렵다. 실내에 들어와 절지, 태지의 모습처럼 정신적인 영역을 쓰면서 살아야 하는데, 외형을 키우고 확산하는 갑(甲)목에게 쉽지 않은 선택지였다.

결혼 후 경(庚)금으로 바뀌면서 자기 계절을 만났다. 경(庚)금은 가을의 대장으로 신(辛)금이 키워놓은 금기를 응축하고 단단하게 줄이는 활동을 한다. 결혼 후 역시 자신감이 넘치고 대운의 도움을 만나, 직장 내 영업부서에서 재무팀으로 부서를 옮긴 후 승승장구를 하는 분의 사주이다. 본인은 좋은 와이프를 만나서 잘 풀린다고 말하는데, 틀린 말은 아니다.

○乙丙○ (여명)
□未申□

○辛丙○ (남명)
□丑子□

프라이버시를 위해 중요한 월주와 일주만 표시했다. 궁합에 관련해서 문의를 주셨는데 두 분 다 미혼이다. 현재의 모습을 살펴보면 천간이 병(丙)화로 같으니 천간은 마음이라 생각하는 것이 비슷한 모습이고, 지지는 신자(申子)합으로 되어 있으니 합은 사랑이다. 서로 잘 맞고 호감을 느끼지만, 결혼 생활을 할 일주의 모습을 보면 상황이 녹록지 않다. 일단 일지끼리 축미(丑未)로 충형의 모습인데 충은 떨어져 있어야 한다는 자연의 신호이고, 형은 잔소리, 간섭, 조정의 모습이니 쉽지 않은 모습이다. 천간은 신(辛)금이 을(乙)목을 극하니 스트레스가 심하다.

남자분의 일지가 축(丑)토로 편인인데 모친이 배우자 자리에 있으니 결혼 후 고부 갈등이 예상되고, 고부 전쟁이 생기면 남자는 엄마의 편에 서게 된다. 자축(子丑)합은 지지 육합 중에서도 합력이 가장 강하니 여간해서 떨어뜨려 놓기가 어려운데 추운 겨울철에 모자(母子)가 서로 꼬옥 껴안고 있는 모습이기 때문이다.
그런 어려움이 내재되어 있다.

연애는 현실이고, 결혼은 미래다. 그래도 상담가이니 현재 상황과 결혼 후의 상황을 설명해드렸다. 웬만하면 긍정적으로 이야기를 해 주는데, 차마 그럴 수가 없어서 솔직담백하게 말씀드렸다. 그리고 둘이 꼭 결혼하는 상황이 온다면 따로 연락을 달라고 부탁드렸다. 남자분과 같은 자(子)월에 신축(辛丑) 일주인 허주에게는 비장의 수가 하나 있다. 제갈공명이 사후 위연의 반란을 예상하고 장의에게 주었던 비책처럼 비단 주머니에 봉인되어 있다. 운명의 흐름으로 두 분이 꼭 결혼을 결심할 때 꺼내게 될 것이다. 그러나 실은 안 꺼냈으면 하는 바람이 더 크다.

7) 노인들의 사주는 볼 필요가 없다? Why?

세상을 살 만큼 살았고, 이런저런 볼 것, 안 볼 것 다 봤으니 노인들의 사주는 볼 필요가 없다고?

왜 당신의 기준으로 타인을 판단하는가? 그리고 노인의 기준이 무엇인가? 나이인가? 60세부터? 70세부터? 기준도 모호하다. 어떤 이는 늙었지만 젊게 살고, 어떤 이는 젊지만 노인처럼 산다.

나이를 먹어도 대운이 사오미(巳午未)로 흘러가면 청춘처럼 사는 것이고, 나이가 젊어도 대운이 해자축(亥子丑)으로 흘러가면 애 늙은이처럼 살아가게 된다. 시작을 잘하는 것이 중요한 만큼, 인생을 마무리하는 것 역시 중요하다. 가을에 단풍으로 물들 듯이 가야 할 때가 언제인가를 알고 가는 이의 뒷모습은 얼마나 아름다운가!

앞서 Why? 시리즈를 통해서 어린이의 사주는 년주를 기준으로 대운에 가중치를 부여하여 보았다.

그것이 아이의 현실 모습을 반영한다. 미혼인 젊은이의 사주는 월주를 기준으로 해당 대운으로 적용하여 살핀다. 새로운 이론도, 새로운 학설도 아니다. 우리가 명리 입문 시기에 다들 배웠던, 근-묘-화-실의 모습, 년주-월주-일주-시주, 초년-청년-장년-중년(노년)의 모습이다. 늘 일간이 기준이라는 고정관념에서 벗어나지 못했을 뿐이다. 천간은 모두 나의 마음의 흐름이고, 지지는 모두 나의 현실의 흐름을 보여 줄 뿐이다.

십신은 음양오행의 자연의 모습에서 다양하고 복잡한 인간의 삶 속의 관계를 부여한 것일 뿐이다.

그러므로 년주, 월주, 시주가 기준이 될 때, 십신의 모습도 달라지게 된다. 기준점이 바뀌었기 때문이다. 어린 시절의 인간관계와 중년 시절의 인간관계가 어떻게 같을 수 있을까?

아! 물론 천간의 글자가 모두 같다면 가능하다. 드물지만 그러한 사주도 있기는 있으니깐 말이다.

그런 사주는 참 편하다. 주인공이 하나이니 십신을 바꿔서 볼 필요가 없으니 좋겠다.

마지막으로 인생의 후반전의 결과물인 시주(時柱)를 논하고자 한다.

시주의 시기를 어떻게 봐야 할까? 나이? 건강? 재정 능력? 이렇게 말하면 어렵거나 복잡하게 느껴지는가?

사실 어렵지 않다. 아주 쉽다. 나이가 들면 애가 된다는 이야기가 있다. 그것이 해답이 된다.

년주의 시절에는 경제적인 능력이 없어서 부모에게 용돈을 받고, 부모 손에 이끌려 병원에 가면 부모가 보호자가 된다. 별로 가고 싶지 않은 여행도 끌려가고, 결혼식장에도 손을 붙잡혀서 가게 된다.

그리고 사고를 치고 문제를 일으키면 부모님이 와서 대신 사과하고 해결해 준다.

시주인 노년의 시기도 그러하다. 경제적인 능력이 없어서 자식에게 용돈을 받고 자식 손에 이끌려 병원에 가면 자식이 보호자가 된다. 별로 가고 싶지 않은 여행도 효도 관광이라고 끌려가고, 지인의 자식, 손주 결혼식장에 가려면 자녀의 도움이 필요하다. 그러다가 사고를 치고 문제를 일으키면 보호자인 자식이 와서 대신 사과하고 문제를 해결해 준다.

그 시기가 도래하면 시주의 시기가 되고, 삶의 중심이 된다. 역시 시주를 기준으로 인간관계가 변하고 달라지게 된다. 일간과 시간이 다르다면 그렇게 된다. 중년의 시절과 노년의 시절의 인간관계와 주도권이 같을 리가 없기 때문이다. 내가 늙어갈수록(일주), 자식은 성장하고 강해지게 된다(시주)

물론 나이 70이 넘어서도 빌딩을 가지고 있고 재력이 넘친다면 자녀의 눈치를 볼 필요가 없겠다.

병원에 가더라도 비서의 도움을 받아서 가면 되기 때문이다. 오히려 부모의 재력에 자녀가 눈치를 보고, 경제적으로 의존하게 되니, 나이를 떠나서 여전히 일주의 시기를 보내는 모습이다.

반면에 60세가 넘지 않았지만, 경제적인 능력이 없거나 몸이 아픈 경우는 더 일찍 시주의 시기로 가게 된다. 이는 사람마다, 상황에 따라서 다르니 항상 물어봐야 한다. 경제력, 건강, 자녀와의 관계, 인간관계 등을 인생 다 살았으니 볼 필요가 없다고? 볼 것 다 봤으니 뭘 보냐고? 사람은 아는 만큼 보이고 생각하는 대로 살아가기 마련이다.

일주가 인생 후반전의 과정이라면, 시주는 후반전의 결과물이 된다. 시주의 모습을 살피며 삶을 아름답게 마무리해야 한다. 또한, 지금은 의학의 발전으로 인해서 인간의 수명이 늘어나니 생각보다 시주의 시기를 오래 보낼 수도 있다. 그 시기를 현명하고 아름답게 살아갈 수 있게 살피는 것은 중요하다.

시주의 모습은 자신의 손주들이 자신을 바로 보는 시기인데, 마치 본인이 년주의 시기에 바라봤던 조부모의 모습과 다름이 없다. 본인의 기억 속에 조부모님의 좋은 모습, 멋진 모습이 남아있다면 본인도 그런 모습으로 손주들의 기억과 추억 속에 남아있기를 바란다. 자연도 순환하고, 인간의 가계도 이처럼 자연스럽게 순환하게 된다.

8) 우리 아이가 달라졌어요! - 월주의 시기로 가다

사람의 사주팔자는 모두 오롯이 자신의 것이 된다. 천간의 4글자는 모두 자신의 마음, 욕망, 욕심, 의지, 생각 등이 되고, 천간의 글자이니 드러나 있고 누구나 알 수 있다.

지지의 4글자는 모두 자신의 현실과 살아가는 무대가 된다. 지지에 있는 글자이니 가까운 가족이나 지인들이 아니면 잘 모를 수 있겠다. 천간의 드러난 마음도, 지지의 숨겨진 현실도 근묘화실에 따라서 순차적으로 흘러가는데, 근묘화실은 초년, 청년, 장년, 중년(노년)을 의미한다.

역술인들의 견해에 따라 근묘화실을 15년으로 나누던 고전의 방식에서 벗어나서 지금은 20년으로 나누기도 하고 19년으로 나누기도 한다. 일리가 있고 적용할만한 견해이다. 인간의 수명과 생활방식이 바뀌었다는 것이 이유이다. 그런데 인간의 수명이 늘어나고 생활방식이 달라졌다고 해도 자연의 흐름은 크게 변하지 않았으므로, 허주는 약 15년을 기준으로 본다. 물론 결혼을 일찍 했는가, 부모로부터 이른 독립을 했는가에 따라서 개개인이 월주로, 일주로, 시주로 넘어가는 것은 차이가 있으니 미세한 조정은 필요하다.

아이의 경우에는 약 15세를 기준으로 본다. 년주가 삶의 중심이었다가, 이제는 월주가 삶의 중심이 되는 시기이다. 어떤 변화가 일어날까? 한국의 학년제로 보면 중학교 2학년쯤이 되는데, 요즘에는 중학생이 가장 무섭다고 한다. 질풍노도의 시기를 보내고 있고, 관성(부모, 학교)에 대한 거부감과 반항의 시기이다.

양이 폭발적으로 증가하는 시기이니 음의 통제와 간섭을 싫어하는데, 새 12운성으로 보면 목욕의 시기에 해당하므로 장생의 시절과 달리 부모의 도움을 부담스러워하고 귀찮아한다.

"나도 혼자서 잘할 수 있단 말이야! 제발 간섭하지마!"라고 외치는 것 같다.

중2의 시절이 되면 부모나 학교의 관성에 고분고분하지 않고, 고집을 내세우고, 친구(비겁)들과 어울리면서, 부모와 선생, 세상을 까면서 반항하게 된다. 인생에 있어서 3개의 가장 큰 변화 중에 첫 번째가 시작된 것이다. 3개의 큰 변화에서 첫 번째는 월주가 삶의 중심이 된 사춘기를 의미한다. 두 번째는, 결혼 이후 삶의 큰 변화를 의미한다. 변화 중에서도 가장 큰 변화이고, 월주+년주의 부모의 영향권을 벗어나 배우자를 만나서 하나의 가정을 이루며 독립적인 개체로 사회에서 인정을 받게 되니 후반전을 시작하게 된다. 세 번째는, 늙고 쇠약해져서 경제력을 잃고, 년주에서 부모를 의지했던 시절처럼, 자식을 의지하고 살아가는 시주의 시기로 갈 때를 의미한다.

10년 대운이 바뀔 때를 교운기라고 해서 이런저런 변화가 많은 시기로 보는데, 하물며 내 원국에서 년주에서 월주로, 월주에서 일주로, 일주에서 시주로 넘어갈

2. 근묘화실(根苗花實) 관법- 사주명리 패러다임의 전환

때 그 변화가 얼마나 심할지는 본인만이 알 수 있을 것이다. 오늘 중학생 아들을 둔 어머님과 사주 상담을 했는데, 어머님이 아들의 급격한 변화와 거칠고 버릇없음에 크게 상처를 받으신 것 같았다.

"선생님! 착하고 온순했던 우리 아이가 왜 이렇게 욕설을 하고 거칠어진 거죠? 제말도 안 듣고 무시해요."

년간과 월간이 같은 글자인 경우에는, 사춘기나 1차 변화를 가볍게 보내게 되는데 년간의 마음과 월간의 마음이 다르지 않기 때문이다. 년간과 월간이 다른 글자가 되고, 월간으로 넘어갈 때 비겁이 많아지면, 극심한 반항기와 사춘기를 보내게 된다.

戊壬己庚 남명 16세
□□巳辰

초년 시절에는 년주가 삶의 중심이 된다. 경(庚)금 년간으로 보면 시간의 무(戊)토, 월간의 기(己)토, 년지의 진(辰)토가 모두 인성이니 차분하고 얌전한 아이였다. 그런데 약 중2의 시절 월주로 넘어가면서 인성의 세력들이 모두 비겁으로 바뀌었다. 시간의 무(戊)토와 년지의 진(辰)토는 겁재가 된다. 비겁이 강해지면 관성(부모, 학교)에 대항하는 힘이 강해지니 이 어머님은 아들과 심한 전쟁이 시작된 것이다. 사춘기, 반항기에 나오는 일반적인 모습은 굳이 자세히 설명하지는 않겠다.(무단결석, 무단 조퇴, 성적 하락, 친구들과 일탈 행위, 이성 교제 등)

비겁이 강하니 간섭보다는 스스로 알아서 할 수 있게 지켜보시는 것이 좋겠다고 말씀드렸다.
비겁이 강하지만 음양을 같이 보는 토이고[천간의 기(己)토, 무(戊)토], 다른 계절을 같이 보는 토라[지지의 진술축미(辰戌丑未)] 아주 분별력 없는 행동은 하지 않을 것이니 믿고 지켜봐달라고 당부드렸다.

년주의 시기에 워낙 인성에 둘러싸여 살았는데, 부모가 이것저것 다 해 주니 편한 점도 있지만, 한편으로는 인성이 강한 만큼 내가 하고 싶은 것을 하는 식상이 약해지니 아들에게 이런저런 불만들이 쌓여 왔을 것이다. 그것이 월주의 시기를 맞이하여 대방출, 대폭발한 것이다.

대방출하고, 대폭발을 할 때 억지로 막으려 하면 반발심도 더하고, 더 날뛰게 된다. 때로는 無 간섭이나 無 참견이 도움이 될 때가 있는데, 지금이 그러한 시기 같았다. 어머님이 그러다가 아이가 더 삐뚤어지거나 잘못된 길을 갈까 봐 걱정하시기에 괜찮을 거라고 안심시켜 드렸다. 아이는 이후 시간이 흐르고 세월이 흘러서 임(壬)수 일간의 시기로 넘어가게 될 것이다. 임(壬)수 일간의 기준으로 보면 시간의 무(戊)토가 편관, 월간의 기(己)토가 정관이며, 년지의 진(辰)토는 편관이 된다. 이는 모두 관성의 모습이니 내가 타인과 세상을 의식하고, 조심스러워하는 관성이 강한 아드님의 모습으로 바뀌게 될 것이다.

그리고 균형의 오행인 토이므로 걱정하시는 것처럼 막 나가고 그러지는 않을 것이다. 어쩌면 그간 인성으로 통제받고 제어되었던 아들의 마음이 월주의 시기에 비겁의 기운으로 뭉쳐서 마음껏 발산되는 것일 수도 있는데, 아이 또한 이러한 자신의 모습에 놀랄 것이다. 사춘기의 소년은 제어되지 않고, 통제가 쉽지 않은 시기이다.

어머님이 요청하신 사주라 어머님과 이야기를 나누었지만, 특별히 요청을 드려서 다음 주에 아드님과의 통화를 부탁드렸다. 그리고 어머님이 없는 공간에서 전화 상담을 할 예정이다. 어머님에게 할 이야기가 있고, 아드님 본인과 할 이야기가 다르기 때문이다. 좋은 상담이 될 것 같은데, 사실 사주 상담은 당사자와 직접 하는 것이 가장 좋다. 자기 인생에 관한 이야기이니 자신이 듣고 자신이 판단하며 앞으로의 삶의 흐름을 잡아가는 게 이치에 맞다.

초년 시절에 인성에 의해 좌지우지되어 본인의 식상을 전혀 발휘하지 못했던 아이이니 더욱 그렇다. 일주의 시기에 관성이 강한 아드님이니 월주 시기에 대들고 반항하며 일탈했던 모습은 어쩌면 먼 훗날에 일주, 시주의 시기가 오면 '어, 내가 그때 그랬었나?' 하는 아련한 추억이 될 수도 있을 것이다.

9) 일지충, 일간극인데 우리는 어떻게 결혼했을까?

사주 상담을 하다 보면 많은 장르가 부부 문제에 있다. 물론 문제가 있으니 상담을 받으러 오게 된다.

그런데 부부의 사주를 보면 의외로 서로의 일지가 충(沖)으로 되어 있는 경우가 많다.

여러 칼럼에서 충에 대해서는 충분히 설명했다. 자오(子午)충이건, 묘유(卯酉)충이건 서로 먼 거리, 반대편의 글자이니 떨어져 있으라는 자연의 신호다. 떨어져 있지 않으면 반드시 충돌하고 싸우게 되니 떨어져 있는 것이 좋다.

년지+월지의 충은 부모와 떨어져 있으라는 자연의 신호이니, 어느 정도 장성하면 독립하여 생활하는 것이 좋다. 부모와 떨어져 있으면 스스로 자기 일을 해야 하니 힘도 들고 고생은 하지만, 부모의 도움 없이 스스로 많은 것을 해야 하므로, 결국에는 경쟁력으로 작용하게 된다.

일지+시지의 충은 자식과 떨어져 있으라는 자연의 신호이니, 어느 정도 성장하면 기숙사, 유학, 조부모의 의탁 등으로 독립하여 생활하게 하는 것이 좋다. 역시 아이가 스스로 해야 할 일들이 많아지니 빠르게 어른이 되어 경쟁력으로 작용하게 된다. 그런데 부부는 어떨까? 부모와는 독립하여 일가를 이루고, 자녀는 유학을 보내서 충의 어려움을 극복한다지만 부부는? 같이 한 이불을 덮고 살아가면서 자녀를 양육하는 것이 부부이다. 일생을 같이한다는 뜻에서 반려자라고 하는 부부의 경우는 어떨까?

역술인은 부부가 일지 충일 때, 주말 부부, 잦은 지방 및 해외 출장 또는 특수한 근무 형태로 일지충의 어려움을 넘어가도록 조언한다. 그런데 의문이 들지 않는가? 어떻게 일지충인 사람들이 만나서 결혼하고 자녀를 키우는 것일까? 서로 떨어져 있으라는 자연의 신호를 무시하고 말이다.

그 해답은 월주의 모습과 연애 기간, 형태 그리고 부족한 대화와 공감에서 찾을 수 있다.

부부 중에, 또는 연인 중에 일지충이나 원진이 있는 경우라면 유심히 들여다보시길 바란다.

O辛OO (남명)
口丑口口

O乙OO (여명)
口未口口

상담을 해 보니 실제로 위와 같은 부부 사주가 있었다. 물론 이혼 관련 상담인데 일지충도 모자라서 일간극의 모습이니 심상치 않다. 2년전 궁합을 물어봤던 커플인데 다시 1년만에 찾아온 것이니 안타까운 마음을 금할 길이 없다.

"선생님, 숨을 쉴 수가 없어요."

상담자의 첫마디가 그러했다. 물론 충분히 이해한다. 일지 충은 현실에서의 배우자와의 충돌, 싸움을 의미하고, 일간의 극은 마음이니 극심한 스트레스를 의미한다. 그런데 이상하지 않은가? 이런 사람들이 어떻게 만나서 결혼했을까?

O辛丙O (남명)
口丑子口

O乙丙O (여명)
口未申口

두 분의 월주는 위와 같다. 월주는 사회적인 활동을 보는 자리이니 일주보다 규모가 크다. 월주에서는 월간이 같은 병화이니 밝고 긍정적이다. 천간은 마음이니 두 사람의 생각과 지향점이 같다는 것을 의미한다. 지지는 신자(申子) 반합으로 되어 있다. 합은 사랑이고 결합을 의미하니 잘 맞는다. 년주와 월주의 시기는 부모의 영향력 아래에 있을 때의 두 사람의 초년과 청년기의 모습이다.

두 분 다 미혼의 시절이 있었는데, 그것이 월주의 시기가 된다. 그렇다. 월주미혼의 시절에는 둘이 너무 잘 맞는 모습이다. 그런데 결혼하여 부모로부터 독립하고 둘만의 공간인 일주의 시기로 들어오면 그때부터 문제가 생긴다. 일간극, 일지충은 같이 생활하기가 어렵다. 주말 부부, 지방 및 해외출장, 특수한 직업형태는 어쩔 수 없이 내리는 극약처방이다. 서로 떨어져 살 사람이 왜 결혼을 한단 말인가?

그런데 이렇게 일지충, 일간극인데 서로 좋기만 했을까? 그래서 이 두 분의 연애시기와 연애 형태를 물어봤다. 남자분은 대기업에 다니며, 능력이 좋아 해외 출장이 잦은 편이었다. 출장이 잦으니 일반 연인들처럼 자주 만나기 어려웠고, 한 달에 4~5회를 만나면 그간의 정이 쌓여서 애틋하고 서로의 단점이 가려졌다. 서로 자주 만나지 못하는 아쉬움과 두 분 다 나이가 찼기에 결혼을 서둘렀다고 한다. 만난 지 6개월 만에 결혼했는데, 결혼 후 일주의 충과 극을 본격적으로 경험하게 된다. 물론 사주원국에 있는 글자이고 월주의 시기가 중심이더라도, 일주는 개인적인 사생활 부분, 또는 아주 가까운 미래를 의미하므로 그러한 충과 극의 조짐은 있었다. 그래서 연애 시절의 상황에 대해서 자세히 묻고 알게 되었다.

둘 다 월간이 병(丙)화이니 사람들과 대외적인 활동, 만남을 즐긴다. 병(丙)화는 하늘에 높게 떠서 만물을 밝게 비추니 이런저런 사회적인 활동이 많고 잦은 편이다. 여러 사람과 함께 만나는 모임(동창회, 친구들 모임, 동호회 활동)에서는 둘이 그야말로 선남선녀 커플이고 꿀이 떨어지는 닭살 커플로 비친다. 월주의 모습이 그러했다.

그런데 둘만의 공간에서는 어떠했을까? 둘이 있을 때는 때로는 감정이 상하기도 하고(천간극) 때로는 충돌하기도 했다(일지충). 그래도 한동안은 못 본 아쉬움과 사랑으로 위로하고, 아직 서로를 충분히 모르고 만나는 시간이 짧아서 그럴 것이라고 사위했나고 한다. 결혼하면 좋아지고, 더 많은 대화와 더 많은 시간을 함께하면 좋아질 것이라고 낙관적인 생각을 했다. 월간의 병(丙)화의 긍정적이고 낙천적인 성향 그대로이다. 월간 병(丙)화는 미혼의 시기에 두 사람의 공통된 마음이었기 때문이다.

어느 한쪽이 임(壬)수나 경(庚)금과 같은 음의 활동을 하는 글자였다면 한 번쯤 둘만 있을 때 생기는 다툼에 관해서 고민했을 것이다. 그러나 그렇지 못했고, 그 결과는 결혼 후 짧은 시기에 이혼의 문제로 다가오게 된 것이다. 부부의 일지에 충이 있어서 현실에서의 심한 충돌로 인해서 많이 고민하거나 이혼을 하신 분들은 한 번쯤 생각해 보시길 바란다. 두 사람의 월주의 모습은 어떠했는지? 그리고 연애 기간과 시간은 어떠했는지? 두 사람 사이에 충분한 대화와 공감이 있었는지를 말이다.

이 부부 사이의 일지충의 미스터리는 월주의 모습과 짧은 연애 기간, 부족한 대화와 공감에 있었다.

자신을 알아가는 긴 여정

– 사주명리학

1) 내 사주의 원진살이란

사주에서 특히 궁합을 볼 때 중요하게 본다는 원진살을 통해서 허주가 구상하고 있는 이론, 즉 지장간 속의 천간은 각각 머무르는 기간 안에서 움직이며, 개고가 되더라도 그 기간에 따라 순차적으로 투출된다는 것을 이론적으로 증명하고자 한다. 한 이론이 정립되어 정착하는 데는 연역적 방법인 사유를 통해서 형성되고, 이는 실제 사주의 감명 시 적용하는 귀납적 방법이어야 한다고 생각한다.

사주팔자의 신살 중에는 원진살(元嗔煞)이 있다. 또는 원진살(怨嗔煞)이라고도 쓴다.

원망할 원(怨), 성낼 진(嗔), 죽일 살(煞). 섬뜩한 구석이 있다.

신살을 중요시하지 않는 분들도 궁합 등에서는 중하게 보는 신살이다.

일단 원진살의 백과사전적 의미를 살펴보자

원진살[怨嗔煞]

부부(夫婦) 사이에 까닭 없이 서로 미워하는 한 때의 액운(厄運).

남녀 궁합(宮合)에서 서로 꺼리는 살(煞=殺).

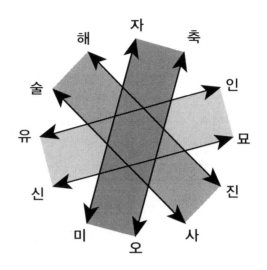

서기 양두각(鼠忌羊頭角) · 子未元嗔煞
우진 마불경(牛嗔馬不耕) · 丑午元嗔煞
호증 계취단(虎憎鷄嘴短) · 寅酉元嗔煞
토원 후불평(兎怨猴不平) · 卯申元嗔煞
용혐 저면흑(龍嫌猪面黑) · 辰亥元嗔煞
사경 견폐성(蛇驚犬吠聲) · 巳戌元嗔煞

그림처럼 서로 충되는 바로 옆의 자리를 마주보기 때문에 '빗맞은 충'이라고 한다. 충처럼 6개의 원진이 있다. 여기까지는 대부분의 서적에서 이견이 없다.

백과사전의 정의와 여러 서적의 공통적인 원진살의 의미를 추려보면 다음과 같다.

① 충이 되는 글자 옆의 빗맞은 충이다.
② 서로 직접 충돌하여 싸우는 것이 아니라, 서로 원망하고 이유 없이 미워하는 신경전, 즉 냉전(冷戰) 형태를 띤다.
③ 원진을 엮으면 떨어져야 하나 지장간에 암합을 이루어 떨어지면 그리워한다.

십이지지의 동물의 특성을 고려하여 '쥐는 양의 똥을 보면 털이 빠진다.[자미원진 (쥐-양)]', '부지런한 소는 게으른 말을 싫어한다.[축오원진(소-말)]', '고귀한 용은 지저분 한 돼지를 싫어한다.[진해원진(용-돼지)]' 등이 있는데 그냥 재미로 참고만 하자.

원진살 이야기를 꺼낸 이유는 원진을 지장간과의 관계를 살펴서 원진살의 의미 를 정립하고자 하기 때문이다.

옛날부터 내려왔다고 확인하거나 점검하지 않고 수용했다면 명리학을 하는 학 인으로서 반성해야 할 일이다. 이를 바로잡고자 한다.

(1) 자미(子未)원진(오리지널 원진)

○	辛	壬	○
□	丑	子	未
	壬(상관-10일)	丁(편관-9일)	
	癸(식신-10일)	乙(편재-3일)	
	癸(식신-10일)	己(편인-18일)	

년지와 월지가 자미(子未)원진을 이루고 있다. 지장간의 관계를 살펴보면, 임(壬) 수 상관은 편관 정(丁)화와 정임(丁壬)합을 이루고 있다.(9일간) 계(癸)수 식신은 편재 을(乙)목을 식신생재해 주고 있다.(3일간) 계(癸)수 식신이 기(己)토 편인을 봐서 토극 수, 도식현상이 생겨난다.(약 18일)

정임(丁壬)합을 이루고 식신생재를 했던 여기, 중기 12일은 좋았으나 그 이후로 더 많은 날은 토극수, 도식(倒食-밥그릇을 뒤집음)현상이 생겨나 상황이 안 좋다. 떨어 져야 한다. 떨어져 있으면 좋은데, 막상 떨어지면 정임(丁壬)합, 즉 암합하기 때문에 그리워한다. 막상 같이 있으면 다투고 원망하여 피곤한데, 떨어져 있으면 그리워 한다. 원진의 본뜻에 가장 적합하여 오리지널 원진이라 부를 만하다. 다른 원진도 살펴보자.

명리 혁명(The Revolution) 심화 편

(2) 축오(丑午)원진

○	辛	庚	○
□	丑	午	□
	癸(식신-9일)	丙(정관-10일)	
	辛(비견-3일)	己(편인-9일)	
	己(편인-18일)	丁(편관-11일)	

월지와 일지가 축오(丑午)원진을 이루고 있다.

9일은 수극화 식신제관을 하고 있고, 3일은 토생금해 주고 있다[기(己)토의 3일]. 나머지 기(己)토의 6일은 같은 기(己)토이고, 말기 정(丁)화 편관은 기(己)토 편인을 11일간 살인상생해 주고 있다. 14일은 사이가 좋고, 9일은 불편하다. 계(癸)수는 작은 물이고 축(丑)토에서 양지이고 병(丙)화는 오(午)화에서 제왕이니 그 극함이 미약하다.

병신(丙辛)합이 있으니 기간으로 따지면 1일에 해당하는 정도라 무시해도 될듯하다. 떨어져 있어도 그리워하지 않을 듯하다.

(3) 인유(寅酉)원진

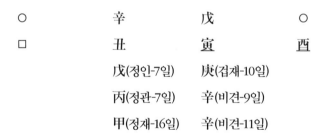

○	辛	戊	○
□	丑	寅	酉
	戊(정인-7일)	庚(겁재-10일)	
	丙(정관-7일)	辛(비견-9일)	
	甲(정재-16일)	辛(비견-11일)	

무(戊)토 정인이 경(庚)금 겁재를 7일간 토생금해 주고 있다.(토생금 역할은 약하다)

경(庚)금 겁재의 3일간은 병(丙)화 정관의 화극금을 받고 있다.(빛이라 역시 약하다)

병(丙)화 정관은 신금 비견과 합을 하고 있다.(4일간, 암합)

신(辛)금 비견은 갑(甲)목 정재를 금극목을 하고 있다.(16일간) 작지만 암합도 있고,

16일간의 금극목이 있어 원진살의 조건으로 충분하다.

(4) 진해(辰亥)원진

○	辛	戊	癸
□	丑	辰	亥

乙(편재-9일)　　戊(정인-7일)

癸(식신-3일)　　甲(정재-7일)

戊(정인-18일)　　壬(상관-16일)

　을(乙)목 편재가 무(戊)토 정인을 목극토 한다.[7일간, 무(戊)토는 양토이니 목극토가 약하다]

　을(乙)목 편재와 갑(甲)목 정재가 조우한다.[2일간, 의미 없다]

　계(癸)수 식신이 갑(甲)목 정재를 식신생재한다.(3일간)

　갑(甲)목 정재가 무(戊)토 정인을 목극토한다.[2일간, 무토는 양토이니 목극토가 약하다]

　무(戊)토 정인이 상관 임(壬)수를 토극수한다.[16일간, 양토와 양수가 만나니 한바탕 풍파가 인다]

　해수의 여기 무(戊)토와 진(辰)토의 중기 계(癸)수는 만나지 않는다.

　무계(戊癸)합은 생기지 않는다. 암합은 없으나 원진살의 느낌이 제대로 오는 것 같다.

(5) 묘신(卯申)원진

○	辛	甲	○
□	卯	申	□

甲(정재-10일)　　戊(정인-7일)

乙(편재-10일)　　壬(상관-7일)

乙(편재-10일)　　庚(겁재-16일)

갑(甲)목 정재가 무(戊)토 정인을 목극토하고 있다.(7일간, 무(戊)토는 양토라 극이 약하다)

갑(甲)목 정재가 임(壬)수 상관을 만나 상관생재를 하고 있다.(3일간)

을(乙)목 편재가 임(壬)수 상관을 만나 상관생재를 하고 있다.(4일간)

을(乙)목 편재가 경(庚)금 겁재를 만나 을경(乙庚)합을 하고 있다.(16일간)

30일 중에 암합이 약 16일, 상관생재가 7일로 총 23일이므로 갑(甲)목 정재의 목극토가 약하다. 무(戊)토는 양토이고 메마르고 뜨거운 토이기 때문이다.

원진살의 흉함보다 상호 간에 길함이 더 많아 보인다.

(6) 사술(巳戌)원진

○	辛	甲	○
□	巳	戌	ㅁ

	戊(정인-7일)	辛(비견-9일)	
	庚(겁재-7일)	丁(편관-3일)	
	丙(정관-16일)	戊(정인-18일)	

무(戊)토 정인이 신(辛)금 비견을 토생금으로 생해 주고 있다.(7일, 토생금이 약하다)

정(丁)화 편관이 경(庚)금 겁재를 3일간 화극금하고 있다.(경(庚)금은 정(丁)화를 만나야 제련된다)

무(戊)토 편인은 경(庚)금 겁재를 토생금해 준다.(약 2일간, 토생금이 약하다)

병(丙)화 정관은 무(戊)토 편인을 화생토해 준다.(약 16일간, 화생토도 약하다)

병신(丙辛)합이 있으나 사(巳)화의 말기와 술(戌)토의 여기라서 만나지 않는다.(없다)

토생금, 화생토가 약하긴 해도 서로 생하는 관계가 25일이다.

3일간은 화극금이나 경(庚)금이 반기는 화극금이다. 나머지 2일은 비견-겁재다.

원진살의 의미가 없는 조합이다.

6가지 원진을 정리해 보자.

① 자미(子未)원진-오리지널 원진인데 암합도 있고, 극함의 기간도 길다.

② 축오(丑午)원진-원진살이나 약한 편인데 암합되는 1일은 무시할 정도고, 14일은 좋고 9일은 불편하다.

③ 인유(寅酉)원진-원진살의 범주에 해당하는데 암합되는 4일이 있고, 16일의 극함이 있다.

④ 진해(辰亥)원진-원진살이 강한데 해(亥)수의 여기 무(戊)토와 진(辰)토의 중기 계수는 기간 차이로 합을 이루지 않는다. 목극토 9일, 토극수 16일, 식신생재 3일이다.

⑤ 묘신(卯申)원진-원진살이 약한 편이다. 30일 중에 암합이 약 16일, 상관생재가 7일로 총23일이 길하고 갑(甲)목 정재의 목극토 7일은 약하다.

⑥ 사술(巳戌)원진-원진살이 약한 편이다. 병신(丙辛)합이 있으나 사(巳)화의 말기와 술(戌)토의 여기라서 만나지 않는다.

토생금 9일, 화생토 16일로 25일을 생해주고 있다. 비견-겁재 2일, 정(丁)화 편관이 경(庚)금 겁재를 3일간 화극금하고 있는데 극의 모습이 아닌 제련의 모습이 된다.

지장간의 천간의 역할로 점검해 본 결과는 다음과 같다.

  오리지날(암합도 있고 원진도 강함): 자미(子未)원진, 인유(寅酉)원진
  암합은 없지만 원진살의 기운이 있음: 진해(辰亥)원진
  암합도 없고 원진살의 기운도 약한 경우: 축오(丑午)원진
  암합이 있고 원진살의 기운이 약한 경우: 묘신(卯申)원진, 사술(巳戌)원진

실제로도 많은 선생님이 6개의 원진을 같은 작용으로 보지 않고 자미(子未)를 포함한 한두 개는 원진이 강하다고 하고 나머지는 약하다고 가르치신다고 한다. 그런 분들이 꽤 있다고 들었는데 그 근거와 이론을 지장간 속의 천간들이 머문 시간과 작용으로 정리해 봤다. 현업에 계신 분들은 실제 간명에서 적용해 보면 좋을 것이다.

2) 내 사주의 자묘(子卯)형이란

자묘(子卯)형은 상형(相刑)으로 서로에게 형을 가한다는 의미를 담고 있다.

자오묘유(子午卯酉)는 생왕묘에서 중추적인 역할을 하는 왕지(旺地)의 글자가 되니 호방하고, 자존심이 강하며, 기운이 군세고, 도화의 기운이 넘치는 글자가 된다. 봄, 여름, 가을, 겨울의 대장의 글자이기 때문인데 이중에서 자(子)수와 묘(卯)목이 만나면 서로에게 형을 가한다고 하여 상형(相刑)이라고 불리는 자묘(子卯)형이 된다. 자(子)수는 하강, 응축을 하고 묘(卯)은 상승, 확산을 하니 충돌은 피할 수 없다.

자존심 강한 왕지끼리의 만남이고 도화의 글자끼리 만남이니 무례지형이라고 하여 남녀 간에 애정사로 인한 문제, 어려움, 폐해 및 타인에게 예의가 없음을 경계하는 형이 된다. 또한, 건강 쪽으로는 차가운 자(子)수가 묘(卯)목에 더해지니 피부, 신경 계통, 노이로제 등의 질환이 올 수 있다. 옛날에는 인신사(寅申巳)나 축술미(丑戌未)의 삼형보다 형의 작용이 약한 것으로 보았다. 하지만 성 의식이 달라진 현재에는 죽음에 이르게 하는 무서운 형으로 작동하고 있다.

미투, 성추행, 성폭행, 위계에 의한 간음 등이 그러한데, 안희정 전 충남지사 미투 사건, 김학의 전 법무차관 별장 성폭행 사건, 박원순 전 서울시장 자살 사건 등 여러 가지 사건, 사고를 통해 알려졌듯이 한순간에 명예와 지위가 떨어져서 파렴치범으로 몰리고, 죄값을 치룬 이후에도 사회적으로 얼굴을 들지 못하는 경우도 있고, 심지어는 극단적인 선택을 하게 되는 경우도 생기니, 삼형보다 가볍다고 볼 수가 없다.

자(子)수는 오행 중에 마지막 수 기운으로 노인을 의미하고, 묘(卯)는 오행 중에 시작하는 목 기운으로 젊은이를 의미하는데 늙은 남자와 젊은 여자와의 만남, 그 안에서 벌어지는 애정행각이나 위계에 의한 성적인 가해나 음담패설로 인한 모습이 되고, 때로는 반대로 늙은 여자와 젊은 남자와의 만남과 애정행각도 해당한다. 이처럼 형(刑)의 작용도 시대와 문화에 따라서 달라진다. 아마도 몇십 년 후에는 살인, 성폭행, 폭력보다도 금융 사기, 화폐 위조, 서류 조작 등 금융 범죄에 대한 형벌이 더욱 강해질 것으로 예상해 본다.

3) 내 사주의 절(絶)지의 의미란

절(絶)의 의미는 '끊을 절'로 끊어진 상태를 뜻한다. 무엇이 끊어진 것일까? 아직 음양이 만나지 못하여 육체와 혼이 끊어진 상태를 의미한다. 절지는 새 12운성의 생욕대, 록왕쇠, 병사묘, 절태양에서 절지를 의미한다. 묘(墓)지의 시기를 지나서 한 사이클이 끝났음을 의미하는데, 또한 절지를 절처봉생이라고 하여 절지에서 새로운 삶이 만난다는 것을 의미한다.

원국에서 절지이거나 대운에서 절지가 오면 일반 사람들은 무척 힘이 든다.
특히 갑(甲)목, 병(丙)화, 무(戊)토의 확산 상승 운동을 하는 양 운동 속의 양간 글자들은 더욱더 그렇다.
절지란 육체와 혼이 분리된 상태이니 구체적인 형태가 없이 눈에 보이지 않는 모호함이 있다. 특히 운으로 다가오게 되면 눈앞이 막막해지고 앞이 깜깜해진다.

실제로 작년 2019년에 나에게 사주 상담을 의뢰하신 분 중에 병(丙)화 일간과 무(戊)토 일간이 특히 많았는데, 기해(己亥)년의 해(亥)수가 병(丙)화와 무(戊)토 일간에게 절지의 시기이므로 무척 답답하고 앞이 보이지 않는 모호함이 있었을 것이다. 절지는 눈에 보이지 않는다는 의미인데 누구의 눈에 보이지 않는다는 것일까?
그것은 내 사주원국에서 함께하는 부모, 형제, 배우자, 자녀, 친구, 지인, 직장동료 등을 의미한다.
원국에 절지가 있거나 대운으로 절지대운이 오면 그러한 상태로 있으면 무탈하고 잘 보낼 수 있다.
세운에서 오는 절지는 1년이니 잠깐 잘 참고 견디면 되지만, 대운에서 오면 10년이니 그렇게 보내기는 어렵다. 대운으로 절지의 시기가 오면 사람들의 눈에 안 보이는 먼 타지나 외국 등에서 시간을 보내면 좋다.

〇〇乙〇 남녕(20대 후반) 미혼 대운 丙
□□亥□   寅

실제 사주 상담을 진행했던 분인데 을(乙)목 월간의 시기에 지지에 인(寅)목이 들어와서 새 12운성으로 절지대운이 왔다. 이분의 현재의 모습은 어떠할까? 국내 대학을 잠시 다니다가 해외(미국)로 나가서 영화, 드라마, 시나리오의 대본을 작성하는 극작가로 활동하고 있는데, 점차 그 방면에서 이름이 알려지면서 승승장구한다고 하신다. 월지 해(亥)수이니 바다 건너편의 삶도 보인다. 을(乙)목이 월지 해(亥)수에서 새 12운성으로 병지이니 병사묘의 하나로 정신적인 영역을 잘 쓸 수 있는 모습이다. 절지의 반대편은 건록이 되는데, 국내에서는 절지의 모습이지만, 반대편의 세계에서는 건록처럼 쓸 수 있음을 의미한다. 절지대운의 시기를 이렇게 먼 지방이나 외국에서 잘 쓰시는 분들이 있다.

〇〇乙〇 남명(20대 후반) 미혼 대운 丙
□□亥□   寅

역시 20대 후반의 남자분인데 위의 사주를 문의했던 분이셨다. 위에 사주는 자기와 시주를 제외한 삼주가 같은 친구인데, 지인은 해외에서 잘나가서 친구들 사이에서 부러움을 사는데, 자신의 삶은 고달프다는 것이 문의의 요지였다. 삼주도 같고, 대운도 같이 가는데 왜 친구는 잘나가고, 자신은 비정규직에, 계약직에 때로는 아르바이트를 하면서 20대 후반을 보내고 있는가가 이분의 가장 중요한 질문이었다.

삼주가 같고 같은 남성이니 대운의 흐름도 같지만, 각자 운에 대한 처신과 행동이 다르니 다른 인생을 살 수밖에 없다. 절지대운이 20대 초반부터 왔을 때, 위의 친구분은 해외로 가서 그곳에서 자신의 병화 상관의 재능과 원국에 가진 글쓰기, 창작에 관련된 목 기운을 해외에서 건록처럼 잘 쓰고 있지만, 이분은 국내에서 마치 절지의 모습처럼, 있는 듯 없는 듯, 존재감 없이 살아가는 모습이었다.

절지의 시기는 모호함이 있고, 손에 잡히는 것이 없는 모습이다.

불가의 고승이면 산사에서 불도를 쌓고, 도인이면 역시 입산수도를 하여 도력을 높인다.

여행 유튜버라면 해외를 떠돌아다니면서 여행 영상을 남길 것이고, 무역상이라면 이 나라, 저 나라를 오가면서 절지대운을 잘 쓰게 될 것이다.

그런데 일반인이라면 이렇게 쓰기가 어려우니, 절지대운의 시기에 많은 사람이 좌절하고 고민하면서 실의에 빠지게 된다. 최근에 상담을 진행했던 30세 초반의 여성분도 절지대운의 시기에 부모의 반대를 무릅쓰고 해외에 가서 학업을 하면서, 학교에서 인정을 받고, 현지 대기업에서 근무하는 등 절지의 시기를 정말 잘 쓰고 계신 것을 상담을 통해서 알게 되었다. 절지 대운은 그러한 모습을 쓰면 된다.

그런데 그렇게 하기 위해서는 용기가 필요하다. 낯선 타지에, 외국에 간다는 것이 쉬운 일인가? 연고지도 없는 곳에서 고생길이 눈에 훤히 보이기 때문에 대부분의 사람이 망설이게 된다.

그러나 위의 임상에서처럼 20대 초반에 미국으로 건너가 베스트셀러 극작가의 꿈을 키우고 있는 남자분과, 10대 후반에 혈혈단신으로 연고도 없는 외국으로 가서 10년을 넘게 공부하면서 학교에서 장학금을 받고 졸업 후 현지 대기업에서 자신의 삶을 개척하신 여성분도 계신다.

절처봉생(絶處逢生)이란 글의 의미가 극작가의 꿈을 키우시는 남자분과 해외로 이주하여 사회학을 공부하시는 여성분의 임상을 통해서 강한 임팩트로 내게 다가왔다. 삶이 끊어진 곳에서 새로운 삶이 시작되는 법이다.

4) 내 사주 안의 야생마 상관을 위하여

상관(傷官)에 대해서 오래전부터 글을 쓰고 싶었는데, 늘 시간에 쫓기다 보니 지금에야 펜을 들게 되었다. 전에 쓴 육십갑자 일주 분석의 신축(辛丑) 일주처럼 상관의 글도 고해성사처럼 쓰일 것 같다.

왜냐하면 허주도 상관격이기 때문이다.

『자평진전』의 4대 흉신 중 당당하게 서열 2위를 차지하는 상관!

고귀한 귀물에 해당하는 정관을 박살 낸다고 하는 상관!

봉건주의 시대에는 인간 취급도 못 받던 천방지축 개망나니 상관!

현대에 와서는 새로운 변화와 변혁을 주도하여 재해석되고 있는 상관!

10대들이 가장 선호하는 직업인 가수, 연예인을 하려면 사주에 하나쯤은 있어야 한다는 상관! 내 사주 안에서 힘차게 달리고 있는 야생마 상관의 이야기를 지금부터 시작하고자 한다.

(1) 상관의 장점

상관은 내가 생하는 것 중에 음양이 서로 다른 것을 의미한다. 마치 이란성 쌍둥이 같은 느낌의 식신과 합쳐서 식상이라고 부른다. 내가 생하는 것 중에 음양이 같은 식신이 나를 대변한다면, 상관은 겁재를 대변하는데, 겁재에게 상관은 식신과 같은 존재이기 때문이다.

내가 생하는 식상 중에 상관은 음양이 서로 다르니, 서로 다름에서 오는 아이디어가 식신보다 무궁무진하여 한마디로 아이디어 뱅크라고 할 수 있다. 다양한 생각과 서로 다른 생각을 비교하고 점검하여 꺼내어 쓸 수가 있으니, 창의성과 응용력, 융통성이 뛰어나다. 큰 임무를 맡았을 때 이를 헤쳐나가는 담대한 배짱이 있으며, 친화력이 좋다. 어려운 상황을 능동적으로 대처하고, 타고난 달변으로 위협을 극복하니, 뛰어난 협상가(네고시에이터) 중에 상관격인 사람들이 많다. 늘 부지런하며, 예능적인 감각과 끼를 가지고 있어서 가수나 배우 등의 연예인 중에는 상관을 쓰는 사람이 많다. 다재다능하고, 순발력과 자유분방한 기질로, 한마디로 자유로운 영혼이라고 할 수 있겠다.

허주는 상관을 다른 용어로 불러보고 싶은데, 그것을 '창신(創神)'이라고 불러 주고 싶다.

'새롭게 창조하는 신'이라는 뜻이다. 21세기의 많은 새로운 발명품과 학설, 퓨전 음악, 퓨전 요리, 새로운 건축 기법이 상관에 의해서 탄생했기 때문이다.

(2) 상관의 단점

사주에서는 빛이 강하면 그만큼 어둠도 짙고, 산이 높으면 골이 깊다는 것을 알려준다.

상관은 뛰어난 장점이 많은 반면에 그에 못지않은 단점도 같이 내포하고 있다.

고서에서 흉신(凶神) 중에서 서열 2위로 올라간 데는 다 그 이유가 있는 법이다.

상관의 단점은 경솔하고, 경박하고, 결과 중심이라서 목적의 달성을 위해서라면 물불을 안 가리고, 심지어는 불법까지도 저지를 수 있다. 또한, 상관은 입으로 먹고산다고 할 만큼 언변이 뛰어나지만, 그만큼 입으로 인한 구설수가 많다. 정관을 깨는 상관의 입답게 독설을 날린다.

부당한 권력과 부패한 조직에 날려야 할 독설을 때로는 내 주변 사람들에게 날리니, 이로 인한 불화와 구설수에 시달리곤 한다. 상관의 특징은 인정과 변덕인데, 식신이 베푸는 마음이 강해서 어려운 사람들에게 자기 것을 나누고 베푼다면, 상관 역시 어려운 사람들을 위해서 자기보다 높은 권력과 조직을 향해서 할 말은 하고 대항한다. 식신도, 상관도 인정을 베풀고 어려운 사람을 돕는 마음이 있지만, 상관은 근질근질한 입을 통제하지 못하고 이쪽, 저쪽에 자랑하고 다니니, 베풀고도 좋은 소리를 듣기 힘들다. 상관의 너무 많은 단점을 나열하자니 상관격인 허주도 힘들다.

(3) 상관과 식신의 비교

이 글은 상관에 대한 글이지만, 이란성 쌍둥이인 식신을 빼놓고 이야기할 수 없다. 오히려 식신과의 비교를 통해서 상관을 더 잘 이해할 수 있는데, 상관과 식신은 음양의 관계이기 때문이다.

식신이 마라톤 선수라면, 상관은 100미터 단거리 선수다.

식신이 한 분야를 깊이 파고드는 심학일식이라면, 상관은 깊이는 얕으나 두루두루 다양하게 아는 박학다식이라고 할 수 있다. 장기전에는 식신이 이기지만, 단기 승부에는 상관이 매우 유리하다. 식신이 서서히 달아오르고 서서히 식어가는 온돌이라면, 상관은 금방 뜨거워졌다가 금방 식어버리는 전기장판과 같고, 식신이 정신의 지속적인 발산이라면, 상관은 육체의 폭발적인 발산이다. 식신이 순조로운 쾌변이라면, 상관은 폭발적인 설사다. 식신이 자연미라면, 상관은 가공미에 해당한다. 식신이 순수한 표현이라면, 상관은 포장하고 꾸며서 보여 주는 표현이라고 할 수 있다. 식신이 나를 대변한다면, 상관은 나와 음양이 다른 겁재를 대변한다. 일주론에서 언급한 것처럼 상관은 식신보다 최소 에너지 소모가 1.5배는 더 될 것이다.

일간이 극을 받거나 극을 하는 관성이나 재성에 있어서도 정관보다는 편관이, 정재보다는 편재가 에너지의 소모가 많다.(음양이 같을 때 에너지 소모가 더 크다)
일간이 생을 받거나 생하는 인성과 식상에 있어서는 편인보다는 정인이, 식신보다는 상관이 에너지의 소모가 많다.(음양이 다를 때 에너지의 소모가 더 크다)
비견과 겁재 중에는 겁재가 그러하다.

(4) 상관이 다른 십신을 만났을 때(사주의 격)
상관을 가장 잘 쓸 수 있는 것은 상관이 정인을 만나는 상관패인(傷官佩印)이다.
상관의 목에 정인이라는 패찰을 찬다는 뜻인데, 상관이 인성을 만나면서 단점들이 사라지고 장점들이 잘 드러나게 되며, 또한 정인의 단점(결정장애, 망설임, 게으름 등)이 상관으로 인해 보완되니 이보다 더 좋을 수 없다. 편인을 만났을 때도 상관패인이 된다. 단지 조금 차이점이 있는데, 정인과 상관패인이 되면 상관이 행동하는 것에 대한 근거와 보편타당한 이유를 정인이 파악하여 이치에 어긋나지 않게 행동하는 반면에, 편인과 상관패인이 되면 행동하는 것에 대한 근거와 이치에 대한 논리를 편인이 마련한다. 즉, 편인은 자기합리화를 한다는 것이다.

두 번째로 좋은 것은, 상관생재(傷官生財)이다. 강한 상관의 힘을 설기하여 재성을 얻는 데 쓰는 것이다. 상관의 대표적인 특징이 언변이고 대중 지향적이니 아나운서, MC, 연예인이 그러하다.
정재와의 상관생재가 좋고, 다음이 편재와의 상관생재이다. 편재가 두 번째인 경우는 크게 재성을 취하기엔 편재가 좋으나 둘 다 목적 달성을 위해 물불을 안 가리고 행동을 취하는 경향이 있어서 자칫 편법이나 불법(접대, 로비, 향응 제공, 뇌물)으로 빠질 수 있기 때문이다. 제화되지 않은 상관의 목적 달성을 위한 행위와 큰 수확물을 얻기 위한 제화되지 않은 편재의 적극성이 합쳐지면 사회적으로 큰 폐해가 생기곤 한다.

세 번째는, 상관합살(傷官合殺)이다. 음 일간에서는 상관과 편관(칠살)이 합해지는 상관합살이 일어나고, 양 일간에서는 상관이 편관을 극하기만 하는 상관대살이 일어난다.

제화되지 않은 상관은 양아치에 불과하다. 양아치가 번뜩이는 아이디어와 재기를 발휘하여 조폭(편관)과 함께 장렬하게 산화되니 시장 상인들(일간)은 양아치와 조폭이 둘 다 사라져 근심, 우환이 없어져 마음 편히 장사할 수 있으니 좋아졌다. 제화된 상관이 나에게 찾아온 위기(편관)를 임기응변과 응용력, 기지, 배짱을 발휘하여 극복하는 모습으로 나타난다.

네 번째는, 상관대살(傷官帶殺)이다. 양 일간에서는 상관이 편관(칠살)을 제압하는 상관대살이 일어난다.

양아치가 번뜩이는 아이디어와 재기로 조폭을 함정에 빠트려 감방으로 보내버렸다.

호랑이 같은 조폭(편관)이 사라져서 시장 상인들은 한시름 놓는가 했다. 그런데 늑대 같은 양아치(상관)가 그 역할을 하려고 하니 또 다른 근심에 사로잡히게 된다. 그 좋고 나쁨이 반반이다.

식신대살은 계속되는 경제적인 어려움을 해결하기 위해 파산 신청으로 어려움과 위기의 근원을 제거하려는 모습이라면, 상관대살은 채무자를 따돌리거나 핑계로 그때그때를 무마하면서 위기를 넘기는 모습이 된다.

(5) 상관격-어떻게 써야 하는가?

상관은 잘 쓰면 약이 되지만, 제화되지 않으면 언제 터질지 모르는 시한폭탄과 같다.

캐치볼을 할 때 상대방이 던진 공을 식신은 받아서 다시 자세를 잡아 상대방에게 보내 주지만, 상관은 그냥 방망이로 '깡~!' 하고 쳐버리니 공이 어디로 갈지는 아무도 모른다. 상관이 무의식의 발현이니 어떤 것이 튀어나올지 자기자신도 모를 수 있다.

상관패인이 되어 있다면 큰 문제가 없다. 하지만 상관생재, 상관합살, 상관대살도 항상 언제 터질지 모르는 상관의 폭발력에 대한 두려움을 가지고 있다. 내 사주 속의 야생마인 상관을 어떻게 써야 할까?

첫째, 말하기 전에 1초, 또는 0.5초 만이라도 생각하고 말할 것. 쏟아진 물은 다시 담을 수 없고 입에서 튀어 나간 말은 이미 천 리를 달리고 있다. 말하기 전에 단 0.5초라도 생각하고 말하는 습관을 갖는 것이 좋다. 구화지문(口禍之門)은 상관을 겨냥해서 쓰는 말인 것 같다.

둘째, 상관은 순발력이고, 임기응변이라는 것을 인정한다. 야생마가 무슨 생각을 하고 뛰겠는가?

그렇다면 말하기 전에 예비 작업을 하는 게 좋다. 머릿속에 떠오른 생각과 아이디어가 조정 없이 바로 튀어 나가는 것이 상관이니 늘 좋은 생각, 좋은 마음, 좋은 것만을 생각하고 간직하자. 연예인만 보고 생각할 때는 입만 열면 연예인에 대한 가담항설과 뒷담화만 나오게 되지만, 괴테, 쇼펜하우어, 맹자의 책을 즐겨보고 생각하면 입만 열면 철학과 인문학의 이야기가 나오게 된다. 즉, 무얼 보고, 무얼 생각하고, 무얼 말하려는가에 따라 상관의 품격이 달라질 수 있다는 것이다. 허주가 쓰는 방법 중에는, 오늘 사람을 만나면 무엇을 칭찬해 줄까를 제일 먼저 생각하는 방법이 있다. 그렇게 하면 누군가를 만나면 자연스럽게, 무의식적으로 칭찬의 말이 튀어나오니 타인에게 좋은 느낌을 줄 수 있다. 인성이 없거나 미약해서 힘든가? 그렇다면 인성을 보충하면 좋은데, 독서가 인성의 모습이다. 독서로 좋은 생각, 삶의 지혜, 위트 있고 센스 있는 감수성을 채워놓으면 잘 활용할 수 있을 것이다.

셋째, 상관이 가장 많이 구설수에 오르는 이유가, 쓸데없는 오지랖 때문이다. 명리의 한 구절을 들려주고 싶다. 잘 알지도 못하면 남의 일에 간섭하지 말고, 100%

잘 알고 있더라도 요청이 없으면 간섭하지 말자. 남의 일에 감 놔라, 배 놔라 하면 본인은 남을 도와줬다고 뿌듯해할지 모르겠지만, 뒤에서 괜한 불평의 소리만 듣게 되니 이로울 게 하나도 없다. SOS 도움 요청이 들어와 흑기사처럼 해결해 줄 때 진정한 상관으로서의 희열을 느낄 수 있다. 물론 이후에도 잘난 척하고, 떠들고 다니면 안 된다. 좋은 일을 하고도 욕먹는 일이 없도록 우리 상관 친구들끼리 손잡고 노력하자.

넷째, 이란성 쌍둥이인 식신의 능력을 빌려오도록 하자.
사주에 식신이 없다고 해서 낙담하지 말자. 상관의 깊은 내면에는 식신의 기운이 갈무리되어 있다. 전혀 새로운 이론이 아니다. 태극에서 음양이 나눠지고 음양은 오행으로 나뉘고 이는 하늘에 10천간으로, 지지에 12지지로 나누어졌다. 다시 수렴하면 10천간, 12지지는 오행이 되고, 오행은 음양이 되고, 음양은 하나의 태극이 된다. 이와 같은 원리이다. 손바닥과 손등처럼 음양은 분리될 수 없는 것이기 때문이다.

사주 내에 상관이 있다는 것은, 상관의 깊은 속에 이란성 쌍둥이인 식신의 기운도 있다는 것이다.
이것 역시 오랜 시간 동안 훈련이 필요하다. 상관의 단점을 보완해 줄 수 있는 식신의 행동을 모방하고 습관화해 보도록 하자. 만화 『메이저리그』의 고로처럼 다친 왼팔 대신 오른팔로 강속구를 던지고, MBL에 진출한 이도류의 오타니 쇼헤이처럼 꾸준히 개발하면 투타 겸업이 가능하다.
멋지지 않은가! "No pain, No gain. Good luck!"

상관격인 허주가 자유로운 영혼들인 상관들을 격려한다!
세상은 그대들에 의해 변화하고 발전되어 왔음을 잊지 말기를….

5) 부성입묘(夫星入墓)—오늘 남편을 묻고 왔습니다

사주팔자를 공부하면서 많은 분이 묻는 것이 부성입묘(夫星入墓)이다.

회원분 중에 어떤 분께서 부성입묘에 관한 글을 요청하셔서 정확한 의미와 현상들을 알아보도록 하겠다.

옛날에 여자의 사주에 부성입묘는, 흔히 "서방 잡아먹을 X."이라고 불릴 만큼 치명적이었다.

사주단자를 주고받을 때 퇴짜를 먹는 3대 이유 중 하나이기도 했다. 첫째가 관살혼잡이고, 둘째가 부성입묘이며, 셋째가 도화살, 홍염살이 많은 것이다.

과연 그런가? 앞서 말했듯이 입묘라는 것은 재충전이고 휴식과 보호의 의미를 말한다.

입묘는 무덤에 들어간다는 뜻이니, 듣는 순간 덜컥 겁부터 날 수 있다. 그러나 사실은 그렇지 않다. 재충전이고, 휴식이고 보호이다. 여자 사주의 경우 남편의 십신은 관성이 된다. 즉, 정관이나 편관이 입묘가 된다는 뜻인데, 일주 중에서 일지가 배우자궁에 해당하니 진술축미(辰戌丑未)의 묘지인 일주가 적용되겠다.

이 전에는 일지가 축(丑)토인 경우 금(金)의 묘지라고[사유축(巳酉丑)-금국의 묘지] 보았다.

우리는 새 12운성을 통해 양간과 음간이 세분화된다는 것을 알게 되었다.

여자 일주가 을축(乙丑)인 경우, 입묘되는 것은 경(庚)금, 신(辛)금 중에 정관인 경(庚)금이 입묘된다.

여자 일주가 경술(庚戌)인 경우, 입묘되는 것은 병(丙)화, 정(丁)화 중에 편관인 병(丙)화가 입묘된다.

사주원명에서 입묘되는 경우가 있고, 운에서 들어와 입묘되는 경우가 있다.

원명에서 입묘되는 경우에는 어떤 현상이 일어날까? 남편은 아내의 눈치를 보고, 아내의 영역을 벗어나지 못한다. 입묘라는 것은 다름 아닌 묘지처럼 작은 공간에서 옴짝달싹도 못한다는 것을 의미하기 때문이다. 우리의 일상에서는 공처가일 수도 있고, 항상 아내 옆에 붙어있는 애처가일 수도 있다. 혹은 아내와 함께 같은 공간에서 일할 수도 있고, 약사 아내를 서포트하는 셔터맨의 모습일 수도 있다.

입묘된 남자의 형태는 양간과 음간으로 나뉜다. 양 운동 안에 있는 음간인 을(乙)목과 정(丁)화는 괜찮다.

음 운동을 하는 기(己)토, 경(庚)금, 신(辛)금, 임(壬)수, 계(癸)수도 비교적 견딜 만하다. 관인비를 따라가는 수동적인 속성이 있는 것이 음간이기 때문이다.

문제는 양 운동 속의 양간인 갑(甲)목, 병(丙)화, 무(戊)토이다. 양은 확장하고 외형을 키우는 것이 본성인데 작은 공간에서 활동하고 아내 눈치를 봐야 하니 많이 답답하겠다. 그래도 원명에만 있을 때는 그러려니 하면서 견딜 만하다. 내성이 생겼기 때문이다. 물론 호시탐탐 아내의 영역을 벗어나고 싶어서 탈출을 시도하지만 쉽지 않다.

그러다가 대운에 묘지가 오는 경우(再驀), 즉 남편은 병(丙)화이고 아내가 경술(庚戌) 일주일 경우 술(戌) 대운이 오면 턱턱 숨이 막히도록 답답함을 느끼고 이에 따라 불만도 커져 가며 무기력해진다. 아내의 공간이 늪과 같이 느껴진다. 그러다가 세운으로 다시 술년이 오면 사달이 날 수가 있다. 정말로 현실에서 무덤에 들어갈 수도 있다.

자신이 부성입묘의 일주를 가진 여자분은 너무 걱정하지 말기를 바란다.

우리가 명리학 서적에서 보는 부성입묘로 인한 실제 입묘 사례는 사실 뉴스에 불과하다.

흔하면 뉴스에 실리지 않는다. 특별하고 희소한 사건이어야 뉴스에 실린다.

개가 사람을 물면 뉴스에 나오지 않지만, 사람이 개를 물면 뉴스에 나오는 이치와 같다.

실제로는 거의 무덤에 묻히는 경우가 없다. 그전에 이혼, 별거, 주말 부부가 되거나 다양한 방법으로 입묘를 회피하기 때문이다. 입묘가 대운이나 세운으로 오면 제일 좋은 것이 주말 부부이다.

특히 양간인 갑(甲)목, 병(丙)화, 무(戊)토 일간의 남편들이 걱정인데 아내의 작은 공간에서 풀어주는 게 좋겠다. 양의 본성은 확장이고, 커져 가는 것인데, 원명에서의 입묘, 대운에서의 입묘, 세운에서의 입묘가 되면 점점 압박되고 축소되니 견디질 못하는 것이다.

부성입묘하는 사주라서 재수 없는 여자라고? 그따위 말도 안 되는 이야기는 하지 말자.

여자에게 부성입묘가 있다면, 남자에게는 처성입묘(妻星入墓)가 있다.

처성입묘에 대해서는 쓰지 않겠다. 부성입묘와 같은 논리이기 때문이다

그리고 잉꼬부부 사이에도 부성입묘, 처성입묘인 경우가 많다. 능동적으로 항상 함께 식사하고, 같이 놀러 가고, 가족과 함께하는 경우에도 부성입묘, 처성입묘와 같은 환경, 같은 모습에 놓이게 되는데, 물론 자의적이고 좋아해서 하는 것이니 위의 예와는 다르다. 마치 편관의 무리인 경찰이나 조폭이나 같은 환경인 것과 마찬가지다. 부성입묘, 처성입묘의 일주를 가진 분들은 이 점을 생각해서 현명하게 대처하길 바란다. 사랑하는 남편과 아내의 숨을 쉴 수 있게 해 주고, 기를 좀 펼 수 있게 응원해 주길 당부드린다.

6) 재극인(財剋印), 탐재괴인(貪財壞印)의 현대적인 사주통변

재극인(財剋印)은 재성이 인성을 극한다는 뜻이고, 탐재괴인(貪財壞印)의 뜻은 재성을 탐하다가 인성이 무너진다는 뜻이다. 사주 내에서 인성도 길신이고 재성도 길신인데 재성이 인성을 극하니 흉함이 크다고 할 수 있다. 사주 내의 인수를 쓰는 경우에 재성을 바라보거나, 운으로 재성이 들어온 경우를 말한다. 반대로 사주 내의 재성을 격으로 쓰고 있는데 인성을 바라보거나 운으로 인성이 들어오면 재격패인으로 재성의 덕과 인성을 같이 누린다는 뜻인데, 이때 재와 인의 위치는 직

접적으로 서로 간섭하지 않는 위치에 있어야 한다는 조건이 따른다. 이것을 '재인불애(財印不碍)'라고 한다.

① 재극인, 탐재괴인의 경우

〇	甲	〇	戊
□	□	子	□

월지의 자(子)수 정인이 년간의 무(戊)토 편재를 봐서 재극인, 탐재괴인이 되었다.

② 인다봉재(印多逢財)-인성이 많은데 재를 봐서 인성의 보수성과 답답함이 해소된 경우

乙	丙	庚	甲
□	□	寅	寅

사주 내 목(木)인성이 중중한데, 월간의 경(庚)금(편재)을 봐서 인성의 답답함과 보수성이 해소되었다. 즉, 나무가 너무 많아서 서로 부대껴서 자라는 데 어려움이 있었는데 경(庚)금으로 가지치기를 해서 좋아진 경우를 말한다.

③ 재격패인(財格佩印)

사주 내 월지에서 재성이 투출되어 인수를 보는 경우인데 바로 붙어있지 않고 거리를 두는 경우에 해당한다.

戊	甲	壬	〇
□	□	辰	□

진(辰)월 지장간에서 무(戊)토 편재가 시간에 투출되어 월간의 임(壬)수 편인을 보

고 있는데, 일간을 두고 격하고 있어서 재격패인이 되었다. 돈도 잘 벌고 학식도 풍부하여 재물과 명예를 같이 가지고 가는 형태이다.

인성을 쓰고 있는데 무조건 재성이 들어왔다고 탐재괴인이 생기는 것은 아니고, 인성이 중중할 때 찾아오는 가벼운 재성은 인성의 완고함과 보수성에 자극을 줄 수 있어서 오히려 유익(인다봉재)할 수 있으니, 인성과 재성의 경중을 살펴서 간명해야 한다.

인성이란 것은 사주 내에서 학문이자, 부모이고, 윗사람이며, 명예, 의식주를 뜻한다. 흔히 인성이라고 하여 인간의 기본 윤리와 본성과 관련이 깊다. 흔히 윤리에 어긋나고 예의가 없이 이익만을 취하는 사람을 보고 인간성이 없다거나 인성이 부족하다고 하는 것이 그런 까닭이다.

탐재괴인은 재극인과 거의 같은 뜻으로 보는데, 재극인이 더 심하게 가해진 경우이다.
탐재괴인이 되면 부모의 덕이 없게 되고, 재성(부친)이 인성(모친)을 극하는 경우가 생기고, 돈이나 여자를 탐내다가 명예가 실추되거나 심한 경우에는 감옥에 가는 경우도 생긴다.

공직에 있는 사람들은 인성을 크게 쓰는 경우가 많다. 김영란법을 봐서도 알겠지만, 이들에게는 높은 인성(명예와 직위)을 부여하는 대신 그에 걸맞은 도덕성과 청렴을 요구하는데, 뇌물 등의 부정한 돈을 받고 구속되거나, 또는 여자와의 치정 문제로 그 명예와 도덕성에 깊은 타격을 받는 경우가 생긴다.(변양균-신정아) 또는 성폭행 등 자기 욕정을 이기지 못해 쌓아 올린 인성이 한꺼번에 무너져 내리는 것을 경험한다.(안희정 사건) 최근 청담동 주식 사기범인 이희진의 부친이 슈퍼카를 매도한 5억 원의 돈 때문에 면식범에게 살해를 당하는 그런 사건 역시 탐재괴인의 한 예라고 할 수 있겠다.

돈으로 인해 재벌가 형제간의 이권 다툼으로 공개적으로 망신을 당하기도 하고,

여자는 시어머니(재성)와 불화를 경험하기도 하며, 부모의 유산이나 로또 당첨금으로 인해 형제간에 살인사건이 벌어지는 등 윤리와 도덕이 무너지는 것을 경험할 수 있다.

허주는 사주 상담 및 강의를 통해 얻은 수입의 일부에 회원분들의 자발적인 소액후원금을 더해 몇 년째 동방사회복지회에 기부하고 있다.

인성을 중히 쓰는 사주라서 재성의 기부를 통해서 인성과 재성의 균형을 맞추고자 한다.

사주 내에 강한 식신이 있어서 가능한 것 같다. 식신은 나누고 베푸는 성향이니까 말이다.

또 한 가지는 명리학이 일반인들에게 양지의 학문으로 기억되고 그런 역할을 해주길 바라는 마음에서이다. 명리학의 위상이 올라가고 차츰 양지의 학문으로 가고 있으니, 이에 걸맞은 사회적인 역할과 책임을 역술인들이 담당했으면 좋겠다는 바람이다.

어떤 사람이 타인에게 속고 배신을 당할까?

1) 겁재(劫財)

여러 사주 카페에 칼럼을 쓰다 보면 마니아층이 생긴다. 물론 안티도 생긴다. 음과 양이 공존하니 당연한 결과일 것이다. 우리는 살아가면서 타인에게 속기도 하고, 배신을 당하기도 하며, 때로는 사주의 구성상 타인을 속이거나 배신하기도 한다. 경찰과 조폭이 편관이라는 다소 살벌한 같은 환경에 놓여있는 것과 마찬가지로 말이다.

자기 사주팔자의 구성과 운의 흐름을 이해한다면 속임이나 배신, 사기를 당하는 극단의 상황을 피해갈 수 있다. 살아가면서 중요한 문제이니 잠시 언급하고자 한다. 단순하지 않고 복합적인 요소인 것은 맞다. 때로는 가족이나 연인의 경우에는 알면서도 속기도 하고, 모르는 척 속아주기도 한다. 그런 특수 관계를 제외한 일반적인 관계에서 정의해 보고자 한다.

겁재가 원국에 강하게 있고 관성으로 제어되지 않은 분들의 경우가 그렇다.

겁재는 나(일간)와 같은 오행 중에 음양이 다른 성분을 의미하는데, 비견은 같은 오행으로 음양이 같다. 비견이 수성의 모습으로 적당히 한다면, 겁재는 절친 아니면 적대적인 모습으로 나타난다. 한때는 간도 빼줄 듯한 절친이고 소울메이트였다가 어떤 사건, 상황을 계기로 적대적인 원수가 되어버리는 상황이 생긴다. 사주원국에 겁재가 강하게 자리 잡은 분들을 종종 경험하는데, 이는 4강신(흉신)의 하나로 음양이 치우쳐져 있기 때문에 극에서 극을 달리기 때문이다.

한 회원분이 제가 쓴 책의 후기를 여러 사주 카페에 홍보하겠다고 올렸다가 삭제 및 강퇴(강제 퇴장)를 당했다고 하소연하시기에 그런 것은 카페운영진분들이 좋아하지 않으니 적당히 하시라고 말씀드리고 위로해 드렸는데, 나에게도 사실 부담이 된다.

겁재가 강한 분은 자기가 좋아하는 것을 비견처럼 혼자서 좋아하고 즐기는 것이 아니라 이쪽저쪽 동네방네 좋다고 홍보를 한다. 반면에 자신이 싫거나 혐오하는 것은 더 강하게 강조하는 경향이 있다. 소위 경영학에서 안티 고객이 주변의 28명한테 영향을 준다는 이론이 있는데 겁재를 보고 생겨난 이론 같다. 제가 부담을 느끼는 것은 이런 겁재는 반드시 저에게 그만한 보상과 대가를 요구하기 때문이다.

"내가 당신에게 얼마나 잘했는데, 어떻게 나한테 이럴 수 있어?"

드라마 속에서 많이 들어본 대사일 것이다. 주로 겁재의 성향이 강한 분들이 하는 말투인데, 기대치가 높기 때문에 돌아오는 피드백이 그만큼이 안 될 때 배신감을 느끼고 분노한다. 겁재가 강하면 음양의 모습처럼 반대편의 관성이 약할 수 있으므로 타인을 덜 의식하고 자신의 의지로 실행하기 때문이다. 알고 있어도 밀어붙이는 경향이 있다.

누군가가 이런 겁재의 성향이 강한 분을 부추겼고 이에 대한 보상이 이루어지지 않았을 때는 더 큰 사달이 생겨나게 된다. 어떤 회원분들이 물어본다. 유튜브를 시작하고 싶은데, 성공할 수 있을까를 말이다. 그래서 답변해드린다. 여러 가지 성공 요인 중에 사주 내에 겁재가 있는지를 살펴봐야 한다고 말한다. 년주에 겁재의 기둥이 있다면 가장 좋다고 말하곤 한다.

년주라는 국가 단위의 큰 사이즈에 겁재가 기둥으로 있다면 내가 모르는 불특

정 다수가 내 동영상에 열광해 줄 수 있기 때문이다. 월간의 겁재나 시간의 겁재는 내가 알고 있는 범위의 사람일 경우이니 년주의 겁재보다는 작은 규모라 년주보다는 불리하다. 년주의 겁재는 불특정 다수의 모습으로 스스로 마니아가 되고, 또한 많은 주변 사람들에게 그 동영상을 홍보하고 퍼트려 준다. 비견이라면 자기 혼자 즐기거나 가까운 일부의 사람들에게만 홍보를 하니 크게 차이가 있을 것이다. 이는 겁재의 긍정적인 모습이다.

그렇다면 좋은 점만 있는가? 아니다. 위에서 말씀드렸다. 겁재는 극에서 극으로 달리는 강한 에너지라고 말이다. 동영상 콘텐츠의 수준이 떨어지거나, 혹은 자기가 보는 유튜버의 과오나 과거의 불법이 폭로되거나 노출된다면 강력한 안티로 돌아서기 때문에 양면의 칼날 같은 위험성을 가지고 있다.

최근에 방송에서 떴다가 뉴질랜드 유학 시절의 동료 폭행, 일진 놀이로 한순간에 망가진 여자 PD의 모습이 그러하다. 방송에 안 떴으면 그러한 망신을 당할 일이 없었을 텐데, 유명세를 타게 되니 과거의 악행까지 수면 위로 올라오게 된다. 방송에서 웃고 떠들며 행복한 모습을 보면서 그분에게 당했던 피해자의 고통까지 수면 위로 다시 올라왔기 때문이다. 이는 겁재의 부정적인 모습이다.

사주 내에 겁재가 강하신 분들은 이렇게 살아가면서 종종 속기도 하고 배신을 경험하는 경우가 많은데, 그러한 극에서 극으로, 과도한 호의와 과도한 적대로 인한 후유증을 경험하기 때문이다. 사주원국에 겁재가 강하신 분들은 그러한 본인의 성향과 기질을 이해하셔서 나름대로 자신을 조절하시는 것이 필요하다. 남을 위해서 그런 것이 아니라 스스로 상처를 받고 타인에 대한 불신으로 인하여 마음의 문을 걸어 잠그는 사태를 미연에 방지해야 하기 때문이다.

2) 축술미(丑戌未) 삼형(三刑)

현실인 지지에서 벌어지는 여러 가지 현상들을 형충회합파해라고 한다. 그중에서 첫 번째인 형(刑)이 있는데, '형벌 형'이라는 의미를 가지고 있다. 형의 종류에는 삼형(三刑)인 인신사(寅申巳)형, 축술미(丑戌未)형이 있고, 상형(相刑)인 자묘(子卯)형, 자형(自刑)인 진진(辰辰), 오오(午午), 유유(酉酉), 해해(亥亥)형이 있다.

그중에서 이 칼럼과 관련이 있는 것이 축술미 삼형이다. 축술미 삼형은 다른 말로 무은지형(無恩之刑)이라고 하는데, 은혜를 잊은 것에 대한 형이라는 뜻을 가진다. 왜 그럴까?

축술미는 모두 체로서는 토가 된다. 하지만 하는 일을 보는 지장간 중기의 글자들은 모두 다르다. 지장간 중기를 보면, 축(丑)토는 신(辛)금으로 금(金)의 운동을, 술(戌)토는 정(丁)화로 화(火)의 운동을, 미(未)토는 을(乙)목으로 목(木)의 운동을 하니 모두 하는 일이 달라진다. 그러한 점에서 형(刑)의 작용이 생기게 된다.

같은 토라고 믿었는데, 하는 일과 지향점이 다르니 배신을 당하고 속는 일이 생기게 된다.
세상에는 배신을 당하고 속는 사람이 있다면 그 반대편이 존재한다.
불륜남이 있다면 반드시 불륜을 같이 저지른 여자가 존재하는 것과 같다.

축술미형이니 모르는 이가 아니라 가까운 친구나 지인, 배우자, 가족에게 배신을 당하고 속는 일이 생긴다. 축술미의 지장간의 말기는 18일로 체의 영향이 크기 때문이다.

"야, 친한 친구끼리 무슨 차용증이냐. 금방 갚을게."
"가족끼리 하는 건데, 너 엄마 못 믿니? 서운하다, 애."

법률과 인정의 사이에서 고민하다가 차용증 없이 돈을 빌려주거나 계약서 없이 일을 추진하다가 뒤통수를 맞기 쉽다. 인사신형도 역시 삼형 중 하나이지만, 체(體)보다는 용(用)의 영역에 비중이 더하니 그 배신과 속임의 아픔이 축술미 삼형에 비할 바가 아니다. 많이 믿고 의지한 만큼 그 배신과 속임의 아픔이 더 크기 때문이다.

실제 상담을 했던 사주인데, 프라이버시를 위해서 일간과 지지의 축술미형의 모습만 기재하여 설명하도록 하겠다.

○辛○○ (남명-33세-기혼)
□丑戌□

일지+월지가 축술형을 구성하고 있다. 일단 대운을 고려하지 않고 원국만으로 살펴본다.

지장간 중기를 보면 축(丑)토가 신(辛)금 비견을, 술(戌)토가 정(丁)화 편관을 가지고 있다.

정(丁)화 편관이 신(辛)금 비견을 화극금을 하는 모습인데 보석인 신(辛)금은 정(丁)화를 두려워한다. 화기에 녹을 수 있기 때문이다.

구성을 보면 사주팔자의 본부인 월지가 일지에게 형(刑)을 가하는 모습이니 부모에게 형을 당하는 모습이고, 술(戌)토는 십신으로 정인이니 모친에 해당한다. 자신의 영역 안에서 자식을 컨트롤하고 싶은 엄마로 인해서 자식이 힘들어하는 모습이다. 또는 배우자의 자리이므로 고부간에 갈등하는 모습인데 그 발단은 시어머니가 주도권을 가지고 며느리에게 형을 가하는 모습이 된다. 기본적인 원국의 모습이 그러한데 운으로 술(戌)토가 다시 들어온다면 그 형의 강도가 높아져서 축(丑)토 속 지장간 글자가 개고되어 천간으로 투간되면 한바탕의 소동과 소란을 거쳐 천간의 글자와 합거, 합반, 일간이 득(得)할 수 있는 모습이다. 결혼한 지 2년 만에 고부간의 극심한 불화로 2018년 무술(戊戌)년에 이혼한 남성분의 명식이다.

한 회원이 결혼하여 일주의 시기로 왔으니 일주가 무게 중심이 되어 일주가 더 강해지는 것은 아닌가 물어본다. 좋은 질문이다. 일주의 시기로 넘어갔다고 해서 디지털처럼 바로 무게 중심이 넘어가지 않는다. 아날로그처럼 중첩되어 자연스럽게 넘어가게 된다. 근묘화실은 혁명이나 쿠데타가 아니라 자연스러운 권력의 이양이기 때문이다. 결혼한 지 몇 해가 되지 않으니 여전히 월지의 힘이 남아있다. 차츰 부모가 늙어 가고 일주가 더욱 활성화된다면 회원분의 말처럼 주도권은 일주에게로 넘어가게 될 것이다.

○乙○○ (여명-38세-기혼)
未丑□□

일지+시지와의 축미(丑未)충과 형의 모습이다. 대운을 고려하지 않고 원국만으로 보겠다.

지장간 중기를 보면 축(丑)토 속에 신(辛)금이 편관이 되고, 미(未)토 속에 을(乙)목이 비견이 된다.

명주는 일주가 삶의 무게 중심이므로 시주보다는 일주가 더 힘이 강한 모습이다.

시주를 자녀궁으로 볼 때, 부모가 자녀에게 형을 가하는 모습인데 연약한 을(乙)목은 낫과 같은 신(辛)금을 두려워하니 자녀가 부모를 두려워하는 모습이 되는데 부모의 강압과 권위주의에 자녀가 눌려있는 모습이다. 미(未)토의 지장간 중기는 목(木)의 운동을 하고 싶은데, 축(丑)토의 지장간 중기는 금(金)의 운동을 하려고 하니 부모의 생각과 자녀의 지향점이 다른 모습이 된다.

그런데 자녀가 청소년으로 성장하면 어떻게 될까?

근묘화실의 모습으로 자녀가 성장함에 따라서 시주의 힘은 조금씩 강해지게 된다.

반면에 음양의 비율처럼 부모의 힘은 점차 줄어든다. 그러던 차에 운으로 미(未)토가 들어왔을 때 미(未)토는 힘을 받는다. 운은 군왕과 같으니 일지 축(丑)토는 더 이상 주도권을 가지지 못하고 운에서 힘을 받은 미(未)토에게 밀리게 된다. 신(辛)금이 을(乙)목을 극하는 금극목이 아니라 강해진 을(乙)목이 오히려 신(辛)금을 극하는 목극금이 된다. 마치 연약했던 초목이 점차 무성하게 우거지면서 가지치기를 하던 도끼가 무디어지고 부러지는 모습이 된다.

자녀가 어릴 때는 자녀가 부모에게 형을 받는 모습이었지만, 자녀가 청소년으로 성장하고 운마저 들어온다면 부모가 오히려 형을 받는 모습이니 먼 훗날 부모는 한탄한다.

"내가 너를 애지중지 키웠는데, 어떻게 나한테 이럴 수 있니?"

어려운가? 아니다. 어렵지 않다. 사실 우리가 흔하게 보는 강압적인 부모와 눌려 있던 자녀의 모습이다. 청소년, 대학 시절에 자녀의 반항이 시작되면 부모는 그것을 배신이라고 느낀다. 일상에서, 드라마에서 흔히 봤던 상황이다. 명리학은 수학을 연구하고 물리학을 공부하는 것이 아니라, 자연의 모습과 흐름을 연구하여 인간의 삶에 대비하는 것이니 어렵지 않다. 그러한 모습으로 흘러가게 된다. 이러한 모습이라면 자녀와 부모가 서로에게 형을 가하는 모습이었고, 서로에게 배신감과 서운함을 느끼는 모습이다.

축술미형이 원국에 구성되어 있으신 분들은 삶의 흐름인 근묘화실, 초년, 청년, 장년, 중년(노년)의 무게 중심이 점차 옮겨 가며 운 흐름에 따라서 이러한 현상들을 경험하게 된다.

인간은 누구나 자기중심으로 생각하기 때문에 자신이 부모, 형제, 자녀, 친구, 지인에게 형을 가한 기억보다는 형을 받아서 배신을 당하고 속임을 당했다는 생각을 더 많이 하게 된다.

축술미 삼형이 무은지형, 배신의 아이콘으로 불리는 것은 그런 이유이고 원국에 구성되어 있는 분들은 긴 세월의 모습에서 느낄 수 있으며, 운으로 형의 강도를 높이는 글자가 들어올 때 더욱 체감하게 되는 까닭이다.

3) 껍질과 내면

사주 카페에 올라오는 고민과 사연을 보면 일부는 믿은 사람에게 배신을 당하고 사기를 당하고 속임을 당하여 괴롭다는 이야기를 한다. 먼저 사연을 올려 주신 분들께 심심한 위로를 전한다.

누구나 살아가면서 한두 번은 그러한 일을 겪기 때문에 나 역시 공감할 수 있다.

연애할 때 만난 지 3개월, 6개월이라는 짧은 기간에 사랑의 열정에 빠져 남자분과의 궁합을 물어보시는 여자분에게는 최소한, 아주 최소한 1년은 사귄 후에 결정하시라고 조언해 드린다.

지지는 12지지 4계절로 되어있기 때문에 아주 최소한으로 봄, 여름, 가을, 겨울은 보내야만 그나마 그 사람에 대해 좀 더 잘 알 수 있을 것이라고 말이다.

다음은 3년이다. 해자축이건, 사오미건 세운으로 3년이 흘러가면 봄, 여름, 가을, 겨울이 3번씩은 흘러가니 상대방을 좀 더 잘 알 수 있다. 물론 3년이 지나서 애정이 식어 간다면 고려할 대상이 아니니 신경 쓸 필요가 없다.

이번 칼럼의 내용은 『명리 혁명(The Revolution) 기초 편』에서 언급한 체(體)와 용(用)에 대한 이야기가 된다.

여러분이 많이 알고 있다시피 십신을 용(用)으로, 음양오행을 체(體)로 설명했는데 용(用)이 겉모습, 껍질이 되고, 체(體)가 안의 모습, 내면이 된다. 음양이 분리될수 없듯이 체와 용도 분리될 수 없다. 겉은 있는데, 속이 없는 게 있을 수 없고 또한, 겉이 없는 속이 있을 수 없다. 이는 우주의 법칙이고 자연의 법칙이다.

십신으로만 통변을 하면 겉모습으로만 판단하니 속기 쉽다. 우리는 대부분 겉모습과 속모습의 다름으로 인해 속거나 사기를 당하기 때문이다. 음양오행은 내면의 모습이니 사람들이 쉽게, 빠른 시기에 알기가 어려우므로 보통의 사람들은 외면인 십신에 신경을 먼저 쓰게 된다. 내면을 들여다보기 위해서는 오랜 시간 동안 실제로 겪어 보거나 내면을 관조할 수 있는 심안을 가져야 한다.

십신도 중요하고, 음양오행도 중요한데, 그 사람의 내면의 모습, 안의 모습을 안다면 속거나 사기를 당할 일이 없으니 음양오행이 좀 더 중요하다. 속이거나 사기를 치는 사람들은 기본적으로 해당 십신을 연기하게 된다. 제화되지 않은 겁재라면 성공한 사업가 편재를 연기할 수 있고, 인성이 없어 얕은 지식만을 가진 상관이라민 말을 능수능란하게 하면서 학식 높은 정인의 연기를 할 수 있다. 공성 계열의 5강신(强神, 겁재, 상관, 편재, 편인, 편관)의 강한 에너지가 올바르게 쓰이지 않을 때 그들이 갖지 못한 수성 계열의 5유신(柔神, 비견, 식신, 정재, 정관, 정인)을 부러워하고 시샘하니, 마치 그들인 척 메이크업을 하고 연기를 한다.

그러면 누가 속을까? 역시 같은 공성 계열의 5강신(强神)을 가지는 사람이다.
이는 같은 환경 속에 있기에 솔깃하고 좀 더 속기가 쉽지만, 꼭 그런 것만은 아니다.
체(體)인 오행의 성향도 살펴야 한다. 금융 다단계 설명회에 친구를 따라서 모르고 갔을 때, 토의 편인은 끄덕이고 공감하며 잘 듣고 있어서 초대자와 상담자가 기대를 가지고 사업을 같이할 거라고 믿다가 끝날 때는 "네 체면 생각해서 끝까지 듣고 있었던 거야. 난 할 생각이 전혀 없어. 그리고 앞으로 연락하지 말았으면 좋겠어." 하고 마무리한다. 편인이 한쪽으로 쏠리기 쉬운 십신이지만, 음양오행의 토 기운은 음양을 같이 보거나(천간), 계절의 양쪽을 볼 수 있으니(지지) 균형 감각을 가지고 있어서 쉽게 휩쓸리지 않기도 한다.

반면에 화의 정인은 처음부터 네가 나에게 어떻게 이럴 수 있냐고 흥분하여 설치다가 1시간만 들어 보고 판단해 달라는 소개자의 말에 분을 삼키며 적대적인 모습으로 듣고 쏘아붙이다가 마지막에 헤어질 때는 "팀장님! 저 내일부터 출근하겠습니다. 월 수천(한 달에 받는 급여) 벌 수 있게 많이 도와주십시오." 하고 마무리하곤 한다. 정인은 음양이 다르니 한쪽으로 치우치지 않고 균형이 잡혀 있지만, 화 기운은 화끈하고 확산성이 있으니 월 천만 원을 받는다고 속이는 다단계 회사의 관리자급을 부러워할 수 있고, 젊은이들이 많은 회사의 분위기에 휩쓸릴 수도 있기 때문이다.

음양오행의 내면의 본질적인 모습과 십신의 외면의 사회적인 모습을 같이 볼 수 있다면, 우리는 타인에게 속거나 상처받는 일이 극히 드물 것이라고 생각한다.
명리학을 통해서 좀 더 현명하게 상처 없는 삶을 살아갈 수 있을 거라 생각한다.
위의 음양오행과 십신을 통해서 알아가는 게 너무 어렵다고 생각하는가?

한 가지 방법이 있다. 위에서 잠시 언급한 것처럼 세월이 약이 된다.

누군가를 속이는 사기꾼은 보통 바쁜 편이다. 한 사람에게 오랜 시간을 투자할 수 없기 때문에 일정 시간이 지나도 넘어오지 않는다면 대상을 바꾸게 된다.

사람을 알아가는 것, 겉과 속의 모습을 알아가게 되는 것, 명리학을 몰라도 자연은 알려 준다.

봄, 여름, 가을, 겨울의 계절이 바뀌고 세월이 흐르면 서서히 알게 된다.

자연은 인간의 가장 훌륭하고 좋은 선생이기 때문이다.

선생님의 말씀을 잘 따라서 살아가게 되면 삶이 평온하고 행복하게 된다.

4) 음(陰)과 양(陽)

허주가 속임과 배신에 대한 칼럼을 쓰는 것은, 여러분이 타인에게 속고 배신을 당하지 않기를 바라는 마음 때문이다. 그렇기 위해서는 왜 자신이 속고 배신을 당하는지를 알아야 한다.

나는 "지명자(知命者)는 불원천(不怨天)이요, 지기자(知己者)는 불원인(不怨人)."이란 말을 좋아하여 카페 대문과 명함에 새겼다. 운명을 아는 자는 하늘을 원망하지 않고, 자신을 아는 자는 남을 원망하지 않는다는 뜻인데 이 칼럼의 주제의식과 다르지 않다.

앞서 1~3부에서 겁재의 영향, 축술미 삼형의 영향, 체(음양오행)와 용(십신)의 다름으로 인한 영향은 사실 오늘 이야기하는 음과 양의 이야기와 다르지 않다. 겁재건, 축술미건, 음양오행과 십신이건 큰 테두리 안에서는 음과 양의 관계이기 때문이다.

양(陽)은 드러난 모습으로 봄과 여름, 아침과 낮의 모습이니 밝고 우리 모두가 볼 수 있을 정도로 선명하지만, 음(陰)은 감추어진 모습으로 가을과 겨울, 저녁과 밤의 모습이니 우리 모두가 볼 수 없으며 모호하다. 음 운동에서 금은 그래도 모호하고 흐릿해도 그나마 볼 수 있지만, 수 운동으로 가면 깜깜해진다.

일몰이 다가오는 시간, 낮에서 저녁으로 바뀌는 시간을 유럽에서는 '개와 늑대의 시간'이라고 한다. 일몰 시각에 저 건너편 언덕에 보이는 실루엣이 가족 같은 양치기 개인지, 나를 사나운 이빨로 해치려는 늑대인지 모호하기 때문이다. 그것이 음의 일부분인 저녁이고 금의 시간이 되는데 음의 정점인 수는 차라리 마음이 편해진다. 깜깜하여 보이지 않으니 하던 일을 내려놓고 잠을 자면 되기 때문이다.

사람들은 대부분 보이지 않는 음에 속지 않고 겉으로 드러난 양에 속게 된다.
드러난 재물, 눈에 보이는 외모, 착하게 보이는 모습, 옷차림, 고급 차, 고급 시계, 고상한 말투, 드러난 박사 학위, 드러난 양은 누구나 눈에 띄니 드러나지 않은 음의 모습을 놓치게 된다.

최근에 헤르페스라는 성병을 사귀는 여자들에게 옮겨서 문제가 된 약사 유튜버의 일상이 화제가 되었다. 그로 인해 평생을 질병의 아픔을 가지고 가야 할 여자분들이 2명이나 나왔는데 어쩌면 이 역시 드러난 양의 모습일 뿐이다. 창피해서, 자존심 때문에, 타인의 비난이 두려워 공개하지 않은 여자분들이 더 있으리라는 것은 나만의 착각일까?

잘생긴 외모, 친절하고 자상한 말투, 구독자 수십만 명의 잘나가는 유튜버, 그리고 안정적인 전문 직업인 약사. 이것이 그의 드러난 양의 모습이었다. 그분과 만난 여자분들은 이 양의 모습에 열광하고 연락처를 주고받고, 만나고, 사귀고, 그리고 배신을 경험하게 된다. 배신에 따라온 성병은 별책부록과 같다.
양에 치우친 만큼의 절반, 아니 1/4만이라도 그의 드러나지 않은 음의 모습을 살피고 생각했다면 그러한 극단적인 모습까지는 안 갔을 것이라는 생각이 든다.
앞서 열거한 1부 겁재도 개별적으로는 다르지만 큰 맥락에서는 같다. 당연히 음양과 관련이 있다. 겁재의 성향으로 극도로 우호적이거나 극도로 적대성을 보이는 것은 음이건, 양이건 한쪽으로 치우쳐져 있음을 의미한다. 한쪽으로 치우쳐져 있으니 음양의 균형이 깨져 있으므로 속임과 배신을 경험하게 되는데, 너무 의심하고 적대하면 외톨이가 되고, 너무 믿고 의지하면 뒤통수를 맞게 되기 때문이다.

2부 축술미 삼형도 같은 맥락이다. 공식적인 절차와 서류와 무관하게 친구니깐, 형제니깐, 가족이니깐 차용증도 없고, 녹음도 없이 구두로 해놓았다가 내가 언제 그랬냐는 말을 듣고 열통이 터지고 배신에 치를 떨게 된다. 기록이 없으니 서로의 기억에 의지해야 하는데, 사람은 원래 보고 싶은 것만 보고, 듣고 싶은 것만 들으려 하니 '아' 다르고 '어' 다르다. 뒤늦게 후회해도 소용없다. 믿음과 의심이라는 양과 음의 균형이 깨진 모습이 된다.

3부의 껍질과 내면의 체(體)와 용(用)은 체(體)인 내면의 모습이 음양오행이고, 용(用)인 외면의 사회적인 모습을 십신으로 구분했을 뿐이다.

예수님은 이렇게 말씀하셨다.

"너희가 눈에 보이는 것만을 믿느냐"

치열한 경쟁 사회에서 눈에 보이는 것만을 믿고, 보고, 행동하는 사람은 리더가 될 수 없고 금융권의 검은손과 정치권의 검은손에게 놀아날 수밖에 없다.
영화 〈내부자들〉의 대사처럼 "개돼지가 뭘 알겠냐."라고 그들의 비아냥거리는 음성이 들리는 듯하다.

음과 양, 보이는 것과 보이지 않는 것을 느끼고 생각할 수 없다면, 악인들이 바라는 대로 속임을 당하고 배신을 당하면서 살아갈 수밖에 없으며, 한숨 짓고 눈물짓는 것이 일상이 될 뿐이다. 명리학을 배우고 음과 양을 알아가는 것은, 우리의 삶을 현명하게 살아가기 위함이다. 남들이 다들 눈에 보이는 것(陽)을 보고 움직일 때, 명리학을 알고 있는 우리는 눈에 보이지 않고 감추어진 이면(陰)을 생각하고 느낀다면 우리들의 눈물과 한숨이 덜어지지 않을까 생각해 본다.

명리가 우리에게 평온을 줄 것이다.

명리가 우리에게 자연스러운 삶을 선사할 것이다.

토(土) 이야기

1) 하늘에 펼쳐진 토(土) 이야기

1년 전에 구상했던 토(土)의 이야기인데, 『명리 혁명(The Revolution) 기초 편』을 쓰느라고 전개하지 못했던 토(土)에 대한 심층적인 이야기를 하고자 한다. 목화토금수의 오행 중의 하나인 토(土)이지만, 세분하면 8가지로 나누어진다.

헉! 토의 종류가 뭐가 그렇게 많냐고? 그렇다, 많다.

<u>천간의 토(土): 무(戊)토, 기(己)토</u>
<u>지지의 토(土): 진(辰)토, 술(戌)토, 축(丑)토, 미(未)토</u>
<u>천간합: 갑기(甲己)합에 의해서 생기는 토(土)</u>
<u>지지합: 자축(子丑)합에 의해서 생기는 토(土)</u>

오행 중에서 중요하지 않은 것이 없지만, 그중에서도 토(土)의 역할이 중요하다.

우주(하늘)는 오행 운동을 하지만, 지구(땅)는 사계절(봄, 여름, 가을, 겨울)운동을 하기 때문이다.

하늘의 오행 운동과 땅의 사계절 운동과의 혼동이 있어서 진술축미(辰戌丑未) 토가 특히 어렵게 느껴진다. 갑(甲)목 일간의 경우 십신으로 보면 진(辰)토와 술(戌)토는 편재가 되는데, 봄에서 여름으로 넘어가는 전환기의 진(辰)토와 가을에서 겨울로 넘어가는 전환기의 술(戌)토가 같을 리가 없다.

그래도 십신으로는 편재가 되어 초학자들이 편재로 통변하니 진(辰)토와 술(戌)토의 차이점이 생겨서 통변이 어지러워진다. 또한 갑(甲)목 일간일 때, 천간의 무(戊)토도 편재이고, 지지의 진술(辰戌)도 편재인데 천간의 토와 지지의 토가 같지 않고 서로 다르니 통변할 때 오류가 생기기 마련이다.

십신 분석 시 가장 큰 오차가 생길 수 있는 부분이 토(土)에 대한 통변인 이유가 이러한 근원적인 차이점을 내포하고 있기 때문이다.

강의를 하다 보면 수강생들이 늘 이러한 통변에 어려움을 많이 겪는 것을 알게 된다. 다소 복잡하고 어려운 내용이 있으므로 심화 편에서 토(土)에 대해 정리해 보려고 마음먹었다.

오행 운동을 하는 천간의 토(土)인 무(戊)토와 기(己)토는 양 운동의 목화(木火)와 음 운동의 금수(金水)의 중간에 위치한다.

그리하여 팽창할 대로 팽창한 양 운동을 정지시키고, 음 운동으로 전환해 주는 역할을 한다.

이런 토의 작용이 없다면 팽창할 대로 팽창한 양은 외형이 더 커지고 확산되다가 결국 허공으로 사라질 것이다. 무(戊)토와 기(己)토는 양의 기운을 조정하여 음 운동을 할 수 있게 넘겨주는 역할을 하므로 둘 다 양의 기운을 듬뿍 품고 있는 토인데, 이렇게 토에게 양의 기운이 없다면 그것은 죽은 땅(사토, 死土)일 것이다. 토에게 가장 중요한 것이, 목(木)도, 수(水)도 아닌 화(火)인 이유가 바로 이 때문이다.

천간의 오행 운동을 등산하는 것에 비유하자면 다음과 같다.

목(木)은 막 설레는 마음으로 시작하여 산에 오르는 모습이고, 화(火)는 한참을 오르고 올라서 이마에 땀이 송골송골 맺히면서 정상을 향해 가는 모습이라면, 토(土)는 정상에 도착하여 잠시 바람을 쐬면서 올라온 길(목화), 앞으로 내려갈 길(금수)을 바라보는 모습이다. 금(金)은 산에서 내려오는 모습이고, 수(水)는 집에 막 도착하여 여장을 풀고 쉬면서 다음 산행을 계획하는 모습이다.

천간의 무(戊)토와 기(己)토는 산 정상의 토와 같으니 태양의 양기를 듬뿍 받은 따뜻한 토이다.

그리고 음(금수)과 양(목화)을 골고루 살펴볼 수 있는 중간자 모습인데, 이러한 성향으로 억제(양을 억제함), 중재, 조정, 중용, 신용, 전환 등으로 나타나게 된다.

또한, 토는 다른 오행과 달리 움직이지 않으니 인의예지신 오상 중에 믿을 신(信)을 부여했다.

자기주장이나 개성은 약하지만, 자기 주관은 뚜렷하며 항상 사시사철 그 자리를 지키고 있는 토(土)의 모습처럼 보수적인 성향을 띠게 된다. 사계절 운동을 하는 땅에서는 나머지 오행들은 토에 의존하여 살아가고 있으니, 베풀기를 좋아하며 희생 봉사하는 성향을 가지게 된다.

무(戊)토는 목화에서 커지고 팽창된 양의 기운을 첫 번째로 만나게 된다.

양 중의 양이라는 병(丙)화보다도 양의 기운이 더욱 가득하다. 양이 가장 강한 12시 정오보다 2~3시에 땅이 더 뜨겁고 따뜻한 것처럼 병(丙)화, 정(丁)화에서 더욱 확산된 양의 기운을 품고 있기 때문에 더 뜨겁다. 강한 양의 기운을 품을 수 있어야 하므로 산처럼 크고, 듬직하고, 마음이 넓고, 포용력이 강하다. 지리산처럼 큰 산 같기도 하고, 뜨거운 사막 같기도 하다. 황무지, 메마른 땅과 같으니 늘 자신을 적셔줄 계(癸)수를 보면 바로 무계(戊癸)합을 하려고 한다. 사주에 무(戊)토 일간을 확인하면 반드시 주변에 수(水) 기운이 있는지를 살피는 것은 수가 꼭 필요하기 때문이다. 그래서 무(戊)토는 수(재성)에 집착하는 형태를 보인다.

큰 산은 모든 동식물이 살아가므로 스케일이 크면서, 모든 것을 받아들이는 넓은 마음을 가졌다. 사람들이 잘 따르니 정치인, 종교인, 기업가 등이 많이 가지고 있는 일간이 무(戊)토이다.

무(戊)토는 양이 가득 찬 토이므로, 마치 압력솥에서 밥이 다 되어서 부풀어 오르고 팽창하는 모습을 취한다. 압력으로 차고 부풀어 오른 물상이라 빵, 발효식품 등과 관련이 깊다.

무(戊)토가 심한 극을 받거나, 너무 신강하여 안 좋게 작용하면 욕심이 많아지는데, 이는 많은 것을 포용하는 마음이 부정적으로 작용한 경우이다. 또한, 사교성과 융통성이 부족한데, 이는 듬직하고 진중한 점이 부정적으로 작용한 경우이고, 이중적인 성격을 보여 줄 수 있는데, 이는 무(戊)토는 큰 산이라서 임(壬)수처럼 속내를 알 수 없어 음흉해질 수 있다는 단점으로 작용할 수 있다.

기(己)토는 무(戊)토로부터 걸러진 양의 기운을 받아서, 최종적으로 음으로 전환한다.

전환 후에도 여전히 양의 기운이 남아있으므로 따뜻한 토이다.

토는 온기가 있어야 생명을 키울 수 있다. 지지에서 무기(戊己)토와 가장 비슷한 토는 여름에서 가을로 전환되는 미(未)토가 된다. 다음으로 진(辰)토, 술(戊)토, 축(丑)토가 된다.

가을이 끝나고 땅속에서 쌓인 낙엽, 비, 동식물의 사체로 영양분이 풍부한 축(丑)토가 쓸모없는 토(土)인 이유는 차갑기 때문에 생명을 키울 수가 없는 까닭이다.

더 자세한 설명은 지지의 토에 대한 설명을 할 때 하기로 하겠다.

양의 토(土)인 무(戊)토가 스케일이 크고, 거칠고, 자연미가 있다면, 음의 토(土)인 기(己)토는 스케일이 작고, 부드러우며, 세련된 가공미가 있다.

무릇 양간들이 투박한 자연미라면, 음간들은 세련된 가공미가 특징이다.

물론 사이즈나 스케일 면에서는 양간이 월등히 크고 외형적으로 보기에 좋다.

지리산과 같은 큰 산이 무(戊)토라면, 기(己)토는 사람이 가꾸고 일군 논밭과 같다.

산처럼 크지는 않지만, 실속이 있고 영양가가 만점이다.

논밭은 식물을 재배하기 위해 다듬어진 것이므로 아무거나 심을 수는 없다.

기(己)토가 분별력, 소심, 예민, 호불호를 가지는 것은 곡식과 잡초를 구분하기 위해서인데, 까다롭지만 일단 곡식을 키우기 시작하면 최선을 다해서 봉사하고 헌신한다. 생명을 키우기 위해 애쓰고 희생하는 모습이 마치 우리네 어머님과 같은 모습이다.

기(己)토 일간 분들이 교육계에 많이 계신 것도 그러한 맥락이다. 기(己)토는 물상으로는 입이 벌려진 모습으로 언변이 뛰어나다. 화가 신체에서 혀라면, 토는 신체에서 입에 해당하기 때문이다.

음간은 양간보다도 인공미, 세련미가 있어서 병(丙)화보다는 정(丁)화가, 무(戊)토보다는 기(己)토가 훨씬 언변이 뛰어나다. 기(己)토는 말은 많지 않지만 조리 있고, 합리적으로, 절제력이 있는 언변을 구사한다.

생명을 잘 키우는 기(己)토는 갑(甲)목, 을(乙)목도 모두 좋아하는 토이다.

그러한 관점에서 을(乙)목은 기(己)토에게 십신으로 편관이 되는데, 역시 십신의 관점에서 을(乙)목이 기(己)토를 심하게 극한다고 보시면 안 된다. 기(己)토의 존재 이유는 생명을 키우기 위해서이다.

을(乙)목의 편관을 기(己)토의 입장에서 보면 좀 말썽 많고 다루기 힘든 자식과 같다.

그러나 그러한 자식도 역시 기(己)토의 입장에서는 소중하고 사랑스러운 자녀이기 때문이다.

2) 진술축미(辰戌丑未), 어디까지 가 봤니?

(1) 진(辰)토–변화가 심한 봄의 문지기

천간에 하늘의 토인 무기(戊己)토가 있다면, 지지에는 진술축미(辰戌丑未)가 있다. 천간의 목 운동에서 시작하는 갑(甲)목과 마무리하는 을(乙)목이 있고, 지지에도 목 운동을 시작하는 인(寅)목이 있고, 마무리하는 묘(卯)목이 있어 천간지지가 서로 쌍을 이루고 있는데 유독 토는 그 모습이 다르다. 천간은 무기(戊己)토 2개이지만, 지지는 진술축미(辰戌丑未)로 무려 4개나 되는데, 이는 지지가 사계절 운동을 하고 있다는 것을 알려준다.

진술축미는 각 계절이 바뀔 때 계절의 중간에 배치되면서 다음 계절로의 순환을 돕고 있는데, 만약에 이러한 전환기의 진술축미가 없었다면 아마도 지구상에는 생물체가 존재할 수 없었을 것이다.

봄에서 여름, 여름에서 가을, 가을에서 겨울, 겨울에서 봄으로의 디지털처럼 급격한 변화만이 있다면 지구상의 인간을 포함한 동식물들이 이러한 급변하는 환경에 적응할 수가 없기 때문이다.

각 계절의 끝에서 환경 변화의 완충 지대 역할을 해 주는 진술축미는 명리학을 떠나서 그 자체로 소중하니 이러한 소중한 진술축미를 하나하나 살펴보도록 하겠다.

진(辰)토는 봄에서 여름으로 가는 전환기의 토이다.

양의 토이며, 양력 4월이고, 절기로는 청명(4월 5일) 이후 한 달간이며, 시간상으로는 07:30~09:30이다. 일상을 살펴보면 출근하는 시간대이니 바쁘고, 활기차며, 분주하고, 변화가 심한 시간이다.

용을 상징하는데, 전설 속의 동물인 용(龍)은 천지조화를 일으키니 변화와 변덕이 심한 동물이다.

동양 철학에서는 글자 하나, 물상 하나마다 의미가 없는 것이 없다.

진(辰)토의 성향을 시간상으로, 동물상으로 적절하게 표현했는데, 진술축미의 토 중에서 가장 변화가 심한 토가 된다. 인(寅)목의 3음 3양에서 시작하여 묘(卯)목을 거쳐서 진(辰)토에 다다르면 1음 5양으로 양의 기운이 폭발적으로 증가하게 된다. 갓난아이였던 인(寅)목과 초등학생의 묘(卯)목을 지나면 중, 고등학생의 사춘기의 시기에 접어드는데 어디로 튈 줄 모르고, 어릴 적의 모습이 사라지면서 왕성한 양의 활동으로 인해 여드름도 생기고, 질풍노도의 시기를 보내게 된다. 키와 외형에서 크게 변화가 오니 성인으로 성장하게 되는 시기이다.

진(辰)토는 영양분도 많고 습기도 많은 토(土)로서 목들의 사랑을 받는다.

신자진(申子辰) 삼합의 묘지(고지)로서 봄에서 여름의 전환기에도 수 기운을 충분히 가지고 있기 때문이다.

진(辰)토의 지장간을 살펴보면 을(乙)목, 계(癸)수, 무(戊)토가 있는데, 지장간 중기를 보면 계(癸)수가 들어 있다.

진(辰)토의 본체는 토이면서 인묘진(寅卯辰) 방합 목(木)의 가족이기도 한데, 정작하는 일은 수의 운동을 하며 지장간 속에서 수 기운을 보전하고 있다. 이는 장차 수 기운이 절실하게 필요해지는 화의 시기, 즉 여름이 올 때 수기운(壬水)을 보호하면서 내부에서 잘 쓸 수 있게 하기 위함이다.

여름에는 나뭇가지, 줄기의 끝까지 수분이 공급되어 잎 하나하나가 싱싱한데, 그것은 계(癸)수가 맹활약하기 때문이다. 또한, 특이하게 지장간이 무계(戊癸)합이 되어 있는데, 합이 되어 있다는 것은 묶여있다는 뜻이고 글자가 제 역할을 못 하고 있다는 뜻이다. 물론 합이 되어 있으니 보호를 받을 수는 있다.

충이 왔을 때, 비로소 합이 풀리면서 제 역할을 잘할 수 있다. 진(辰)토의 맞은편에는 술(戌)토가 있다. 십신으로는 양의 토로 같지만, 음양으로는 정반대가 된다. 그래서 진술(辰戌)충이 되니 같은 십신이라도 전혀 다른 역할을 하게 된다. 천간의 토는 토생금으로 금을 생해 주는 것을 잘하지만, 지지의 토는 그렇지 않다. 진(辰)토는 토생금보다는 사계절 운동으로 봄을 마감하고 여름을 여는 문지기의 역할을 한다고 보면 좋겠다.

(2) 미(未)-천간의 무기(戊己)토와 싱크로율 80%

미(未)토는 여름에서 가을로 가는 전환기의 토이다.

음의 토이며, 양력으로 7월이며, 절기로는 소서(7월 7일) 이후 한 달간이다.

시간상으로는 13:30~15:30이다. 무척 뜨거운 토로서 4양 2음으로 양의 기운이 강하며 동물상으로는 양(염소)이 된다. 미(未)토는 천간의 토인 무(戊)토, 기(己)토와 가장 비슷한 토인데, 가장 뜨겁고 양의 기운이 듬뿍 들어 있는 토이다. 만물을 숙성시키며 음 운동의 시작인 가을로 전환한다는 점이 닮았다.

미(未)토는 마른 땅이고 건조해지니 반드시 수 기운을 필요로 하는데 양의 기운이 강하니, 강한 자존심과 고집이 있으며, 남의 간섭을 싫어한다.

토는 중심을 지키며 함부로 나서지 않지만, 미(未)토는 양의 기운이 강한 토라서 다혈질이며, 성격이 급한 경우가 많다. 소위 한 성격 하며 폭발적인 성향을 가지고 있는데 백호인 을미(乙未)에서 지지에 미(未)토가 들어 있는 까닭이다. 미(未)토의 지장간을 보면 정(丁)화, 을(乙)목, 기(己)토 인데, 지장간 중기를 보면 을(乙)목이 들어 있다.

미(未)토는 본체는 토이면서 사오미(巳午未) 방합, 화의 가족이기도 한데, 정작 하는 일은 목의 운동을 하고 있다.

해묘미(亥卯未) 삼합의 묘지(고지)로서 지장간 속에 목 기운을 보전하고 있는데, 이는 갑(甲)목 기운이 가장 약해지는 금의 시기, 가을이 올 때 갑(甲)목의 기운을 보호하고, 을(乙)목을 지원하여 내부에서 잘 쓸 수 있게 하기 위함이다.

미(未)토 지장간 말기의 기(己)토는 천간의 음토로 농작물을 키우기 위해 자신을 희생하고 봉사한다.

신체 부위에서는 입에 해당하니, 화술이 논리적이고 세련된다. 그러나 불같은 성격도 있으니, 구설수나 설화(舌禍)를 초래하기도 한다. 미(未)토의 맞은편에는 축(丑)토가 있어 축미(丑未)충과 축미(丑未)형을 형성하는데, 십신으로 구분하면 음의 토로 같지만, 여름에서 가을을 여는 미(未)토와 겨울에서 봄을 여는 축(丑)토가 서로 같지 않으니 십신 그대로 통변하면 어려움에 봉착하게 된다.

갑(甲)목 일간에게는 미(未)토가 정재이고, 축(丑)토도 정재가 되는데, 새 12운성을 통해서 살펴보면 미(未)토에서 고지(묘지)가 되고, 축(丑)토에서는 관대가 된다. 관대-묘는 서로 음양이 반대이니 그 차이점이 크다고 할 수 있어서, 같은 정재라고 해도 통변이 크게 달라지게 된다.

(3) 술(戌)토-계절의 쓸쓸함에 대하여

술(戌)토는 가을에서 겨울로 가는 전환기의 토이다. 또한, 겨울의 문을 여는 역할을 한다.

양의 토이고, 양력 10월이며, 절기로는 한로(약 10월 8일) 이후 한 달간이다.

시간상으로는 19:30~21:30 사이가 된다.

술(戌)토는 음을 시작하는 토인데, 신(申)금, 유(酉)금의 결실의 계절을 지나, 추수와 수확이 끝난 땅이므로 영양가가 없는 땅이며, 수분 또한 마른 건조한 땅의 모습이다. 1양 5음으로 음의 기운이 가득한 토를 의미하며 동물상으로 개가 된다. 수확이 끝나 저장된 곡식 창고를 개가 지키는 모습인데, 월지에 술토를 가지면 충성스럽고, 지키고, 보호하는 경찰, 검찰, 보안, 안전등 무관 직업과 관련이 깊다.

단절의 시절인 금의 시기를 보내면서 자녀들을 출가시키고, 중년 이후를 보내는 모습으로 생각하면 된다. 겨울의 초입이라서 다소 쓸쓸함이 느껴진다.

고서에 보면 만물은 술(戌)토의 시기가 오면 모든 삶의 과정을 마무리하고 하늘로 올라가서 상제의 명령을 받아, 해(亥)수의 시기에 내려와, 자(子)수에서 생명을 잉태하여, 축(丑)토에서 숙성되어 배양되며 길러진다고 했다. 그리하여 술(戌)토와 해(亥)수를 합쳐서 '천문(하늘의 문)'이라고 부른다. 지지에 술해(戌亥)가 붙어 있는 사람은 영감이 좋고, 기감 능력이 뛰어나 협상, 상담, 활인업 쪽에서 크게 능력을 발휘한다고 한다.

술(戌)토의 지장간을 보면 신(辛)금, 정(丁)화, 무(戊)토가 있는데, 지장간 중기를 보면 정(丁)화가 들어 있다.

술(戌)토는 본체가 토이면서, 신유술(申酉戌) 방합, 금의 가족이기도 하지만, 하는 일은 화(火)의 운동을 하고 있다.

인오술(寅午戌) 삼합의 묘지(고지)로서 지장간 속에 화 기운을 보호하고 있다. 장차 병(丙)화의 기운이 가장 약해지는 수의 시기, 겨울이 올 때 병(丙)화의 기운을 보호하면서 정(丁)화가 내부에서 잘 쓸 수 있게 하기 위함이다. 술(戌)토의 맞은편에는 진(辰)토가 있다. 십신으로는 양의 토로 같지만, 음양으로는 정반대가 된다.

그래서 진술(辰戌)충이 형성되니 서로 다른 역할을 하게 된다.

(4) 축(丑)토-인내하고 기다려 생명을 키워낸다

축(丑)토는 겨울에서 봄으로 가는 전환기의 토이다.

음의 토이며, 양력으로 1월이고, 절기로는 소한(1월 5일) 이후 한 달간이다.

시간상으로는 01:30~3:30이다. 차가운 토(土)로 4음 2양으로 음 기운이 강하며, 동물상으로는 소가 된다.

추수가 끝난 술(戌)토에 낙엽이 떨어져 쌓이고, 눈이 쌓여서 수분을 공급하고 각종 동식물들의 사체가 땅속에서 낙엽과 뒤섞여서 영양분이 만들어진다. 겨우내 그렇게 영양분이 만들어지니, 축(丑)토는 기름지고 영양가가 많은 토이지만, 차가운 토이므로 생명(목)을 키워낼 수가 없다. 장차 얼음이 깨져서 물이 흐르고 땅이 녹는 봄이 와야만 축토가 본래의 실력을 발휘할 수 있을 것이다.

축(丑)토는 차가운 동토이므로 목이 좋아하지 않는다. 그러나 화 기운이 있어서 동토를 녹일 수 있다면 영양분이 가득한 토이므로 그 잠재력은 엄청나다고 할 수 있다. 원국에 화 기운이 없는데 축(丑)토가 있는 사람은 참고, 견디고, 인내하며 화 기운이 들어오기를 기다려야 한다. 어떤 사람은 너무 일찍 들어와서 끝나거나 또는 너무 늦게 들어와서 효용이 떨어지는 경우가 있다. 사회적인 활동이 왕성한 시기에 들어오면 좋을 것이다.

생명이 다하는 술(戌)월이 되면 하늘로 올라가 명을 받아, 해(亥)월에 내려온 신이 생명의 근원인 자(子)월에 수정되어 잉태되고, 축(丑)토에서 길러지게 되니 축(丑)토는 생명을 탄생시키기 위한 숙성과 희생의 토로 부른다. 생명(봄)을 탄생시키기 위해 추운 겨울에 인내하며, 숙성하니 고충과 애로사항이 많다.

그래도 소처럼 우직하게 참고 견디어 내는데, 지지에 축(丑)토를 가진 사람 중에 대기만성 스타일이 많은 이유가 그런 까닭이다.

토는 수와 같이 속마음을 숨기는데, 축(丑)토는 물이 있는 습토라서 특히 속을 잘 드러내지 않는다.

해자축(亥子丑) 방합의 끝자락으로 수 기운을 담고 있는데, 축(丑)토의 지장간을 보면 계(癸)수, 신(辛)금, 기(己)토가 있다.

지장간 중기 속이 신(辛)금으로 금(金)의 운동을 한다. 본체는 토이면서, 해자축 수(水)의 가족이기도 하지만, 하는 일은 금(金)의 운동을 하니 다른 토와 마찬가지로 잡기(雜氣)라고 한다.

하지만 현대식으로 말하자면 멀티 플레이어인 셈이다. 사유축(巳酉丑) 삼합의 묘지(고지)로서 양간인 경(庚)금이 약해지는 목의 계절이 올 때 이를 보호하고 음간인 신(辛)금 내부에서 금 기운을 잘 쓸 수 있게 하기 위함이다. 축(丑)토의 맞은편에는 미(未)토가 있다. 십신으로는 음의 토로 같지만, 음양으로는 정반대가 된다.

그래서 축미(丑未)충, 축미(丑未)형으로 음양이 만나서 충돌하고 이를 조정하는 작업을 거치게 된다. 서로 다른 세계의 만남엔 충돌과 조정이 있기 마련이다.

3) 지지의 토(土)는 삶의 변화를 의미한다

지지에 진술축미 토가 많은 사람은 삶의 심한 변화를 경험하게 된다.

진술축미가 사계절의 코너에 위치하여 다른 계절을 여는 문지기 역할을 하기 때문이다.

대운에서의 역할과 마찬가지로 근묘화실에 의해서 초년, 청년, 중년, 노년의 시기를 거쳐 가면서 지지에 진술축미가 있을 때 삶의 변화가 생기게 된다.

그러므로 지지에 진술축미가 많은 사람은 한 가지 일을 오랜 세월 동안 하기가 어렵다.

또한, 지장간을 봐서 알겠지만 지장간 속에 여러 가지를 담고 있어서 잡기라고 부르는데, 진(辰)토를 제외한 축술미(丑戌未)가 있는 경우 눈썰미와 손재주가 뛰어난 경우가 많다. 축술미(丑戌未)는 형(刑)도 되고 충(沖)도 되는데, 서로 같은 토(土)라고 믿었는데, 지장간을 보면 본체는 토이면서도 화나 목 또는 금의 운동을 하는 등 다른 행태를 보여 주기 때문에 이로 인한 믿음이 깨지는 것을 의미하며, 다른 말로 무은지형(無恩之刑)이라고 부르는 까닭이 그러하다. 여러 명리 서적이나 칼럼에서 축술미(丑戌未)의 무은지형(無恩之刑)과 인신사(寅申巳)의 지세지형(持勢之刑)을 바꿔서 쓰는 경우가 종종 있는데, 이러한 깊은 고찰의 부족함에서 나온 것으로 보인다.

고전 명리는 오행을 중심으로 이론을 정리하다 보니 천간의 오행 운동과 지지의 사계절 운동과의 차이가 생기는 것을 간과했다. 박청화 선생님, 맹기옥 교수님 등 명리의 대가들이 오행 중심이 아닌, 천간지지를 중심으로 공부하라는 이유는 그런 이유이다. 명리학의 기초를 세우는 시기이니 그렇게 세밀한 면까지 고려하기는 힘들었을 것이다. 천간(하늘)은 오행 운동을 하지만, 지지(땅)는 사계절 운동을 하니 짝이 맞지 않아서 토를 화토 같이 보았던 화토농법을 보더라도 알 수 있다. 화(火)와 토(土)가 같지 않으니 화토동법이 비슷하긴 해도 같을 수는 없는데, 거기서 한 발자국 더 나아가 천간의 십신의 구분법으로 정반대의 음양인 진(辰)토와 술(戌)토를 양토라고 같은 십신을 부여하고, 역시 정반대의 음양인 축(丑)토와 미(未)토를 음토라고 같은 십신을 부여하니 제대로 된 통변이 나올 수가 없었을 것이다.

계(癸)수 일간에게는 축(丑)토도 편관이고, 미(未)토도 편관이 되는데, 새 12운성을 통해서 축(丑)토에서 양지가 되고, 미(未)토에서는 쇠지가 되는데 쇠지와 양지는 서로 음양이 반대이니 그 차이점이 크다고 할 수 있다. 십신으로 같은 편관이라 해도 통변이 크게 달라지게 되니 십신 이전에 음양과 천간지지를 살펴야 하는 이유가 이러하다.

정교하고 세밀한 분석이 어려웠던 시기에 선배 명리학자들이 그렇게 분류했다고 해서 후배 명리학자들도 그대로 따라갈 이유는 없다. 또한, 이는 합리적 의심이 필요한 학자로서의 본분에도 맞지 않는다.

이에 천간의 무기(戊己)토, 지지의 진술축미(辰戌丑未)의 특성과 성향을 구분하여 정확한 통변에 활용하고자 한다.

아울러 천간합과 지지 육합에 의해서 나오는 업그레이드된 토(土)의 성향을 점검해 보고자 한다.

학문에는 늘 합리적인 의심이 따라야 한다. 자기 스승의 이론뿐만 아니라 서자평 선배, 아니, 그보다 더한 신적인 존재의 이론이라도 합리적인 의심이 필요하다. 그것을 원치 않으면 열심히 타인의 이론을 배우고 익혀서 한 구석 모퉁이에서 잘 써먹는 술사로서의 삶으로 만족하면 족할 것이다.

4) 뜻이 하늘에서 이루어진 것처럼…

토(土) 이야기 네 번째 챕터는 천간합에 의해 생기는 갑기(甲己)합토에 대해서 이야기하고자 한다.

천간의 갑기(甲己)합 토(土)와 지지의 자축(子丑)합 토(土)를 여러 명리 서적에서 일상적으로 생겨나는 합화로 표현한 것이 많지만, 실상은 그렇지 않다. 천간합과 지지합으로 생겨나는 토(土)는 일종의 업그레이드 개념이고, 이전에 토와는 다른 새로운 토가 된다. 그리고 기본적으로 여러 가지 조건이 맞추어지지 않는다면 새로운 합화는 힘들다는 것을 미리 언급하면서 시작하고자 한다.

간단한 비유를 들자면 베이비붐 세대로 태어난 100명의 퇴직자가 식당이나 가게를 창업했을 때 과연 몇 퍼센트나 성공할까? 여러분들이 다들 알고 있는 편의점, 치킨집, 노래방, 고깃집, 슈퍼마켓을 생각해 보라.

딱! 사이즈가 나올 것이다. 대다수가 1년 혹은 3년 안에 망한다는 것을….

허주는 그것을 합거(合去)라고 말하고 싶다. 합쳐서 뭔가를 만들려고 했지만, 합화는 되지 않고 합거되어 날아가 버린다는 것 말이다. 그러나 어쩌면 합거되어서 날아가 버리는 게 차라리 속 편할지도 모른다.

허주의 사촌 누님이 20년 전에 강변역 테크노마트에 두 개의 부스를 분양받았는데 시작 때부터 삐거덕거렸다. 입지와 매장, 상권, 온라인의 부상으로 고전하더니 잠깐 들어온 임대업자도 망해서 금방 나가버리고 임대 수익은커녕 월마다 내는 관리비에 허덕거리니 세상에 애물단지도 그런 애물단지가 없다.

팔아버리고 싶어도 매수자가 없으니 현재는 월 관리비만 내는 조건으로 보증금과 월세 없이 들어와서 장사하는 업체에게 맡기고 있으며, 그들이 안 나가기만을 바라고 있다. 이 업체가 다시 빠진다면 관리비를 누님이 다시 부담해야 하기 때문이다. 합하여 날아가 버린다는 합거보다 묶여서 제대로 쓰지 못하는 합반(合絆)이 때로는 오랜 시간 동안 끝나지 않는 고통이 될 수도 있다.

갑(甲)목과 기(己)토가 만난다는 것은 말 그대로 반대편의 음과 양이 만나는 음양합을 의미한다.

음양이 만나야만 활력이 넘치고, 새로운 생명이 탄생할 수 있다.

합화되어 토를 만든다고 명리 서적에 쓰여 있지만, 이는 위의 100명의 창업 중에 성공하고 대박을 터트리는 것처럼 어렵고 힘든 것이다. 그러면 어떻게 해야 합화되어 새로운 토(土)가 생길까?

첫째, 지지에 토의 기운이 강해야 한다. 월지를 포함하여 토 기운이 많다면 가능성이 있다.

그런데 지지는 사계절 운동을 하므로 토의 삼합이 없으므로 무척 힘든 모습이다. 이는 다른 삼합으로 생성되는 목화금수보다 더 어렵다는 것을 의미한다.

둘째, 천간에서의 조합이 중요하다. 갑(甲, 원명)+기(己, 운)의 갑기합이 되어야 가능하다.

원명에 기(己)토가 있는데, 운으로 갑(甲)목이 왔을 때 어떤 역술가는 갑기합으로 토가 된다고 주장한다.

주객이 전도된 모습이다. 운으로 갑(甲)목이 오면 토가 되지 않는다. 목의 기운이 우월하기 때문이다.

토가 될 수 있는 것은 기(己)토가 대장처럼, 임금처럼 운으로 왔을 때이고, 원국에서는 월지를 기준으로 기(己)토가 갑(甲)목보다 강할 때이다.

갑(甲)목은 기(己)토가 운으로 왔을 때, 가장 약해지게 된다. 그러므로 기(己)토는 손쉽게 반대편의 갑(甲)목을 취할 수 있다. 흔히 천간합을 좋다고 생각하고 미화하지만, 실상은 일방적인 합의 모습일 뿐이다. 어차피 역사란 승자의 입장에서 쓰인 것이니 그렇게 아름답게 표현할 수는 있다.

그것에 대한 자세한 설명은 토(土) 이야기가 끝나고 쓸 천간합에 대한 이야기에서 하기로 하겠다.

운은 왕이고 원명은 신하에 비유하는데, 운으로 기(己)토와 같은 토의 기운이 들어와 원명의 갑(甲)을 취하는 갑기합토(甲己合土)의 모습이어야 합화될 가능성이 높아지는 것이다.

셋째, 대운으로 토 기운이 들어오면 좋다. 만약 천간지지의 간여지동으로 들어온다면 금상첨화다.

무진(戊辰) 대운, 기축(己丑) 대운처럼 위아래가 토 기운으로 들어온다면 합화의 가능성이 더 높아진다.

대운은 팔자를 둘러싼 환경과 같다. 우리가 지구라는 토(土)에서 사는 것처럼 환경은 사람의 마음(천간)과 현실(지지)에 큰 영향을 주기 때문이다.

넷째, 일간이 갑(甲)목일 때, 운으로 기(己)토가 온다면 유리하다.

일간은 합이 되어도 합거되지 않는다. 일간이 사라진다는 것은 죽음이나 식물인간처럼 된다는 것이니 사라지지 않는다. 일간과의 합은 득(得)할 수 있다.

지지에 토 기운이 강하고, 대운이 간여지동으로 토 기운이 들어온다면 합화는 더 높은 가능성을 가진다. 간단히 말하면, 돈이 많은 사람이 돈을 더 벌고, 공부를 잘하는 사람이 매번 합격하고, 승진을 잘해 승승장구하는 사람이 계속 승진가도를 타는 모습이다.

천간은 마음, 의지, 생각, 욕망을 나타내는데, 갑기합 역시 그러한 머릿속의 만남이니 현실화되기에는 어려움이 많다. 단순히 뇌피셜(腦+official)로 끝나기가 쉽다. 갑기(甲己)합이 되어 새로운 토(土)를 만들려면 지지에서 이를 뒷받침해줘야 한다. 또한, 대운으로 토가 간여지동으로 들어오면 더 좋다. 그렇지 않다면 지지만으로도 토가 들어와야 한다. 위의 설명이 무척 어려운 이야기처럼 보일 수 있다. 그런데 실은 그렇지 않다. 사실 우리는 위의 현상들을 다들 알고 있기 때문이다.

한 사람이 새로운 아이디어를 가지고 자신의 사업(토)을 하고 싶어 할 때, 통장에 몇만 원 남은 잔고로는 생각뿐이고 욕심뿐이지, 현실적으로 진행할 수 없는 것이다.

그런데 만약, 통장에 상당한 액수를 보유하고 있어서, 자금 걱정 없이 추진할 수 있다면 성공의 가능성이 생긴다. 마침 그때 사업에 도움이 되는 정부의 정책이 추진되거나, 세계의 경제 또는 트렌드가 자신의 사업에 힘을 보태 주는 방향으로 흘러간다면 어떨까?

통장의 잔고는 지지의 모습이고, 정부 시책, 세계 경제의 추세, 최신 트렌드의 변화 등은 운과 같다.

우리는 그러한 현상과 모습을 뉴스나 때론 주변에서 보기도 한다

그렇게 하여 사주의 격에 따라서 드물지만 큰 성공 신화를 이룬 사람도 있고, 소소하게 성공하여 재미를 보는 사람의 이야기도 종종 듣는다. 그리고 그보다 훨씬 더 많은 실패담을 주변에서 듣거나 길을 지나가면서 임대 스티커가 붙은 상가나 점포를 보게 된다. 사람들이 명리가 어렵다고 생각하는 것은, 늘 명리가 책이나 동영상 속에 갇혀있기 때문이다. 지금이라도 책을 덮고, 영상을 멈추고 거리로 뛰쳐나와 한산하고 적막이 감도는 이태원 경리단길을 걷거나, 관광객이 빠져 썰렁한 명동의 상가를 둘러본다면 합화되어 새로운 오행을 만들어 낸다는 것이 얼마나 어렵고 드문 일이라는 것을 눈으로 확인하게 될 것이다.

하늘에서 만들어지는 갑기(甲己)합 토는 그러하다.

한없이 넓게 펼쳐진 하늘을 보면서 지상에 땅 한 평 없는 이가 수백 평, 수천 평의 땅을 꿈꿀 수는 있다. 꿈을 꾸는 것은 자유니까….

그러나 그것이 현실이 되는 것은 이제 우리도 알다시피 어렵고 힘든 일이다. 그렇게 되려면 현실에서의 도움이 필요하다(지지의 도움). 또한, 조금, 아주 조금이지만 하늘의 도움도 필요하다(운의 도움).

뜻이 하늘에서 이루어진 것처럼 땅에서도 이루어지리니…. 아멘.

5) 자축(子丑)합하여 토(土)를 만들 수 있을까?

토(土) 이야기 마지막 다섯 번째 이야기는 자축합토(子丑合土)에 대한 이야기이다.

천간에는 갑기합토(甲己合土)가 있고, 지지에는 자축합토(子丑合土)가 있다. 뭔가 새로운 것을 만든다는 것은 창작의 고통과 시련이 따르기 마련인데, 그것이 천간의 마음이건, 지지의 현실이건 말이다.

갑기(甲己)합이 천간합 5개 중의 하나이듯이, 자축(子丑)합은 지지의 육합(六合) 중

하나이다. 천갑합과 지지합의 가장 큰 차이점은, 지지의 합이 음양의 합이 아니라는 점을 주목해야 한다는 것이다. 갑기(甲己)합은 양을 처음 시작하는 갑(甲)목과 음을 처음 시작하는 기(己)토 음양의 합이고, 두 번째인 을(乙)목과 일곱 번째인 경(庚)금이 서로 음양합으로 구성되지만, 지지합은 그렇게 구성되지 않는다.

지지의 합(六合)

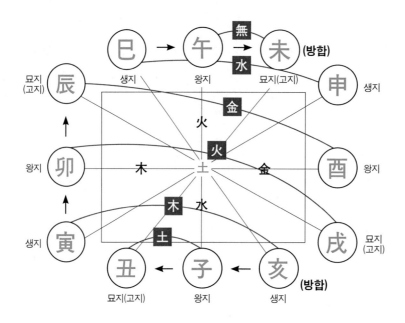

〈표 5. 육합의 모습〉

이번 단락에서 알아보려는 자축(子丑)은 육합이면서도 해자축(亥子丑) 방합의 가족이기도 한데, 겨울이라는 계절의 방합이고 음양이 다르지 않으니 음양합이 될 수가 없는 모습이다.

위의 도표를 보면 자축합(土)을 시작으로 하여 인해(寅亥)합, 묘술(卯戌)합, 진유(辰酉)합, 사신(巳申)합, 오미(午未)합이 같은 선상에서 같은 라인으로 이어지고 있음을 알 수 있는데, 이는 태양을 중심으로 한 각 행성의 공전 주기와 관련이 있다.

오미(午未)합 태양을 기준으로 살펴보면 태양에서 가장 가까운 별부터 공전 주기가 길어지게 된다.

사신(巳申)합 수(水): 수성-공전 주기 약 88일

진유(辰酉)합 금(金): 금성-공전 주기 약 225일(중간의 지구는 공전 주기 약 365일)

묘술(卯戌)합 화(火): 화성-공전 주기 약 687일

인해(寅亥)합 목(木): 목성-공전 주기 약 12년

자축(子丑)합 토(土): 토성-공전 주기 약 30년

이렇듯 태양과 가장 가까운 수성부터-금성-(지구)-화성-목성-토성이 되는데 지구의 위도를 기준으로 하여 선을 이어보면 지지의 육합이 된다. 이렇게 같은 위도에 위치하니 여러모로 편하고 친숙함을 느끼게 된다. 유럽의 그리스. 이탈리아, 에스파냐는 우리나라와 같은 위도에 있는 나라인데, 이는 살아가는 환경(온도, 기후, 생활방식)이 비슷하게 간다는 것을 의미한다. 위의 나라도 사계절이 상존하니 삶의 방식도 아주 흡사해진다. 따라서 이런 나라에 가면 편한 느낌이 있다. 같은 위도이니 여름에 떠날 때는 겨울옷, 겨울에 떠날 때는 여름옷을 별도로 준비할 필요 없이 그대로 떠나면 될 것이다.

자축(子丑)합을 계절로 살펴보면 겨울의 절정인 자(子)수와 늦겨울에서 봄으로 넘어가는 축(丑)토의 만남인데, 육합이면서 같은 방합의 일원이니 그 합력이 다른 육합에 비할 바가 아니며, 정반대 편의 오미(午未)합보다도 더 강력한 모습을 보여 준다.

오미(午未)합은 양의 성향으로 팽창하고 커져 가는 성향으로 합력이 응축하고 결합하려는 자축(子丑)합에 미치지 못한다. 어둡고, 춥고, 밤이니 서로 더 뭉치고 합하려는 성향을 가지는데, 추울 때 서로 껴안고 있으면서 서로의 온기를 느끼려는 모습과 같다.

토 이야기의 마지막인 자축(子丑)합은 지지에서 새로운 토를 만들 수 있을까를 이야기해 볼까 한다.

천간의 갑기(甲己)합처럼 역시 무척 어려운데, 토를 만들 수 있는 환경과 조건이 갖추어져야 가능하다.

천간의 갑기(甲己)합이 합화로 토를 만들려면 지지에 토의 기운이 강해야 한다고 앞서 내용에서 설명했다. 그러면 지지의 자축(子丑)합이 합화로 토를 만들려면 지지에 토의 기운이 강해야 할까? 그렇다. 역시 토의 기운이 강할 때 합화가 잘된다. 그런데 현실의 합화는 좀 더 다른 조건이 필요하게 된다.

자(子)수도 춥고, 축(丑)토도 추운 토라 활력이 떨어지는 관계로 반드시 화 기운이 필요하다. 얼어 있는 동토는 지지에서 쓸모가 없으므로 축(丑)토를 녹일 수 있는 강한 화 기운이 원명이나 대운에서 들어와 있을 때 합화가 가능하다.

축(丑)토는 영양가가 많은 토이지만, 얼어서 생명(木)을 키울 수가 없는데 그런 축(丑)토와 자(子)수가 만나서 토를 만들려고 해도 활력이 떨어져 쉽지 않고 요행히 생기더라도 여전히 생명을 키울 수 없는 차가운 토이기 때문이다.

己 辛 壬 壬　남명 (49세)　丁巳대운 1년후 戊午 대운
丑 丑 子 子

월지와 일지가 자축(子丑)합으로 되어 있는 사주이다. 그간 대운으로 자축(子丑)합을 깨뜨릴 수 있는 미(未)토와 오(午)화가 들어오지 않았는데 모친과 49년을 살면서 군대를 갔다 오기도 했고, 1년간 지방에 근무하기도 하고, 한때 모친이 뇌출혈로 생사기로를 헤맨 적도 있지만, 다행히 회복되어서 여전히 자축(子丑)합을 유지하며 사는 모습이다.

자축(子丑)합을 유지하고 있으니 합화하여 토를 만들려는 성향이 있다. 그러나 그간 항상 현실화되지 않아서 힘들었는데, 이는 원국의 화 기운이 부족했기 때문이다. 잠재력은 많지만, 동토인 축(丑)토를 녹이려면 지지의 사(巳)화 빛으로는 어려우며, 오(午)화의 열이 지지로 흘러야 비로소 축(丑)토가 풀리고, 얼음물 같던 자(子)수가 녹아서 오(午)화로 인해서 녹은 축(丑)토에 물을 공급하니, 축(丑)토가 이전과 다른 토의 모습으로 바뀌어 가게 된다.

원명에 화 기운이 없으니 운으로 오(午)화나 미(未)토가 들어와야 한다. 자축(子丑)의 합력이 강하니 이를 풀려면 대운에서 들어와야 하는데, 대운에서 들어오면 자축(子丑)합이 풀리게 된다. 합이 풀리니 자(子)수도 제 역할을, 축(丑)토도 자기 역

할을 제대로 할 수 있게 된다. 현실에서 새로운 무언가를 만들기 위해서 기존의 것을 깨뜨려야 하는 아픔이 있는 것처럼, 자축(子丑)합이 풀리는 아픔이 있은 후에야 새로운 토가 생겨날 수 있으니, 화 기운이 미약하거나 없는 사주에서의 자축(子丑)합에는 이러한 아이러니함이 있다.

또한, 자축(子丑)합을 한다고 해서 새로운 토가 생겨나지 않는다. 사주팔자가 8글자인데 합화한다고 하여 한 글자가 더 생기지 않는 것처럼 말이다. 이는 기존의 축(丑)토의 변화이며, 업그레이드를 의미한다. 시베리아 같은 동토인 축(丑)토가 자축(子丑)합을 하고, 때마침 들어온 오(午)화의 열기로 인해서 미국의 프레이리, 남미의 팜파스 같은 대평원의 옥토로 바뀌는 모습을 생각하면 쉽다.

운으로는 축(丑)토가 들어와야 한다. 그 이유는 천간의 갑기합토와 같다. 丑토가 주도권을 잡은 자축합토이어야 새로운 토(인성)이 생겨날 수 있다.

위 남명은 신(辛)금 일간이니 축(丑)토는 편인이 되고, 자(子)수는 식신이 된다. 자축(子丑)합의 모습은 편인과 식신의 합의 모습이다. 편인이 학문, 발명, 명예라면 식신은 한 우물을 파고 들어가는 집요함으로 나타난다.

그렇게 둘이 만나서 새로운 토를 만들려는 의지를 가지고 있는데, 때마침 대운이 정사 대운, 무오 대운으로 흘러가 화 기운이 들어오니 새로운 토, 즉, 축(丑)토의 변화를 만들어 갈 수 있을 것이다. 위 사주는 허주의 사주인데 공교롭게도 신축년 1월(기축월)에 명리혁명 심화편에 새로운 이론인 근묘화실의 관법을 담고 독자들을 만나게 되었다. 자축합이 되어 업그레이드된 토가 나올지는 우리 모두가 지켜볼 일이다.

자축(子丑)합하여 새로운 토를 만들려면, 다시 말해서 축(丑)토가 새롭게 변신하자면 주변에 토 기운도 중요하겠지만, 화 기운이 더 중요할 것이다. 그것은 음양의 균형을 의미하기 때문이다. 이런저런 어려운 설명 같지만, 결론은 음양의 조화와 균형이라는 범주에서 벗어나지 못한다. 음양이 만나야 새로운 생명과 활력이 생기기 때문이다.

일부 역술인은 지지의 합화보다 천간의 합화가 더 어렵다고 말한다. 그러나 천간합화도 어렵고, 지지합화도 어렵긴 마찬가지다. 천간은 마음이라 그런 갑기(甲己)합이 토가 되려면 지지에서의 현실이 뒷받침해 주어야 하고, 지지도 자축(子丑)합을 잘할 수 있는 조건이 되어 있다 하더라도 천간에 합화하려는 마음이 없다면 그냥 묶여있는 것에 불과하니 역시 어렵다.

물론 그래도 결론을 내리자면 지지합이 더 어려울 것이다. 마음을 먹지만 현실이 못 받쳐주는 경우가 많을까, 아니면 현실은 충분히 받쳐주고 있는데 마음을 안 먹어서 못 하는 일이 더 많을까?

크루즈 여행을 가거나 페라리 스포츠카를 사고 싶은데 돈이 없어서 못사는 경우가 많을까?

아니면 돈은 충분한데, 여행 갈 시간이 없거나, 살 마음이 없어서 못사는 경우가 많을까? 마음과 현실이 일치하는 것, 합화를 위한 조건이 맞추어지기는 쉽지 않지만, 어느 쪽이 더 어려운지는 우리가 조금만 생각해 보면 알 수 있을 것이다. 어쨌거나 지지의 자축(子丑)합은 현실이니까….

내 안의 카리스마에 관하여

1) 관성(官星) 편

'카리스마' 하면 가장 먼저 떠오르는 것이 편관이다.

나를 극하는 오행 중에서 음양이 같아서 강하게 극하는 편관이 강한데 그 강함을 감당할 수 있게 일간도 강하면 그야말로 극강의 카리스마가 나온다. 반면에 편관이 강한데 일간이 약하면 늘 주변의 눈치를 보고 주눅 들어 있는 모습으로 나타난다. 편관격인 사람은 이렇게 극과 극의 모습을 보여 준다. 삶의 파도가 치듯 모 아니면 도의 모습이다.

우리가 영화나 드라마에서 보는 카리스마의 상당수는 편관의 카리스마이다.

대륙을 호령했던 광개토대왕, 당시로는 전 세계라고 할 수 있는 유럽과 아시아, 인도까지 정복했던 알렉산더대왕, 133척의 적선 앞에서 12척의 배로도 위엄과 기개를 보여준 이순신 장군의 카리스마가 그러하다. "나를 따르라~!" 그 한마디에 전군이 일사불란하게 목숨을 아끼지 않고 적진으로 뛰어들어서 승리를 쟁취한다. 편관의 카리스마가 그렇다. 질 수도 있지만, 이기면 승자독식의 원칙으로 모든 부와 명성을 얻게 된다. 그러므로 늘 상대방을 압도하는 카리스마와 안광이 빛나며 전체를 살필 수 있는 관찰력과 판단력을 지니며 용기 있게 모든 것을 진두지휘한다.

물론 정관도 카리스마가 있다. 하지만 편관의 카리스마에 비할 바는 아니다.

기본적으로 정관은 수성의 에너지이고, 편관은 공성의 에너지이다.

즉, 편관이 모험과 공성을 택했다면, 정관은 안정과 수성을 택했다.

그렇다고 해서 정관이 카리스마가 없는 것은 아니다. 그것은 은은하고 오랜 세월 동안 쌓아온 관록과 안정감을 동반한다. 전장에서 편관이 용장이고 맹장이라면, 정관은 덕장에 가깝다.

편관의 리더가 몸소 적진에 뛰어들어서 부하들의 피를 끓게 한다면, 정관의 리더는 부하 용장들을 적재적소에 배치하고 그들의 용맹과 지혜를 빌려서 전장을 승리로 이끈다.

편관의 리더가 승리 아니면 패배의 극과 극을 달릴 때, 정관의 리더는 유리한 상황에서 적당히 타협을 보면서 덜 얻고, 덜 피해를 보면서 전쟁을 종결한다. 어쩌면 군사들의 입장에서는 정관의 리더 밑에 있는 것이 생명을 연장할 수도 있을 것이다. 편관의 카리스마는 빛나고 누가 봐도 알 수 있고 순간적인 폭발력을 자랑하지만, 정관의 카리스마는 은은하고 서서히 발현되며 지속성이 길다. 난세에는 편관의 카리스마가, 치세에는 정관의 카리스마가 돋보이게 된다. 허소가 예언했던 조조의 운명처럼 말이다.

"당신의 카리스마는 어떠한가?"

2) 인성(印星) 편

카리스마는 관성만의 전유물은 아니다. 강한 편인격이나 정인격에도 카리스마는 묻어나온다.

관성의 카리스마가 전장의 카리스마라면, 인성의 카리스마는 학문과 지혜의 카리스마이다.

전쟁터라면 전체 전선을 살피는 참모와 군사의 카리스마가 되는데, 제갈공명, 사마중달의 카리스마를 생각하시면 좋을 것이다. 편인과 정인은 에너지가 다르다.

편인은 순간적인 폭발력과 몰입력에 장점이 있고, 정인은 지속적이고 전체를 두루 살피는 혜안을 가지고 있다. 편인은 기지와 기발한 발상과 전략을 전개하며 군세가 불리한 선쟁을 역전시키는 능력이 있고, 정인은 장수들과 군사들을 일치단결시키고 합리적이고 효율적인 운영의 묘를 보여 주며 승리로 이끈다. 제갈공명과 사마중달 중에서는 누가 편인이고, 누가 정인일까?

사실 둘 다 정인격 군사에 가깝다. 위연이 제안했던 기습전은 그야말로 편인의 아이디어이고 전격적인 기습으로 인해 일거에 위나라의 수도를 함락할 수 있는 작전이지만, 제갈공명은 그러한 모험을 시도하지 못한다. 자칫하면 전쟁에 대패할 수 있는 위험을 동반하기 때문이다.

사마중달 역시 정인격에 가깝다. 전략의 부족함을 알기에 전면전보다 수성의 모습으로 촉나라 군대의 힘을 빼고 속전속결을 피해서 장기전으로 전쟁에 임한다. 요즘말로 존버의 달인인 셈이다.

그런데, 다른 한편으로는 둘 다 편인격이기도 하다. 부족한 군대와 군량을 가지고도 자신의 살아생전에 위나라를 정복하려는 제갈공명의 마인드는 편인격에 가깝다. 또한, 위나라 황제의 경계와 의심을 방심하게 하고 일거에 병력을 동원해 황실을 쳤던 사마중달의 기습과 전략 역시 편인격에 가깝다.

제갈공명과 사마중달은 삼국 시대 최고의 기재이고, 전략가이며, 편인의 카리스마를 가지고 있지만, 제갈공명은 자신이 가진 군대가 촉나라의 주력이므로 모험을 걸기가 두려웠고, 상대적으로 지략에서 밀리는 사마중달은 적군의 약점을 파악하고 있기에 전면전을 피하고, 수성의 모습으로 방어전을 유지했을 뿐이다. 편인격이라도 상황에 따라서 전략을 바꾸고 상황에 대처하는 능력이 있다. 그렇기 때문에 두 사람이 『삼국지』에서 최고의 전략가로 이름을 날릴 수 있었을 것이다.

현실에서는 어떤 모습일까?
백발의 지긋한 나이에 이마의 주름살에 많은 지혜와 심득을 담고 있는 노교수는 정인격의 모습이고, 개량 한복을 입고 사주팔자를 보며, 천문을 살피고, 지지를 둘러보는 역학자의 모습이 편인격의 모습이 아닐까?
편관처럼 눈가에 안광이 강하게 빛나지 않아도, 은은하게 풍겨 나오는 지혜와 혜안의 부드러운 카리스마, 그것이 인성의 카리스마가 아닐까 한다.

그런 사람을 보고 사람들이 이렇게 말한다.

"아! 저분은 많이 배우신 것 같아."

학문과 뗄래야 뗄 수 없는 인성은 학문의 초창기에는 편인의 카리스마가, 안정기에는 정인의 카리스마가 돋보이게 된다. 또한, 인성의 카리스마는 노년으로 갈수록 빛나는 카리스마가 된다.

3) 식상(食傷) 편

식상은 내가 생하는 오행 중에서 음양이 같으면 식신, 음양이 다르면 상관이 된다.

식상도 카리스마가 있다. 관성의 카리스마가 위엄이라면, 인성의 카리스마는 지혜, 명예이고, 식상의 카리스마는 전문성과 스타성이다. 상관은 다재다능한 모습을 보여 주고, 특히 식신은 전문가의 별이라고 불리곤 한다.

최고의 도자기를 만들기 위해 수백 개의 도자기를 "음… 이건 아니야!" 하면서 망치로 깨는 조선 시대 도공의 모습이 떠오른다. 식신격은 그 자체가 완벽주의를 꿈꾸기 때문에 작은 흠이나 미흡함을 스스로 견딜 수가 없을 것이다. 자신에 대한 비난과 모함은 대수롭지 않게 받아서 넘겨도 자신의 창작물(작품, 도서, 음반, 논문)에 대한 근거 없는 비난에는 단호하게 대처한다.(『명리 혁명(The Revolution) 기초 편』식신의 곤조 편 참고)

내가 생하는 기운 중에서 음양이 같아서 몰입도가 높은 식신격은 자신이 좋아하는 분야에 파고 들어가는 기질로 인해서 전문가가 되는 경우가 많다. 상관은 다재다능하게 여러 분야에 관심을 가지는데, 타인들이 선호하고 관심 있는 분야에 관심을 가지게 된다. 요즘 청소년들이 선호하는 직업 1위가 유튜버, 연예인인데 둘

다 대중의 관심이 높고 선호하는 직업인 까닭이 그렇다. 식신은 전문성이, 상관은 대중성이 두드러지게 된다.

식신격도 카리스마가 있고 상관격도 카리스마가 있지만, 정관과 편관의 예처럼 눈에 띄는 카리스마는 상관이 된다. 배우는 전문가는 아니지만, 드라마나 영화의 대본에 따라서 검술도 배우고, 말도 타고, 액션 연기도 하면서 해당 배역의 직업을 소화하면 실제 그 직업에 오래 종사하는 전문가의 모습으로 나타나지만, 그것이 허구라는 것을 우리는 알 수 있다.

화려한 모습이고, 눈에 띄고, 주목을 받는 카리스마이다.

식신의 카리스마는 평소에는 잘 드러나지 않는다. 과시하기를 좋아하는 상관과는 달리 식신은 수수한 카리스마가 된다. 마교가 쳐들어와 다들 도망칠 때, 주방에서 조용히 일하던 허죽이 숨겨왔던 무공을 드러내며 적들을 물리친다.(김용의 『천룡팔부』)

환관의 두목이 충신의 아이들을 보호하려는 주인공들을 궁지에 몰 때 주방에서 신기에 가까운 칼솜씨를 보여 주던 주방장이 나서서 환관의 팔과 다리를 뼈다귀만 남겨놓고 발라버린다.(영화 〈신용문객잔〉)

식신의 카리스마는 수성의 모습으로 진중하고, 상관의 카리스마는 공성의 모습으로 가볍지만, 인성과 만나서 상관패인된 상관은 마치 식신의 카리스마의 진중함까지 갖추게 된다.

영화 〈변호인〉에서 송강호가 보여 준 변호사는 사회적인 약자를 돕고자 하는 상관의 기운과 그것을 절제하고 갈무리하는 인성이 만나서 국가를 상대로 한 어려운 법정 싸움을 승리로 이끄는 저력을 보여주게 된다. 반면에 편재와 만난 식신은 은거 기인의 모습을 벗어나서 자신의 전문성을 강하게 어필할 수 있다. 식신과 상관도 사주에서 어떤 글자와 조합이 되고, 어떤 글자가 옆에 있는가에 따라서 변형된 카리스마를 발휘하게 된다. 급변하는 환경 속에서는 상황 대처가 빠르고 응용력이 뛰어난 상관이, 안정적인 환경속에서는 지속성을 가진 식신의 카리스마가 빛날 것이다.

"당신의 카리스마는 어떠한가?"

4) 재성(財星) 편

재성은 일간이 극하는 오행 중에서 음양이 같으면 편재, 음양이 다르면 정재가 된다.

재성도 당연히 카리스마가 있다. 그중에서도 편재의 카리스마는 활인(活人)과 공익(公益)의 카리스마가 된다. 그에 비해 정재는 비교적 약하다. 그리고 한눈에 들어오지 않으며, 수성의 모습을 견지하기 때문에 자세히 살펴보지 않으면 그냥 모르고 스쳐 지나갈 수도 있다.

편재는 큰 부자, 정재는 작은 부자로 생각하시는 경우가 많은데, 그렇지 않다. 정재격이라도 격이 높으면 웬만한 편재보다 더 큰 부를 이룬다. 장사가 잘되는 식당이나 옷가게, 할인점의 사장들은 편재로 보는데, 과연 이분들이 삼성, 애플, 구글의 임원분들의 연봉보다 더 많이 벌 수 있을까?

삼성전자, 애플, 구글의 임원급이면 고정 연봉을 받으니 정재의 모습이지만, 그 규모는 일반 월급쟁이에 비교할 수 없는 수십억, 수백억 원을 받으니 웬만한 편재에 비해 큰 차이가 있다.

정재는 재성이 자기 삶의 근간을 이어주는 소중한 재원이니 타인에게 과시하거나 자랑하지 않는다. 있어도 없는 척하고, 남들이 보기엔 검소하고 수수하니 돈이 많은 부자로 보이지도 않는다.

그러하니 카리스마가 잘 드러나지 않는다. 기브 앤 테이크(give and take)의 정신으로 타인에게 받은 만큼 돌려주고, 대접받은 만큼 대접해 주는 원칙을 가지고 있다. 착실하고 알뜰하게 모았지만, 어느 순간에 자신이 사회로부터 받은 것이 많았다고 느껴지면 기브 앤 테이크의 정신으로 받은 만큼 돌려주려는 마음을 가지고 있다.

그래서 마지막 순간이나 결정적인 순간에 임팩트 있는 카리스마로 발현된다.

70대 할머니로서 전 재산을 동국대에 보시한 최연이 씨(73세), 평생 동안 모은 재산 약 400억 원을 고려대에 기부한 김영석, 양영애 부부(90세), 김밥을 팔아서 모은 3억 원을 쾌척한 박춘심 씨(80세).

이분들은 일평생 우리가 전혀 모르는 분들이었지만 인생에 한 번 임팩트 있게 세상에 본인들이 가진 정재의 카리스마를 보여 주었다. 어쩌면 모을 때는 정재의 모습이었지만, 기부할 때는 거액을, 전 재산을 아낌없이 기부하는 편재의 모습이니 진정한 재성의 멀티플레이어라고 할 수 있다.
편재의 진정한 카리스마도 기부에 있다. 그래서 재성의 카리스마는 활인(活人)이라고 말한 것이다. 식상이 자신의 재능으로 세상을 이롭게 한다면, 관성은 힘과 권력으로 세상의 분쟁과 갈등을 조정하고, 인성이 지식과 지혜를 나누고 전파한다면, 재성은 실질적으로 활인을 하며 자신이 가장 잘하고 자신 있는 분야로 세상을 구원하려 하니 실질적으로 생명을 구하는 활인의 카리스마가 된다.

재성의 카리스마를 고가품(명품)을 걸치고, 신고, 메고, 폼 나는 외제 차에 스위스산 고급 시계를 찬 부자의 모습으로 생각하셨다면 그것은 착각이다. 이는 카리스마도 아니고, 음양의 비율의 원칙에 따라 내면(머리, 정신)이 텅텅 비어있기에 그 부족함을 외면(명품, 고급 차, 시계)으로 채우려는 실로 애처롭고 안타까운 모습일 수도 있다. 물론 명품을 선호한다고 해서 다 내면이 비어있는 것은 아니다. 하지만 명리학을 통해서 내면의 여유와 자유를 얻으면 그러한 것에 집착하지 않게 된다.

편재의 카리스마는 정재의 카리스마와 조금 다르게 확산되고 넓은 의미에 적용된다.
내 것을 소중히 생각하고 지키는 정재와 다르게, 편재는 정보와 지식, 재화를 공유하려고 한다.

렌털 사업(가전제품, 침구, 자동차, 옷 등), 프렌차이즈, 전동 킥보드 등은 이러한 공유로 이익을 극대화하려는 편재적인 사고방식에서 나온 것이다. 그러니 편재의 카리스마는 정재보다 강력하고 광범위하며 고려대, 동국대 등의 지엽적인 것에 국한되지 않고, 그 사람의 격에 따라서 사회, 국가, 지구의 범위로 커져 간다.

그리고 평소에도 사업가로 우리에게 알려진 사람인 경우가 대부분이다.

매년 천문학적인 금액을 기부하는 빌 게이츠와 워런 버핏은 대표적인 편재격의 카리스마를 보여 준다.

천재이면서 괴짜인 일론 머스크도 전 재산을 자선 단체에 기부하겠다고 약속했고, 우주 탐사, 자율주행 자동차 등 인간이 꿈꾸었던 이상의 실현을 위해서 거액을 아끼지 않는 카리스마를 보여 준다.

또한, 이런 인물은 우리나라에도 있다. 수 대에 걸쳐서 모은 전 재산을 대학에 기부해 유명해진 경주 최 부자, 제주도에 큰 흉년이 들었을 때 전 재산을 팔아 식량을 싣고 제주도로 가서 수천 명의 생명을 구한 거상 김만덕 등이 그렇다. 사후에도 전 재산을 기부해 제주도에서는 그녀의 정신을 기리기 위해 '김만덕 기념 사업회'를 만들고, '만덕상'을 제정했으며, 2010년에는 그녀의 일대기를 그린 드라마가 방송되기도 했다.

정재와 편재의 음양의 차이처럼 사이즈 면에서도 큰 차이를 보이기도 하지만 액수를 떠나서 활인(活人)의 정신이 깃든 것이 재성의 진정한 카리스마라는 것에는 이견이 있을 수 없다.

허주 역시 그러한 재성의 현자들의 활인의 마음에 공감하며 매년 카라(동물보호단체)와 동방사회복지회에 기부하고 있다. 앞으로 수입이 늘어감에 따라서 기부액도 늘려 가려고 하고 있다. 허주 명리학 카페 회원분들도 그러한 취지에 공감해서서 1만 원, 2만 원씩 기부에 동참해 주고 계시니 감사할 따름이다. 지금은 10년 안에 1억 기부자들의 모임인 '아너스 클럽'의 가입을 목표로 노력하고 있다.

관성의 카리스마는 권력과 위엄, 식상의 카리스마는 전문성과 스타성, 인성의 카리스마는 지혜와 혜안이었다면, 재성의 카리스마는 과시와 허세가 아닌 활인과 공익이라고 생각한다. 그리고 우리는 뉴스와 방송을 통해서 그러한 재성의 카리스마에 박수를 치고 경의를 표하고 있다.

"당신의 카리스마는 어떠한가?"

5) 비겁(比劫) 편

비겁은 일간과 같은 오행이면서 음양이 같으면 비견, 음양이 다르면 겁재가 된다.

우리가 알고 있는 십신(十神)의 기준은 일간 비견이 된다.

또한, 십신은 천간과 천간과의 관계로 구성되어 있다.

식상이건, 재성이건, 관성이건, 인성이건 비겁(나)이 없다면 존재할 수 없는 것이다.

내가 없는데, 내일 아침에 해가 서쪽에서 뜨거나 지구가 멸망하더라도 무슨 상관이 있을까?

그러므로 10개의 천간 십신 중에서 가장 중요한 것은 비겁, 그중에서도 비견이 된다.

앞서 8개의 십신이 가지고 있는 카리스마에 대해 살펴보았다.

보통 설명을 비겁-식상-재성-관성-인성으로 설명하지만, 그 순서를 달리하여 비겁을 가장 마지막에 배치한 이유는 무엇일까? 그것은 비겁이 가장 기본적이고 기초적이며 그러한 카리스마를 발현하는 원초적인 힘이기에 가장 마지막에 배치하여 종결하고 싶었기 때문이다.

『명리 혁명(The Revolution) 기초 편』에서 언급했듯이 십신은 2종류로 나누어진다.

비견-식신-정재-정관-정인으로 이어지는 비견 그룹과 겁재-상관-편재-편관-편인으로 이어지는 겁재 그룹이다.

같은 오행이지만, 반대의 성향을 보여 주는 것은 비견과 겁재는 서로 음양이 다른 존재이므로 음양의 차이만큼 다른 성향을 보여 준다. 비견이 생존방식에서 수성의 모습을 취했다면, 겁재는 공성의 모습으로 다가선다. 수성은 적은 병력으로도 지킬 수 있으니 에너지의 소모가 적지만, 공성은 많은 병력으로 성을 공략해야 하니 에너지의 소모가 크다.

비견이 자의식-수성-자기중심-안정성-지속성을 중시하며 잔잔한 물결처럼 가늘고 길게 가는 기운이라면, 겁재는 무의식-공성-타인중심-불안전성-순발력을 중시하며 파도치는 삶이며 굵고 짧게 가는 기운이라고 보면 이해가 빠르다. 그러한 관점에서 비견의 카리스마와 겁재의 카리스마를 설명하고자 한다. 비견이 보여 주는 카리스마는 지속성과 견고함이다. 수성의 견고함과 안정성을 가지고 있다. 시몬스 침대 광고처럼 흔들리지 않는 안정감과도 같다.

당 태종이 10만 명의 정예병을 몰고 안시성을 공격했을 때 3~4개월의 격전 속에서도 흔들리지 않고 성을 지켰던 모습에서 비견의 카리스마가 떠올랐다. 비견과 겁재 중에서는 겁재가 고집이 더 셀 것 같지만, 실은 그렇지 않다. 겁재는 타인을 강하게 의식하는 기운이므로 때에 따라 자신의 의지를 굽히고 타인과 손을 잡을 수 있지만, 비견은 꿋꿋하게 자신의 소신을 지킨다. 하나의 비견이 아니라 두 개, 세 개가 몰려있다면 더욱더 그렇다. 개별적으로 보면 중국을 통일한 당 태종의 정예병을 이겨낼 수 없지만, 비견은 협력이라는 강력한 무기를 가지고 있다. 생존을 위해 겁재에 비해 약한 비견은 본능적으로 뭉치게 되고 시너지를 일으켜 파도와 같은 당나라군의 공세를 막아내게 된다.

어떤 구체적인 인물을 예로 들기 어려운 이유는 비견의 무리는 당 태종에 맞선 평범한 고구려 백성의 모습이자, 세계최강의 몽고군과 항전한 처인성의 고려 백성들, 조총으로 무장한 왜군을 물리친 조선의 백성들이며, 독재와 강압에 항거했던 6·10 항쟁의 넥타이 부대들의 모습이기 때문이다. 한 개인으로는 약하지만, 비견의 성향으로 협력하고 협동하여 강력한 시너지를 만들어 내는 모습, 그것이 비견의 카리스마가 아닐까 한다. 얕잡아보고 쉽게 덤벼들었다가는 호되게 당한다. 물론 그것은 비견만의 카리스마는 아니다.

겁재의 카리스마는 어떨까? 역시 경(庚)금 일간일 때, 지지의 유(酉)금 속에는 신(辛)금 겁재와 더불어 경(庚)금 비견이 자리 잡고 있다. 비견의 카리스마보다 겁재의 카리스마가 더 강력하고 무서운 이유는 무엇일까?

그것은 인간의 잠재의식과 관련이 있다. 비견의 카리스마가 자의식의 맥시멈이 라면, 겁재의 카리스마는 무의식의 맥시멈이 된다. 빙산의 일각처럼 잠재의식의 깊이는 알기 어려울 만큼 깊다. 10%만 제대로 활용해도 각 분야에서 천재 소리를 듣곤 한다. 그렇다. 겁재의 카리스마는 그 잠재의식 속의 힘을 끌어내기 때문에 무서운 것이다.

가끔 해외 토픽을 통해서 보게 되는 내용이 있다. 아이를 구하기 위해서 자신의 체중보다 몇 배나 무거운 피아노를 온몸으로 막아내는 어머니의 잠재력, 아빠를 구하기 위해 자신보다 체중이 몇 배나 나가는 아빠가 매달린 줄을 끌어 올리는 소년의 잠재력 등의 기사 말이다. 이럴 때면 놀라게 된다. 허주는 전작인 '양인이란 무엇인가'에서 양간의 월지에 있는 겁재 양인(陽刃)에 대해 언급한 적이 있다. 내 안에 있는 또 다른 나, 잠재되어 있는 능력을 끌어내어 쓰는 카리스마이니 양간의 겁재 양인의 카리스마는 참으로 강력하며 무섭고 초인적인 괴력을 발휘하게 된다.

3만 명의 최정에 아르만 대군 앞에서 단기필마로 성문을 지켰던 시르온 백작(『양신의 강림』-쥬논), 조조의 백만 대군 속으로 주군의 아들을 구하기 위해 창 하나 들고 뛰어들었던 조자룡(『삼국지연의』-나관중) 수십 명의 무장한 조폭들 사이로 자신에게 정을 주었던 소미를 구하기 위해 찾아간 원빈(영화 〈아저씨〉) 등.

그중에서도 원빈은 "금 이빨 빼고 모조리 씹어 먹어줄게."라는 전설의 명대사로 조폭(편관)들의 심장을 쪼그라들게 했다.

가장 원초적이며 정제되지 않은 순수한 힘의 근원이며 잠재력의 발현인 겁재, 양인의 카리스마는 다른 십신의 카리스마와 달리 오직 생존본능만이 꿈틀거리며 타인의 눈치와 간섭도 없고, 적당한 타협도 없기에 무섭기도 하고 두렵기도 한 순수한 힘의 원천이다.

어쩌면 이 글을 읽는 독자분들의 가슴속, 머릿속 깊은 곳에는 이러한 겁재의 카리스마가 잠들어 있을지도 모른다. 내 생명에 위험이 닥치고, 내 생명보다 소중한 것에 위해가 가해질 때 비로소 깊은 잠에서 깨어나 각성하여 사자후를 날리고 포효하면서 눈앞에 비겁을 위해하는 존재들을 추풍낙엽처럼 한순간에 쓸어버리는 그러한 공포스러운 카리스마 말이다.

"여러분의 잠들어 있는 겁재의 카리스마는 안녕하신가?"

육십갑자(六十甲子) 일주 분석

- 새로운 육십갑자 일주론을 시작하며

서자평 선생의 자평명리학이 문을 연 이후로 일주는 현대 명리학에서 매우 중요한 위치를 차지하게 되었다. 이는 가문과 조상이 한 사람의 신분과 일생을 좌지우지했던 년주 중심의 시대에서 점차 한 개인의 독립적인 삶이 중요해졌다는 것을 말하는 것이며, 현대에 와서는 더할 나위가 없다.

물론 육십갑자 일주론이 사주의 전부일 수는 없고, 전체적으로 살펴보면 일주 관련 내용이 때론 안 맞을 수도 있다. 그럼에도 불구하고 일주론은 나름대로 의미를 가지고 있다.

현대에 와서 중요해진 일주에 대한 깊은 고찰과 물상, 음양오행 및 십신의 관계, 새 12운성, 새 12신살, 새 지장간, 배우자, 관련 직업군 등을 살펴서 기본 체계를 확립하여 이를 기반으로 사주팔자 전체를 관통하고자 한다. 일주의 2글자를 정밀하게 분석함으로써 이를 원국의 8글자로 확대하여 감명하기 위한 트레이닝의 과정으로 활용해도 좋다.

일주론은 청담역학 아카데미 청담 선생님의 일주 전개를 기반으로 음양과 오행, 천간지지 십신의 성향과 『난강망』, 『적천수』, 『명리탐원』 등 고서의 내용을 참고하여 작성했으며, 특히 12운성 포태법은 맹기옥 선생님의 새 12운성을 적용하여 기재하였기에, 기존의 음 포태법의 해석이 다르다는 것을 미리 밝혀둔다. 새 12신살은 일주를 기준으로 하여 새 12운성을 용(用)의 개념으로, 새 12신살을 체(體)의 개념으로 보고 적용하였다. 일주 그림은 이정순 공인중개사무소의 이정순 선생님이 지원해 주셨다.

〈유의사항〉

일주 분석은 결혼 후 독립하여 일주가 삶의 중심이 된 기혼자분들을 대상으로 한다.
미혼이고 부모님과 같이 사는 분들은 월주를 일주 분석에 대입하여 볼 것을 권한다.
일주 2글자를 분석하고 확장하여 사주팔자 전체를 감명하기 위한 트레이닝 과정이다.
일주 분석의 형식을 취했지만, 물상론, 자의해석, 음양오행, 천간론, 형충회합과해, 십신, 새 12운성, 새 12신살, 공망등 신살, 새 지장간, 세운 분석 등 명리학의 기본적인 모든 이론을 종합하였다.
명리학 입문자나 초급, 3년 미만인 분은 내용이 다소 어려울 수 있으니 『명리 혁명(The Revolution) 기초 편』을 읽어 본 후 읽어 보시길 권한다.

〈새 12운성 및 기본개념〉

장생, 목욕, 관대, 건록, 제왕, 쇠는 육체적인 역량이 강화되시는 시기(공성의 시기)
병, 사, 묘, 절, 태, 양은 정신적인 역량이 강화되는 시기(재충전 및 수성의 시기)

공망(空亡)은 천간의 10개의 글자와 지지의 12개의 글자를 짝을 짓다 보면 지지의 2글자가 남게 되는데 길고 긴 세월을 보는 사주원국의 감명에는 적합하지 않고 단기간의 결과인 주역점이나 육효 등 점술에 유용하니 또 이를 중요한 관법으로 보는 이들이 있어 기재해 놓기로 한다. 공망은 가까운 시일 내의 길흉을 보는 시험일, 재판 날, 결혼일 등의 일진을 보는 데 유용하다.

천간: 갑(甲, 1), 을(乙, 2), 병(丙, 3), 정(丁, 4), 무(戊, 5), 기(己, 6), 경(庚, 7), 신(辛, 8), 임(壬, 9), 계(癸, 10)가 기준이 된다.
지지: 자(子, 1), 축(丑, 2), 인(寅, 3), 묘(卯, 4), 진(辰, 5), 사(巳, 6), 오(午, 7), 미(未, 8), 신(申, 9), 유(酉, 10), 술(戌, 11), 해(亥, 12)가 기준이 된다.

일주에 따른 세운 분석은 2021년 신축(辛丑)년과 이어지는 2022년~24년의 3년을 일간 중심으로 새 12운성과 십신 분석으로 어떻게 작용하고 변화되는지를 입체적으로 살펴보았다.

〈명리혁명 심화편 일주론의 전개 과정〉

일주론의 전개 과정은 다음과 같은 순서로 기술된다.

① 물상론(자연물상/동물상)
② 일간일지의 음양오행 및 관계
③ 일간 기준 십신(십성) 관계

④ 새 12운성 및 새 12신살(체의 용)

⑤ 새 지장간-일간의 라이프 스타일 분석

⑥ 배우자, 재물 및 직업 분석

⑦ 천간합극 및 형충회합파해원진

⑧ 신축년(2021년) 및 인묘진(寅卯辰) 3년간 운세의 흐름 분석

甲子	乙丑	丙寅	丁卯	戊辰	己巳	庚午	辛未	壬申	癸酉
甲戌	乙亥	丙子	丁丑	戊寅	己卯	庚辰	辛巳	壬午	癸未
甲申	乙酉	丙戌	丁亥	戊子	己丑	庚寅	辛卯	壬辰	癸巳
甲午	乙未	丙申	丁酉	戊戌	己亥	庚子	辛丑	壬寅	癸卯
甲辰	乙巳	丙午	丁未	戊申	己酉	庚戌	辛亥	壬子	癸丑
甲寅	乙卯	丙辰	丁巳	戊午	己未	庚申	辛酉	壬戌	癸亥

〈표 6. 육십갑자〉

1) 새로운 갑자(甲子) 일주 분석

(1) 자연물상/동물상

갑자(甲子)는 물상적으로 나무 아래에 있는 쥐이고, 나무 아래에 옹달샘이 있는 형상이다.

7. 육십갑자(六十甲子) 일주 분석- 새로운 육십갑자 일주론을 시작하며

나무 아래에 떨어진 씨앗의 물상이고, 깊은 수심에서 피어난 연꽃의 모습도 된다.

갑자의 갑(甲)은 천간의 첫 번째 글자이고, 자(子)수는 지지의 첫 번째 글자이니 앞서서 무리를 이끄는 리더이다. 지지의 자(子)는 씨앗 같은 작은 결정체에 해당한다. 가을을 거쳐 해(亥)수에서 최고조의 압박으로 씨앗이 되었다. 이 씨앗은 작지만, 그 안에는 모든 생명체의 DNA를 담고 있으니 그야말로 엑기스 중에 엑기스이다.

(2) 일간일지의 음양오행 및 관계

일간인 갑(甲)목은 시작하는 기운인데 양기운의 시작이다.

자(子)수도 시작하는 기운이니 항상 서두르고 일을 잘 시작하지만, 마무리는 약하다.

갑(甲)목은 기획력도 좋고, 직선적인 사고와 행동력이 뛰어나며, 일단 시작하고 보는 경향이 있다. 이상주의자고, 자존심이 강해 남에게 굽히지 않는다. 고집과 자기주장이 강하지만, 한편으로는 어질고 어린아이 같은 순수함도 있는데, 큰 어려움을 만나면 쉽게 좌절하고 끈기가 부족하여 쉽게 포기한다. 남 탓을 잘하는 경향이 있는데 갑(甲)목의 생존과 성장을 위해서는 태양(火), 땅(土), 물(水) 등이 필요하여 까다롭기 때문이다.

갑(甲)목은 생존을 위해 토가 필수적 요소이기 때문에 토에 집착하는데, 토는 갑(甲)목에게 재성이니 여자와 돈에 관심이 많다. 새 12운성으로 자(子)수는 목욕(沐浴)에 해당하는데, 도화이니 욕지도화이다. 갑(甲)목은 본래 재성, 즉 여자에 집착하는데 일지에 욕지도화를 가지고 있으니 갑자(甲子) 일주는 그런 면이 강하게 나타난다. 목욕은 말 그대로 자주 씻고 변화를 주니 패션에 예민하게 반응하고 패션을 선도한다.

갑자(甲子) 일주의 자녀를 둔 부모는 아이가 시작을 잘하고 추진력은 좋으나 마무리가 약하니, 어릴 적부터 한번 시작한 일은 끝까지 마무리하도록 점검해 주고 독려해 주는 것이 좋겠다. 세 살 버릇이 여든 살까지 갈 정도로 습관은 강력한 것이니, 장차 아이의 마무리가 약한 단점을 보완해 줄 수 있을 것이다.

(3) 일간 기준 십신 관계

갑자(甲子)는 일지가 정인이다. 자(子)수는 천간의 계(癸)수와 닮았으니 생명수다. 갑(甲)목이 반기는 청량한 맑은 물이니 정인(正印)적 속성이 잘 드러난다. 총명하고 순하고 인정이 많다. 그러나 자(子)수는 차가운 물이니 냉철하며 인정은 있으나 인색하고 자기중심적이다. 자기 것은 잘 챙기지만, 솔선수범하지는 않는다. 자(子)수는 한겨울이고, 한밤중이니, 사색하며 정인의 성향으로 정직하고 안정을 추구한다.

이제 막 자라나는 갑(甲)목에게는 자(子)수는 너무 차가우니, 주변에 화 기운이 있다면 자(子)수의 물도 너무 차갑지 않아서 좋을 것이다.

(4) 새 12운성과 새 12신살[체(體)와 용(用)]

새 12운성으로 목욕(沐浴)에 해당한다. 목욕은 장생(長生)에 태어난 아이의 때를 벗긴다는 의미인데, 교육으로 장차 관대, 건록, 제왕 등의 앞으로 활약할 시기로 나가기 위해 준비하는 시기이다.

사람의 나이로는 사춘기에 해당하니, 성적인 호기심도 많고 다양한 시행착오를 겪는다. 유행, 패션에 민감하고 호기심이 많은 시기라 한 가지에 집중하기 힘들다. 목욕의 시기는 학습하고 배우는 과정이므로, 실속은 떨어지고, 생산적인 지출이 많은 시기이다. 공부도 하면서 꾸미고 가꾸는 시기이며 좌충우돌하기 쉬운데, 청소년기 질풍노도의 시절로 생각하면 이해하기 쉽겠다.

새 12신살로 자(子)수는 신자진(申子辰) 삼합 기준으로 장성살이 된다. 말 안장에서 전장을 지휘하는 장군의 모습이고, 새 12운성에서는 제왕과 비슷하다. 12운성과 12신살은 용(用)의 장르이지만, 둘만을 비교하면 12운성이 용(用)이 되고, 12신살이 체(體)가 된다. 목욕의 시기를 유흥을 줄이고 자기계발과 발전의 시기로 잘 보내면 장성살의 시기를 보낼 수 있다. 일지가 자(子)수이니 밤이라서 유흥을 즐길 수도 있지만, 십신으로는 정인이니 밤에는 학업에 집중하기도 좋다.

'자(子, 1)-갑(甲, 1)=0'이 되는데 여기에 12를 더하면 12가 된다.
11, 12가 짝을 이루는데 술해(戌亥)가 되니 갑자(甲子) 일주의 공망은 술해(戌亥)가 된다.

(5) 새 지장간 분석-일간의 라이프 스타일 분석

월지가 명주의 사회적인 활동, 직업 쪽의 모습을 살펴볼 수 있다면 일지는 개인 적인 라이프 스타일을 살펴볼 수 있다. 자(子)수의 지장간은 임(壬)-편인, 계(癸)-정 인, 계(癸)-정인을 가지고 있는데 천간이 지장간에 머문 기일은 한 달을 기준으로 편인(10일), 정인(10일), 정인(10일)이 된다.

갑(甲)목은 양간이니 인성의 도움을 반기지 않으므로 인성적 특성이 강하게 나 타나지는 않는다. 특히 임(壬)수는 큰물이니 갑(甲)목이 더욱더 반기지 않는다. 갑 (甲)목은 계(癸)수를 반긴다. 깔끔하고 다정하며 환경 변화에 민감한 편이다. 임(壬) 수는 여기지만 자(子)수에서 새 12운성으로 제왕이니 힘이 있는데, 지장간에서 편 인과 정인이 섞여 있어 인성혼잡의 모습으로 나타난다. 입력되어 들어온 정보(인 성)의 취사선택에 어려움이 있음을 보여 준다.

(6) 배우자, 재물 및 직업 분석

갑자(甲子) 일주는 일지 정인이니 관성을 잘 받아들이므로, 여자는 배우자와 사 이가 좋다.

그러나 남편 자리에는 모친이 있으니 처와 모친 사이가 원만하지 않지만, 인성 은 기본적으로 나를 생하는 성분이므로 나쁘지는 않다. 일지의 모습이 아니라 사 주상에서 인성이 좋은 역할을 하는지, 아닌지를 살펴야 한다.

직업적으로는 월지의 지장간을 살펴보는 것이 보통이나, 때론 일주와 관련된 직 업을 선택하기도 한다. 근묘화실에 의하여 중년 이후로 갈수록 월지의 힘이 차츰 약해지고, 일지, 시지의 힘이 강해지기 때문이다. 일지 인성이고 자(子)수이니, 교 육, 연구, 학문, 생명공학, 활인업, 예술 계통이나 문화, 반도체, 부품 등 첨단산업, 오락, 유흥, 야간근무 관련 직종이 적합하다.

(7) 천간합극 및 형충회합파해 원진

- 천간합: 갑기합-토(甲己合土)-합하여 합화가 안 되는 경우가 대부분인데 지지에
  토의 세력이 강하면(월지 포함-삼합, 방합의 경우) 합화가 될 수 있거나 대운으로

토 기운이 간여지동으로 들어온나면 새로운 토가 생길 수 있다. 돈이 많은 사람이 돈을 벌고, 공부를 잘하는 사람이 시험도 잘보고, 승진을 잘하는 사람이 계속 승진하는 경우로 보면 쉽다.
- 천간극: 경(庚)금은 갑(甲)목을 극(剋)한다. 갑(甲)목에게는 경(庚)금이 편관이기 때문이다. 천간의 극은 스트레스(Stress)를 의미한다. 극을 받는다는 것, 스트레스를 받는다는 것은 이제 당신이 성장해야 할 시기가 왔음을 알려준다. 천간은 오행 운동을 하니 생극제화의 영향을 받는데 천간이 충이 없고 극이 존재하는 이유이다.

- 지지합: 자축(子丑)합(육합), 삼합-신자진[申子辰, 용(用)-수(水)의 운동], 방합-해자축[亥子丑, 체(體)-수(水)의 운동]
- 지지충: 자오(子午)충, 원진: 자미(子未)원진(오리지널 원진이다), 상형(相刑): 자묘(子卯)형
- 지지파: 자유(子酉)파 - 지지해: 자미(子未)해

(8) 신축년(2021년) 포함 4년의 운세 팁(Tip)-사주의 핵심은 운을 보는 것이다

갑자(甲子) 일주의 갑(甲)목 일간은 신축(辛丑)년(2021년)에 축(丑)토에서 관대(冠帶)가 된다. 관대는 신입사원처럼 패기와 자신감을 가지고 세상에 나온 모습이다. 의욕이 넘치고 힘은 있지만, 노련미는 부족하다.

천간으로 들어오는 신(辛)금은 갑(甲)목 일간에게 정관이 된다. 취업, 진학, 시험, 재판 등에서 유리한데 정관의 보호를 받고 울타리 안에 있기 때문이다. 지지로 들어오는 축(丑)토는 갑(甲)목 일간에게 정재가 되는데 자(子)수 정인과 자축(子丑)합의 모습이다. 합은 묶여서 잘못 쓴다는 의미도 있지만, 서로 협력, 협동의 팀워크의 의미가 있으니 정인+정재의 합으로 내 문서와 권리, 권한에 대한 정당하고 합당한 결실, 결과물이 생긴다고 보면 좋다.

갑(甲)목 일간은 2022년에 건록, 2023년에 제왕, 2024년에 쇠지(衰地)의 모습으로 맹활약을 하는 시기가 된다. 물론 세운의 흐름은 더 큰 환경인 대운의 흐름 속에

서 살펴야 한다. 목(木) 운동의 양간이니 상승 확산 운동을 하면서 키운다. 갑(甲) 목은 양간이니 외형이 커지고 확산되면 기분이 좋아지고 폼은 나지만, 실속 면에 서는 떨어지게 된다.

2) 새로운 을축(乙丑) 일주 분석

(1) 자연물상/동물상

을축(乙丑)은 물상적으로 겨울 논밭의 소의 물상이다. 또는 겨울의 화초이기도 하다.

겨울 논밭의 소이니 할 일이 없는 것이고, 겨울의 화초이니 삶이 고단하고 환경 이 열악하다고 할 수 있겠다. 을(乙)목을 제대로 키우기 위해서는 화 기운이 필요 하니 주변의 화 기운의 유무를 살펴보면 좋겠다.

(2) 일간일지의 음양오행 및 관계

일간 을(乙)목은 화초이고, 잡초이니 강인하고 끈질긴 생명력을 자랑한다. 우리 네 어머니처럼 생활력이 강하고, 칠전팔기의 정신이 있다. 온순하고 근면·성실하 며 사교적이나 집념과 인내심이 강하며 잡초 근성으로 고집도 있다. 음간의 속성 으로 현실적이고 세심하며 확인 후에야 받아들인다. 갑(甲)목과는 다르게 융통성도 있고, 실속도 챙긴다. 을(乙)목노 흙 없이는 살 수 없으니 갑(甲)목 보다는 덜하지만, 남자는 여자와 돈에 집착하고, 여자는 돈에 집착한다. 토는 을(乙)목에게 삶의 근원이 되기 때문이다. 축(丑)토 역시 음간으로 희생과 봉사를 아끼지 않는다. 겨울을 인내하면서 봄에 목을 생해 주기 위해 헌신하지만, 주변에 화 기운이 없다면 그 쓰임이 약할 것이다.

(3) 일간 기준 십신 관계

을축(乙丑)은 일지가 편재이다. 편재에게 돈은 자기의 삶을 빛나게 해 주는 도구로써 존재한다. 정재의 삶의 근원과는 차이가 있다. 돈을 얻기 위해 분주히 돌아다니며 정보와 인맥을 쌓아 가니 역마성 기질이 있다. 소위 한턱을 잘 쏘며, 장차 돈이 될 수 있다면 아낌없이 지출한다. 정재가 즉각적인 피드백을 기대하는 맨투 맨(man to man)의 개념이라면, 편재는 장기투자의 개념, 즉 맨 투 그룹(man to group)으로 그룹과의 관계를 중시한다. 현실적이고, 실속파다. 편재는 특성상 관리능력이 정재보다 탁월하고 유흥, 주색잡기도 즐긴다. 을(乙)목 일간에게는 축(丑)토가 편재가 되고, 미(未)토도 편재가 된다. 축(丑)토는 겨울의 토이고, 미(未)토는 여름의 토이니 같은 편재라도 성향이 다르게 나오는데 당연히 축(丑)토보다는 미(未)토가 활동성이 좋다.

(4) 새 12운성과 새 12신살[체(體)와 용(用)]

을(乙)목은 축(丑)토에서 새 12운성으로 고지(庫地) 또는 묘지(墓地)에 해당한다. 이전의 12운성으로는 쇠지(衰地)였다. 을(乙)목은 가을의 대장인 경(庚)금과 12운성을 같이 가게 된다. 축(丑)토는 경(庚)금의 고지니 돈의 창고를 가지고 있다고 볼 수 있다. 대운이 잘 받쳐준다면 부유하게 살 수도 있다.

그러나 경(庚)금은 을(乙)목의 정관인데, 고지가 되니 여명은 부성(夫星)이 입고한 형국이다.

남자는 관성이 입묘된 상태니 남자는 자식 연이 불안하고, 여자는 남편 연이 불안하다.

경(庚)금의 고지니 돈이 들어가면 잘 나오지 않는다. 부성입고나 처성입고는 배우자를 자신의 영역 안에 둔다는 것을 의미하는데 그 배우자의 일간이 갑(甲)목,

병(丙)화, 무(戊)토 등의 확장하는 양간이라면 답답할 수가 있을 것이다.

새 12신살로 축(丑)토는 사유축(巳酉丑) 삼합의 기준으로 화개살이니 수집, 정리, 저장을 잘하고 학문, 예술과 인연이 있다. 을축(乙丑)은 곡각살이니 40대 이후에 디스크나 골절, 류머티즘 같은 근골격계 질환에 주의해야 한다. 일지 주변에 다른 곡각살[을(乙)목, 기(己)토, 사(巳)화]이 있다면 더욱 그 가능성이 높다. 특히 스마트폰의 급속한 보급과 과도한 사용으로 오십견(五十肩)은 옛말이 되어버렸고 사십견(四十肩), 삼십견(三十肩)도 가능한 시대가 왔다.

'축(丑, 2)-을(乙, 2)=0'이 되는데 여기에 12를 더하면 12가 된다.
11, 12가 짝을 이루는데 술해(戌亥)가 되니 을축(乙丑) 일주의 공망은 술해(戌亥)가 된다.

(5) 새 지장간-일간의 라이프 스타일 분석

월지가 명주의 사회적인 활동, 직업 쪽의 모습을 살펴볼 수 있다면 일지는 개인적인 라이프 스타일을 살펴볼 수 있다. 축(丑)토의 지장간에는 계신기(癸辛己)가 있다. 즉, 계(癸)-편인, 신(辛)-편관, 기(己)-편재를 가지고 있는데 양력으로 1월에 해당하여 한겨울이다. 지장간의 글자들을 새 12운성으로 그 모습과 활동을 살펴볼 수 있는데 여기 계(癸)수는 축(丑)토에서 양지이니 그 쓰임이 작은 모습이고, 신(辛)금은 축(丑)토에서 관대가 되니 사회의 초년생의 모습으로 적극적인 활동을 기대할 수 있다. 기(己)토는 축(丑)토에서 쇠지이니 정상에서 막 내려온 힘과 노련함이 여전한 모습이다. 신(辛)금 편관과 기(己)토 편재의 성향이 잘 나타나게 된다.

(6) 배우자, 재물 및 직업 분석

을축(乙丑)은 얼어붙은 동토에서 피어난 화초이니 배우자 관계가 좋은 편은 아니다. 단, 본인의 일주 주변에 화 기운이 강하거나 상대방의 사주에 일지나 시지에 화 기운이 강하면 오히려 덕과 연이 좋을 수 있다. 축(丑)토는 얼어붙은 땅이라서 그렇지, 실은 가장 기름진 땅이기 때문에 화 기운이 강하면 옥토로 바뀌기 때문이다. 일지에 편재이니, 여자는 연하의 남자를 배우자로 두는 경향이 있다. 지장간이 편인, 편관, 편재이니, 사업도 소규모로 가능하고 편관의 직업도 괜찮다. 일지가 관성 경(庚)금의 고지라서 공직과도 인연이 있고, 6대운 월지충 이후에 관청이나 대기업 쪽과 인연을 이어갈 수 있겠다.

(7) 천간합극 및 형충회합파해 원진

- 천간합: 을경합-금(乙庚合金)-합하여 합화가 안 되는 경우가 대부분인데 지지에 금의 세력이 강하면(월지 포함-삼합, 방합의 경우) 합화가 되어 새로운 금이 나올 수 있다.
- 천간극: 신(辛)금 편관은 을(乙)목을 극한다. 천간의 5가지 극함 중에서 신(辛)금이 을(乙)목을 극하는 것과 정(丁)화가 신(辛)금을 극하는 것은 그 극함이 심하다. 낫으로 초목을 베어내는 형상이고, 화기로 보석을 녹이는 모습이기 때문이다.

- 지지합: 자축(子丑)합(육합), 삼합-사유축[巳酉丑, 용(用)-금(金)의 운동], 방합-해자축[亥子丑, 체(體)-수(水)의 운동]
- 지지충: 축미(丑未)충, 원진: 축오(丑午)원진(원진이 약하다), 삼형: 축술미(丑戌未)
- 지지파: 축진(丑辰)파 - 지지해: 축오(丑午)해

(8) 신축년(2021년) 포함 4년의 운세 팁(Tip)-사주의 핵심은 운을 보는 것이다

을축(乙丑) 일주의 을(乙)목 일간은 새 12운성으로 신축(辛丑)년(2021년)에 축(丑)토에서 고지(庫地), 또는 묘지(墓地)가 된다. 묘지처럼 작은 공간에서 가만히 있으라는 자연의 신호이니 그대로 따르면 무탈하다.

고지와 묘지의 의미를 혼동하는 경우가 많은데, 고지는 창고의 의미로 용(用)의 개념이니 돈, 지식, 기술, 문서 등을 저장, 보관, 축적하는 작용을 한다. 묘지는 말 그대로 묘지의 의미로 체(體)의 개념이니 작은 공간에서 머물고 재충전을 하라는 의미가 된다. 체(體)인 사람이 창고에 묻힐 수가 없고, 반면에 용(用)인 돈, 지식, 기술, 문서 등을 묘지에 묻지 않으니 이를 구별하여 쓰길 바란다. 병사묘의 마지막으로 재충전의 시기를 의미하니 새로운 일을 벌이지 말고 수성의 모습으로 한 해를 보내면 좋다.

7. 육십갑자(六十甲子) 일주 분석- 새로운 육십갑자 일주론을 시작하며

천간으로 들어오는 신(辛)금은 을(乙)목 일간에게 편관의 모습이고 극(剋)이 된다. 천간으로 들어오는 편관은 정신적인 스트레스를 의미한다. 세운은 봄, 여름, 가을, 겨울로 흘러가니 일주에 머무르는 가을쯤이 된다. 지지로 들어오는 축(丑)토는 을(乙)목 일간에게 편재의 모습인데 자칫하면 편재+편관의 모습으로 재생살의 모습으로 나타날 수 있다. 새 12운성의 묘지의 모습으로 보내면 무탈하다.

을(乙)목 일간은 2022년에 절지, 2023년에 태지, 2024년에 양지의 모습이니 가장 약한 시절을 보내게 된다. 절태양의 의미는 보이지 않는다는 것을 의미한다. 따라서 지방 발령, 해외 연수, 자격증 취득 및 공부 등으로 활용하면 좋다. 봄의 대장인 양간인 갑(甲)목이 밖에서 맹활약을 할 때, 음간인 을(乙)목은 절태양으로 쉬는 모습이다. 갑(甲)목이 묘(卯)월에서 제왕일 때 을(乙)목은 태지로 배턴을 터치하여 서서히 워밍업을 시작하게 된다. 사오미(巳午未)의 여름의 시기를 보낼 때 을(乙)목은 생욕대의 시기를 보내고 갑(甲)목이 절태양이 되는 신유술(申酉戌)의 가을의 시기에 을(乙)목은 록왕쇠의 모습으로 가을의 대장인 경(庚)금이 밖에서 맹활약을 할 때 을(乙)목은 안에서, 드러나지 않는 모습으로 경(庚)금을 지원하면서 목 운동을 줄이는 역할을 한다.

3) 새로운 병인(丙寅) 일주 분석

(1) 자연물상/동물상

병인(丙寅)은 물상적으로 초목이 햇빛을 받아 자라는 형상이며, 나무가 불타는 형상이다. 봄의 나무가 햇빛을 받으니 생동감이 넘친다. 나무가 불타고 있으니 목화통명(木火通明)의 모습이다.

총명하고 기억력, 순발력이 뛰어나다. 한편으로는 한낮의 호랑이니 때론 독특한 생각과 행동으로 주변을 놀라게 하기도 한다.

(2) 일간일지의 음양오행 및 관계

일간 병(丙)화는 태양이고, 양중의 양이니, 정열적이고 의욕이 넘쳐 일을 잘 벌이나, 마무리는 약하다. 병(丙)화는 오상 중에서 예(禮)에 해당하니 매너가 좋고, 솔직하며, 비밀이 없다. 신체 부위로는 혀에 해당하니 언변이 뛰어나다. 누군가가 자신의 말을 끊는 것에 질색하며 권위주의적인 성향도 가지고 있고 화끈하며 뒤끝이 없다. 솔직하고 거침이 없는 언행이니 뒤끝이 없는 것은 당연하지만, 병(丙)화의 거침없는 언행에 상처받은 금수(金水) 일간들이 뒤끝이 생길 뿐이다. 일간이 양 중의 양이니 월지의 상황을 봐야겠지만 밝고 화려한 곳, 번화가를 선호한다. 월지가 금수(金水)라서 대도시가 아니라 중소 도시라면 그곳에서 가장 중심가에 있어야 성이 찬다.

(3) 일간 기준 십신 관계

병인(丙寅)은 일지가 편인이다. 편인은 늘 자기만의 세계를 가지고 있다.

편인이 강할 경우 그게 무협의 세계일 수도, 쥐라기 공원일 수도, 〈반지의 제왕〉의 세계일 수도 있다. 자기만의 세계에 몰입하면 무아지경으로 빠져들기에 현실 세계로 돌아왔을 때 이질감으로 인해 우울함에 빠질 수도 있다. 계획을 잘하고 생각이 많지만, 실제로 행동에 옮기는 경우는 드물다.

흔히 말하는 머릿속으로 성을 세우고 천 리를 내다보는 것을 의미한다.

많은 일을 추진하지만, 단지 머릿속으로 진행할 뿐이라 현실에서는 실행력이 떨어진다. 그래도 일지 인(寅)목은 병(丙)화의 생지이고 역마이니 다른 오행의 편인에 비해서는 실행력이 있다. 수 기운 속에서 용출하는 목 기운이니 아이디어가 좋고,

독특하고 남다른 생각을 한다. 한편으로 자기중심적인 경향(편인)과 성급함(인목)이 나와 일을 그르치는 경우가 있다. 입력 장치인 인(寅)목을 보완해 줄 출력 장치인 상관인 축(丑)토나, 미(未)토가 있으면 좋다. 토의 상관이니 화상관이나 수상관에 비해 출력 성능은 떨어진다.

(4) 새 12운성과 새 12신살[체(體)와 용(用)]

새 12운성으로 병(丙)화는 인(寅)목에서 장생(長生)에 해당한다. 장생은 이제 막 모친의 배 속에서 태어난 아이를 의미한다. 생동감이 있고 진취적이고 주변의 기대와 사랑을 받으니 인기가 있다. 장생이면서 인(寅)목 역마 성향으로 왕성한 활동력을 가지고 돌아다닌다. 일지가 장생이니 시작, 기획, 도전, 창의력, 아이디어의 능력이 좋다. 원국에 있으니 타고났음을 의미한다.

새 12신살로 인오술(寅午戌) 삼합의 기준으로 인(寅)목이 지살이 되니 자발적인 이동과 움직임이 많다는 것을 알 수 있다. 원래 생지인 인신사해는 시작하는 기운이 강해서 역마가 나타나는데 눈에 드러나는 양의 운동 속의 인(寅)목과 사(巳)화는 실제로도 움직임이 많다. 또 역마는 아니지만, 양의 운동 속의 오(午)화, 묘(卯)목도 역마의 기질이 있으며 십신 중에서는 항상 분주하고 바쁜 편재가 역마의 성향을 가지고 있다.

'병(丙, 3)-인(寅, 3)=0'이 되는데 여기에 12를 더하면 12가 된다.
11, 12가 짝을 이루는데 술해(戌亥)가 되니 병인(丙寅) 일주의 공망은 술해(戌亥)가 된다.

(5) 새 지장간 분석—일간의 라이프 스타일 분석

월지가 명주의 사회적인 활동, 직업 쪽의 모습을 살펴볼 수 있다면 일지는 개인적인 라이프 스타일을 살펴볼 수 있다. 또한, 6대운 월지충 이후에는 일지를 쓰면서 살아갈 수도 있다. 인(寅)목의 지장간은 무(戊)-식신, 병(丙)-비견, 갑(甲)-편인을 가지고 있는데 식신(7일), 비견(7일), 편인(16일)이다. 무(戊)토, 병(丙)화가 새 12운성으로 장생이니 활력이 있고 생동감이 있다. 갑(甲)목은 건록이니 체이면서 가장 강한 기운으로 환경을 만들어 간다.

편인의 환경 속에서 비견들과 함께하는 모습이다. 또한, 비견은 식신을 생하니 주변에 감성 코드가 같은 지인들에게 둘러싸여 있는 모습이다. 스포츠, 여행, 레저, 독서, 공부 등의 모임이나 동호회에서 활동하는 모습이고 식신의 마음으로 베푸니 지인들에게 인기가 많다. 일지에 편인을 두었으니 뒤늦게라도 배우게 되는데, 이것이 꼭 학문에 국한되지는 않는다. 스포츠, 레저, 등산, 여행 등의 야외 스포츠일 수도 있다.

(6) 배우자, 재물 및 직업 분석

일지 편인이고 편인은 나를 생하니 비교적 배우자와 사이가 좋다. 그러나 일지에 감정 기복이 심한 편인을 깔고 있으니 모친처럼 잔소리가 있는데 주변의 글자와 형(刑)을 형성하고 있다면 더욱 그렇다.

일간 병(丙)화가 일지 인(寅)목에서 장생이고 목화통명(木火通明)하니 그 배우자의 덕이 크다고 할 수 있다. 물론 종합적으로 인성이 사주에서 길한지, 흉한지를 살펴야 한다.

병인(丙寅) 일주는 목과 화의 만남이니 화려하고, 외형은 볼 만하지만, 실속은 없다. 병인(丙寅) 일주가 실속이 있고 재성을 취하려면 사주 내에 경신(庚辛)금을 가지고 있어야 한다. 화려한 외형적인 노력이 결실로 맺어지니 경신(庚辛)금이 있다면 그 부귀가 대단할 것이다. 인(寅)목도 양간이고, 병(丙)화도 확산하는 양간이니 기본적으로 스케일이 크고 담대하다. 일지에 편인을 깔고 있으니 모친과의 고부 갈등이 있을 수 있으며, 배우자는 어머니처럼 나를 간섭하고 챙기려는 경향이 있다. 직업으로는 역마성 직업, 편인이니 특수 교육, 특수 학문, 특수 기술 및 특수 전문직이 좋다.

(7) 천간합극 및 형충회합파해 원진

- 천간합: 병신합-수(丙辛合水)-합하여 합화가 안 되는 경우가 대부분인데 지지에 수의 세력이 강하면(월지 포함-삼합, 방합의 경우) 합화가 되어 새로운 수가 나올

수 있다.

- 천간극: 천간의 임(壬)수가 병(丙)화를 극한다. 극한다는 것(Stress)은 자극을 받아서 성장해야 할 시기가 왔음을 의미한다. 병화도, 임수도 양간의 글자이니 스케일이 크다. 강휘상영(江輝相映)이라고 하는데 천간론에서는 병(丙)화와 임(壬)수가 양간의 글자로 스케일이 커서 격이 잘 맞는다고 보았다.

- 지지합: 인해(寅亥)합(육합), 삼합-인오술[寅午戌, 용(用)-화(火)의 운동], 방합-인묘진 [寅卯辰, 체(體)-목(木)의 운동]
- 지지충: 인신(寅申)충, 원진: 인유(寅酉)원진(원진이 강하다), 삼형: 인신사(寅申巳)
- 지지파: 인해(寅亥)파 - 지지해: 인사(寅巳)해

(8) 신축년(2021년) 포함 4년의 운세 팁(Tip)-사주의 핵심은 운을 보는 것이다

병인(丙寅) 일주의 병(丙)화 일간은 신축(辛丑)년(2021년)에 축(丑)토에서 새 12운성으로 양지(養地)가 된다.

양지는 이제 막 출산을 앞둔 태아의 모습이 된다. 현재의 힘은 약하지만, 미래에 대한 희망과 기대를 가질 수 있다.

천간으로 들어오는 신(辛)금은 병(丙)화 일간에게 정재가 된다. 정재가 천간으로 들어오니 결실, 결과물, 목표물, 돈에 대한 생각이 많아지고 바빠지게 된다. 편재와 다르게 정재는 단계를 밟아 가며 쌓아 올리는 적금과 같다. 그간의 노력과 진행에 관해 소소한 이득이 있는 모습이 된다.

지지로 들어오는 축(丑)토는 병(丙)화 일간에게 상관이 된다. 일지의 인(寅)목 편인과 만나는 상관패인의 모습이고 인축(寅丑) 암합의 모습이 된다. 인(寅)과 축(丑)은 지장간이 모두 암합으로 되어 있으니 서로 만나서 시너지가 생긴다. 상관이 들어오니 회사, 조직 내에서 내 목소리가 커지고 트러블이 생길 수 있지만, 편인과 합이 되니 정당성과 타당한 논거를 기반으로 한 목소리라 크게 문제가 되지 않고 주목을 받을 수 있다.

병(丙)화 일간은 2022년에 장생, 2023년에 목욕, 2024년에 관대의 모습으로 상승 운으로 가고 있다고 볼 수 있다. 병(丙)화는 양 운동 중에 양간으로 갑(甲)목이 상승 확산 운동을 한다면, 병(丙)화는 더 상승하고 더 확산하는 운동을 하게 된다. 천간에서는 병(丙)화의 짝은 신(辛)금이 되지만, 지축의 기울기로 인해서 사계절 운동을 하는 지지에서의 짝은 계(癸)수가 된다. 여름철에 병(丙)화가 밖에서 외형을 키우고 확산할 때 내부에서는 계(癸)수가 외형을 키우고 확산한다. 여름철의 무더위에도 산천초목이 마르지 않는 것은 내부에서 계(癸)수의 중요한 활동이 있었기 때문이다.

4) 새로운 정묘(丁卯) 일주 분석

(1) 자연물상/동물상

정묘(丁卯)는 물상적으로 등불 아래의 화초이고, 달빛 아래의 토끼이니, 낭만적이고 여리고 예민하다. 일간, 일지가 다 음간이니 사람이 부드럽고 순하다. 화려하고 명랑하고 활동력이 좋은데 일지에 왕지의 글자를 깔았으니 초원에 타오르는 불길처럼 역동적이다.

(2) 일간일지의 음양오행 및 관계

일간 정(丁)화는 달이고 양 중의 음이니 병(丙)화가 화려하다면 정(丁)화는 섬세하다. 갑(甲)목보다 을(乙)목이 세련되듯이 양간이 스케일이 크고 투박하다면 음간은 다듬어지고 세련되었다. 정(丁)화는 겨울에 활약하면서 얼어붙은 땅에 온기를 불어넣어 생명을 이어주니 따뜻하고 헌신적인 경향이 있다. 달의 기운이고 음간이라 종교, 철학, 활인업, 봉사 쪽에 인연이 있다. 병(丙)화가 시작한 화 운동을 정(丁)화가 마무리하는데, 병(丙)화에게 이어받은 양 운동을 무(戊)토에게 넘기니 화생토를 잘한다.

(3) 일간 기준 십신 관계

정묘(丁卯)는 일지가 편인이다. 정(丁)화는 음간이고 일지 편인을 반기니 편인적인 성향이 잘 드러난다. 일지 묘(卯)목은 도화인데 편인이니 패션 감각이 좋고(도화 기질), 재치가 있고 눈치가 빠르다(편인 기질). 도화이니 사람들과의 교류를 즐기고 뽐내길 좋아하니, 패션, 보석, 의상 쪽에 관심이 많다. 묘(卯)목은 잡초이니 강한 생활력 및 어려움을 헤쳐나가는 저력이 있다. 편인은 정인과 달리 의심이 많고 깊은 사색과 사유를 즐긴다. 종교 및 철학과 관련이 있다. 하지만 제화되지 않은 편인은 사물에 대한 이중 잣대가 있어 내로남불로 인해 타인의 구설에 오를 수 있다.

(4) 새 12운성과 새 12신살[체(體)와 용(用)]

새 12운성으로 사지(死地)에 해당하는데 사지에 해당하니 차분해지고 세속적인 욕심이 줄어들고 정신적인 영역이 발달한다. 정신적인 지식, 예술, 의술, 철학, 활인업 등에 관심을 가지게 된다. 묘(卯)는 도화 중에서도 나체도화인데 갑자(甲子), 정묘(丁卯), 기묘(己卯), 경오(庚午), 계유(癸酉)가 이에 해당한다. 묘(卯)와 유(酉)가 운에서 와서 충하면 더욱 도화적인 성향이 두드러진다. 꾸미기를 좋아하고 유흥, 주색을 즐긴다. 새 12운성으로 양 일간은 욕지고 음 일간은 사지에 해당한다.

새 12신살로 묘(卯)목은 해묘미(亥卯未) 삼합의 기준으로 장성살이 된다. 일지에 왕지의 글자를 두고 있으니 강한 힘을 가지는데, 그것이 정신적인 분야를 의미한다. 정신적인 지식, 예술, 의술, 철학, 활인업 분야에서 두각을 나타내고 왕성한 활동을 하게 된다. 역마와 지살은 아니지만, 양 운동을 하는 왕지이니 움직임도 많은 편이다.

'정(丁, 4)-묘(卯, 4)'=0이 되는데 여기에 12를 더하면 12가 된다.

11, 12가 짝을 이루는데 술해(戌亥)가 되니 정묘(丁卯) 일주의 공망은 술해(戌亥)가 된다.

(5) 새 지장간 분석-일간의 라이프 스타일 분석

월지가 명주의 사회적인 활동, 직업 쪽의 모습을 살펴볼 수 있다면, 일지는 개인적인 라이프 스타일을 살펴볼 수 있다. 또한, 6대운 월지충 이후에는 일지를 쓰면서 살아갈 수도 있다. 묘(卯)목의 지장간은 갑(甲)-정인, 을(乙)-편인, 을(乙)-편인을 가지고 있는데 한 달을 기준으로 천간이 머문 기일이 정인(10일), 편인(10일), 편인(10일)이 된다. 인성혼잡의 모습인데 인성이 혼잡되면 편인 기질이 강하게 나온다. 삼투압처럼 농도가 더 진한 쪽으로, 에너지가 좀 더 강한 쪽으로 흘러가는 것을 의미한다. 재성혼잡이면 편재의 기질이, 관살혼잡이면 편관의 기질이, 식상혼잡이면 상관의 기질이 강하게 나오는 경향이 있다. 정화는 음간이라 인성을 반기므로 편인 경향이 강하게 나온다.

(6) 배우자, 재물 및 직업 분석

일지 편인이고 편인은 나를 생하지만, 비교적 배우자와의 사이가 원만하지 않다.

일지 묘(卯)의 자의형상(字意形象)은 서로 등을 돌린 모습인데, 밖에서는 인기가 많고 잘하는데 집 안에 들어와서는 냉랭한 경우가 많고, 편인성이 강하게 나오니 계획력은 좋으나 실천력이 떨어지는 경우가 많다. 이성에 대한 감각은 빠르지만, 적극적이지 못하므로 결혼이 늦어지는 경우가 있다.

연애 결혼보다는 중매 결혼 쪽이 더 좋아 보인다. 직업으로는 일지편인이니 교육, 철학, 종교, 특수 기술 및 특수 전문직이 좋고, 묘(卯)목 도화이니 패션, 장식, 인테리어 쪽이나 문구점, 기프트샵, 애완 관련 사업과 인연이 있고, 역마성이니 스포츠 및 역마성 직업과도 잘 맞는다.

175

(7) 천간합극 및 형충회합파해 원진

- 천간합: 정임합-목(丁壬合木)-합하여 합화가 안 되는 경우가 대부분인데 지지에 목의 세력이 강하면(월지 포함-삼합, 방합의 경우) 합화가 되어 새로운 목이 나올 수 있다.
  대운으로 목 기운이 들어올 때도 합화에 유리하다.
- 천간극: 천간의 계(癸)수가 정(丁)화를 극한다. 정(丁)화에게 계(癸)수가 편관이 되기 때문이다.
  천간은 합과 극의 상생, 상극관계를 통해서 순환되는 구조이다. 상생이 좋고 상극이 나쁘다는 것이 아니다. 상생을 받기만 하면 나태해진다. 그럴 때는 상극으로 자극을 받아 각성하여 성장할 수도 있다.
  아이에게는 칭찬(상생)도 필요하지만, 때로는 꾸중(상극)도 필요한 법이다.

- 지지합: 묘술(卯戌)합(육합), 삼합-해묘미[亥卯未, 용(用)-목(木)의 운동], 방합-인묘진[寅卯辰, 체(體)-목(木)의 운동]
- 지지충: 묘유(卯酉)충, 원진: 묘신(卯申)원진(약한 원진의 작용), 상형(相刑): 자묘(子卯)형
- 지지파: 묘오(卯午)파 - 지지해: 묘진(卯辰)해

(8) 신축년(2021년) 포함 4년의 운세 팁(Tip)-사주의 핵심은 운을 보는 것이다

정묘(丁卯) 일주의 정(丁)화 일간은 신축(辛丑)년(2021년)에 축(丑)토에서 새 12운성으로 쇠지(衰地)가 된다.

쇠지는 이제 막 정상에서 내려온 모습으로 여전히 힘이 있으며 노련미를 갖추고 있다.

공직에서 은퇴한 지 얼마 안 된 법관이나 공직자를 대형 로펌에서 서로 모셔 가는 것은 그러한 이유이다. 전관예우나 여전히 조직 내에서 영향력을 미치기 때문이다.

겨울의 정(丁)화이니 소중하고 그 쓰임새와 가치가 높아지겠다. 해자축(亥子丑)의

겨울의 정(丁)화의 모습은 물상으로 보면 마치 촛불, 가로등, 난로와 같으니 밤과 겨울에 실내에서, 보이지 않는 작은 공간에서 실속있게 쓸 수 있다. 운동장에 있는 난로, 낮에 켜져 있는 가로등은 쓸모가 없으니 반드시 작은 공간과 어둠 속으로 정화를 끌어와야 한다.

천간으로 들어오는 신(辛)금은 정(丁)화 일간에게 편재가 된다. 편재가 들어오니 머릿속이 바빠지고 분주해진다. 차곡차곡 단계를 밟아 쌓아가는 정재와는 다르게 편재는 크게 한방으로 벌려는 마음이니 평소에 안 하던 주식을 하거나 과감하고 공격적인 투자를 할 수 있다. 지지로 들어오는 축(丑)토는 정(丁)화 일간에게 식신이 된다. 일지 묘(卯)목 편인과 축(丑)토 식신은 서로 작은 충이라고 하는 격각이 된다. 편인도, 식신도 자신이 좋아하는 것에 몰입하는 성향을 가지는데, 천간의 신(辛)금 편재가 일지 편인을 극하니 약해지고, 축(丑)토 식신은 토생금을 잘하니 식신생재의 모습이 잘 나타난다.

정(丁)화 일간은 2022년에 병지, 2023년에 사지, 2024년에 고지(묘지)의 모습으로 점차 하강 운으로 가고 있다. 물론 세운의 상승과 하강은 대운이라는 기준 안에서 살펴야 한다.

양 운동을 하는 중에 음간이니 하강 응축 운동을 한다. 봄과 여름에 양간인 병(丙)화가 외형을 키우고 확산시켜놓은 화 기운을 정(丁)화가 외형을 줄이고 응축한다. 늘었다가 줄어들고, 커졌다가 작아지고, 보였다가 안 보이는 것, 그것이 음양이며 그렇게 자연은 순환하게 된다.

5) 새로운 무진(戊辰) 일주 분석

(1) 자연물상/동물상

무진(戊辰)은 물상적으로 큰 산이 중첩되어 있는 형상이고(첩첩산중), 큰 산 아래로 늪지대가 펼쳐져 있는 모습이다. 동물로는 황룡에 해당하며 천간지지가 모두 양간이니 큰 산과 황룡의 기상으로 스케일이 크지만, 용의 특성으로 변화가 심하고 폭발적이다. 또한, 이상이 높고 비현실적이다.

(2) 일간일지의 음양오행 및 관계

일간 무(戊)토는 목화 양 운동을 이어받아서 음 운동으로 넘기기 위한 첫 번째 과정이다.

간여지동으로 모두 양(陽)으로 되어 있어 양적인 성향과 토의 성향을 잘 나타내는데, 우직하고, 신용이 좋으며, 타인의 말에 귀 기울인다. 조정, 중재 능력이 탁월한데, 자기주장은 강하지 않으나 자기주관은 뚜렷하고, 움직이지 않는 토의 성향처럼 대체로 보수적인 기질을 가지게 된다. 무(戊)토는 큰 산이니 많은 사람이 모일 수 있다. 또한, 무(戊)토는 황무지요, 사막이라 열기가 높아서 목(木)이 살기에 적합하지 않다. 무(戊)토는 반드시 다른 곳에 수(水) 기운이 있어야 하는데 양토이고 건토이니 재성인 수(水)에 집착한다.

천간의 가장 높은 곳의 토이니 공공성을 가지면서 타인을 많이 의식한다.

(3) 일간 기준 십신 관계

무진(戊辰)은 일지가 비견이다. 천간과 지지가 같은 오행인 것을 간여지동(干與支同)이라고 한다. 고집이 세고 자존심이 강하니 배우자와의 관계유지가 쉽지 않다. 비견은 자기중심적이고 이기적인 성향이 있어서 조직 생활에서 마찰을 일으키기가 쉽다. 사회의 논리가 있어 밖에서는 잘하면서 집에서는 잘못하는 경향이 있으나 평등의 논리가 있어서 사람을 평등하게 다루며, 직위가 급격하게 하락해도 낙천적인 경향이 있다. 그래도 비견은 수성의 성향을 가지고 있어 겁재보다는 덜하지만, 무진(戊辰) 일주 주변에 비견이 한두 개 더 있다면 겁재의 성향을 띠게 된다. 에너지는 좀 더 강한 쪽으로 흘러가기 때문이다. 반면에 일주 주변에 관성이 배치되어 있다면 그러한 간여지동의 성향은 적게 나타나게 된다.

(4) 새 12운성과 새 12신살[체(體)와 용(用)]

무진(戊辰)은 새 12운성으로 관대(冠帶)에 해당한다. 고집이 세고 자존심이 강한 모습인데 앞장서서 나서며 의협심이 넘치고 승부욕도 강한 편이다. 독립심도 강하고 매사에 자신감으로 가득 차 좌충우돌하나 칭찬에는 약한 편이다. 진(辰)토는 수(재성)의 고지니 재물과의 연은 있다. 일간과 지장간의 계(癸)수 정재가 반명합이 되어 있으니 알뜰하고 돈에 집착한다.

새 12신살로 진(辰)토는 신자진(申子辰) 삼합의 기준으로 고지의 글자가 되니 화개살이 된다. 화려함을 접는다는 뜻이니 종교, 철학, 학문, 예술, 활인업과 관련이 있다. 12운성이 용(用)이라면 12신살은 체(體)가 된다. 화개살의 위의 특성과 성향을 관대의 모습처럼 의욕적이고 진취적으로 쓰는 모습이 된다.

무진(戊辰)은 백호살인데 백호라고 해도 다 같지는 않다. 7개의 백호살 중에 천간 지지가 양간이고 일지에서 관대의 모습이니 강한 백호에 속한다. 폭발하는 성향이 있다. 일주, 시주에 백호가 있는 사람은 백호가 어떠한 모습으로 있는지를 살펴야 하는데 주변의 글자와 형과 충, 원진, 귀문으로 되어 있다면 백호의 성향이 잘 나타나게 되고, 합으로 묶여 있다면 백호의 성향이 덜 드러나게 된다. 백호살은 다음과 같다. 무진(戊辰), 갑진(甲辰), 정축(丁丑), 계축(癸丑), 임술(壬戌), 병술(丙戌), 을

미(乙未)이다.

'무(戊, 5)-진(辰, 5)=0'이 되는데 여기에 12를 더하면 12가 된다.

11, 12가 짝을 이루는데 술해(戌亥)가 되니 무진(戊辰) 일주의 공망은 술해(戌亥)가 된다.

(5) 새 지장간 분석-일간의 라이프 스타일 분석

월지가 명주의 사회적인 활동, 직업 쪽의 모습을 살펴볼 수 있다면 일지는 개인적인 라이프 스타일을 살펴볼 수 있다. 또한, 6대운 월지충 이후에는 일지를 쓰면서 살아갈 수도 있다. 진(辰)토의 지장간은 을(乙)-정관, 계(癸)-정재, 무(戊)-비견을 가지고 있는데 한 달을 기준으로 천간이 머문 기일이 정관(9일), 정재(3일), 비견(18일)이다. 무(戊)토는 양토이고 수 기운이 있어야 하는데, 지장간에서 무계(戊癸)합(비견+정재)을 이루었다. 아내의 덕이 있으며 정재의 경향으로 성실하며 안정을 추구한다. 무(戊)토는 양토이고 관성의 제어를 꺼려 하고 여기 을(乙)목은 진(辰)토에서 새 12운성으로 양지이니 을(乙)목 정관의 성향을 잘 드러내지 않는다. 반면에 중기 계(癸)수와 말기 무(戊)토는 관대가 되니 정재와 비견의 성향이 잘 드러나게 된다.

(6) 배우자, 재물 및 직업 분석

일지 비견이니 고집이 은근히 강하고 자존심이 강해 비교적 배우자와 사이가 원만치 않다.

비견은 대체로 수성의 에너지인데 가장 중요시하는 것이 명주의 생존이다. 배우자의 안녕과 건강보다는 자신의 건강과 생존이 우선시되니 자칫 자기만 아는 이기주의자로 오해받을 수 있기 때문이다. 하지만 사주 구성에 따라서 비견 친구의 모습으로 잘 지낼 수 있다. 부부 공동의 목표(내 집 마련, 자녀의 교육, 1년간 해외여행 등)를 갖고 같이 노력한다면 좋다. 비견은 공정한 승부이고 경쟁을 의미하기 때문이다.

남자의 경우 지장간에서 정재와 암합을 하는데 보통 남자가 일지의 지장간과 암합을 하면 부부 사이가 다정하거나 숨겨둔 여자가 있을 수 있다는 2가지 통변을 하는데 이 게이스는 후자일 가능성이 높다. 무(戊)토와 반명합을 하는 계(癸)수는 지장간 중기로 일간의 사회적인 활동에서 만날 여자일 확률이 높기 때문이다. 지장간에서 비견과 정재가 암합을 하니 정재성이 강하게 드러난다. 꼼꼼하고 치밀하며 안정을 추구하니 전문적인 기술을 가지고 직장 생활을 하면 잘 맞는다. 부동산 관련 직종도 괜찮다고 볼 수 있다.

(7) 천간합극 및 형충회합파해 원진

- 천간합: 무계합-화(戊癸合火)-합하여 합화가 안 되는 경우가 대부분인데 지지에 화의 세력이 강하면(월지 포함-삼합, 방합의 경우) 합화가 되어 새로운 화가 나올 수 있다.
- 천간극: 천간의 무(戊)토를 극하는 것은 갑(甲)목이 된다. 양 운동의 절정인 무(戊)토와 양 운동이 시작하는 갑(甲)목이 서로 만나는 모습인데, 마치 호날두와 메시가 한판 붙는 모습이다. 시합 전과 시합 중에 막대한 에너지가 소모되고 심력을 쏟아야 하지만 좋게 작용하면 대박이 난다. 전 세계인이 지켜보니 흥행에 성공하기 때문이다.

- 지지합: 진유(辰酉)합(육합), 삼합-신자진[申子辰, 용(用)-수(水)의 운동], 방합-인묘진 [寅卯辰, 체(體)-목(木)의 운동]
- 지지충: 진술(辰戌)충, 원진: 진해(辰亥)원진(원진이 강하다), 자형: 진진(辰辰)형
- 지지파: 축진(丑辰)파 - 지지해: 묘진(卯辰)해

(8) 신축년(2021년) 포함 4년의 운세 팁(Tip)-사주의 핵심은 운을 보는 것이다

무진(戊辰) 일주의 무(戊)토 일간은 신축(辛丑)년(2021년)에 축(丑)토에서 새 12운성으로 양지(養地)가 된다.

양지는 이제 막 출산을 앞둔 아이와 같다. 약한 모습이지만, 미래에 대한 기대와 희망을 가지고 있다. 지지는 사계절 운동을 하여 토 운동이 없으니 화와 토를 비슷하게 보는 화토동법(火土同法)을 적용한다.

천간으로 들어오는 신(辛)금은 무(戊)토 일간에게 상관이 된다. 날카로운 현침 기

운의 신(辛)금 상관이 들어오니 직장이나 가정, 개인적으로 말과 경솔한 행동으로 인한 관재구설과 트러블이 있을 수 있다.

지지로 들어오는 축(丑)토는 무(戊)토 일간에게 겁재가 된다. 순간적으로 에너지가 강한 상관과 겁재가 천간지지로 들어오고 지지에서 축진(丑辰)파의 모습이니 신축년은 주의하고 조심하는 것이 좋겠다.

드러나지 않고 기다리는 양지의 모습으로 보내면 좋을 것이다.

무(戊)토 일간은 2022년에 장생, 2023년에 목욕, 2024년에 관대의 모습으로 점차 상승 운으로 가고 있다고 볼 수 있다. 물론 세운의 상승과 하강은 대운이라는 기준 안에서 살펴야 한다.

만물을 키우고 성장시키는 무(戊)토이니 상승하고 확산하는 운동을 하게 된다. 무(戊)토는 병사묘, 절태양에서는 보이지 않는 곳으로 서서히 들어가야 하고, 생욕대, 록왕쇠의 시기에는 보이는 곳으로 서서히 나와야 한다. 들어가고 나가고를 혼동하면 삶에 어려움이 있다.

6) 새로운 기사(己巳) 일주 분석

(1) 자연물상/동물상

기사(己巳)는 물상적으로 풀밭이나 논밭에 사는 뱀의 물상이다. 기(己)토의 색이 황색이라 황구렁이 형상이며, 논밭에 햇빛이 내려앉은 모습이 된다. 뱀은 육양(六

陽)으로 양의 기운이 듬뿍 남겨있어 능동적이고 진취적이며 지살과 역마의 성향을 가지고 있어 바쁘게 돌아다니며 행동력이 강하다. 논밭의 뱀이니 먹을 것도 많아서 삶이 평탄하고 식복이 있다.

(2) 일간일지의 음양오행 및 관계

일간 기(己)토는 목적을 위해 가공된 토지로서 음토이며 습토라 목(木)이 좋아하는 땅이다.

특정한 목적을 위해 가공된 토양이라 그 목적에 충실해야 한다. 가공된 땅은 아무것이나 다 받아들이지는 않으니 호불호가 있고 분별력이 강하다. 농작물을 길러내니 희생정신이 있으며, 무(戊)토보다 더 보수적인 모습이다. 포용력이 좋고 역지사지를 잘하며 자기주장을 하지 않는다. 토의 기질로 신용 있고 성실하다. 목화운동에서 넘어온 양의 기운을 무(戊)토가 이어받아 진정시키고 기(己)토에 이르러 음의 운동을 처음으로 시작하게 된다.

(3) 일간 기준 십신 관계

기(己)토는 음토이고 사(巳)화는 불이라 화생토(火生土)가 잘되어 사(巳)화의 인성이 잘 드러난다.

일지 사(巳)화는 정인인데 지혜롭고 총명하며 어질고 온순하며 사물과 지식에 대한 수용력이 빠르다. 사(巳)화 정인은 책임지지 않으려 하고, 실수하지 않으려 하고, 손해 보지 않으려고 한다. 사오미(巳午未) 여름의 생지 글자이니 새롭게 배우는 것을 좋아하고 진취적이다. 사(巳)화 속의 병(丙)화는 빛나는 태양이니 예의가 바르고 타인을 많이 의식한다. 생지의 글자이니 근면 성실하고 논리적이며, 육양(六陽)과 물상의 영향으로 권력에 대한 의지가 있고, 편인과는 다르게 정도껏 하니 사람이 무난하다는 평가를 받곤 한다.

(4) 새 12운성과 새 12신살[체(體)와 용(用)]

기사(己巳)는 새 12운성으로 절지(絶地)에 해당하는데, 예전의 12운성에서는 제왕(帝旺)이었다. 혼과 영이 떠돌고 있으니 머리를 쓰는 정신적인 영역에서 활동해야 한다. 육체적인 활동이 제한되니 정신적 활동이 왕성해진다. 귀가 얇아서 남들에게 속기 쉽다. 기(己)토는 음간이므로 안에서 활동하는 것이 맞고 확산하는 것이 아니라 응축하며 줄이고 정리정돈, 분류하는 활동을 하며 실속을 챙기는 것이 좋겠다. 음양을 같이 볼 수 있는 기(己)토 일간은 실내에서 교육, 분석, 분류, 상담, 비서직에 종사하는 경우가 많다.

새 12신살로 사(巳)화는 사유축(巳酉丑) 삼합의 기준으로 지살이 된다. 타의에 의한 이동을 뜻하는 역마가 아니라 자의적인 이동인 지살이므로 생동감이 있고 진취적이다. 절지의 모습으로 정신적인 영역에서 활동하는데 그 분야에서 이동이 많은 모습을 보인다.

신살로는 곡각살에 해당한다. 40대 이후에 골절이나 관절염 등 관절에 관련된 질병에 노출될 가능성이 있고 일주 주위에 축(丑), 을(乙), 기(己) 등이 있다면 더욱 가능성이 높다. 사(巳)화는 생지의 글자이니 분주히 돌아다니며 항상 바쁜 모습이라 배우자도 여행 중에 만나는 경우가 많다.

'사(巳, 6)-기(己, 6)=0'인데 여기에 12를 더하면 12가 된다.
11, 12가 짝을 이루니 기사(己巳) 일주의 공망은 술해(戌亥)가 된다.

(5) 새 지장간 분석-일간의 라이프 스타일 분석

월지가 명주의 사회적인 활동, 직업 쪽의 모습을 살펴볼 수 있다면 일지는 개인적인 라이프 스타일을 살펴볼 수 있다. 또한, 6대운 월지충 이후에는 일지를 쓰면서 살아갈 수도 있다. 사(巳)화의 지장간을 보면 일간 기준 무(戊)-겁재, 경(庚)-상관, 병(丙)-정인을 가지고 있는데 한 달 기준으로 겁재(7일), 상관(7일), 정인(16일)이 된다. 음간이고 지장간에서 무(戊)토 겁재는 사(巳)화에서 건록이니 토생금으로 이어지는 중기의 경(庚)금 상관을 생해 주고, 말기의 병(丙)화 정인도 사(巳)화에서 같은 건록이니 막강한 힘으로 겁재의 생함을 받아서 강해진 경(庚)금 상관을 견제한다. 지장간에서 상관패인이 되어 있는 모습이니 머리가 총명하고, 순발력이 뛰어나다. 음간은 원래 식상을 꺼리나, 기(己)토는 습토라 토생금을 잘하고 강해진 상관이 정인을 만나서 서로 보완하니 식상의 작용이 잘 나타난다. 병(丙)화 정인의 환경 속에서 경(庚)금 상관활동을 하는 모습인데 상관패인된 모습이니 머리를 잘 쓰면서 살아가는 모습이 된다.

(6) 배우자, 재물 및 직업 분석

일지 정인이니 인성은 나를 생하는 성분인데, 기(己)토는 음간이므로 정인이 생함을 반기는 경향이 있다. 배우자의 연은 비교적 좋다. 종합적인 분석에서 정인이 사주 내에서 좋은 작용을 한다면 더욱더 그렇다. 직업적으로는 역마성 직업, 문화, 교육, 교섭과 중재, 권력 기관과도 관련이 있다. 일지에 정인을 두었으니 나이가 들어서도 배움의 길로 접어드는 경우가 많다.

(7) 천간합극 및 형충회합파해 원진

- 천간합: 갑기합-토(甲己合土)-합하여 합화가 안 되는 경우가 대부분인데 지지에 토의 세력이 강하면(월지 포함-삼합, 방합의 경우) 합화가 되어 새로운 토가 나올 수 있다.
- 천간극: 천간의 기(己)토를 극하는 것은 을(乙)목이 된다. 기(己)토의 입장에서 을(乙)목이 심하게 극하는 편관의 모습이다. 천간의 극은 스트레스(Stress)를 의미한다. 극을 받는다는 것, 스트레스를 받는다는 것은 이제 당신에게 성장과 변화의 시기가 왔음을 알려준다. 천간은 오행 운동을 하니 생극제화의 영향을 받는데 천간이 충이 없고 극이 존재하는 이유이다.

- 지지합: 사신(巳申)합(육합), 삼합-사유축[巳酉丑, 용(用)-금(金)의 운동], 방합-사오미[巳午未, 체(體)-화(火)의 운동]
- 지지충: 사해(巳亥)충, 원진: 사술(巳戌)원진(원진이 약하다), 삼형: 인신사(寅申巳)
- 지지파: 사신(巳申)파
- 지지해: 인사(寅巳)해

(8) 신축년(2021년) 포함 4년의 운세 팁(Tip)-사주의 핵심은 운을 보는 것이다

기사(己巳) 일주의 기(己)토 일간은 신축(辛丑)년(2021년)에 축(丑)토에서 새 12운성으로 쇠지(衰地)가 된다.

쇠지는 이제 막 제왕에서 내려온 모습으로 여전히 힘이 있으며 노련미를 갖추고 있다.

쇠지로 강하지만, 새로운 일을 벌이고 키우는 시기가 아니라 그간 해 왔던 일을 마무리하며 결실을 얻는 시기가 된다.

천간으로 들어오는 신(辛)금은 기(己)토 일간에게 식신이 된다. 식신이 들어와서 을(乙)목 편관으로부터 일간을 보호해 준다. 하고 싶은 일이 생기거나, 하던 일에 전문성이 강화되고 느긋함이 생긴다.

지지로 들어오는 축(丑)토는 기(己)토 일간에게 비견이 된다. 일간이 강해지며 일지 사(巳)화와 사축(巳丑)합의 모습으로 금 기운 식상의 기운이 일시적으로 형성되지만, 축(丑)토 비견은 사유축의 고지로 마무리하고 하던 일의 결실을 챙기는 게 좋다.

기(己)토 일간은 2022년에 병지, 2023년에 사지, 2024년에 고지(庫地)또는 묘지(墓地)의 모습으로 점차 하강 운으로 가고 있다고 볼 수 있다. 물론 세운의 상승과 하강은 대운이라는 기준 안에서 살펴야 한다.

양 운동을 하는 중에 음간이니 하강 응축 운동을 한다. 봄과 여름에 양간인 무(戊)토가 외형을 키우고 확산시켜 놓은 토 기운을 기(己)토가 외형을 줄이고 응축한다.

7) 새로운 경오(庚午) 일주 분석

(1) 자연물상/동물상

경오(庚午)의 경(庚)금은 흰색이라 물상적으로 백마의 물상이고, 순수하고 고결하며 신비롭다. 해 질 녘에 서쪽 하늘을 바라보는 말의 물상이니 목가적이고 쓸쓸하다. 본격적인 음의 시기에 접어드니 형이상학적인 것을 추구하고 사색, 종교, 철학 등과 관련이 있으며 원석을 불로 가공하는 모습이니 직업적으로는 불과 관련된 업종과 인연이 있다.

(2) 일간일지의 음양오행 및 관계

일간 경(庚)금은 양간으로 가을의 대장이 되니 밖에서 활동하며 사물을 응축시킨다.

목화 양 운동의 확산을 무(戊)토, 기(己)토가 음으로 전환하니, 본격적인 음 운동의 시작이다. 경(庚)금은 가을의 시작이니 늘어진 양의 기운을 강제적으로 수축시키며, 강제적이고, 강압적이다. 우직하고 잔머리를 쓰지 않고, 조직에 충성하고, 헌신한다. 대쪽 같은 성격으로 결단력과 소신이 뚜렷하며, 우두머리보다는 참모 역할을 잘하며, 기억력이 좋다. 개방적이고 외향적인 성향이라 사회의 논리에 따라 밖의 일을 잘하고 집안일을 등한시하는 경향이 있다.

(3) 일간 기준 십신 관계

오화(午)화는 정관이다. 예의가 바르며, 공명정대하다. 절차를 중시하며 남의 시선을 항상 의식한다. 자존심이 강하고 명예를 추구하며 자신에게 주어진 한도 내에서 책임지려 한다. 융통성이 부족한 편인데, 이는 상대적이라 다른 십신인 식상에 비해 부족한 것이며 같은 오행인 편관에 비해서는 융통성이 좋다. 음과 양은 상대적이듯이 같은 오행인 정관과 편관도 또다시 음과 양으로 나누어진다. 제도와 법의 틀 안에서 안정적인 것을 중시하며 승진과 출세, 감투에 관심이 많다.

(4) 새 12운성과 새 12신살[체(體)와 용(用)]

경오(庚午)는 새 12운성으로 목욕(沐浴)에 해당한다. 오(午)는 도화이기도 하다.

욕지도화는 다른 말로 나체도화라고 하는데, 음간에서는 사지가 욕지도화에 해당한다. 매사에 모호하고 일이 지연되는 경향이 있다. 아이가 장생하여 목욕으로 때를 벗기니 목욕은 교육을 뜻하는데, 교육을 받는 청소년기를 뜻하니 호기심이 많고, 여러 시행착오를 겪는 시기이다. 실패는 있지만, 좌절은 없다. 정관도화이니 반듯한 미남 미녀가 많은데 사교적이고 주위 사람들에게 인기가 많으며 꾸미고 치장하기를 좋아한다.

새 12신살로 경오(庚午)는 일지 기준 인오술(寅午戌) 삼합에서 왕지의 글자이니 장성살이 된다. 오(午)는 왕지의 글자이니 왕성한 화 운동을 하는 모습이다. 12운성으로 목욕이니 힘껏 배우고 익히면서 때로는 유흥도 즐기는 청소년기의 모습인데 체로서는 장성살의 모습이니 공부에 몰입하면 우등생이 될 것이고, 노는 것에 몰입하면 소위 말하는 인싸가 되는 모습인데 힘이 강한 장성살의 성향이 반영된다.

'오(午, 7)-경(庚, 7)=0'이 되는데 여기에 12를 더하면 12가 된다.
11, 12가 짝을 이루는데 술해(戌亥)가 되니 경오(庚午) 일주의 공망은 술해(戌亥)가 된다.

(5) 새 지장간 분석-일간의 라이프 스타일 분석

월지가 명주의 사회적인 활동, 직업 쪽의 모습을 살펴볼 수 있다면 일지는 개인적인 라이프 스타일을 살펴볼 수 있다. 또한, 6대운 월지충 이후에는 일지를 쓰면서 살아갈 수도 있다.

오(午)화의 지장간은 병(丙)-편관, 기(己)-정인, 정(丁)-정관을 가지고 있는데 한 달을 기준으로 편관(10일), 정인(9일), 정관(11일)이 된다. 병(丙)화는 햇빛이니 경(庚)금을 제련하기 쉽지 않다. 반면에 정(丁)화는 경(庚)금을 제련할 수 있으니 정관적 성향이 잘 드러난다. 또한, 기(己)토는 음토이고 토생금을 잘하니 정인의 특성도 나타난다. 기(己)토 정인이 오(午)화에서 태지의 모습이니 형이상학적이고 사색하는 모습이 된다. 토생금하니 모친과의 인연이 좋은 편이다.

(6) 배우자, 재물 및 직업 분석

직업 및 사회적 활동은 월지를 보지만, 6대운 월지충 이후로 사회적인 활동은 일지를 본다.

일지 성관이니 남편은 그 아내를 이기지 못하고, 아내는 지지에 정관(남편)을 깔고 있으니 배우자의 덕과 연이 좋으나 귀한 줄 모르는 경향이 있다. 남녀의 일지가 도화인데 목욕지에 있으니 장식과 유행에 민감하고 유흥을 좋아하며 사교성이 좋다. 일지 정관이니 사업보다 직장 생활이나 공직이 잘 맞는다. 오(午)화에 따라 통신, 미디어, 문화 분야 및 서비스 업종, 유흥 업종과 인연이 있고, 양 운동을 하는 왕지의 글자이니 이동과 움직임이 많은 모습이다.

(7) 천간합극 및 형충회합파해 원진

- 천간합: 을경합-금(乙庚合金)-합하여 합화가 안 되는 경우가 대부분인데 지지에 금의 세력이 강하면(월지 포함-삼합, 방합의 경우) 합화가 되어 새로운 금이 나올 수 있다.
- 천간극: 천간의 경(庚)금을 극하는 것은 병(丙)화가 되는데, 극은 스트레스를 의미하며 큰 의미에서 자극이 된다. 스트레스가 온다는 것은 이제 자신이 성장해야 할 시간이 왔음을 알려준다. 운에서 병(丙)화가 들어오면 일간 경(庚)금을 극하게 되고 경(庚)금이 약해지게 된다.

- 지지합: 오미(午未)합(육합), 삼합-인오술[寅午戌, 용(用)-화(火)의 운동], 방합-사오미[巳午未, 체(體)-화(火)의 운동]
- 지지충: 자오(子午)충, 원진: 축오(丑午)원진(원진이 약하다), 자형: 오오(午午)형
- 지지파: 묘오(卯午)파 - 지지해: 축오(丑午)해

(8) 신축년(2021년) 포함 4년의 운세 팁(Tip)-사주의 핵심은 운을 보는 것이다

경오(庚午) 일주의 경(庚)금 일간은 신축(辛丑)년(2021년)에 축(丑)토에서 새 12운성으로 고지(庫地) 또는 묘지(墓地)가 된다. 고지(묘지)는 창고처럼, 묘지처럼 작은 공간에 있으라는 자연의 신호와 같다. 그러한 모습으로 있으면 무탈하다. 기존의 하던 일을 키우거나 늘리는 활동을 하며 자연의 흐름을 따르지 않는다면 자연은 강제로 창고나 묘지와 같은 공간으로 보내게 된다. 아프게 하여 병실로 보내거나 예외적으로 불법 행위가 있었다면 가게 되는 구치소나 감옥이 그러한 공간이 된다.

천간으로 들어오는 신(辛)금은 경(庚)금 일간에게 겁재가 된다. 비견이 100미터

달리기라면, 겁재는 격투기와 같다. 경쟁심과 투쟁심이 강해지고 과감해진다. 경쟁이 치열해지니 지출이 늘어나지만 잘 쓰면 나의 경쟁력을 강화시킬 수 있다. 지지로 들어오는 축(丑)토는 경(庚)금 일간에게 정인이 된다. 일지 오(午)화 정관과 축오(丑午)원진의 모습이 되는데 원진보다는 좋게 작용하는 경우가 많다. 그러려면 축(丑)토의 고지(묘지)의 모습으로 보내면 좋다.

경(庚)금 일간은 2022년에 절지, 2023년에 태지, 2024년에 양지의 모습으로 힘이 약한 시기이며 여름철 사오미의 생욕대의 시기를 준비하는 시기가 된다. 물론 세운의 상승과 하강은 대운이라는 기준 안에서 살펴야 한다. 절태양의 시기는 약한 시기이며 보이지 않는 시기이니 드러나는 것은 좋지 않다. 겁재인 신(辛)금이 록왕쇠로 강해지는 시기이므로 경쟁과 경합에서 불리하니 실력을 키우고 내실을 다지면서 보내면 좋겠다. 불리할 때는 수성을 하고, 유리할 때는 공성을 하는 병법과 명리는 큰 차이가 없다.

8) 새로운 신미(辛未) 일주 분석

(1) 자연물상/동물상

신미(辛未)는 동물상으로 보자면 신(辛)금은 흰색이고, 미(未)토는 양(羊)이니 흰 양의 모습이다.

순하고 겸손하지만, 뿔 달린 양이니 한 성질 한다. 부드럽고 남의 말도 잘 듣지만, 한 번 틀어지면 오래가며 뒤끝이 있다. 신미(辛未)는 물상으로 사막의 자갈밭에 있는 양의 모습인데 다혈질이라 수가 틀리면 뿔로 들이받는다. 또한, 저녁의 양이니 쓸쓸하고 고독하다. 사주 내의 수(水)가 중화되면 의식주 걱정이 없으나, 화(火)가 강하면 생계가 어려울 수 있다.

(2) 일간일지의 음양오행 및 관계

일간 신(辛)금은 경(庚)금의 투박함을 벗어나 한층 세련되고 정련된 느낌을 준다.

물상으로는 빛나는 보석, 날카로운 바늘, 예리한 칼에 비유된다. 늦가을의 서릿발이니 냉정하고 냉철하다. 촌철살인처럼 정곡을 찌른다. 신미(辛未)는 자갈밭에 있는 양이니 먹을 것이 풍성하지 않아 성정이 까칠해진다. 신(辛)금은 보석이니, 꾸미고 뽐내고 멋을 부리는 것을 좋아하며, 칭찬에 약하고, 남들의 시선을 즐기는 편이다. 일지 미(未)토는 천간의 기(己)토를 닮았다. 중심을 지키며 섣불리 나서지 않으며 남을 배려하는 마음이 강하고 화술이 뛰어나다. 그러나 미(未)토는 뜨거운 흙이니 신경질적이고, 다혈질에, 폭발적인 성향도 가지고 있어 기복이 심한편이다.

(3) 일간 기준 십신 관계

신(辛)금은 늦가을이고 미(未)토는 양이 끝나고 음이 시작하는 시점이라 신(辛)금이 보석이지만 그렇게 화려하지는 않다. 미(未)토 편인인데 인성의 기질이 약하게 나타난다. 지장간 말기의 기(己)토가 미(未)토 안에서 새 12운성으로 양지이기 때문이다. 편인은 나를 생하는 성분인데, 한쪽으로 치우쳐진 조화를 잃은 성분이다. 편인이니 기타의 학문이나 기술, 특수 분야에서 두각을 나타낸다.

일지 미(未)토는 맛(味)과도 통하는 바가 있어 요리에 재능이 있고 미식가의 기질이 있다. 미(未)토는 사오미(巳午未) 방합의 마지막으로 여름 시기의 양의 열기를 저장하여 차츰 음의 기운으로 전환하는 계절의 전환기의 역할을 한다. 마치 밥이나 국이 다 되었지만 잠시 뜸을 들이는 시기로 보면 좋다. 뜸을 들일 때는 가만히 내버려두는 것이 좋다. 일지는 배우자 궁이기도 하니 배우자도 미토를 닮아서 다혈질에 폭발하는 성정이 있다.

(4) 새 12운성과 새 12신살[체(體)와 용(用)]

신미(辛未)는 새 12운성으로 고지(庫地) 또는 묘지(墓地)에 해당한다. 신(辛)금이 자신의 역할을 마치고 입고되니 경(庚)금이 활약할 때 신(辛)금은 쉬어야 한다. 신(辛)금은 유(酉)월에서 태동하여 점차 세력을 키워나가다가 봄철 인묘진(寅卯辰)에 갑(甲)목과 파트너가 되어 갑(甲)목이 밖에서 외형을 키울 때, 안에서 내부에 금기를 불어넣으며 내부에서 확산을 한다. 여름 내내 성장하면서 높은 곳의 가지 끝까지 단단하게 만들고 담쟁이 넝쿨의 줄기를 질기게 만든다.

새 12신살로 미(未)토는 해묘미(亥卯未) 삼합을 기준으로 화개살에 해당하니, 고독해지기 쉽다. 학예, 수집, 저장하는 일에 일가견이 있고 종교와도 인연이 있다. 새 12운성 용(用)으로도 고지(묘지)가 되고, 새로운 12신살 체(體)로도 화개살이 되니 위의 성향이 같이 나타나게 된다.

미(未, 8)-신(辛, 8)= 0 이 되는데 여기에 12를 더하면 12가 된다.

11, 12가 짝을 이루는데 술해(戌亥)가 되니 신미(辛未) 일주의 공망은 술해(戌亥)가 된다.

(5) 새 지장간 분석-일간의 라이프 스타일 분석

미(未)토의 지장간은 정(丁)-편관, 을(乙)-편재, 기(己)-편인을 가지고 있는데 천간이 머무는 시간은 한 달을 기준으로 편관(9일), 편재(3일), 편인(18일)이 된다. 지장간에서 편재가 편관을 생해 주니 정(丁)화는 양지로 약하지만, 편재의 조력을 받는 모습이다.

편인이 18일로 가장 길지만, 토생금이 원활하지 못해 편인의 성향이 약하게 드러난다. 편인을 가지고 있어서 남녀 공히 이성에 대한 욕망이나 감각은 강한데 편인적인 머뭇거림과 표현력의 미숙으로 타이밍을 놓치는 경우가 많다. 편인의 환경에서 편재의 활동을 하니 배운 것을 잘 써먹는 사람이고, 편재성으로 화끈한 사람이다. 을(乙)목 편재는 비록 3일로 짧지만, 관대가 되니 임팩트가 있는 모습이다.

(6) 배우자, 재물 및 직업 분석

직업 및 사회적 활동은 월지를 보지만, 6대운 월지충 이후의 사회적인 활동은 일지를 본다.

남자는 지장간이 재관동림이다. 지장간에 재성(아내)과 관성(자식)이 함께 가니 결혼 전에 자식을 얻을 수 있다. 참고로 재관동림 일주는 정축(丁丑), 을축(乙丑), 을사(乙巳), 계사(癸巳), 신미(辛未), 계미(癸未), 갑술(甲戌), 임술(壬戌), 경인(庚寅), 기해(己亥), 무진(戊辰), 갑신(甲申), 병신(丙申) 등 13개의 일주가 해당한다. 원래는 11개인데 갑신(甲申), 병신(丙申)을 추가했다. 갑신(甲申)은 신(申)금 속에 무(戊)토 편재와 경(庚)금 편관이 상존하고, 병신(丙申)은 신(申)금 속에 임(壬)수 편관과 경(庚)금 편재가 이어져 있다.

위 13개 중에서 을축(乙丑), 정축(丁丑), 신미(辛未), 경인(庚寅), 병신(丙申)은 편재+편관의 구성으로 더 가능성이 높다.

옛날에는 재관동림이나 혼전 임신이 구설수에 오르곤 했으나 현대는 저출산 시대이고 태중의 아기는 귀한 혼수품으로 생각하니 문제될 바가 없다.

배우자 궁에 모친(편인)이 있으니 모친의 간섭으로 혼인이 무산되거나 연애가 실패로 돌아가는 경향이 있다. 결혼 생활이 평탄하지는 않다. 직업 쪽은 주로 월지를 살피나, 때론 일지의 경향을 따라갈 때가 있다. 요식업[맛 미(味)]의 영향], 특수 기술 계통(편인의 영향), 교육, 종교, 철학(화개살의 영향)과 인연이 있다.

(7) 천간합극 및 형충회합파해 원진

- 천간합: 병신합-수(丙辛合水)-합하여 합화가 안 되는 경우가 대부분인데 지지에 수의 세력이 강하면(월지 포함-삼합, 방합의 경우) 합화가 되어 새로운 수가 나올 수 있다.
  합화되어 새로 만드는 오행은 이전의 오행과 다른 업그레이드된 오행을 의미한다. 여러 가지 까다로운 조건이 맞아야 하니 쉽지는 않다.
- 천간극: 천간의 신(辛)금을 극하는 것은 정(丁)화가 된다. 극은 스트레스를 의미하며 큰 의미로 자극이 된다.

스트레스가 온다는 것은 이제 자신이 성장해야 할 시간이 왔음을 알려준다. 일간 신(辛)금 옆의 시간이나 월간에 정(丁)화가 있으면 극하게 되는데 십신으로는 편관의 모습이기 때문이다.

- 지지합: 오미(午未)합(육합), 삼합-해묘미[亥卯未, 용(用)-목(木)의 운동], 방합-사오미[巳午未, 체(體)-화(火)의 운동]
- 지지충: 축미(丑未)충, 원진: 자미(子未)원진(오리지널 원진), 삼형: 축술미(丑戌未)
- 지지파: 술미(戌未)파 - 지지해: 자미(子未)해

(8) 신축년(2021년) 포함 4년의 운세 팁(Tip)-사주의 핵심은 운을 보는 것이다

신미(辛未) 일주의 신(辛)금 일간은 신축(辛丑)년(2021년)에 축(丑)토에서 새 12운성으로 관대(冠帶)가 된다.

관대는 새로 입사한 신입사원, 공직에 진출한 신입 관료의 모습으로 열정과 패기가 넘치는 모습이다.

앞으로 나아갈 록왕쇠의 모습을 상상하면서 신입답게 좌충우돌하면서 빠르게 성장해 가는 모습이 된다.

천간으로 들어오는 신(辛)금은 일간 신(辛)금과 같은 비견이 된다. 비견이 들어오니 나를 도와줄 동료가 생긴 모습이라 일간의 힘이 강해진다. 관대지이면서 일간이 강해지니 좋기는 하지만 오버하기 쉽다.

지지에 들어오는 축(丑)토는 일지 미(未)토와 축미(丑未)충, 축미(丑未)형을 구성하니 십신으로는 편인끼리의 충과 형의 모습이라 문서나 서류로 인한 충돌과 갈등, 조정이 있을 수 있다. 축(丑)토, 미(未)토도 모두 편인이니 치우치기 쉽기 때문이다. 매매, 계약 등의 문서 작성 시에는 독단적으로 하지 말고 전문가의 조언과 자문을 구하는 것이 좋다. 시기를 보면 세운의 근묘화실에 따라서 가을쯤에 생겨날 수 있다.

신(辛)금 일간은 2022년에 건록, 2023년에 제왕, 2024년에 쇠지의 모습으로 맹활약을 하는 시기가 된다. 물론 세운의 상승과 하강은 대운이라는 기준 안에서 살펴야 한다. 음 운동을 하는 중에 음간이니 실내에서 보이지 않는 모습으로 상승 확산하는 운동을 한다. 가을과 겨울에 양간인 경(庚)금이 외형을 줄이고 응축시켜 놓은 금 기운을 신(辛)금이 다시 외형을 키우고 확산하는 운동을 한다.

신(辛)금은 음간인데 음간의 속성은 보이지 않는 것이다. 을(乙)목, 정(丁)화, 기(己)토, 계(癸)수도 마찬가지다. 목화 양 운동 속의 음간인 을(乙)목, 정(丁)화, 기(己)토는 하강 응축 운동을 실내에서 하고, 금수 음 운동 속의 음간인 신(辛)금, 계(癸)수는 상승 확산 운동을 실내에서 한다. 공기가 보이지 않듯이, 전기가 보이지 않듯이, 음간은 우리 눈에 보이지 않기 때문에 무시되거나 양간의 일부로 같이 취급되곤 했다. 집에서 일하는 주부들의 가사노동이 조금이나마 인정받는 것은 최근의 일이다. 하지만 여자분들은 알고 있다. 가사노동, 육아 등이 밖에서 하는 일 못지않게 많고 힘들다는 것을 말이다. 존재하지만 무시를 받는 음간의 역할과 흐름을 이해하는 것이 음양의 제대로 된 이해의 시작이다.

9) 새로운 임신(壬申) 일주 분석

(1) 자연물상/동물상

임신(壬申)은 물상으로 광천수다. 지하수가 바위틈에서 콸콸 솟아오르는 형상이다.

195

힘차고 씩씩하며 거침이 없다. 임(壬)수는 신(申)금에서 장생지가 된다. 일지에 장생지를 깔고 있는데 편인이다. 달려가는 말에 날개를 달아주는 형세이다. 또한, 임신(壬申)은 동물상으로 강가의 원숭인데, 강가의 원숭이는 다재다능하고 활발하며 총명하다.

(2) 일간일지의 음양오행 및 관계

일간 임(壬)수는 양(陽)의 수로, 금에서 응축시킨 기운을 더욱 응축하여 더 작고 단단하게 만들어 저장하는 것이 주된 기능이다. 수집하고 보관하는 사람이며, 돈이 한번 들어가면 나오지 않는 구두쇠의 성향을 보인다. 임(壬)수는 양간이고 겨울의 대장이니 밖에서 작게 응축하고 실속을 챙기는 활동을 하는 게 좋다.

임(壬)수는 큰물이니 조용히 흐른다. 침착하고, 과묵하며, 속이 깊다. 물은 흐르다가 막히면 기다리고 돌아가니 타인들과 좀처럼 시비를 일으키지 않는다. 환경적응력과 사교성이 좋다. 물은 높은 곳에서 낮은 곳으로 흘러가니 변화를 추구하고 흐르던 물이 합쳐서 내려가니 단결력이 좋다. 큰물이고 깊은 물이니 속내를 알수 없다. 사주의 구성이 잘되면 지혜롭고, 포용력이 좋으나, 구성이 좋지 않으면 비밀이 많고, 음흉한 구석이 있고, 차갑고 냉정한 모습을 보인다.

(3) 일간 기준 십신 관계

일지 신(申)금은 편인이다. 양의 금이니 천간의 경(庚)금과 비슷하다. 무쇠고, 바위며, 가을이고, 석양이다. 의리가 있고, 순박하며, 우직하다. 가을은 결실의 계절이니 현실적이고 실속파이다. 숙살지기가 있으니 구분하고 분할하며 경계를 나누는 성향을 가진다. 그러나 신(申)월은 진(辰)월처럼 변덕이 심한데 여름과 가을의 어중간한 계절이라 자기의 역할에 혼선을 느끼곤 한다. 일지가 편인이니 눈치, 의심, 고독, 외골수, 과묵, 재치, 순발력이 좋으나, 행동력은 이에 비해 다소 떨어진다.

임신(壬申)은 음 운동에 있는 양이라서 양간이지만, 음 운동의 성향으로 수동적이고 의지하는 것을 좋아하니 편인성이 강하게 나온다. 편인성으로 지혜와 학문에 대한 열정과 재주가 많고 철학과 종교에 심취하는 경향이 있다. 예술적인 조예도 있고 임기응변도 좋은 편이다. 지지의 신(申)금도 내려가며 응축하는데, 천간의 임(壬)수가 더 빠르게 내려가며 응축하려고 재촉하는 모습이니 천간지지가 같은 양간이라 밖에서 활동하고 응축도 함께하니 잘 맞는 파트너의 모습으로 일주가 시너지가 생긴다.

(4) 새 12운성과 새 12신살[체(體)와 용(用)]

임신(壬申)은 새 12운성으로 장생(長生)에 해당하는데 양간의 포태법이니 예전과 다르지 않다. 장생이니 성격이 순하고 진취성이 있고 추진력, 창의력, 민첩성이 있다. 사람들의 주목을 받으며 인기가 좋다.

장생지니 용모도 수려한 경우가 많다.

새 12신살로 신(申)금은 신자진(申子辰) 삼합 기준으로 지살이 되는데 생지의 글자이니 분주하고 움직임과 이동이 많다. 외국과 인연이 있는 일주이다. 양의 역마인 인(寅)목과 사(巳)화는 음의 역마인 신(申)금과 해(亥)수와 좀 차이점이 있는데, 인신사해의 시작하는 생지니 시작하는 기운이 강하고 움직임과 이동이 많은 것은 같은데, 양 운동 속의 인(寅)목과 사(巳)화는 실제적인 움직임을 말하며, 음 운동을 하는 신(申)금과 해(亥)수는 실제적인 움직임보다는 정신적인 움직임과 변동을 의미하는 경우가 많다. 증시를 보거나, 환율을 관리하는 사람의 머릿속은 하루에도 수십 번씩 움직이고 바뀔 것이다. 연구를 하는 학자나 역술가의 머리도 항상 분주하게 움직이는데 그런 상황으로 생각하면 이해가 쉬울 것이다. 일지 인성이고 장생이면서 학당귀인에 해당하니 학문을 좋아한다. 교육계와 인연이 깊다.

'신(申, 9)-임(壬, 9)=0'이 되는데 여기에 12를 더하면 12가 된다.

11, 12가 짝을 이루는데 술해(戌亥)가 되니 임신(壬申) 일주의 공망은 술해가 된다.

(5) 새 지장간 분석-일간의 라이프 스타일 분석

신(申)금의 지장간은 무(戊)-편관, 임(壬)-비견, 경(庚)-편인을 가지고 있는데 천간이 머문 시간은 한 달을 기준으로 편관(7일), 비견(7일), 편인(16일)이 된다. 용(用)의 영역(나무)에서 임(壬)수는 양간이지만, 체(體)의 영역(숲)에서 보면 임(壬)수는 음의 영역에서 음 운동을 하고 있다. 음적인 속성으로 관성과 인성과 비겁을 반긴다.

무(戊)토 편관은 신(申)금에서 병지가 된다. 쇠지를 지나 병지의 모습이니 강하다고 할 수는 없다. 경(庚)금 편인은 신(申)금에서 건록이 되니 말기이기도 하면서 강한 힘으로 지장간 중기의 임(壬)수 비견을 금생수해 주는 모습이다. 편인의 성향이 강하니 자기중심적으로 흐르기 쉽고 생존을 중시하는 비견이니 건강 등을 잘 챙기는 모습이다.

(6) 배우자, 재물 및 직업 분석

배우자 궁(일지)이 편인인데 좀 더 정확하게 알려면 사주 내 구성으로 편인의 역할이 좋은지, 아닌지를 살펴야 한다. 여기서는 단순히 일주 분석이니 여자의 경우 관성을 잘 받아들이는 구조라 배우자의 연이 좋은 편이고, 남자는 편인성으로 매사에 자기중심과 자기 보호본능이 있으니 배우자와 연이 좋은 편이 못 된다. 배우자의 자리에 모친(편인)이 있는 모습이니 고부갈등을 경험할 수 있다.

사회적인 활동, 직업 쪽은 월지를 중심으로 보는데 6대운 이후 월지충을 받은 후에는 일지를 쓰면서 살아갈 수 있고, 일부는 월지가 형충원진 등으로 약해져 있을 때 일지를 쓰면서 살아갈 수도 있다. 직업적으로는 편인성을 따라서 교육 계통, 특수 기술 계통이 좋고, 의학 계통, 무관(武官) 직업과도 인연이 있다. 일지의 편관의 영향력이 작동하기 때문이다.

(7) 천간합극 및 형충회합파해 원진

- 천간합: 정임합-목(丁壬合木)-합하여 합화가 안 되는 경우가 대부분인데 지지에 목의 세력이 강하면(월지 포함-삼합, 방합의 경우) 합화가 되어 새로운 목이 나올 수 있다.
- 천간극: 천간의 무(戊)토가 임(壬)수를 극한다. 천간의 극은 스트레스(Stress)를 의미한다.
  원국에 무(戊)토와 임(壬)수가 붙어 있으면 둘은 멀리 떨어져 있는 글자이고 양간의 글자이니 생각의 폭이 넓고 스케일이 크다는 것을 알 수 있다. 태백산맥과 동해 바다로 비유되기도 한다.

- 지지합: 사신(巳申)합(육합), 삼합-신자진[申子辰, 용(用)-수(水)의 운동], 방합-신유술
  [申酉戌, 체(體)-금(金)의 운동]
- 지지충: 인신(寅申)충, 원진: 묘신(卯申)원진(약한 원진), 삼형: 인신사(寅申巳)
- 지지파: 사신(巳申)파 - 지지해: 신해(申亥)해

(8) 신축년(2021년) 포함 4년의 운세 팁(Tip)-사주의 핵심은 운을 보는 것이다

임신(壬申) 일주의 임(壬)수 일간은 신축(辛丑)년(2021년)에 축(丑)토에서 새 12운성으로 쇠지(衰地)가 된다.

쇠지는 이제 막 정상에서 내려온 모습으로 여전히 힘이 있으며 노련미를 갖추고 있다.

상품의 경우라면 제왕의 시절에 매출은 높지만, 그에 따른 홍보 등 마케팅 비용으로 이익이 크지는 않다. 그러나 쇠지의 시절에는 매출은 낮아지지만, 마케팅 비용이 적게 드니 오히려 이익은 늘어난 모습이 된다.

천간으로 들어오는 신(辛)금은 임(壬)수 일간에게 정인이 된다. 편인이 불규칙하고 예상치 못한 것이라면, 정인은 규칙적이고 예상된 나의 권리, 명예, 명성, 승진, 합격을 의미하니 직장인이라면 승진이나 합격 등에 유리하다. 임(壬)수와 신(辛)금은 서로 좋은 모습이 된다. 지지로 들어오는 축(丑)토는 임(壬)수 일간에게 정관이 된다. 정관은 합리적이고 이성적으로 일간을 통제하고 보호하는 기능이 된다. 정인과 정관이 들어오는 해이니 취업, 입학, 승진, 시험 운에 유리하게 작용하게 된다. 겁재 계(癸)수가 양지로 약하니 더욱 그렇다.

임(壬)수 일간은 2022년에 병지, 2023년에 사지, 2024년에 고지(묘지)의 모습으로 점차 하강 운으로 가고 있다. 양간이 약해지니 이제 병사묘의 시기에 서서히 안으로 들어가야 하고 절태양의 시기에는 보이지 않는 모습으로 있어야 한다. 물론 세운의 상승과 하강은 대운이라는 기준 안에서 살펴야 한다. 겨울의 해자축(亥子丑)의 시기에 맹활약했던 임(壬)수가 일을 마무리하고 퇴근해야 하는 시기가 온 것이

다. 사람이 일만 하면서 살 수는 없다. 일과 휴식이 균형 잡힌 워라벨(Work+Life balance)이 중요한 이유이다.

10) 새로운 계유(癸酉) 일주 분석

(1) 자연물상/동물상

계유(癸酉) 일주는 술잔에 술이 가득 찬 모습이다. 닭이 물을 마시는 모습이기도 하고, 비를 맞는 까만 닭, 즉 오골계다. 술이나 약물, 신장 관련 질병과 관련이 있다. 또한, 우물가에 놓인 표주박의 형상이니 깨끗하고 깔끔한 성격이다. 표주박에 담긴 생명수이니 상큼하고 신선하다.

(2) 일간일지의 음양오행 및 관계

일간 계(癸)수는 약수터의 약수이며 생명을 탄생시키는 생명수다. 투명하고 명랑하며, 새 생명 탄생의 설렘이 있다. 유(酉)금은 약물이나 술을 의미하니 인생이 술이나 유흥과 깊은 관련이 있다. 또 주사(酒邪)나 여자로 인한 망신이 있을 수 있다. 계(癸)수는 흐르는 물이니 새로운 것을 추구하며 변덕도 있고 졸졸졸 흐르는 개울물처럼 수다스럽다. 유행을 좇거나 유행을 선도한다. 계(癸)수는 수생목을 잘하며 존재의 목적도 수생목에 있다. 식상의 작용이 좋아서 식상적 성향이 잘 드러난다.

계(癸)수는 여름에 병(丙)화와 파트너가 되어 맹활약한다. 병(丙)화는 양간이니 밖에서 외형을 키우고 확산할 때, 계(癸)수는 음간이니 안에서, 보이지 않는 곳에서 외형을 키우고 확산한다. 계(癸)수는 맑고 깨끗한 물이니 마음이 여리고 눈물이 많아 작은 충격에도 쉽게 상처를 받을 수 있다. 계(癸)수의 가장 중요한 역할은, 목을 생하는 것이고 음간이라 모성애적인 희생정신을 가지고 있으며, 자식에 목을 매는 경우가 많다.

정직, 솔직하여 거짓말을 못 하며, 비밀을 유지하지 못하는 경향이 있다. 계(癸)수는 작은 물이니 재치, 유머, 잔머리, 순발력이 좋은 편이며 변화에 민감하고 잘 적응한다. 계(癸)수도, 유(酉)금도 깨끗하고 깔끔한데 일지 유(酉)금의 영향으로 냉정하고, 쌀쌀맞고, 맺고 끊음이 확실한 구석이 있어서 이로 인해 타인과 사소한 일로 충돌할 수 있다.

(3) 일간 기준 십신 관계

일지 유(酉)금은 편인이다. 편인의 종류도 10가지가 된다. 그중에서 늦가을 서릿발 유(酉)금의 편인이 된다. 편인의 속성으로 학구적이고 예술적인 재능이 있다. 늦가을 유금의 편인이니 사람이 고독해지기 쉽고, 한곳에 집착하니 비현실적인 세계를 꿈꾼다. 종교와 철학과 인연이 있다. 한 잔의 술을 걸치면 시인이 되고, 철학가가 되고, 신선이 된다. 편인은 식신을 극하니 활동성이 떨어지고 행동이 굼뜨다. 왕지의 글자이니 자존심이 강한 편인의 모습이다.

계유(癸酉) 일주는 간지가 모두 음이라 음의 성향이 강하니 관성과 인성, 비겁을 반긴다. 음간의 속성은 수동적이라 관의 통제와 인성과 비겁의 조력을 반긴다는 뜻이다.

계유(癸酉) 일주는 일지 편인인 일주 중에서도 가장 편인성이 잘 발현되는데 유(酉)금이 왕지의 글자이기 때문이다. 총명하고 순하나, 자기중심적인 사고를 하며 때로는 편인의 성향으로 외골수적인 사고로 한쪽으로 빠져드니 집중력과 기억력, 몰입력이 좋은 편이다.

(4) 새 12운성과 새 12신살[체(體)와 용(用)]

계유(癸酉)는 새 12운성으로 사지(死地)에 해당한다. 사지에 있으니 물질 등의 세속적인 면에 욕망이 크지 않다. 인생과 철학, 종교 쪽에 관심이 많다. 사색하고 명상하면서 글 쓰는 일을 즐기고, 세상에 대한 투쟁보다는 순리에 복종하는 마음으로 살아간다. 정신적인 영역이 확대되는 시기이며, 대체로 인터넷 및 도서 관련 업무를 하거나, 시, 수필, 소설 등의 프리랜서 작가로 활동하는 경우가 많다.

새 12신살로 유(酉)금은 사유축(巳酉丑) 삼합 기준 장성살이 된다. 정신적인 영역 쪽에서 활동하면 이를 장성살처럼 강력하게 쓸 수 있다는 것을 의미한다. 일지 유(酉)금은 신살로는 도화에 해당한다. 남녀 공통으로 이성과 술로 인한 인연이 생긴다. 계유는 나체도화에 해당하는데, 갑자(甲子), 정묘(丁卯), 기묘(己卯), 경오(庚午), 계유(癸酉)에서 보다시피 일지가 모두 자오묘유(子午卯酉) 왕지의 글자로 되어 있다.

'유(酉, 10)-계(癸, 10)=0'이 되는데 여기에 12를 더하면 12가 된다.
11, 12가 짝을 이루는데 술해(戌亥)가 되니 계유(癸酉) 일주의 공망은 술해(戌亥)가 된다.

(5) 새 지장간 분석-일간의 라이프 스타일 분석

유(酉)금의 지장간은 경(庚)-정인, 신(辛)-편인, 신(辛)-편인을 가지고 있는데 천간이 머무는 시간은 한 달을 기준으로 정인(10일), 편인(10일), 편인(10일)이 된다. 일부 서적에서는 유(酉)금의 지장간을 경신(庚辛)으로만 표기하는데 이는 올바른 표현법이 아니다. 경신신(庚辛辛)으로 여기, 중기, 본기(말기)를 다 기재해야 지장간의 충과 형을 잘 이해할 수 있다. 정인과 편인이 섞여 있어 인성혼잡의 성향이 나오는데 계(癸)수는 음간이니 인성의 조력을 반긴다.

일지는 명주의 개인적인 공간이고 사생활의 영역을 보여 주는데, 편인의 환경에서 편인의 삶을 살아가고 있다. 늘 생각이 많고 고민한다. 머뭇거림으로 타이밍을 놓치는 경우가 종종 있다.

남다른 생각과 행동으로 주변 사람들을 놀라게 하기도 한다. 이는 십신의 모습이니 겉의 모습이다. 음양오행으로 보면 경신(庚辛)금의 금 기운이니 고민은 많지만, 한번 결정하면 가차 없다. 구분하고 분리하고 피아를 구별하는 것이 금 기운이니 이는 내면의 모습이 된다.

(6) 배우자, 재물 및 직업 분석

일지 편인이니 대체로 결혼 시기가 늦고 중매 결혼을 하는 경우가 많다. 강한 편인성으로 인해 자기표현과 활동력이 약하기 때문이다.

남자는 배우자 자리에 모친이 있으니 처덕이 있으나 고부간의 갈등이 있을 수 있고, 여자는 관성을 받아들이니 배우자 연은 좋으나 인성이 식상을 극하니 자식연은 불안한 모습이 된다.

사회적인 활동, 직업 쪽은 월지를 중심으로 보는데 6대운 이후 월지충을 받은 후에는 일지를 쓰면서 살아갈 수 있다. 직업적으로는 의약계, 유금의 특성상 무관 직업, 종교, 철학, 발효 식품 관련 직업, 유흥업과 인연이 있다. 특수 전문 기술 분야와도 인연이 있으며 사업보다는 직장 생활이 잘 맞는다.

(7) 천간합극 및 형충회합파해 원진

- 천간합: 무계합-화(戊癸合火)-합하여 합화가 안 되는 경우가 대부분인데 지지에 화의 세력이 강하면(월지 포함-삼합, 방합의 경우) 합화가 되어 새로운 화가 나올 수 있다.
- 천간극: 기(己)토가 계(癸)수를 극한다. 계(癸)수의 입장에서는 기(己)토가 편관이기 때문이다.
  양간은 양간끼리 극하고, 음간은 음간끼리 극한다. 서로 체급별로 나누어져 극을 하고, 극을 받으니 그런 면에서 자연은 공평한 모습이다.

- 지지합: 진유(辰酉)합(육합), 삼합-사유축[巳酉丑, 용(用)-금(金)의 운동], 방합-신유술[申酉戌, 체(體)-금(金)의 운동]
- 지지충: 묘유(卯酉)충, 원진: 인유(寅酉)원진(원진이 강하다), 자형: 유유(酉酉)형
- 지지파: 자유(子酉)파 - 지지해: 유술(酉戌)해

(8) 신축년(2021년) 포함 4년의 운세 팁(Tip)-사주의 핵심은 운을 보는 것이다

계유(癸酉) 일주의 계(癸)수 일간은 신축(辛丑)년(2021년)에 축(丑)토에서 새 12운성으로 양지(養地)가 된다.

양지는 이제 막 출산을 앞둔 아이의 모습이다. 자체적인 힘이 약하니 부모와 주변의 도움을 받으면서 앞날을 준비하고 계획하는 시기가 된다.

천간으로 들어오는 신(辛)금은 계(癸)수 일간에게 편인이 된다. 일간이 약하다면 도움을 받을 수 있다.

인성의 의미는 윗사람으로부터 내려받는 것을 의미하는데 힘이 약하면 정인이건, 편인이건 도움이 되기 때문이다. 반면에 일간이 강하다면 별 도움이 안 되고 방해가 될 수 있다. 아이가 이미 충분히 배가 부른데, 엄마가 손을 붙잡고 결혼식 뷔페에 데려가는 모습이 된다. 천간이 편인이고 지지의 축토가 편관이 되니 취업자나 이직자에게는 기회로 작용하고 기존 직장인이라면 윗사람의 도움이나 간섭, 직장 내의 일이 많아지고 스트레스가 가중되는 한 해가 될 것이다.

지지로 들어오는 축(丑)토는 계(癸)수 일간에게 편관이 된다. 일지 유(酉)금과 만나 유축(酉丑)합이 된다.

합의 부정의 의미는 묶여서 잘 못쓴다는 것이고, 긍정의 의미는 서로 협력하여 시너지가 생긴다는 것을 의미한다. 편인과 편관의 조합이니 살인상생의 모습이다. 발명한 제품(편인)을 개발, 제작하는 데 비용이 많이 들어 어려움이 있는데, 벤처 투자 회사(편관)가 지원해 주는 모습이다. 상용화에 실패하면 적지 않은 비용을 날리지만, 성공하면 대박이니 모험을 걸만 하겠다.

계(癸)수 일간은 2022년에 장생, 2023년에 목욕, 2024년은 관대의 모습으로 점차 상승 운으로 가고 있다. 물론 세운의 상승과 하강은 대운이라는 기준 안에서 살펴야 한다. 음 운동을 하는 중에 음간이니 상승 확산하는 운동을 한다. 음간이니 드러나지 않게 내부에서 활동하는 것이 좋고, 같은 음 운동 속의 음간인 신(辛)금 보다 더 확산, 더 상승하게 되는데, 같은 음 운동속의 음간이라고 해도 계(癸)수는 여름, 신(辛)금은 봄의 확산의 모습이기 때문이다.

11) 새로운 갑술(甲戌) 일주 분석

(1) 자연물상/동물상

갑술(甲戌) 일주는 산에 있는 개이니 들개이다. 주인의 보살핌이 없으니 야생의 척박한 환경과 살벌함에 노출된다. 또한, 거친 황무지에 있는 나무의 물상이니, 삶이 녹록지 않다. 가을에 거두어들인 결실을 모아놓은 창고를 지키는 개의 모습이니 충직하지만 다소 쓸쓸하다. 인생의 고단한 환경을 극복하며 살아가야 하니 고달프나 이를 극복하면 그에 따른 반대급부가 있을 것이다. 프로 기질이 있는 일주이다.

(2) 일간일지의 음양오행 및 관계

일간 갑(甲)목은 십천간의 시작으로 힘차게 위로 솟구치려 하는 기운이다. 시작하는 기운이고, 계획하는 마음이며, 앞서나가려는 의지이다. 실천력과 추진력이 강하고 리더의 기질이 있으며 자기 소신과 주장이 있다. 그러나 일지 술(戌)토는 늦가을에 영양분이 다 빠져나간 건조한 토이므로 갑(甲)목이 뿌리 내리기에 적당하지 않으니 삶의 환경이 척박하다. 갑(甲)술의 술(戌)토는 편재에 해당하는데, 이러한 상황으로 갑(甲)목이 편재를 취하기가 수월하지 않다. 술(戌)토는 늦가을의 끝이고 이내 겨울로 바뀌는 환절기의 시기이니 쓸쓸함이 있고 감성적이며 적막한 느낌이 감도는데 술(戌)토는 만물이 소멸하는 죽음의 계절이기 때문이다.

(3) 일간 기준 십신 관계

일지 술(戌)토는 편재로 볼 수 있다. 술(戌)토의 지장간 속에 지장간 말기인 무(戊)토는 갑(甲)목에게는 편재에 해당하는데 체(體)로서 30일 중에 18일을 차지하기 때문에 편재로 보는 것이지만, 그 안에 신(辛)금(정관) 9일과 중요한 지장간 중기 정(丁)화(상관)가 3일이나 있음을 항상 기억하여야 한다. 사회적인 활동을 보는 중기가 사주풀이에서 중요한 역할을 하기 때문이다. 편재 성향이 강하니 소유욕이 강하고 자유분방하다. 편재도 천간에 따라 10개나 되고 각각의 성향이 다르다. 음의 영역을 확대하는 술(戌)토이니 매우 현실적이고 실속을 챙긴다. 늦가을의 술(戌)토는 결실의 계절이니 더욱 그런 경향이 잘 나타난다.

일지 편재이면 돈이 가치 판단의 기준이 되는 경우가 많은데, 술토는 신금 정관이 9일간 자리 잡고 있어서 덜한 편이다. 보통 일지에 재성이 있으면 돈이 가치 판단의 기준이 된다고 많이 보는데, 지장간에 있는 다른 성분으로 인해 덜할 수도 있고 더할 수도 있음을 인식해야 한다.

편재성으로 인해 사람이 다소 거칠고 과격하다. 돈을 추구하지만 앞서 말한 것처럼 술(戌)토는 영양분이 빠져나간 땅이라 취하기가 용이하지 않다. 남자는 항상 돈과 여자를 추구하고, 여자는 연하 남자를 선호한다. 편재성으로 항상 삶이 분주하고 이동성도 많으므로 안정적인 삶을 살기가 쉽지 않아 기복을 경험하기도 한다.

(4) 새 12운성과 새 12신살[체(體)와 용(用)]

갑술(甲戌)은 새 12운성으로 양지(養地)에 해당하는데 양간이니 이전 포태법으로도 양지(養地)로 같다. 절지에서 떠돌던 영혼이 음과 양의 합으로 태지에서 잉태되어 양지에서 자라고 있다. 어머니의 배 속에서 무럭무럭 자라나고 있는 형상이다. 자신감은 넘치지만, 온실 속의 화초이니 세상 물정에 어둡기 쉽다. 어질고 밝고 재주는 많으나 도전하거나 투쟁적인 성향이 아니고 온순하니 아이를 지켜주는 엄마와 같이 좋은 멘토나 후견인이 필요하다.

새 12신살로 술(戌)토는 인오술(寅午戌) 삼합 기준으로 화개살이 된다. 화개살은 인생의 화려함을 덮는다는 것을 의미하는데, '화개살' 하면 '고.학.종.수'를 떠올리길 바란다. 고독, 학예(학문+예술), 종교, 수집의 첫 글자이다. 편재의 고지이니 뭔가를 모으고 수집하고 저장하는 것을 좋아한다. 식신의 고지가 되니 여자의 경우 자식 연이 불안할 수 있다.

'술(戌, 11)-갑(甲, 1)=10'이 되는데 양수이니 그대로 10이 된다.
9, 10이 짝을 이루는데 신유(申酉)가 되니 갑술(甲戌) 일주의 공망은 신유(申酉)가 된다.

(5) 새 지장간 분석-일간의 라이프 스타일 분석

술(戌)토의 지장간은 신(辛)-정관, 정(丁)-상관, 무(戊)-편재를 가지고 있는데 천간이 머무는 시간은 정관(9일), 상관(3일), 편재(18일)이 된다. 갑(甲)목은 양간이니 식재를 좋아하는데, 지장간에 상관이 정관을 극하는 바, 명예를 준수하고 법규를 지키려는 마음이 있으나 상관에 의해 깨지고 편재에 의해 그러한 마음이 묻히기 쉽다. 상관의 성향으로 내 멋대로 하고 기분이 나빠지면 한판 붙으려고 한다. 상관이 편재를 상관생재하니 다양한 수단과 방법을 강구하는 목표 중심적인 성향을 갖는다.

일지는 명주의 개인적인 공간이고 사생활의 영역을 보여 주는데, 편재의 환경에서 상관의 삶을 살아가고 있다. 늘 돈에 대한 생각으로 머릿속이 복잡하며 놀라운 아이디어와 재능으로 재성을 추구하고자 한다. 여기의 정관이 있어서 다소 브레이크 역할을 해 주고 있지만, 신(辛)금 정관은 술(戌)토에서 양지이니 다소 약한 모습이다. 3일이지만 정(丁)화 상관은 관대지이니 힘이 강하고, 무(戊)토 편재는 입고가 되는 모습이니 들어온 돈과 인맥을 놓치지 않으려는 성향을 가진다.

(6) 배우자, 재물 및 직업 분석

갑술(甲戌) 일주는 대체로 배우자 연이 좋은 편이 못 된다. 이는 술(戌)토가 건토라서 갑(甲)목이 뿌리를 내리기에 적합하지 않기 때문이다. 직업적으로 술토는 술해(戌亥)가 천문이라 정신세계와 깊은 관련이 있고, 화개살이니 학문과 예술과 관련이 있다. 종교, 고고학, 천문, 역학, 철학 등 활인업과 인연이 있는데, 영감과 촉이 잘 발달한 경우가 많다.

(7) 천간합극 및 형충회합파해 원진

- 천간합: 갑기합-토(甲己合土)-합하여 합화가 안 되는 경우가 대부분인데 지지에 토의 세력이 강하면(월지 포함-삼합, 방합의 경우) 합화가 되어 새로운 토가 나올 수 있다.
  합화는 쉽지 않으니 월지와 대운의 상황을 살펴야 한다.
- 천간극: 갑(甲)목을 극하는 것은 경(庚)금인데 편관이니 월간이나 시간에 경(庚)금이 있다면 기본적으로 스트레스가 상주하게 된다. 하지만 원국 안에 경(庚)금이 있으면 이미 내성이 생겨서 견딜 만하다. 그렇지만 새롭게 운으로 들어오면 그 강도가 심한 편이다. 천간이나 지지에 같은 목 기운의 비겁이 있으면 능히 극함을 감당할 수 있는데 극(剋), 스트레스는 이제 안주함을 벗어나 새롭게 발전해야 함을 의미한다.

- 지지합: 묘술(卯戌)합(육합) 삼합-인오술[寅午戌, 용(用)-화(火)의 운동], 방합-신유술[申酉戌, 체(體)-금(金)의 운동]
- 지지충: 진술(辰戌)충, 원진: 사술(巳戌)원진(약한 원진의 기운이다) 삼형: 축술미(丑戌未)
- 지지파: 술미(戌未)파 - 지지해: 유술(酉戌)해

(8) 신축년(2021년) 포함 4년의 운세 팁(Tip)-사주의 핵심은 운을 보는 것이다

갑술(甲戌) 일주의 갑(甲)목 일간은 신축(辛丑)년(2021년)에 축(丑)토에서 새 12운성으로 관대(冠帶)로 힘 있는 모습이다.

관대는 이제 막 사회에 진출한 신입사원의 모습과 비슷하다. 신입사원은 의욕과 패기는 넘치지만, 노련미가 떨어져 좌충우돌하기 쉽다. 차분히 생각하고 행동하는 편이 유리하다.

천간으로 들어오는 신(辛)금은 갑(甲)목 일간에게 정관이 된다. 운으로 정관이 들어오니 입학, 취업 등에 유리하고 식장인이라면 적절한 임부와 보직이 주어지는 모습도 된다. 지지로 들어오는 축(丑)토는 갑(甲)목 일간에게 정재가 된다. 일지의 술(戌)토 정재와 만나서 축술(丑戌)형을 구성한다. 형(刑)은 조정, 수정, 수리, 수선, 수술 등을 의미하고 일지에서 생긴 형이니 그러한 형의 작용이 있을 수 있다. 재성의 조정이니 기존에 하던 재테크를 좀 더 안전하고 보수 지향적으로 운영할 수 있겠다. 남자의 경우는 일지가 배우자의 자리이니 배우자가 아플 수도 있는 모습이 된다. 체(體)와 용(用)을 구분하여 살펴야 한다는 의미이다.

갑(甲)목 일간은 2022년에 건록, 2023년에 제왕, 2024년에 쇠지의 모습으로 맹활약을 하는 시기가 된다. 물론 세운의 상승과 하강은 대운이라는 기준 안에서 살펴야 한다.

갑(甲)목이 맹활약하는 인묘진(寅卯辰) 봄이 찾아온 것이다. 양간의 갑(甲)목은 상승 확산하면서 밖에서 키우고 갑(甲)목의 파트너인 신(辛)금은 내부의 보이지 않는 안에서 금기를 불어넣어 목의 성장을 돕게 된다.

어린이가 청소년, 청년으로 성장하면 키만 자라는 것이 아니라 안의 뼈도 단단해지는 것으로 이해하면 쉽다.

12) 새로운 을해(乙亥) 일주 분석

7. 육십갑자(六十甲子) 일주 분석- 새로운 육십갑자 일주론을 시작하며

(1) 자연물상/동물상

을해(乙亥) 일주는 동물상으로는 초원을 질주하는 돼지다. 강가에 핀 꽃이며 강이나 바다 위에 유영하는 수생식물이다. 비록 뿌리를 내리고 있지만, 해류의 움직임을 따라서 수시로 흔들리고 유영한다. 좀 더 태양을 가까이 바라보기 위해 위로 솟구쳐 있다. 이리저리 떠돌며 살아가니 역마와 관련된 직장이나 직업을 가지는 경우가 많다. 강가에 핀 꽃이니 고독, 사색, 종교, 철학과 관련이 있다. 여자의 경우 늘씬한 체형이 많으며 겉으로는 밝으나 내면으로는 수심이 있다.

(2) 일간일지의 음양오행 및 관계

일간 을(乙)목은 음간이니 양간인 갑(甲)목이 밖에서 외형을 키우고 확산하면 을(乙)목은 안에서 줄이고 응축하는 활동을 한다. 현실적이고 실제적이며 실속을 중요하게 생각한다.

을(乙)목은 잡초이니 생활력이 강하고 생존력이 강하다. 넝쿨 식물이니 장애물을 만나면 돌아가기도 하고, 타고 넘어가기도 하는데 이를 '등라계갑(藤蘿繫甲)'이라고 한다. 친화력이 좋고 대인관계도 원만한 편이다. 변덕스러운 구석도 있고 때론 실리에 따라서 배신을 하기도 한다. 일지 해(亥)수는 큰물이니 유연하고 순발력이 좋다. 해(亥)수는 지혜를 뜻하니 순발력과 맞물려서 아이디어나 직관력을 발휘하여 난관을 헤쳐나간다. 일간 을(乙)목은 차가운 해(亥)수를 반기지 않으니 배우자와의 연은 남녀 공히 좋다고 보기는 어려운데 천간에 화 기운이 있으면 괜찮다.

(3) 일간 기준 십신 관계

일지 해(亥)수는 정인으로 볼 수 있다. 정인을 쓰니 학문과 인연이 있는데 총명하고 다정다감하며 어질다. 사물에 대한 이해와 수용 능력이 빨라서 잘 받아들이고 매사에 신중한 모습으로 편인과 다르게 정인은 사회 수용적인 가치관, 보편적이고 일반적인 학문을 받아들이려고 한다. 그것이 생존을 위해 유리하기 때문이다. 일지 인성이니 문서나 권리, 부동산 등 유산 상속과 인연이 깊어서 부모나 조상으로부터 물려받는 경우가 많다. 자기중심적이긴 하지만 남의 이목을 생각하여 적당히 한다. 적당히 자기 몫을 챙기며 체면치레를 하니 안 좋은 소리는 듣지 않는다. 남녀 공통으로 일지가 인성이면 늦은 나이에도 본인이 좋아하는 공부를 하는 경우가 많다.

해수는 술해(戌亥) 천문이고 역마이다. 흔히 인신사해(寅申巳亥)를 지살이나 역마로 보면 다 이동수가 많은 편인데, 실제적인 이동이 아니라 정신적인 이동일 수 있다. 음 운동 속에서의 이동이기 때문이다. 세계적인 투자전문가의 머릿속은 항상 분주하고, 계획적이고, 시시각각 변한다. 많은 명리학 이론들이 양(陽) 중심으로 된 것이 많아서 실제 음(陰)의 역할도 양의 역할과 같이 도매금으로 묻어가는 경우가 많은데, 이는 음양의 기본적인 이해가 부족한 탓이다.

(4) 새 12운성과 새 12신살[체(體)와 용(用)]

을해(乙亥)는 새 12운성으로 병지(病地)에 해당한다. 내가 아파서 누워 보니 타인의 아픔을 이해할 수 있다. 사람들과 소통을 잘하고 역지사지를 잘하는데 자신의 처지에 비추어 남의 입장을 잘 헤아린다. 인정이 많고 감상적인 면도 많으며 외로움을 타기 쉽다. 해(亥)수는 수 기운이라 작은 물도 섞여서 큰물이 되고, 큰물도 상황에 따라 나뉘어져 작은 물이 되니 변화에 대한 대처 능력이 좋다. 다양한 고객을 상대하는 전문 소매업이나 서비스업, 상담 관련 업종에 잘 맞는다.

새 12신살로 해(亥)수는 해묘미(亥卯未) 삼합 기준으로 첫 번째 글자이니 지살이 된다.

지살이니 새로운 시작, 출발, 계획을 의미하고 자의적인 이동과 시작을 의미하는데 해(亥)수는 겨울을 시작하는 생지의 글자이니 이러한 시작과 분주함이 있는 모습이다.

'해(亥, 12)-을(乙, 2)=10'이 되는데 양의 수이니 그대로 10이 된다.

9, 10이 짝을 이루는데 신유(申酉)가 되니 을해(乙亥) 일주의 공망은 신유(申酉)가 된다.

(5) 새 지장간 분석-일간의 라이프 스타일 분석

해(亥)수의 지장간은 무(戊)-정재, 갑(甲)-겁재, 임(壬)-정인을 가지고 있는데 생지이니 천간이 머무는 시간은 정재(7일), 겁재(7일), 정인(16일)이 된다. 일간 을(乙)목은 음간이라 관인비를 반기는데, 임(壬)수 정인이 갑(甲)목을 생하니 수생목하여 겁재적인 성향이 특히 강하게 나온다. 욕심이 많다. 을(乙)목은 음간이지만 목(木)이니 역시 토(土) 재성을 추구한다. 정재적인 성향도 나온다. 돈에 집착하고 알뜰하며 허투루 낭비하지 않는다.

일지는 명주의 개인적인 공간이고 사생활의 영역을 보여 주는데, 정인의 환경에서 겁재의 삶을 살아가고 있다. 정인의 환경이니 기본적으로 정도를 지키면서 물려받은 유산과 문서를 지키지만, 때로는 중기의 겁재로 인해 종종 손재수를 겪는 경우도 발생한다. 지나친 욕심(겁재)으로 인하여 정재에 손실을 경험할 수 있는 환경이기 때문이다.

(6) 배우자, 재물 및 직업 분석

을해(乙亥) 일주는 배우자 연이 썩 좋은 편이라고 하기는 어렵다. 을(乙)목의 입장에서 해(亥)수는 큰물이고 겨울의 차가운 물이니 별로 반갑지 않으므로 배우자가 부담스럽다. 여자는 일지에 인성을 두면 연상의 남자를 만나는 경우가 많고, 일지에 편재를 두면 연하의 남자를 만나는 경우가 많다.

대체로 일지 인성이니 표현력과 행동력이 약해 이성에 대한 적극적인 표현이나 타이밍을 놓치는 경우가 많아서 혼인이 늦어지는 경우가 많은데 연애보다는 중매 결혼이 좀 더 좋은 결과를 내는 경우가 많다. 지장간에 정재가 있으니 알뜰하고 근검절약하나 때때로 돈에 대한 욕심으로 인해 손재수를 경험하기도 한다. 직업적으로는 해(亥)수 인성이니 문서 관련 직업, 외교관이나 해외 무역업을 담당할 수 있고, 해(亥)수가 천문이니 인문학, 명리학, 철학, 종교, 상담업 등의 직업과 인연이 있다.

(7) 천간합극 및 형충회합파해 원진

- 천간합: 을경합-금(乙庚合金)-합하여 합화가 안 되는 경우가 대부분인데 지지에 금의 세력이 강하면(월지 포함-삼합, 방합의 경우) 합화가 되어 새로운 금이 나올 수 있다.
- 천간극: 천간은 신(辛)금이 을(乙)목을 극하는데, 을(乙)목을 기준으로 보면 신

(辛)금이 편관이니 운으로 신(辛)금이 들어오면 극함이 심하고 강도가 강하다. 천간의 극은 스트레스(Stress)를 의미한다. 스트레스가 가중되면 건강에 문제가 생기니 이를 적절한 방법으로 해결해야 한다. 스트레스를 소극적으로 회피하거나 적극적으로 맞서서 변화와 활로를 모색하는 방법이 있는데 후자를 선택하는 사람들이 앞서 나갈 수 있다.

- 지지합: 인해(寅亥)합(육합), 삼합-해묘미[亥卯未, 용(用)-목(木)의 운동], 방합-해자축[亥子丑, 체(體)-수(水)의 운동]
- 지지충: 사해(巳亥)충, 원진: 진해(辰亥)원진(원진이 강하다), 자형: 해해(亥亥)형
- 지지파: 인해(寅亥)파 - 지지해: 신해(申亥)해

(8) 신축년(2021년) 포함 4년의 운세 팁(Tip)-사주의 핵심은 운을 보는 것이다

을해(乙亥) 일주의 을(乙)목 일간은 신축(辛丑)년(2021년)에 축(丑)토에서 새 12운성으로 고지(庫地) 또는 묘지(墓地)가 된다. 고지(묘지)는 묘지처럼 작은 공간에서 있으며 재충전을 하라는 의미가 되는데 새로운 일을 벌이지 말고 수성의 모습으로 전문 기술을 연마하거나 공부, 자격증, 내부 업무 등을 하면서 보내면 좋다.

천간으로 들어오는 신(辛)금은 을(乙)목 일간에게 편관이 된다. 편관운이 들어오니 정신적인 스트레스가 있는 모습이고 업무 등이 과중되는 모습이다. 지지로 들어오는 축(丑)토는 을(乙)목 일간에게 편재가 된다. 편관과 편재가 들어온 해이니 상당히 바빠지고 욕심도 커지게 된다. 심하면 건강을 해칠 수 있다(재생살). 코로나로 운동 시설을 이용하기 힘드니 고지의 모습처럼 홈트레이닝 등으로 꾸준한 운동을 하면서 건강을 관리하는 것이 좋겠다. 높은 금리의 과도한 대출 등을 피하는 게 좋은데 이로 인한 고충이 있을 수 있다. 재생살의 모습 중 하나이다.

을(乙)목 일간은 2022년은 절지, 2023년은 태지, 2024년은 양지의 모습으로 가장 약해지는 시기가 된다. 물론 세운의 상승과 하강은 대운이라는 기준 안에서 살펴야 한다.

절태양은 보이지 않음을 의미한다. 차분히 내실을 다지고 실력을 키우며 준비하

며 보내는 것이 좋은데, 지방 발령, 해외 근무, 해외 연수를 가거나 여행, 휴식, 공부 등을 하면서 보내면 좋다.

13) 새로운 병자(丙子) 일주 분석

(1) 자연물상/동물상

병자(丙子) 일주는 호수에 태양이 뜬 모습이다. 어두운 동굴 옆에 햇빛이 내리쬐는 모습이기도 하다. 햇빛 아래에 놓인 씨앗이고, 대낮의 쥐요, 물 위의 불이다. 불은 위로 올라가고 물은 아래로 흐르니 수화미제(水火未濟)로 음양이 만나지 못한다. 화창하고 명랑하나 동굴 옆에 비추는 햇빛이니 겉은 밝으나 속으로는 근심이 있다. 마음은 여름인데 현실은 한겨울로 괴리가 있는 모습인데, 삶 또한 그러하다. 부부 생활이 험난함을 암시하고 있다.

(2) 일간일지의 음양오행 및 관계

일간 병(丙)화는 태양이니 이상이요, 자존심이다. 무한히 발산하고 확산하지만 부피는 커지고 밀도가 줄어드니 실속도 지속성도 없다. 태양은 정열적으로 타오르나 오래가지는 못한다.

자존심이 강하나 체념도, 포기도 잘한다. 병(丙)화는 흔히 양 중의 양이라고 할 정도로 양의 성향이 강하다. 정열적이고, 확산, 발산, 펼쳐짐을 추구한다. 일을 벌이고, 펼치는 것을 좋아하고, 많은 사람과 관계를 확산하고자 한다. 병(丙)화는 자신이 하늘의 태양이라고 생각하니 권위적이다. 그러나 예의는 바르다.

드러내고 자랑하기를 좋아하니 언변이 뛰어나고 화려하며, 남들의 주목을 받는 것을 좋아하니 소위 명품족이 많다. 형편이 안 되어도 남들의 시선을 의식한다. 태양이니 만물을 비추고 있어서 비밀 유지가 어려운 편인데, 일지 자수가 정관이라서 나름대로는 절제하고 자제하는 모습이다.

(3) 일간 기준 십신 관계

일지 자(子)수는 정관으로 볼 수 있다. 일지 정관이니 성품이 고결하고 행동이 단정하여 타의 모범이 된다. 정관이니 맑고 인정이 많고 고상하다. 도리와 의리를 잘 지키며, 원칙을 지키고 행동에 절제가 있다. 자존심과 체면을 세우려 하고 명예를 추구하니 남들의 눈에 어긋나는 일을 하지 않으려는 마음이 강하다. 하지만 자(子)수는 겨울의 왕지 글자라 응축하는 성향으로 많은 사람과의 교류를 좋아하지 않는다. 병화는 많은 교류를 즐기니 마음 따로, 현실 따로의 모습이 된다.

"어, 오랜만에 동창회나 나가 볼까?" 하다가도 "아, 귀찮다. 언제 씻고 화장하고 준비하나. 마땅한 옷도 없고, 다음에 가야지…" 하는 경우이다.

일지 자(子)수는 정관 도화이니 외모가 수려하다. 자수는 밤이고 도화적인 성향으로 유흥과 가무를 즐기는 경향이 있다. 자(子)수는 생명의 씨앗이고 생식기관이자 밤의 도화이니 성적 욕망이 강한 편이다.

(4) 새 12운성과 새 12신살[체(體)와 용(用)]

병자(丙子)는 새 12운성으로 태지(胎地)에 해당한다. 태지는 어머니의 배 속에서 막 수정된 상태를 의미하는데 완벽한 보호 속에서 양육되고 자라나니 편안하다. 그러나 병(丙)화는 외형을 키우고 확산하는 성향을 가지니 현실에서는 답답함을 느끼게 된다. 조직에 순종하고 세상 물정에 어두워 귀가 얇고 잘 속는 편이다. 승부욕이나 도전정신이 약하다. 배 속의 아이는 자기 생명의 보호가 최우선이므로 때로는 이기적인 면도 가지고 있다. 그러나 장차 태어날 날을 대비하고 있으니 준비하고 계획을 세우는 일을 잘한다.

새 12신살로 자(子)수는 신자진(申子辰) 삼합 기준으로는 장성살이 된다. 12운성의 제왕과 비슷한 모습을 의미하는데 장성살의 모습이니 자존심이 강하다. 12운성이 용(用)의 모습이라면 12신살은 체(體)가 된다. 태지의 모습으로 준비하고, 계획하는 전략을 짜는데, 그 본질이 장성살이니 그 분야의 전문가가 될 수 있다.

'자(子, 1)-병(丙, 3)=-2'가 되는데 음의 수이니 12를 더하면 10이 된다.
9, 10이 짝을 이루는데 신유(申酉)가 되니 병자(丙子) 일주의 공망은 신유(申酉)가 된다.

(5) 새 지장간 분석-일간의 라이프 스타일 분석
자(子)수의 지장간은 임(壬)-편관, 계(癸)-정관, 계(癸)-정관을 가지고 있는데 천간이 머문 기간은 한 달을 기준으로 편관(10일), 정관(10일), 정관(10일)이 된다. 지장간이 편관, 정관으로 관살혼잡의 모습이 된다. 병(丙)화는 양 중의 양이라 양적인 성향이 강해 식재를 추구하는데, 보통 양간은 식재(食財)를 추구하고, 음간은 관인비(官印比)를 추구하는 성향을 가진다. 그러한 이유로 병화는 지장간의 관살을 반기지 않아서 관살의 성향이 강하게 나오지는 않지만 관살혼잡의 어려움을 가지고 있다. 여자의 경우는 일부종사를 하기가 쉽지 않다.

(6) 배우자, 재물 및 직업 분석
병자(丙子) 일주는 배우자 연이 좋은 편이라고 하기는 어렵다. 병(丙)화는 위로 솟구치고, 자(子)수는 아래로 흐르기 때문에 수화미제가 되어 음양이 서로 만나지 못하기 때문이다. 소위 개인플레이를 하는 모습이고 부부의 관계가 유정하다고 말하기가 어려운데 특히, 여자는 지장간 내에 관살혼잡의 성향이 있으니 부부 생활이 평탄치 못하다. 자수의 지장간 속에 계(癸)수 정관이 체로 오랜 시간을 차지하지만 임(壬)수가 편관으로 제왕지가 되니 그 세력도 막강하기 때문이다.

직업적으로는 일지 정관이니 공직이나 대기업이 잘 맞는다. 태지이니 기획실, 전략 본부 등에 잘 맞는다. 또 병(丙)화는 불이니 전기, 전자 등과 관련이 있고 언변이 뛰어나다. 자(子)수는 가장 압축된 씨앗이고 생명이니 교육이나 생명공학과도

명리 혁명(The Revolution) 심화 편

인연이 있어 보인다. 직업 등은 월지의 기운을 쓰는 것이 가장 힘 있고 잘 쓸 수 있지만, 여의치 않을 때는 일지를 쓸 수도 있다.

(7) 천간합극 및 형충회합파해 원진

- 천간합: 병신합-수(丙辛合水)-합하여 합화가 안 되는 경우가 대부분인데 지지에 수의 세력이 강하면(월지 포함-삼합, 방합의 경우) 합화가 되어 새로운 수가 나올 수 있다.
- 천간극: 천간은 병(丙)화를 임(壬)수가 극하는데, 병(丙)화의 기준으로 보면 임(壬)수가 편관이니 운으로 임(壬)수가 들어오면 극함이 심하고 강도가 강하다. 둘 다 여름과 겨울의 대장 글자이니 스케일이 큰 편이다. 천간은 드러난 마음, 생각이니 생각의 폭이 넓다는 것을 알 수 있다. 동해 바다에 태양이 뜬 모습에 비유하기도 한다.

- 지지합: 자축(子丑)합(육합), 삼합-신자진[申子辰, 용(用)-수(水)의 운동], 방합-해자축[亥子丑, 체(體)-수(水)의 운동]
- 지지충: 자오(子午)충, 원진: 자미(子未)원진(오리지널 원진), 상형: 자묘(子卯)형
- 지지파: 자유(子酉)파 - 지지해: 자미(子未)해

(8) 신축년(2021년) 포함 4년의 운세 팁(Tip)-사주의 핵심은 운을 보는 것이다

병자(丙子) 일주의 병(丙)화 일간은 신축(辛丑)년(2021년)에 축(丑)토에서 새 12운성으로 양지(養地)의 모습이 된다.

절지의 막막함과 태지의 불안한 시기를 지나 양지는 이제 막 출산을 앞둔 아이의 모습이니 힘은 약하지만, 미래에 대한 희망과 부푼 꿈을 키우고 있다. 독립적인 활동은 어렵고 배우고 익히면서 생욕대의 시기를 기다려야 한다.

천간으로 들어오는 신(辛)금은 병(丙)화 일간에게 정재가 된다. 천간에 신(辛)금이 들어오면 반대편의 병(丙)화가 약해진다. 병신(丙辛)합의 모습이니 꾸준하게 키워온 결실과 결과물을 얻을 수 있다.

지지로 들어오는 축(丑)토는 병(丙)화 일간에게 상관인데 일지의 자(子)수와 자축

(子丑)합을 하니 상관견관의 모습도 있지만 내 능력과 표현력을 조직에서 잘 쓰는 모습이다.

병(丙)화 일간은 2022년에 장생, 2023년에 목욕, 2024년에 관대의 모습으로 점차 상승 운으로 가고 있다. 물론 세운의 상승과 하강은 대운이라는 기준 안에서 살펴야 한다.

인묘진(寅卯辰)은 봄의 모습으로 상승과 확산의 시기이다. 양간인 병(丙)화에게 워밍업을 하고 장차 다가올 사오미(巳午未) 록왕쇠의 시기를 준비하는 시기인데, 자칫하면 계절을 오버하여 앞서가기 쉽다.

14) 새로운 정축(丁丑) 일주 분석

(1) 자연물상/동물상

정축(丁丑) 일주는 한밤중의 달빛이고 한낮의 소의 모습이다. 무쇠를 제련하는 용광로의 형상이기도 하다. 항상 헌신하고 부지런히 일한다. 놀고먹을 팔자가 아니다. 한밤중의 달빛은 어두운 밤길을 가는 이들에게 한 줄기 빛이 되니 우러름을 받는 존재이고 소중하다. 또한, 한편으로는 촛불처럼 자신을 태워서 세상을 밝히는데 촛불도, 소도 헌신하고 희생한다.

(2) 일간일지의 음양오행 및 관계

일간 정(丁)화는 달빛이고 촛불이니 종교, 철학, 무속과 관련이 있다. 정(丁)화는 음의 화이고 축(丑)토도 음의 토이다. 간지가 모두 음이니 사람이 소극적이고 부드럽다. 그러나 정(丁)화는 화약처럼 폭발하기도 하고 속전속결로 하는 성정도 있지만, 웬만해서는 드러나지 않는다. 음간이 강하게 압박을 받아서 임계치가 넘어갈 때는 그간 쌓여왔던 것들이 폭발하게 되니 그 폭발력이 양간의 폭발력을 능가할 때가 있다. 그래서 화를 잘 안 내는 사람이 한번 폭발하면 무서운 법이다.

정(丁)화는 병화에서 확산한 화의 기운을 한 번 더 발산하는 작용을 하니 화려한 것을 더욱더 화려하게 만든다. 병(丙)화가 언변이 좋다고 설명했지만 정(丁)화의 언변은 더 뛰어나다. 흔히 설단생금이라고 하며 입으로 먹고사는 직업이 많은 이유이다. 섬세하고 따뜻하며 정교하고 침착하고 합리적이며 논리적이다. 양간 병화의 투박함이 음간 정화를 거치면서 더욱 세련되어지는데, 이는 다른 음간인 을(乙)목, 기(己)토, 신(辛)금, 계(癸)수도 마찬가지다.

(3) 일간 기준 십신 관계

일지 축(丑)토는 식신으로 볼 수 있다. 축(丑)토는 겨울의 땅이니 동토(凍土)의 모습이다. 영양분이 다 떨어진 술(戌)토를 지나서 떨어진 낙엽과 과실과 기타 요소들이 땅에 묻히면서 이리저리 섞여서 거름이 되고 양분이 되어 기름진 땅으로 바뀌었다. 단지 얼어붙은 땅이라 봄이 오기까지는 쓸모가 없을 뿐이다.

축(丑)토는 얼어붙은 땅이라 화생토로 화의 기운을 잘 흡수하고 설기한다. 겨울의 수 기운을 거두어들이고 봄을 여니 탄생의 땅이며 생명을 숙성시키는 땅이니 간지가 모두 희생, 봉사와 관련이 있어 희생하고 헌신하는 성정이 강하다. 일지 식신은 문창성이니 말도 잘하고 글도 잘 쓴다.

(4) 새 12운성과 새 12신살[체(體)와 용(用)]

정축(丁丑)은 새 12운성으로 쇠지(衰地)에 해당한다. 정상에서 막 내려온 쇠지는 건록, 제왕을 지나서 여전히 힘이 있고, 경제적 여유를 가진다. 노련하고 처신을 잘한다.

7. 육십갑자(六十甲子) 일주 분석- 새로운 육십갑자 일주론을 시작하며

새 12신살로 축(丑)토는 사유축(巳酉丑) 삼합 기준으로 화개살이 된다. 화려함을 덮고 금 운동을 마무리하는 축(丑)토이니 종교, 철학, 학문, 사색 등의 형이상학적인 주제에 관심을 가지게 된다. 12신살과 12운성은 체와 용의 모습이니 종교, 학예, 철학 등의 분야에서 쇠지처럼 노련하게 쓸 수 있다. 정축(丁丑)은 신살로 백호살에 해당한다. 백호살이 있다는 것은 마치 고속도로를 출발하려는 차에게 운전을 조심하라는 이야기와 같다. 고속 주행을 하려는 탓에 차에 압력이 강하게 주어지니 차에 여러 가지 무리가 올 수 있기 때문이다. 출발 전에 차를 점검하듯이, 백호살이 있는 분들은 이렇게 강한 압력을 받을 수 있으니 감정의 컨트롤에 신경을 써야 한다.

'축(丑, 2)-정(丁, 4)=-2'가 되는데 여기에 12를 더하면 10이 된다.

9, 10이 짝을 이루는데 신유(申酉)가 되니 정축(丁丑) 일주의 공망은 신유(申酉)가 된다.

(5) 새 지장간 분석-일간의 라이프 스타일 분석

일지 축(丑)토의 지장간은 계(癸)-편관, 신(辛)-편재, 기(己)-식신을 가지고 있는데 천간이 머문 시간은 한 달을 기준으로 편관(9일), 편재(3일), 식신(18일)이 된다. 편관과 편재의 중첩기에는 재생살 현상이 생기기도 하고, 이후에는 식신생재의 현상도 나오는데 중기의 기간이 짧아서 그리 강하지 않다. 정화는 용(用)에서는 음간이지만 체(體)로 보면 양의 영역에 있으니 식재를 추구하는 경향도 있어서 편관, 편재, 식신의 성향이 두루 나타난다.

일지는 명주의 사생활과 라이프 스타일을 보여 주는데, 식신의 환경에서 편재의 활동을 하고 있다. 통변하면 오랜 시간 다듬어진 전문성을 인정받아서 편재를 취하니, 취미활동으로 즐겨 하던 것에 전문성이 생겨서 이것이 간간이 수입으로 이어지는 것을 의미한다.

(6) 배우자, 재물 및 직업 분석

정축(丁丑) 일주는 배우자가 일지 식신이니 여자는 관성에 대항하여 남편 연이 불리하나 간지가 음간으로 구성되어서 그렇게 나쁜 편은 아니다. 남자의 경우에는 일지 식신이라 괜찮은 편이다. 식신이 재성(아내)을 생하기 때문이다. 일지 쇠지이고 시장간 내에서 식신생재를 하고 있으니 기본적인 재물운은 따른다고 본다. 직업적으로는 식신이니 직장보다는 자기 재주를 쓰는 분야, 또는 전문직이 잘 맞는다. 식신은 한 가지를 파고드는 전문성이 있고, 일지는 12운성으로 쇠지이니 노련하다. 전문 기술 분야나 예능 분야, 학문, 교육, 요식업[축토의 신(辛)금의 영향] 등과 인연이 있다. 축(丑)토는 경(庚)금의 고지(묘지)에 해당하므로 은행이나, 금융업, 숙박업, 전당포와 인연이 있다.

(7) 천간합극 및 형충회합파해 원진

- 천간합: 정임합-목(丁壬合木)-합하여 합화가 안 되는 경우가 대부분인데 지지에 목의 세력이 강하면(월지 포함-삼합, 방합의 경우) 합화가 되어 새로운 목이 나올 수 있다.
- 천간극: 천간의 계(癸)수가 정(丁)화를 극한다. 정(丁)화에게 계(癸)수가 편관이 되기 때문이다. 천간은 합과 극의 상생, 상극관계를 통해서 순환되는 구조이다.

- 지지합: 자축(子丑)합(육합), 삼합-사유축[巳酉丑, 용(用)-금(金)의 운동], 방합-해자축[亥子丑, 체(體)-수(水)의 운동]
- 지지충: 축미(丑未)충, 원진: 축오(丑午)원진(약한 원진), 삼형살: 축술미(丑戌未)
- 지지해: 축오(丑午)해 - 지지파: 축진(丑辰)파

(8) 신축년(2021년) 포함 4년의 운세 팁(Tip)-사주의 핵심은 운을 보는 것이다

정축(丁丑) 일주의 정(丁)화 일간은 신축(辛丑)년(2021년)에 축(丑)토에서 새 12운성으로 쇠지(衰地)의 모습이 된다.

이제 막 정상에서 내려온 모습이니 여전히 힘이 있고 노련미가 있으며 경쟁과 투쟁으로 쟁취하기보다는 협의와 조율로 처신하는 모습이 된다. 쇠지이면서 축(丑)토는 전환기이고 커브길과 같으니 주변을 살피고 진중하게 움직이는 것이 좋다.

천간으로 들어오는 신(辛)금은 정(丁)화 일간에게 편재가 된다. 천간도 마찬가지로 신(辛)금이 들어오면 정(丁)화가 약해지게 된다. 일간이 약해지니 신(辛)금 편재의 영향을 받게 된다. 차곡차곡 쌓아 올리는 정재와 달리 큰 목표, 큰 결과물, 큰 돈에 대한 생각이 강하게 들게 된다.

지지로 들어오는 축(丑)토는 정(丁)화 일간에게 식신이 된다. 일지의 축(丑)토 식신의 입장에서는 운의 축(丑)토가 비견이 되니 식신의 기운이 강해지게 된다. 꾸준하게 쌓아 올린 자신의 재능과 능력, 전문성이 드러나고 인정받는 한 해가 될 수 있다. 세운에서 식신생재가 강하게 펼쳐지기 때문이다.

정(丁)화 일간은 2022년에 병지, 2023년에 사지, 2024년에 고지(묘지)의 모습으로 점차 하강 운으로 가고 있다. 해자축(亥子丑)의 시기에 맹활약한 정(丁)화는 인묘진(寅卯辰) 병사묘의 시기에 일을 마무리하고 퇴근하는 모습이 된다. 물론 세운의 상승과 하강은 대운이라는 기준 안에서 살펴야 한다.

양간인 병(丙)화가 인묘진(寅卯辰)에서 생욕대로 본격적인 활동을 시작하니 음간인 정(丁)화는 인수인계를 해 주어야 한다. 인간의 사회는 주로 3교대지만, 자연은 2교대의 모습이다.

15) 새로운 무인(戊寅) 일주 분석

(1) 자연물상/동물상

무인(戊寅) 일주는 산에 사는 호랑이다. 혹은 사막에 있는 큰 나무이다. 산중의 호랑이니 자신의 위엄과 힘을 과시한다. 큰 산의 큰 나무이니 지도자상이다. 사막에 있는 큰 나무이니 반드시 수(水) 기운을 필요로 한다. 수(水)는 무(戊)토 일간에게 재성이라 재를 추구하고 집착하는데, 남자는 여자를 좋아하고 욕심이 많다. 일지 인(寅)목이 호랑이니 카리스마가 있고 강한 속성을 가졌으므로 결코 지지 않으려는 사람이다.

(2) 일간일지의 음양오행 및 관계

일간 무(戊)토는 양과 음의 중간에 있으니 중재를 잘한다. 양 운동을 하는 목화(木火)가 올라가는 기운이고 음 운동을 하는 금수(金水)가 내려가는 기운이니, 토는 정상에서 올라오는 목화와 내려가는 금수의 상황을 한눈에 바라볼 수 있어 중재, 조정, 조율을 잘하며 발상의 전환을 잘한다. 무토는 큰 산으로 듬직하고 무게가 있어 경솔하게 행동하지 않으니 신용이 있고, 만물을 수용하고 받아들이니 포용력이 좋고 믿음이 있는 사람이다. 산이면서 흙이니 변화를 좋아하지 않아 보수주의자인 경우가 많다.

천간 중에서 고집이 강한 오행으로 갑(甲)목과 무(戊)토와 경(庚)금이 있는데 그 고집에는 차이점이 있으니 한번 살펴보기로 한다. 갑(甲)목의 고집은 어린아이처럼 자기주장을 무작정 내세우는 무대포 고집이고, 무(戊)토의 고집은 변화를 싫어하는 보수적인 고집이라 자기주장은 내세우지 않으나 자기주관을 지켜서 타인의 주장에 따라가지 않는 황소고집이며, 경(庚)금의 고집은 앞뒤 상황을 살피지 않는 본인의 소신과 가치관에 따르는 무식한 고집의 모습이다.

무(戊)토는 큰 산이니 속내를 알 수 없다. 속내를 알기 어려운 것은 깊은 물인 임(壬)수도 마찬가지인데, 무(戊)토에게 수는 재물이니 큰 재물을 노린다. 무(戊)토에게 목은 관성인데 남자에게는 자식이고, 여자에게는 남편이 된다. 수 기운이 없으면 목이 자랄 수가 없으니 남자는 자식 연이 불리해지고, 여자는 남편 연이 불리해질 수 있어 무(戊)토 일간은 항상 원국에 수 기운이 있는지, 혹은 운으로 언제 들어오는지를 잘 살펴야 한다.

(3) 일간 기준 십신 관계

일지 인(寅)목은 편관으로 볼 수 있다. 일지 편관이지만 그냥 편관으로 보면 안 된다. 편관도 천간에 따라 10가지나 되기 때문이다. 참고로 십신의 구분은 천간끼리 정하며 지지와는 상관이 없다. 인(寅)목이 편관이 되는 것은 인(寅)목의 무병갑(戊丙甲) 지장간에서 마지막인 말기의 갑(甲)이 무(戊)토에게 편관이므로 편관으로 보는 것이다. 당연히 비견도 있고, 편인도 있기 때문에 순수한 편관으로 보는 것은 곤란하다. 설명에 인(寅)목이 편관이라고 하지 않고 편관으로 볼 수 있다고 기재한 이유는 그런 것이다.

갑(甲)목이 편관인데 어린이고 새싹이니 당연히 경신(庚申)금 편관이나 임계(壬癸)수 편관과 작용이 다르다. 그리고 무(戊)토는 열토이지만, 목을 필요로 한다. 흙의 목적은 생명(나무)를 키우기 위함이다. 편관의 십신 설명 중에 대담한 것 같지만 때로는 큰일을 감당하지 못하고 물러서는 경우가 있다는 설명이 있는데, 이는 갑을(甲乙)목 편관을 이야기하는 것이다. 편관 십신 특징의 대부분은 십천간 오행의 성향을 반영하기 때문에 같은 편관이라도 오행의 특성을 비교해서 보면 사주간명에 큰 도움이 된다.

인(寅)목 편관은 목이고 어린이니 대담한 척해도 막상 큰일에 부닥치면 감당하지 못하고 물러선다. 자존심과 체면을 내세우지만, 목의 성정으로 인자하고 순수하다. 인(寅)목은 강한 추진력과 리더십이 있으며, 계획하고 시작하는 일을 잘하는데, 아이디어, 창의력이 뛰어나다.

(4) 새 12운성과 새 12신살[체(體)와 용(用)]

무인(戊寅) 일주는 새 12운성으로 장생(長生)에 해당하는데 양간이니 예전의 포태법도 장생(長生)으로 같다. 일간이 장생지라 배우자에 해당하는 것이 편관이라도 배우자가 나에게 힘이 되어 주어 괜찮은 편이다. 일지 편관이면 남녀 공통으로 배우자 관계가 부담스럽지만, 무인(戊寅) 일주는 그런대로 괜찮은 편이다. 장생지니 기획하고 새롭게 추진하는 것을 잘한다. 순수하고 부드러운 성향이라 인기가 많고 사람들의 주목을 받는다.

새 12신살로 인(寅)목은 인오술(寅午戌) 삼합 기준으로 첫 번째 글자이므로 지살이 된다. 지살이니 새로운 시작, 새로운 출발, 자의에 의한 이동이 잦게 된다. 용(用)을 잘 맞게 쓰면 체(體)의 어려움이 없게 된다. 장생과 지살의 의미가 비슷하니 체와 용도 비슷하게 간다. 신살로 학당귀인인데 양육하고 기르는 것, 어린이와 관련이 있으니 교육 관련 직업이나 공직과 인연이 있으며, 기본적으로 목(木)이라 계획하고 시작하고 기획하는 것을 좋아하며, 신제품, 새것, 새로운 것을 반기니 얼리어답터(Early-adopter)의 기질이 있다.

'인(寅, 3)-무(戊, 5)=-2'가 되는데 음수이므로 여기에 12를 더하면 10이 된다.
9, 10이 짝을 이루는데 신유(申酉)가 되니 무인(戊寅) 일주의 공망은 신유(申酉)가 된다.

(5) 새 지장간 분석–일간의 라이프 스타일 분석

인(寅)목의 지장간에는 무(戊)-비견, 병(丙)-편인, 갑(甲)-편관을 가지고 있는데 천간이 머문 날짜가 한 달 기준으로 비견(7일), 편인(7일), 편관(16일)이 된다. 편관이 편인을 생해 주는 살인상생 현상이 나온다. 무(戊)토는 양간이라 식재를 바라지만, 일지 내에서는 인성과 편관의 특성이 나타난다.

일지는 명주의 사생활과 라이프 스타일을 보여 주는데, 편관의 환경에서 편인의 활동을 하고 있다. 통변하면 편관의 긴장되고 절제된 삶 속에서 인성(명예, 체면, 학문)을 추구하려 한다. 재물보다는 인간관계 및 명예와 높은 이상을 추구하면서 살아가려는 경향을 가지게 된다.

(6) 배우자, 재물 및 직업 분석

무인(戊寅) 일주는 배우자가 일지 편관이니 좋다고 볼 수는 없지만, 그래도 일지 장생이고, 목의 편관의 살인상생의 작용으로 나름대로 긍정적인 면이 있다. 지장간의 편관이 일간을 극하기에 앞서서 편인을 생해 주는 것이 먼저이기 때문이다. 일반적인 일주 분석에서는 보통 편관이라고 안 좋게 보는 것이 보통인데, 이는 일주만을 본 것이고 옆에 무슨 글자가 있는가에 따라서 크게 달라질 수 있다. 형과 충, 원진, 귀문으로 구성되면 편관의 극함이 강해지고, 합으로 묶여있거나 생해 주는 구조면 덜하다. 또한, 일지 편관이 사주 전체에서 긍정적인 모습이라면 좋게 작용한다.

무인(戊寅) 일주는 사주 내 수 기운이 반드시 있어야 하는데, 남명의 경우 수 기운이 없으면 목이 자랄 수가 없으니 자식과 직장 연이 좋을 수 없기 때문이다. 일주만 보면 무인(戊寅) 일주는 편관이니 재물과 큰 인연이 없고 권력과 명예 그리고 자존심을 추구한다. 직업적으로는 무관 직업, 의료, 정치 등과 인연이 있다.

(7) 천간합극 및 형충회합파해 원진
- 천간합: 무계합-화(戊癸合火)-합하여 합화가 안 되는 경우가 대부분인데 지지에 화의 세력이 강하면(월지 포함-삼합, 방합의 경우) 합화가 되어 새로운 화가 나올 수 있다.
- 천간극: 갑(甲)목이 운으로 들어오면 무(戊)토가 힘을 쓰지 못한다. 갑(甲)목은 무(戊)토에게 편관이 되기 때문이다.
  천간의 극(剋)은 제어, 통제, 자극을 의미한다. 심하게 극을 받으니 변화와 활로를 모색하게 하게 된다.

- 지지합: 인해(寅亥)합(육합), 삼합-인오술[寅午戌, 용(用)-화(火)의 운동], 방합-인묘진[寅卯辰, 체(體)-목(木)의 운동]
- 지지충: 인신(寅申)충, 원진: 인유(寅酉)원진(원진이 강하다) 삼형: 인신사(寅申巳)
- 지지해: 인사(寅巳)해 - 지지파: 인해(寅亥)파

(8) 신축년(2021년) 포함 4년의 운세 팁(Tip)-사주의 핵심은 운을 보는 것이다
무인(戊寅) 일주의 무(戊)토 일간은 신축(辛丑)년(2021년)에 축(丑)토에서 새 12운성으로 양지(養地)의 모습이 된다.

화토동법(火土同法)으로 병(丙)화와 12운성을 같이 가는데 기(己)토와 임(壬)수가 같이 가는 것과 동일하다.

양지의 모습이니 아직은 힘이 약하지만, 봄과 여름을 준비하고 계획하는 시기가 된다.

무(戊)토 역시 상승, 확산하는 양간이니 빨리 튀어나오고 싶지만 서두르면 안 된다. 많은 분이 대박을 꿈꾸며 창업하지만 준비 기간이 길고 착실할수록 성공 확률이 높아진다.

천간으로 들어오는 신(辛)금은 무(戊)토 일간에게 상관이 된다. 상관이 들어오니 내 주변의 사건, 사고에 관심이 많아지는데 상관은 항상 타인을 의식하는 기운이기 때문이다. 나의 주장, 표현력이 강해지는 시기이고, 날카로운 신(辛)금 현침의 기운을 가졌으니 언변에 주의하는 것이 좋다. 자칫하면 구설수에 얽히기 쉽다. 지지로 들어오는 축(丑)토는 겁재가 된다. 공성의 에너지인 겁재와 상관이 세운으로 들어오니 조용히 넘어가기는 쉽지 않다. 축(丑)토가 의미하는 양지의 모습으로 아직은 때를 기다리며 실력을 다지는 것이 중요하다.

무(戊)토 일간은 2022년에 장생, 2023년에 목욕, 2024년에 관대의 모습으로 점차 상승 운으로 가고 있다. 물론 세운의 상승과 하강은 대운이라는 기준 안에서 살펴야 한다.

양간인 무(戊)토는 밖에서 만물을 키우고 성장시키는 토이다. 봄을 만나서 자기 일을 본격적으로 시작하게 되고 여름에 맹활약하게 된다. 반면에 음간인 기(己)토는 안에서 확산하고 커진 토를 마무리하고 영양분이 빠진 토를 겨우내 양분을 보충하고 토질을 좋게 하여 다시 봄에 활동할 수 있게 만드는 역할을 한다. 이렇게 자연의 음양의 역할 분담은 중복됨이 없이 순환하게 된다.

16) 새로운 기묘(己卯) 일주 분석

(1) 자연물상/동물상

기묘(己卯) 일주는 들판에 있는 토끼이고 논밭에 새싹이 자라나는 모습이다. 들판의 토끼는 여기저기 분주히 돌아다니니 이동이 많다. 자유분방하고 동작이 민첩하며 유연하다. 묘(卯)목은 어린 새싹이니, 낙천적이고 순수하며 붙임성이 좋다. 기(己)토는 입의 형상이고 묘목은 바늘이니 입에 바늘을 물고 있는 형상이다. 예리하게 정곡을 찌르는 말을 잘한다.

(2) 일간일지의 음양오행 및 관계

일간 기(己)토는 가공된 땅이고 습토이니 갑(甲)목도, 을(乙)목도 좋아한다.

갑(甲)목은 정관이고 갑기(甲己)합을 하니 반가우나, 을(乙)목은 편관이 되니 갑(甲)목처럼 유정하지는 않다. 하지만 목의 편관은 다른 금수 편관과는 다르다. 기(己)토는 생명(木)을 키우는 것이 본분이니, 갑을(甲乙)목의 통제를 기꺼이 반긴다. 따라서 목관살의 압박은 심하지 않은 편이며 음간이라 양간인 무(戊)토에 비해서 편관 을(乙)목의 통제를 잘 받아들인다. 기(己)토는 입의 형상이니 말을 잘하는데 병(丙)화처럼 말을 많이 하고 화려한 언변을 구사하지는 않으나 조리 있고 간결하며 진정성 있는 언변을 보여 준다. 천간의 목화와 금수의 사이에 위치하니 의견들을 잘 경청하고 조율하여 중재자의 역할을 잘한다.

생명을 키우는 논밭에 해당하니 가르치거나 양육하는 일에 소질이 있다.

음토라 호불호가 있고, 분별력이 강하다. 생명을 키우니 희생정신이 있고 포용력이 있다. 자기 원칙은 있으나 자기주장을 잘 하지 않는다. 무기(戊己)토는 음양의 중간 지대이니 중재하고 조정을 잘하며 쉽게 판단하지 않는 보수적인 성향을 가진다. 이 중에서 기(己)토가 좀 더 보수적이다. 양 운동을 하는 목화에서는 을(乙)목, 정(丁)화, 기(己)토가 더 보수적이고, 음 운동을 하는 금수에서는 반대로 경(庚)금, 임(壬)수가 더 보수적이다. 이는 을(乙)목, 정(丁)화, 기(己)토의 줄이고 응축하려는 성향과 깊은 관련이 있다. 음 운동 중에서 줄이고 응축하려는 경(庚)금, 임(壬)수도 마찬가지이다.

(3) 일간 기준 십신 관계

일지 묘(卯)목은 편관으로 볼 수 있다. 일간 기(己)토는 음간이므로 목을 반기니 일지 편관의 성향이 강하게 나온다. 일지 편관으로 두뇌가 우수하고 기억력이 탁월하며 자기관리도 철저한 편이다. 핵심을 짚어내는 예리함을 가지고 있는데 때로는 안하무인의 성향을 드러낸다. 칭찬받고 싶어 잘난 척 뽐내는 어린이를 상기해 보면 좋다.

일지 편관을 가지고 있는 사람은 자존심이 강하다. 묘(卯)목은 생왕묘의 왕지의 글자이니 더욱 그렇다. 명예와 자존심이 가치 판단의 기준이 된다. 일지뿐만 아니라 다른 곳에도 편관이 있어서 너무 왕하면 타인의 눈치를 보게 되고, 자신 있게 행동하지 못하니 강박관념에 시달리는 경우가 있다. 정관이 일반적인 책임감이라면 편관은 무한한 책임감을 의미한다. 조직에 헌신하고 의협심을 가지며 무한 책임을 가지고 행동하는 경우가 많다.(임전무퇴의 이순신 장군, 폭탄과 함께 산화한 강재구 소령 등의 경우이다) 편관의 격이 높으면 무관 직업에서 크게 올라갈 수 있다.

(4) 새 12운성과 새 12신살[체(體)와 용(用)]

기묘(己卯) 일주는 새 12운성으로 사지(死地)에 해당하는데 예전의 12운성에서는 병지(病地)였다. 사지는 육해살에 해당하며 육체적인 노동보다는 정신적인 분야가 적합하다. 학술, 의술, 예술, 점술 등에 소질이 있고 능력을 발휘한다. 생의 마지막에서 권력과 부귀에 대한 욕심도 내려놓고 종교나 철학 등 형이상학적이고 정신적인 영역에 귀의하는 경우가 많다. 세상의 순리에 따르며 사색적이고 감성적이다. 육체적인 활동보다는 정신적인 활동력이 왕성해진다. 행동력은 떨어지지만 연구 및 탐구 능력은 왕성한 모습이다.

새 12신살로 묘(卯)목은 해묘미(亥卯未) 삼합을 기준으로 장성살이 된다. 12운성은 제왕과 비슷한 모습으로 사회적인 활동이 절정에 도달한 모습이다. 말을 타고 군대를 지휘하는 모습인데, 사주원국의 격에 따라 수만 명을 지휘하는 군단장일 수도 있고, 사단장, 연대장, 대대장, 소대장, 분대장으로 나누어지게 된다. 12운성은 용운(用運)이 되고, 12신살은 체운(體運)의 모습이니 사지의 활동을 하면 장성살의 모습으로 크게 잘 쓸 수 있다. 육체적인 활동으로 쓴다면 그 용(用)을 제대로 쓰지 못하니 어려움이 있다.

신살로는 일지 묘(卯)목은 도화살이고 현침살인데 편관도화에 해당한다. 남녀모두 매력이 강하고 이성에게 섹스 어필을 한다. 특히 여자는 지장간에 정관, 편관이 섞여 있어서 관살혼잡의 현상이 나타나고 지장간의 갑(甲)목은 기(己)토 일간과 반명합을 하니 다양한 애정사를 경험하기 쉽다. 현침살이니 꼼꼼하고 예리하게 정곡을 찌른다.

'묘(卯, 4)-기(己, 6)=-2'가 되는데 음수이니 12를 더하면 10이 된다.
9, 10이 짝을 이루는데 신유(申酉)가 되니 기묘(己卯) 일주의 공망은 신유(申酉)가된다.

(5) 새 지장간 분석-일간의 라이프 스타일 분석
묘(卯)목의 지장간에는 갑(甲)-정관, 을(乙)-편관, 을(乙)-편관을 가지고 있는데 천간이 머무는 시간은 한 달을 기준으로 정관(10일), 편관(10일), 편관(10일)이 된다. 정관과 편관이 함께 있어서 관살혼잡의 경향이 나타난다. 여자는 다양한 이성을 만날 수 있다. 기(己)토는 음간이라 관살의 현상이 강하게 나온다.

일지는 명주의 사생활과 라이프 스타일을 보여 주는데, 편관의 환경에서 편관의 활동을 하고 있다. 동변하면 편관의 신장되고 절제된 삶 속에서 편관(명예, 체면, 위신, 감투)을 추구하려 한다. 일상에서도 강한 책임감과 절제, 명예나 직위를 추구하며 체면치레를 하는데 십신의 내면에는 을(乙)목의 성향이 있으니 명예와 체면을 표방하면서 나름대로는 실속을 챙기는 모습으로 나타난다. 십신이 보이는 외면의 모습(外)이라면 음양오행은 내면의 모습(內)이 된다.

(6) 배우자, 재물 및 직업 분석

배우자 연은 남녀 모두 좋다고 하기는 어렵지만, 그래도 다른 일지 편관보다는 나은 편이다. 편관도 10가지가 있기 때문이다. 목의 편관은 다른 금수 편관에 비해 그 통제가 덜한 편임을 참고하길 바란다. 남자는 일지 편관이니 배우자나 부친, 돈이 도움이 안 되고 인성이 편관의 기운을 설기하니 모친은 도움이 된다. 여자는 강압적이고 권위적인 남자를 만나기 쉬우며 대체로 나이가 본인보다 많은 남자와 인연이 되는 경우가 많은데 육합인 묘술합의 모습이 나오기 때문이다.

기묘(己卯) 일주는 재물과 큰 인연이 없고 명예와 직위를 추구하는 일주이다. 따라서 명예와 직위에 걸맞은 예우와 포상이 따라올 수도 있다. 직업적으로는 직장이나 조직에서 성공한다. 무관 직업이나 생사를 다루는 직업과 인연이 있고, 묘(卯)목은 어린싹이니 교육, 의류, 디자인, 디스플레이, 출판, 패션, 뷰티 산업 쪽도 유망하다.

(7) 천간합극 및 형충회합파해 원진

- 천간합: 갑기합-토(甲己合土)-합하여 합화가 안 되는 경우가 많은데 (창업 자영업자 중 7년 안에 80%가량이 폐업하는 것을 생각해 보면 쉽다) 지지에 토의 세력이 강하면(월지 포함-삼합, 방합의 경우) 합화가 되어 새로운 토가 나올 수 있다. 천간은 마음이니 지지의 현실과 운이 받쳐주면 새로운 토, 즉 업그레이드된 토가 만들어질 수 있다.
- 천간극: 천간의 극은 스트레스(Stress)를 의미한다. 천간은 오행 운동을 하니 생극제화의 영향을 받는데 천간이 충이 없고 극이 존재하는 이유이다. 천간의 을(乙)목이 기(己)토를 극한다. 운에서 을(乙)목이 들어올 때 기(己)토는 가장

약해진다.

- 지지합: 묘술(卯戌)합(육합), 삼합-해묘미[亥卯未, 용(用)-목(木)의 운동], 방합-인묘진
  [寅卯辰, 체(體)-목(木)의 운동]
- 지지충: 묘유(卯酉)충, 원진: 묘신(卯申)원진(원진이 약하다), 상형(相刑): 자묘(子卯)형
- 지지파: 묘오(卯午)파 - 지지해: 묘진(卯辰)해

(8) 신축년(2021년) 포함 4년의 운세 팁(Tip)-사주의 핵심은 운을 보는 것이다

기묘(己卯) 일주의 기(己)토 일간은 신축(辛丑)년(2021년)에 축(丑)토에서 새 12운성으로 쇠지(衰地)의 모습이 된다.

쇠지이니 여전히 힘이 있고 노련하며 매사를 능숙하게 처리하고 조정하는 모습이다.

천간으로 들어오는 신(辛)금은 기(己)토 일간에게 식신이 된다. 운으로 식신이 들어오니 일지 묘(卯)목 편관의 힘을 제어할 수 있다. 비견과 식신이 들어오니 자존감이 높아지고 새로운 취미가 생길 수 있다.

지지로 들어오는 축(丑)토는 기(己)토 일간에게 비견이 되니 일간의 힘이 강해지는 모습이라 식신을 잘 생할 수 있다. 일간이 강해지니 대세 장악력이 좋아지고 일지 편관의 극함도 덜하게 된다. 기혼 여성이라면 배우자의 압박과 간섭이 덜하게 됨을 의미한다.

기(己)토 일간은 2022년에 병지, 2023년에 사지, 2024년에 고지(묘지)의 모습으로 점차 하강 운으로 가고 있다. 물론 세운의 상승과 하강은 대운이라는 기준 안에서 살펴야 한다.

봄과 여름에 만물을 키우는 무(戊)토에게 배턴을 넘기고 일을 마무리하고 퇴근해야 하는 시기이다.

퇴근할 시간에 새로운 일을 벌이고 늘리는 것은 좋지 않다. 얼른 퇴근하는 것이 신상에 유리하다.

17) 새로운 경진(庚辰) 일주 분석

(1) 자연물상/동물상

경진(庚辰) 일주는 큰 산 위에 있는 큰 바위 물상이다. 또한, 땅속에 매장된 철광석의 물상이다. 바위에 눌려있는 용의 물상이기도 한데 큰 산 위에 있는 큰 바위이니 꿈과 이상이 높다. 그러나 땅속의 철광석이라 당장은 써먹을 수 없고 바위 아래에 눌려있는 용은 움직일 수가 없으니 삶이 평탄하지 않다. 꿈과 이상은 높으나 그 뜻을 펴기가 용이하지 않다. 원국에서 다른 글자의 조력이나 대운에서 변화가 있어야만 이상을 이룰 수 있을 것이다.

(2) 일간일지의 음양오행 및 관계

일간 경(庚)금은 여름의 양의 기운을 멈추고 음의 기운으로 강제 전환하는 기운이다. 가을의 숙살지기인 것이다. 화 기운을 엄격하게 제압해야 하니 강한 제어력이 필요하다.

운동회 다음날이나, 소풍을 다녀온 다음 날, 선생님들은 더욱 차갑고 단호하게 아이들을 통솔하고 통제한다. 그렇지 않으면 떠들썩한 학급 분위기 탓에 제대로 수업을 진행할 수 없다. 팽창일로의 양의 기운은 무(戊)토, 기(己)토를 만나서 다소 진정되었지만, 여전히 확산과 팽창의 기운에 들떠있다. 경(庚)금의 통솔력, 결단력, 단호함이 필요한 것이다. 경(庚)금은 만물의 성장을 억제하고 양 운동을 음 운동으로 전환하는 작용을 하니 혁명성을 띤다. 음 운동의 궤도에 있는 양간이니 마무리하는 성정이다. 동료애, 소속감이 강하며, 원칙주의자이고 참모와 비서 같은 2인자가 많다.

(3) 일간 기준 십신 관계

경진(庚辰)은 일지 편인이다. 일지 진(辰)토는 습토이니 토생금 작용을 잘한다. 일간이 경(庚)금인데 일지가 습토라 토생금 작용이 활발하니 편인성이 잘 드러난다. 편인의 특성에 따라 눈치가 빠르고, 재주 있고, 자기중심적이며 외골수적인 사고와 비현실적인 생각을 많이 한다.

편인도 10개의 편인이 있다. 원래 생각이 많은 것이 편인인데, 변화무쌍한 진(辰)토와 만나니 그 사고의 폭과 범위가 일반인들의 사고를 초월하고 기발한 아이디어, 발상의 전환이 뛰어나다. 용(龍)의 물상인 진(辰)토는 감정의 기복이 심한 경우가 많은데 봄에서 여름으로 가는 환절기이고, 소년에서 청년으로 가는 과도기이니 질풍노도의 시절을 의미한다.

(4) 새 12운성과 새 12신살[체(體)와 용(用)]

경진(庚辰)은 새 12운성으로 양지(養地)에 해당하는데 양간이니 예전 포태법도 양지(養地)로 같다. 어머니의 배 속에서 자라난 태아에 해당하니 상황을 주도하거나 결단성, 도전, 투쟁적인 성향은 약하다. 그러나 태어난 이후의 삶에 대한 희망에 부풀어 있으니 매사에 자신감이 있고 다재다능하다. 배 속에서 태어날 이후를 생각하고 있으니, 기획하고 준비하는 일을 잘한다. 온순하고 신중하나 세상 물정에 어두운데 좋은 것만 생각하기 때문에 남들도 그럴 것이라고 생각해서 속기 쉽다.

새 12신살로 진(辰)토는 신자진(申子辰) 삼합을 기준으로 마지막이니 화개살이 된다. 12운성이 용(用)이라면, 12신살은 체(體)가 된다. 양지와 같은 모습으로 기획하고 미래를 설계하는데 그 본체는 화개살이 되니 종교, 철학, 예술, 인문학에서 쓰면 좋다. 양지이니 독자적인 활동은 어렵다. 좋은 스승과 좋은 선배들의 도움이 필요하다.

신살로는 괴강살에 해당한다. 괴강은 귀신의 우두머리라고 하기도 하고, 북두칠성의 앞자리 4개의 별을 의미한다. 괴강살의 종류는 경진(庚辰), 경술(庚戌), 임진(壬辰), 임술(壬戌), 무술(戊戌)인데 일지를 보면 모두 술(戌)이나 진(辰)이 들어가 있다. 물상으로는 개이고 용인데 한번 물면 절대로 놓지 않고 물어뜯는 성향을 담고 있다. 괴강살이니 미남, 미녀가 많고 논리적인 사람이다. 카리스마가 넘치고 독선적이며, 용감하고 결단력이 좋다. 한편으로는 변덕이 심한 경우가 많고 괴팍하다. 인생에서도 심한 변화와 변동을 경험하는 경우가 많다. 여자의 일주 괴강살은 예전에는 안 좋게 보았는데, 현대에는 자수성가하는 여성 사업가나 오피니언 리더의 모습으로 새롭게 평가된다.

'진(辰, 5)-경(庚, 7)=-2'가 되는데 음수이니 12를 더하면 10이 된다.
9, 10이 짝을 이루는데 신유(申酉)가 되니 경진(庚辰) 일주의 공망은 신유(申酉)가 된다.

(5) 새 지장간 분석-일간의 라이프 스타일 분석

경진(庚辰) 일주 진(辰)토의 지장간은 을(乙)-정재, 계(癸)-상관, 무(戊)-편인을 가지고 있는데 천간이 머무는 시간은 정재(9일), 상관(3일), 편인(18일)이다. 지장간 내에서 일간 경(庚)금과 을(乙)목 정재가 을경(乙庚)합을 하니 정재 성향이 잘 드러나고, 지장간이 편인+상관으로 무계(戊癸) 암합하니 상관패인의 성향도 나타난다.

일지는 명주의 사생활과 라이프 스타일을 보여 주는데, 편인의 환경에서 상관의 활동을 하고 있다. 무계(戊癸) 암합으로 상관패인을 하니 머리가 좋다. 상관(계수)의 좌충우돌과 수다스러움을 묵직한 무(戊)토가 통제하는 모습인데 재주가 많고 가끔 돌출 행동을 하긴 하지만 정도를 넘지는 않는다.

(6) 배우자, 재물 및 직업 분석

배우자 연은 일지 진(辰)토가 습토로서 토생금 작용을 잘하니 남자는 배우자 연이 좋다.

또한, 지장간에서 정재와 을경(乙庚)합을 하니 배우자와의 정이 돈독하다. 그러나 일간이 재성과 반명합하니 숨겨둔 여자가 있을 가능성이 있고 여성 편력이 있을 수 있다. 여자는 경진(庚辰) 괴강살이니 대체로 배우자 연이 평탄하지는 않다. 사회적으로는 성공할 수 있지만, 독신이거나 독신과 마찬가지인 상황에 놓이기 쉽고 가계를 책임지는 경우가 많다.

일지에 정재가 있고 상관생재하고 있어 재적으로는 알뜰하게 저축하고 무리한 투자를 하지 않는다. 직업적으로는 종교에 심취하기도 하고, 무관 직업(괴강살), 전문 기술, 의료 계통(편인), 교육 계통(상관패인)과 인연이 있다. 여자도 남성적인 직업에 종사하는 경우가 많다. 또한, 일지에 수(水)의 고지를 가지고 있어 물과 관련된 직업이나 요식업과도 인연이 있다.

(7) 천간합극 및 형충회합파해 원진

- 천간합: 을경합-금(乙庚合金)-합하여 합화가 안 되는 경우가 대부분인데 지지에 금의 세력이 강하면(월지 포함-삼합, 방합의 경우) 합화가 되어 새로운 금이 나올 수 있다.
- 천간극: 천간의 경(庚)금을 극하는 것은 병(丙)화가 된다. 경(庚)금에게 병(丙)화가 편관이 되기 때문이다.
  운으로 병(丙)화가 들어오면 경(庚)금이 심하게 극을 받는다. 변화와 활로를 찾아야 함을 의미한다.

- 지지합: 진유(辰酉)합(육합), 삼합-신자진[申子辰, 용(用)-수(水)의 운동], 방합-인묘진 [寅卯辰, 체(體)-목(木)의 운동]
- 지지충: 진술(辰戌)충, 원진: 진해(辰亥)원진(원진이 강하다), 자형: 진진(辰辰)형
- 지지파: 축진(丑辰)파 - 지지해: 묘진(卯辰)해

(8) 신축년(2021년) 포함 4년의 운세 팁(Tip)-사주의 핵심은 운을 보는 것이다

경진(庚辰) 일주의 경(庚)금 일간은 신축(辛丑)년(2021년)에 축(丑)토에서 새 12운성으로 고지(庫地) 또는 묘지(墓地)가 된다.

고지(묘지)는 창고처럼, 묘지처럼 작은 공간에 있으라는 자연의 신호와 같다. 그

러한 모습으로 있으면 부탈하다. 고지와 묘지를 혼동하는 경우가 많은데 고지는 용(用)의 개념으로 재물, 지식, 기술, 문서 등이 입고됨을 의미하고, 묘지는 체(體)의 개념으로 육친의 입묘를 살핀다. 사람이 창고에 들어갈 수 없고, 재물이나 지식이 묘지에 들어갈 수 없음을 이해하면 좋다. 체(體)로 작용하는지, 아니면 용(用)으로 작용하는지는 상담자의 질문에 따라서 달라질 것이다.

천간으로 들어오는 신(辛)금은 경(庚)금 일간에게 겁재가 된다. 운으로 겁재가 들어오니 호승심, 경쟁심, 욕심 등이 강해지게 되지만 일간이 입고되는 해이니 일반적인 경쟁과 욕심은 불리한 모습이다.

무리한 투자나, 과도한 경쟁 및 타인과의 대립은 피하는 게 좋다. 겁재인 신(辛)금은 관대이니 유리함이 적다. 지지로 들어오는 축(丑)토는 경(庚)금 일간에게 정인이 된다. 고지(묘지)이기도 하니 공부하기 좋은 시기이다.

경(庚)금 일간은 2022년에 절지, 2023년에 태지, 2024년에 양지의 모습으로 하강운의 시기가 된다.

절태양의 시기는 재충전의 시기이며 보이지 않는다는 것을 의미하니 그러한 모습으로 보내면 좋다.

타지 근무, 해외 연수, 지방근무, 여행, 유학, 군대, 고시원 생활 등이 그러하다. 물론 세운의 상승과 하강은 대운이라는 기준 안에서 살펴야 한다. 가을의 대장인 경(庚)금은 하강 응축 운동을 하고, 봄철인 인묘진(寅卯辰)은 상승 확산하는 운동이니 서로 운동 성격이 다르다. 경(庚)금이 활약하는 시기가 아니니 쉬고 재충전하며 실력과 내실을 다지는 것이 좋다.

7. 육십갑자(六十甲子) 일주 분석- 새로운 육십갑자 일주론을 시작하며

18) 새로운 신사(辛巳) 일주 분석

(1) 자연물상/동물상

신사(辛巳) 일주는 흰 뱀으로 백사(白蛇)다. 백사는 신령스럽고 고귀한 동물이라 사물을 보는 눈이 냉철하고 높은 이상을 가지지만 뱀의 엉큼한 기질도 같이 가지고 있다. 물상으로 보석이 조명을 받아서 빛나고 있으니 눈부시고 아름답다. 신(辛)금은 늦가을의 결실을 의미하며, 사(巳)화는 화 기운으로 발산하며 팽창하는 기질이니 발산과 수렴이 조화롭게 이루어지고 있는 형태이다. 타인과의 관계에 정도를 지키니 사회활동에 큰 애로가 없다. 그러나 추진력이 부족하여 실리를 잘 챙기지 못한다. 이성의 유혹에 잘 넘어가며 주위의 이목을 집중시키려 하는 리더십을 가지고 있다. 남녀 공통으로 괜찮은 배우자를 만나는 경우가 많다.

(2) 일간일지의 음양오행 및 관계

일간 신(辛)금은 보석이요, 면도칼이며, 바늘이고, 늦가을 서릿발을 뜻한다. 일처리가 칼처럼 확실하고 냉정하며 정확하다. 신(辛)금은 보석이니 깔끔하고 단정하며 주목받는 것을 좋아한다. 자신을 보석이라고 생각하니 잘난 체를 하기도 한다. 여자의 경우 남편의 사랑을 받지만, 그것이 자신이 잘나서 그렇다고 생각하며 남편의 호의를 당연시하고 무시하는 경향이 있으며 대체로 눈이 높은 편이다. 여자 신(辛)금의 천간의 합은 병(丙)화로 태양이기 때문이다. 까칠한 면을 가지고 있는데 본인의 고유한 기질이기도 하다.

(3) 일간 기준 십신 관계

신사(辛巳)는 일지 정관이다. 신(辛)금이 원래 보석이라 깔끔하고 단아한데, 사(巳)화가 정관이고 지장간(戊庚丙)의 말기 병(丙)화와 병신(丙辛)합을 하므로 정관성이 강하게 나와서 일 처리가 깔끔, 정확하고 원리원칙대로 진행하며 절차와 의례에 맞추어 처리한다. 사상이 건전하며 품행이 타의 모범이 되지만, 때로는 남의 눈을 의식하고, 체면치레에 신경을 많이 쓰곤 한다. 그러다 가끔은 병화의 오지랖 성향이 나타날 수가 있어 대인관계에 문제가 생길 수 있다. 권력과 직책에 집착하기 때문에 권력 계통의 직업이 아니면 탐관(貪官)의 화를 입을 수도 있겠다.

(4) 새 12운성과 새 12신살[체(體)와 용(用)]

신사(辛巳)는 새 12운성으로 병지(丙地)에 해당한다. 예전 12운성 포태법은 사지(死地)였다. 신(辛)금의 칼같은 성정이 노출되어 강하게 보이지만, 실은 마음이 여리고 역지사지를 잘한다. 감정 교류를 잘하며 타인과의 공감 능력이 뛰어나다.

새 12신살로 사(巳)화는 사유축(巳酉丑) 삼합 기준으로 지살이 되는데 역마와는 다르게 자발적인 이동을 의미한다.

새로운 시작, 새로운 출발을 의미하는데, 양 운동을 하는 생지이니 실제로도 이직, 이사, 여행 등 이동이 많은 편이다. 역지사지의 마음과 타인과의 공감 능력이 뛰어난데다 이동수가 많으니 여행업, 항공승무원, 가이드, 출장 서비스업, 방문업 등도 잘할 수 있다. 이동이 많은 직업에 종사하는 경우가 많고 배우자도 여행 중에 만나는 경우가 많다.

일지 신(辛)금은 바늘이고 현침살이니 바늘과 같이 뾰족한 것을 다루는 직업과 인연이 있다. 독설가가 많은 편이다. 또한, 신사(辛巳)는 일간과 일지의 지장간이 합을 하는 오리지널 반명합의 하나인데 정해(丁亥), 임오(壬午), 신사(辛巳), 무자(戊子) 등이 있다. 오리지널 반명합의 특징은 첫 번째로는 배우자와 정이 돈독하다는 것이고, 두 번째로는 사람이 온순하고 정이 많다는 것이며, 세 번째로는 남모르게 숨겨둔 애인이 있을 수 있다는 것이다.

'사(巳, 6)-신(辛, 8)=-2'가 되는데 음수이니 12를 더하면 10이 된다.

9, 10이 짝을 이루는데 신유(申酉)가 되니 신사(辛巳) 일주의 공망은 신유(申酉)가 된다.

(5) 새 지장간 분석-일간의 라이프 스타일 분석

신사(辛巳) 일주 사(巳)화의 지장간은 무(戊)-정인, 경(庚)-겁재, 병(丙)-정관을 가지고 있는데 천간이 머무는 시간은 한 달을 기준으로 정인(7일), 겁재(7일), 정관(16일)이 된다. 신(辛)금은 음간으로 관성의 통제와 인성의 생조를 잘 받아들인다. 그러나 무(戊)토는 건토이니 토생금을 잘 못하여 정인의 작용이 잘 드러나지 않는다. 학문적 성향이나 신중한 기질은 별로 없다는 뜻이다.

경(庚)금은 겁재인데 신(辛)금은 음간이니 겁재를 반긴다. 즉, 겁재적인 성향이 나오니 욕심이 많다.

일지 사(巳)화의 지장간의 말기는 병(丙)화 정관인데, 양 중의 양이고 태양이니 그 자체로 권위적이니 권력과 직위에 대한 욕심이 강한 편이다. 남녀는 대체로 배우자의 덕이 있는 편이다.

일지는 명주의 사생활과 라이프 스타일을 보여 주는데, 정관의 환경에서 겁재의 활동을 하고 있다.

정관이니 행동이 올바르고 매사에 예의를 갖추니 말 그대로 신사이나, 때로는 겁재의 경향으로 경쟁심과 욕심을 내기도 하여 주변을 당황하게 한다.

(6) 배우자, 재물 및 직업 분석

남녀 공통으로 배우자의 덕이 있는 편이다. 또한, 지장간의 말기와 일간이 반명합을 하니 배우자와 정이 돈독하고 다정다감하다. 다만 반명합을 하니 때론 숨겨둔 이성이 있거나 소위 썸을 타는 경우가 있는데, 사(巳)화의 특성상 처세에 능수능란하니 그러한 경우가 있어도 여간해서는 들키지 않는다. 양간에 비해 음간들은 꼼꼼하고 치밀하기 때문이다. 일지 정관이니 사업보다는 공직이나 급여 생활이 적합하다. 역마성 직업이나, 사(巳)화는 불이니 문화 및 통신, 조명 사업, 디스플레이 산업, 인테리어 쪽이 인연이 있다. 신금의 금속 관련 산업, 보석 세공, 반도체, 첨단 산업 쪽도 연관이 있으며 권력 계통의 직장에 몸을 담는 경우도 있다.

(7) 천간합극 및 형충회합파해 원진

- 천간합: 병신합-수(丙辛合水)-합하여 합화가 안 되는 경우가 대부분인데 지지에 수의 세력이 강하면(월지 포함-삼합, 방합의 경우) 합화가 되어 새로운 수가 나올 수 있다.
- 천간극: 천간의 신(辛)금을 극하는 것은 정(丁)화가 된다. 원명에 있으면 기본적으로 정(丁)화가 신(辛)금을 극하는 관계지만, 원명에 정(丁)화가 있는데 운으로 신(辛)금이 들어오면 신(辛)금이 정(丁)화를 극하게 된다. 운이 왕이기 때문이다. 아울러 오행은 모두 동등하고 균등하다. 하나에서 파생된 각각의 기운이기 때문이다.

- 지지합: 사신(巳申)합(육합), 삼합-사유축[巳酉丑, 용(用)-금(金)의 운동], 방합-사오미 [巳午未, (체(體)-화(火)의 운동]
- 지지충: 사해(巳亥)충 원진: 사술(巳戌)원진(원진이 약한 편이다) 삼형: 인신사(寅申巳)
- 지지파: 사신(巳申)파 - 지지해: 인사(寅巳)해

(8) 신축년(2021년) 포함 4년의 운세 팁(Tip)-사주의 핵심은 운을 보는 것이다

신사(辛巳) 일주의 신(辛)금 일간은 신축(辛丑)년(2021년)에 축(丑)토에서 새 12운성으로 관대(冠帶)로 힘 있는 모습이다.

관대는 이제 막 사회에 진출한 신입사원의 모습과 비슷하다. 신입사원은 의욕과 패기는 넘치지만, 노련미가 떨어져 좌충우돌하기 쉽다. 신입사원 시절, 신병 시절, 신입생의 모습이니 낯설음과 경험 미숙에서 오는 어려움이 있다.

천간으로 들어오는 신(辛)금은 신(辛)금 일간에게 비견이 된다. 운으로 비견이 들어오니 일간이 강해지게 된다. 비견은 나와 협력하고 지원해 주는 동료의 모습이고 나의 생각, 의지, 고집의 모습이기도 하다. 지지로 들어오는 축(丑)토는 신(辛)금 일간에게 편인이 된다. 사축(巳丑)합인데 축(丑)토는 사유축(巳酉丑) 삼합의 고지이니 비겁의 일을 정리, 점검하면서 보내는 것이 좋겠다.

신(辛)금 일간은 2022년에 건록, 2023년에 제왕, 2024년에 쇠지의 모습으로 맹활약하는 시기이다.

물론 세운의 상승과 하강은 대운이라는 기준 안에서 살펴야 한다. 음간인 신(辛)금은 안에서, 실내에서, 드러나지 않게 상승 확산하며 활동하는 것이 좋다. 음이란 보이지 않는다는 것을 의미하기 때문이다.

19) 새로운 임오(壬午) 일주 분석

(1) 자연물상/동물상

임오(壬午) 일주는 강가를 달리는 말이다. 검은 말이기도 하고 물상으로는 강가에 피운 모닥불이다. 검은 말은 다크호스로 예기치 않은 행운을 가져다준다. 강가에 피워놓은 모닥불이니 캠프파이어처럼 낭만적이고 다정다감하며 사교성이 있다. 강가를 달리는 말은 분주하고 바쁘지만 안락함을 추구한다. 불기운에 증발하는 수증기의 모습이니 물과 관련된 업종(사우나, 목욕탕, 요식업)과 인연이 있다.

(2) 일간일지의 음양오행 및 관계

일간 임(壬)수는 큰물이니 조용히 흐르며 침착하고 과묵하다. 물은 다른 물과도 섞이니 융통성이 좋고 타인과 시비를 벌이지 않는다. 방해물을 만나면 돌아가거나 넘어가니 환경 적응력이 좋고 사교성이 있으나 깊은 물이니 속내를 알기가 어렵다. 작은 물이 들어와도 합치니 포용력이 좋고 음중의 음으로 감추고 저장하며 압축하여 작게 만드는 일을 잘한다. 깊은 물의 속성과 오랜 삶을 살아온 노인이니 생각이 많고 지혜가 있다.

(3) 일간 기준 십신 관계

임오(壬午) 일주는 일지 정재이고, 물상으로는 말(馬)인데 통신수단이고 사람을 태우니 여객업, 관광업, 서비스 업종에서 돈을 버는 경우가 많다. 또한 오(午)화는 불이니 불과 관련된 업종과 인연이 있다. 일간 임(壬)수는 아래로 흐르고 일지 오(午)화는 위로 올라가 물과 불이 만나서 음양이 유정하니 수화기제(水火旣濟)라고 한다. 오(午)화는 여름의 절정이니 대도시의 중심가, 번화가 등에서 일하는 경우가 많다.

(4) 새 12운성과 새 12신살[체(體)와 용(用)]

임오(壬午) 일주는 새 12운성으로 태지(胎地)에 해당하는데 양간이니 예전의 12운성 포태법도 태지(胎地)로 같다. 태지니 순종적이고 기획하고 준비하는 일을 잘한다. 승부 근성이 약하니 사업보다는 조직 생활에 잘 맞는 사람이다. 세상 물정에 어두워 속기 쉽고 잘못을 하고 실수를 해도 어머니 배 속의 아이니 악의가 없다. 모친으로부터 받기만 하니 십신의 편인처럼 자기중심적으로 생각하는 경우가 많다.

새 12신살로 오(午)화는 인오술(寅午戌) 삼합 기준으로 장성살이 된다. 12운성의 제왕과 비슷한 모습으로 말을 타고 전군을 지휘하는 사령관의 모습이 된다. 사주의 격에 따라 군단장, 연대장, 대대장급으로 나누어지기도 한다. 말 위에서 전군을 지휘하니 책임감이 막중하며 그에 따른 권력이 주어진다.

태지와 같이 정신적인 영역과 분야에서 장성살처럼 힘 있게 이끌 수 있다. 여름의 왕지의 글자이니 정신적인 영역에서도 드러나는 것을 좋아하고 자존심이 강하다. 일지 오(午)화는 신살로 도화이며 탕화살이기도 한데 드물게 화상이나 알코올 중독, 약물 과용에 노출되는 경우가 있다.

7. 육십갑자(六十甲子) 일주 분석- 새로운 육십갑자 일주론을 시작하며

'오(午, 7)-임(壬, 9)=-2'가 되는데 음수이니 12를 더하면 10이 된다.

9, 10이 짝을 이루는데 신유(申酉)가 되니 임오(壬午) 일주의 공망은 신유(申酉)가 된다.

(5) 새 지장간 분석-일간의 라이프 스타일 분석

임오(壬午) 일주 오(午)화의 지장간은 병(丙)-편재, 기(己)-정관, 정(丁)-정재를 가지고 있는데 천간이 머무는 시간은 한 달을 기준으로 편재(10일), 정관(9일), 정재(11일)이 된다.

일간 임(壬)수가 지장간의 정재 정(丁)화와 정임(丁壬)합을 하니 그 처와 정이 돈독하지만, 한편으로는 다른 이성과 인연을 맺는 경우가 있다. 달밤의 호수처럼 낭만적이고 은밀한 연애를 하는 경우가 있을 수 있다. 남녀 공통으로 재성과 반명합을 하니 평생 돈이 곤궁하지 않다. 지장간의 기(己)토 정관은 잘 드러나지 않는다. 기(己)토는 습토라 큰물인 임(壬)수를 제대로 토극수하기 어렵기 때문이다. 그러나 자존심과 체면의 형태로 종종 나타나곤 한다.

일지는 명주의 사생활과 라이프 스타일을 보여 주는데, 정재의 환경에서 정관의 활동을 하고 있다. 정재이니 매사에 꼼꼼하고 정확하며 알뜰하고 안정적인 삶을 추구한다. 알뜰하지만 때로는 체면과 자존심을 생각해서 적당히 눈치껏 하기도 한다.

(6) 배우자, 재물 및 직업 분석

부부 사이는 대체로 좋은 편이다. 일간 임(壬)수가 오(午)화를 반기니 부부 사이가 좋다.

녹마동향(재물과 관직이 같이 간다는 뜻)이니 늘 재물에 관한 복이 있고, 남자는 호색하는 기질로 풍파가 있을 수 있으나 대체로 부부가 해로하는 경우가 많다. 여자는 외모가 수려하고 풍류를 즐기는 배우자를 만난다. 여자는 재물과 남편의 덕이 두터우나, 전체 사주가 하격이나 파격이 되면, 유흥업 쪽에 종사하는 경우도 있다. 임오(壬午)는 불이 물을 가열하여 증발시키는 구조이므로 물과 관련된 업종에 종사하는 경우가 많다. 오(午)화는 불이고 열이니 통신, 미디어, 방송 관련 직종이나 불을 다루는 업종과 관련이 있고, 일지 정재이니 사업보다는 직장이 좋다. 정재의 특성상 금융, 행정, 화학, 전기·전자, 통신 쪽이 유망하다.

(7) 천간합극 및 형충회합파해 원진

- 천간합: 정임합-목(丁壬合木)-합하여 합화가 안 되는 경우가 대부분인데 지지에 목의 세력이 강하면(월지 포함-삼합, 방합의 경우) 합화가 되어 새로운 목이 나올 수 있다.
- 천간극: 천간의 극은 다른 말로 스트레스(Stress)라고 한다. 천간은 드러난 마음이니 정신적인 스트레스를 의미한다. 운으로 무(戊)토 편관이 들어오면 임(壬)수 일간이 약해진다.

- 지지합: 오미(午未)합(공개적인 합), 삼합-인오술[寅午戌, 용(用)-화(火)의 운동], 방합-사오미[巳午未, 체(體)-화(火)의 운동]
- 지지충: 자오(子午)충, 원진: 축오(丑午)원진(원진이 약한 편이다), 자형: 오오(午午)형
- 지지파: 묘오(卯午)파 - 지지해: 축오(丑午)해

(8) 신축년(2021년) 포함 4년의 운세 팁(Tip)—사주의 핵심은 운을 보는 것이다

임오(壬午) 일주의 임(壬)수 일간은 신축(辛丑)년(2021년)에 축(丑)토에서 새 12운성으로 쇠지(衰地)의 모습이다.

막 정상에서 내려온 모습으로 여전히 힘이 있고 노련한 모습이다. 양간인 임(壬)수는 해자축(亥子丑)의 시기에 록왕쇠로 강해지는데, 음 운동 속의 양간인 임(壬)수가 강해져 하강 응축 운동을 하니 힘이 강해지면 외형이 작아지고 응축하면서 실속이 있게 되는데 제왕의 시기에는 씨앗과 같이 작게 된다.

다이아몬드, 백지수표, 신용카드는 크지 않다. 작으면서 실속이 있다. 사업자의 모습이라면 여름철에 4~5개로 늘려놓은 매장이 2개, 3개로 정리되고 응축된다. 매장이 줄어드는데 무슨 임(壬)수가 강하냐고 이견을 제기할 수 있지만, 이렇게 매장을 줄이고 매각하면 실속이 커지고 실익이 생긴다. 외형을 키우는 것이 병(丙)화라면, 임(壬)수는 실속을 키우는 모습이다.

천간으로 들어오는 신(辛)금은 임(壬)수 일간에게 정인이 된다. 천간의 임(壬)수와 신(辛)금은 가깝고 좋은 관계인데 정인이 들어오니 취업, 진학, 승진, 합격 등에 유리하게 작용한다. 예정된 계약, 매매 등이 있을 수 있다.

지지로 들어오는 축(丑)토는 임(壬)수 일간에게 정관이 된다. 일지 오(午)화와 축오(丑午)원진의 모습인데, 뜨거운 사주라면 축토가 큰 도움이 되고, 차가운 사주라면 원진의 기운이 생길 것이다.

임오(壬午) 일간은 2022년에 병지, 2023년에 사지, 2024년에 고지(묘지)의 모습으로 점차 하강 운으로 가고 있다. 물론 세운의 상승과 하강은 대운이라는 기준 안에서 살펴야 한다.

겨울에 밖에서 맹활약을 했던 임(壬)수가 계(癸)수에게 배턴을 넘겨주고 일을 마무리하고 퇴근하는 시기가 된다. 열심히 일한 임(壬)수! 쉬거나 떠나라.

20) 새로운 계미(癸未) 일주 분석

(1) 자연물상/동물상

계미(癸未) 일주는 마른 전답에 내리는 비요, 사막의 이슬, 비를 맞고 있는 양(羊)의 물상이다. 미(未)토는 열토인데 사(巳)화, 오(午)화의 열기를 흡수하여 사막처럼 뜨겁고 화끈하다. 음간인 계(癸)수는 사막의 열토의 많은 화기를 받아들여야 하니 어려움이 있다. 흔히 계미(癸未) 일주를 눈물 많고, 한 많고, 스트레스 많은 일주라고 말하곤 하는데 원국에 수 기운이 어느 정도 있으면 괜찮을 수 있다.

사막에 내린 비는 금세 말라버리니 일지 편관으로 인한 강박관념에 시달리는 경향이 있다. 늘 갈등과 망설임, 압박감에 시달리니 불면증이나 노이로제로 고통받는 경우가 있다. 대체로 직장이나 배우자 또는 이성으로 인한 스트레스에 시달리는 경향이 있으나, 만약 미(未)토 주위에 수 기운이 많다면 강한 열토를 중화시켜 계(癸)수 일간을 도와주어 직장도, 배우자와의 관계도 좋은 경우가 있으니 항시 일주를 기초로 하되, 종합적으로 주변의 글자를 살펴야 한다.

(2) 일간일지의 음양오행 및 관계

일간 계(癸)수는 생명을 키우는 깨끗한 생명수다. 수생목하는 작용을 잘한다. 고서인 『적천수』에서는 계(癸)수를 음 중의 음이라고 했는데, 허주의 견해는 다르다. 음(陰) 중의 음(陰)은 임(壬)수가 된다. 그것은 지장간의 구성으로 알 수 있다. 양(陽) 중의 양(陽)이 병(丙)인 것과 같은 이치이다. 헌신하고 희생하며 베푼다. 마음이 여리고 눈물이 많다. 계(癸)수는 맑고 투명한 물이니 음흉하지 않고 거짓이 없으며, 명랑하고 수다스럽다. 계(癸)수와 병(丙)화에게 비밀을 말하는 것은 옳지 않다. 잘 지킬 수 없기 때문이다. 임(壬)수가 아래에서 정지, 응축된 기운이라면, 계(癸)수는 위로 올라가며 확산하여 퍼져있는 기운이 된다. 음의 영역에 속해 있으면서 양을 지향하니 복잡 다변한 감정의 기복을 경험한다.

(3) 일간 기준 십신 관계

일지 미(未)토는 일간 기준 편관과 비슷하다. 일지에 편관을 두니 자기관리가 철저한 편이며 그로 인한 스트레스 역시 심한 편이다. 사막의 열토이고 목(木)이 살아가기에 적합하지 않은 환경이다. 이에 목(木)과의 연이 부실한 경우가 많은데, 목(木)은 식상이니 남자에게는 아랫사람이고 여자에게는 자식이다. 미(未)토는 열토라 다혈질이고 신경질적이며 폭발적인 성향이 있는데, 종종 성급한 결정으로 나중에 후회하는 경향이 있다. 미(未)토는 양의 마지막이고, 계(癸)수는 음의 마지막이라 분별력이 좋고 말을 잘한다. 사주 내에 다른 수 기운이 없다면 생식기, 비뇨기 계통의 질병이 있을 수 있다. 매사에 성취가 느리고 시련 속에서 성공이 오는 타입이다.

(4) 새 12운성과 새 12신살[체(體)와 용(用)]

계미(癸未) 일주는 새 12운성으로 쇠지(衰地)에 해당하는데 예전의 12운성 포태법은 묘지(墓地)였다. 음간의 경우 새 12운성은 예전의 포태법과 달라지는데, 하락기인 병지와 사지의 경우 하락기의 운성이라 큰 차이를 못 느끼는 경우가 있지만, 쇠지와 묘지는 확연히 차이가 나니 계미(癸未) 일주 분들은 스스로 확인해 보시길 바란다. 건록, 제왕을 지난 쇠지이니 백전노장이다. 산전수전 공중전까지 다 겪었다. 인내심이 강하고 사물에 대한 이해도가 높다. 정상을 지나서 내려오니 홀가분하기도 하지만 마음속에 아쉬움이 있다. 세상을 바라보는 시선에 여유로움이 느껴지고 타인과 불화하지 않으며 오히려 능수능란하게 불화를 조정하고 처세한다.

새 12신살로 미(未)토는 해묘미(亥卯未) 삼합 기준으로 화개살이 된다. 화려함을 덮는다는 화개살이 되니 학문, 예술, 종교, 철학, 미학 등에 깊은 관심을 가지게 된다. 창고 또는 묘지의 진술축미에 해당하니 저장, 수집을 하는 성향도 가지게 된다. 정신적인 분야에서는 쇠지처럼 힘 있고 노련하게 쓸 수가 있는데 같은 진술축미 고지(묘지)라도 양 운동을 하는 미(未)토의 화개살이 드러나 있는 모습이라면, 반대편의 축(丑)토의 화개살은 숨겨져 있는 모습으로 존재한다.

'미(未, 8)-계(癸, 10)=-2'가 되는데 음수이니 12를 더하면 10이 된다.
9, 10이 짝을 이루는데 신유(申酉)가 되니 계미(癸未) 일주의 공망은 신유(申酉)가 된다.

(5) 새 지장간 분석-일간의 라이프 스타일 분석

계미(癸未) 일주 미(未)토의 지장간은 정(丁)-편재, 을(乙)-식신, 기(己)-편관을 가지고 있는데 천간에 머무는 시간은 한 달을 기준으로 편재(9일), 식신(3일), 편관(18일)이 된다. 식신생재를 하여 편재 기질이 잘 나타난다. 수치감각이 좋고 현실감각이 좋으며 말기의 편관적인 기질이 잘 드러난다. 체면을 중시하고 남의 눈치를 본다.

기본적으로는 편관의 마인드로 행동하지만, 한편으로는 한탕하고 싶은 욕망이 꿈틀거린다.

일지는 명주의 사생활과 라이프 스타일을 보여 주는데, 편관의 환경에서 식신의 활동을 하고 있다. 편관은 예의와 체면을 중시하는 편이다. 남의 시선을 의식하면서 한편으로는 내 멋대로, 내 뜻대로 하려는 일탈을 꿈꾼다. 여기에다 편재 기질로 가끔씩 한턱을 쏘기도 한다.

(6) 배우자, 재물 및 직업 분석

일지 미(未)토는 편관이다. 일간 계(癸)수는 열토인 미(未)토를 반기지 않는다. 배우자 관계가 좋지 않다. 그러나 앞에서 말한 바와 같이 사주 내에 수 기운이 어느 정도 있으면 미(未)토 편관의 압박이 줄어드니 그런 경우는 괜찮을 수 있다. 그러나 배우자 덕은 없는 편이다. 남녀 공통으로 일찍 이성에 눈을 뜨고 남자는 결혼전에 자식을 얻는 경우가 있다. 명예와 자존심이 가치 판단의 기준이 되는 경우가 많은데, 편관은 나를 통제하는 기운이니 망설이거나 추진력 부족으로 중도에 포기하는 경우가 많다. 일찍 취업 전선에 나서거나 재물로 인해 학업을 중도에 포기하는 경우도 종종 있다.

직업적으로는 월지를 보는 것이 가장 좋으나, 때로는 일지의 경향이 직업 선택에 영향을 주기도 한다. 미(未)토는 열토이니 물이 필요하여 물과 관련된 직업[미(未)토의 영향], 무관 직업(편관의 영향)이며, 부동산업과도 인연이 있다. 미(未)토는 미식가, 요식업과도 관련 있고, 교육[미(未)토의 지장간 기(己)토의 영향]과도 관련이 있다. 사업보다는 직장 생활이 좋다.

(7) 천간합극 및 형충회합파해 원진

- 천간합: 무계합-화(戊癸合火)-합하여 합화가 안 되는 경우가 대부분인데 지지에 화의 세력이 강하면(월지 포함-삼합, 방합의 경우) 합화가 되어 새로운 화가 나올 수 있다.
- 천간극: 천간의 기(己)토가 계(癸)수를 극한다. 천간의 극은 스트레스(Stress)를 의미한다.

극을 받는다는 것, 스트레스를 받는다는 것은 이제 당신이 성장해야 할 시기가 왔음을 알려준다. 지지의 충이 환경의 변화이듯이, 천간의 극은 의식의 변화를 의미한다.

- 지지합: 오미(午未)합(육합), 삼합-해묘미[亥卯未, 용(用)-목(木)의 운동], 방합-사오미[巳午未, 체(體)-화(火)의 운동]
- 지지충: 축미(丑未)충, 원진: 자미(子未)원진(오리지널 원진), 삼형: 축술미(丑戌未)
- 지지파: 술미(戌未)파 - 지지해: 자미(子未)해

(8) 신축년(2021년) 포함 4년의 운세 팁(Tip)-사주의 핵심은 운을 보는 것이다

계미(癸未)일주의 계(癸)수 일간은 신축(辛丑)년(2021년)에 축(丑)토에서 새 12운성으로 양지(養地)가 된다.

양지의 의미는 이제 막 출산을 앞둔 아이의 모습과 같다. 장차 태어날 세상에 대한 희망과 기대감이 있지만, 아직은 독립적인 활동이 어려운 시기이다.

천간으로 들어오는 신(辛)금은 계(癸)수 일간에게 편인이 된다. 갑작스럽고 예상치못한 시험이나 부동산의 매매, 거래, 계약의 운이 있는데 일지에서 충과 형의 모습이 있으니 문서 작성에 신중을 기해야 한다. 편인은 치우쳐진 기운이고 주관성이 강하게 작용하니 충동적으로 하지말고 전문가의 자문과 조언을 받아서 작성하는 게 좋다.

지지로 들어오는 축(丑)토는 계(癸)수 일간에게 편관이 된다. 일지 미(未)토와 만나 축미(丑未)충, 축미(丑未)형이 구성되니 이사, 질병, 관재구설이 있을 수 있는 해이고, 일간 계(癸)수는 음간으로 드러나지 않게 쓰는 것이 좋으니 안에서 양지의 모습으로 드러나지 않게 보내는 것이 좋겠다.

계(癸)수 일간은 2022년에 장생, 2023년에 목욕, 2024년에 관대의 모습으로 상승운의 시기가 된다.

물론 세운의 흐름은 더 큰 환경인 대운의 흐름 속에서 살펴야 한다.

계(癸)수는 사오미(巳午未) 여름철에 병(丙)화, 무(戊)토와 더불어 록왕쇠로 맹활약을 하는 음간이다.

병(丙)화, 무(戊)토가 밖에서, 드러난 모습으로 상승 확산 운동을 할 때, 음간인 계(癸)수는 안에서, 드러나지 않는 모습으로 상승 확산 운동을 하면서 초목의 가지 끝까지 수분을 공급해 주는 역할을 하니 뜨거운 여름에도 초목이 시들지 않게 하는 수고로움과 헌신이 있다.

21) 새로운 갑신(甲申) 일주 분석

(1) 자연물상/동물상

갑신(甲申) 일주는 나무 아래의 원숭이다. 또한, 바위 위에 자라난 나무이니 분재이기도 하다.

칼로 나무를 다듬는 형상이기도 하다. 원숭이는 나무를 잘 타니 다재다능한 사람인데, 나무 아래 원숭이니 나무에서 떨어진 원숭이다. 인생에 실패가 많다. 갑(甲)목은 바위 위에는 뿌리를 내리기 힘드니 객지 생활을 하는 경우가 많으며 주거나 직업적으로 이동이 잦은 편이다. 칼로 나무를 전지하니 인내가 성공의 중요한 요소가 된다. 삶이 고달프게 될 가능성이 있으나 나무 아래의 원숭이는 리더의 모습이고 하늘은 리더에게 반드시 시련을 경험하게 하니 참고 인내하면 정신적인 지도자로 성공할 수 있다.

(2) 일간일지의 음양오행 및 관계

일간 갑(甲)목은 오행과 십천간의 첫 번째 주자이니 기획하고 시작하는 힘이 왕성하다. 힘차게 달려가는 모습, 직선으로 뻗어 가는 모습이니 추진력이 좋다. 갑신(甲申) 일주는 흔히 갑인(甲寅) 일주와 많이 비교된다. 갑신(甲申)은 12운성으로 절지이고, 갑인(甲寅)은 건록이라 사뭇 다르다. 갑인(甲寅)은 간여지동, 물상결합으로 마음에 뜻한 바를 현실에서 이룰 수 있다. 자신감이 충만한 모습인데 꼭 좋은 것만은 아니다. 자신감에 넘쳐서 오버하다가 실패를 경험하기도 한다. 반면에 갑신(甲申)은 마음먹은 바를 이루고 싶은데 지지의 현실에 막혀있는 형상이다. 운으로 인(寅)이 와서 뭔가 해 보려고 해도 인신(寅申)충으로 뜻한 바를 이루기 어렵다. 좌절하고 고민하며 많은 생각에 잠긴다. 그리하여 갑신(甲申) 일주는 철학자가 된다. 정신적인 영역에서 리더인 경우가 많다.

(3) 일간 기준 십신 관계

일지 신(申)금은 사(巳)화, 오(午)화의 뜨거운 열기를 미(未)토가 다 흡수할 수가 없어 그 기운을 이어받아 일부 흡수한다. 음의 운동을 본격적으로 시작해야 하는 신(申)금의 시기에 그 열기를 일부 흡수하니 뜨거워진다. 8월인 신(申)월이 여전히 더운 것은 그런 이유이다. 인신상화(寅申相火)의 모습이다.

일지 신(申)금은 편관이니 자존심이 강하고 명예와 대의명분이 모든 가치판단의 기준이 된다.

자기관리 및 절제력이 좋아서 조직이나 직장 생활을 잘하는데, 편관의 성향으로 예리한 지적을 하고 남의 눈을 의식하여 체면치레가 강한탓에 강박관념에 시달린다. 뜻이 고상하고 조직을 중시하므로 지도자의 상이다. 일지 신(申)금은 원숭이에 해당하니 다재다능하고 나무 아래의 원숭이니 많은 이를 거느리고 산다. 그러나 명분을 중시하기 때문에 경제적 실리를 추구하는 것에는 미숙하다. 일지 신(申)금은 천간의 경(庚)금과 비슷해서 의리와 순박함인데, 일간 갑(甲)목의 순수함과 어울려 사람이 순하고 강직하다.

(4) 새 12운성과 새 12신살[체(體)와 용(用)]

갑신(甲申) 일주는 새 12운성으로 절지(絶地)에 해당하는데 양간이니 예전의 12운성 포태법도 절지(絶地)로 같다. 일지 신(申)금은 역마에 해당하는데, 절지이니 독수 공방하거나 이별하기 쉽다. 정신적인 영역이 극대화되는 시기이니 머리를 쓰면서 사는 게 현명하다. 예술이나 첨단적인 일에 관심이 많고 연구하고 사색하는 스타일이다. 귀가 얇은 경향이 있고 변덕이 심하나 순하고 여려서 남의 부탁을 잘 거절하지 못한다. 조직에서 일하는 전문가가 되면 좋고 사업등은 적합하지 않다.

새 12신살로 신(申)금은 신자진(申子辰) 삼합 기준으로 지살이 된다. 생지의 글자로 가을을 시작하는 글자가 된다. 지살은 역마와 다르게 자발적인 움직임을 의미한다. 새로운 시작, 새로운 출발, 새로운 기획을 의미한다. 절지의 모습으로 보이지 않는 곳(외국, 지방)에서 새롭게 시작하는 모습이며 객지에서 성공하는 경우가 많다. 인신사해(寅申巳亥)는 각 계절을 시작하는 생지의 글자이지만, 각각 다른 모습이 된다. 인(寅)과 사(巳)는 말대로 실제적인 움직임이 잦으나, 신(申)과 해(亥)는 실제적인 이동이 덜할 수 있는데 음의 지살은 머릿속에서 생각이 자주 바뀌고, 움직이며, 변하는 것을 포함하기 때문이다.

'신(申, 9)-갑(甲, 1)=8'이 되는데 양수이니 그대로 8이 된다.
7, 8이 짝을 이루는데 오미(午未)가 되니 갑신(甲申) 일주의 공망은 오미(午未)가 된다.

(5) 새 지장간 분석-일간의 라이프 스타일 분석

갑신(甲申) 일주 신(申)금의 지장간은 무(戊)-편재, 임(壬)-편인, 경(庚)-편관을 가지고 있는데 천간이 머무는 시간은 한 달을 기준으로 편재(7일), 편인(7일), 편관(16일)이 된다. 갑(甲)목은 양간으로 식재를 좋아하니 무(戊)토 편재의 성향을 나타낸다. 그러나 지장간 말기가 편관이므로 겉으로는 명분과 체면을 내세운다. 편인은 편관의 생함을 받고 있고 지장간 중기의 모습이니 편인적 성향으로 계획, 전략적인 머리가 뛰어나다. 잔머리를 잘 쓰고 순발력과 재치가 있다.

일지는 명주의 사생활과 라이프 스타일을 보여 주는데, 편관의 환경에서 편인의 활동을 하고 있다. 여기서 편재의 기질이 잘 나타나는데 욕심이 많고 남자의 경우, 돈과 여자를 밝힌다. 그러나 지장간 말기가 편관이라 겉으로는 예의와 체면을 내세운다. 외골수적인 정치 성향도 강하게 나오는데 편관도, 편인도 치우쳐진 모습이기 때문이다. 격의 고저에 따라서 높으면 날카로운 정치 비평을 하기도 하고(청와대 국민청원 조은산의 시무 7조), 낮으면 정치 기사에 줄기차게 소위 악플과 욕설을 날렸다가 삭제하기도 한다. 댓글 삭제율 90% 이상의 방구석 여포의 모습으로도 나타난다.

(6) 배우자, 재물 및 직업 분석

갑(甲)목은 나무의 형상이고 신(申)금은 바위이니 갑목이 반기지 않는다. 또한, 일지 편관이니 남녀 공통으로 배우자의 덕은 없다. 여자에게는 강압적이고 권위적인 남편이다. 여자에게 배우자는 바깥일은 잘하나(사회의 논리) 집안일은 등한시하는 경우가 많고, 자기주장이 강하여 가정적이지 못하다. 남자에게 배우자는 잔소리가 많고 나를 힘들게 하니 아내의 눈치를 본다. 배우자의 자리가 절(絶)이니 주말 부부나 혹은 기러기 아빠의 모습으로 나타나기도 한다. 그러나 종합적으로 볼 때 천간에 비겁인 갑을(甲乙)목이 있거나 지지 내에 신(申)금을 설기하는 수 기운이 있으면 이러한 경향이 덜하니 일주를 분석한 후에 전체를 살펴봐야 한다. 직업적으로는 편관성 직업(검찰, 경찰 쪽이나 과학수사대처럼 머리를 쓰는 분야)이나 역마성 직업(외교관, 해외 무역)이나 일지 신(申)금이 금 기운이고 현침살이라 의료, 기계, 금속, 주물, 치과 보형물의 분야에서 활동하기도 한다.

(7) 천간합극 및 형충회합파해 원진

- 천간합: 갑기합-토(甲己合土)-합하여 합화가 안 되는 경우가 대부분인데 지지에 토의 세력이 강하면(월지 포함-삼합, 방합의 경우) 합화가 되어 새로운 토가 나올 수 있다.
- 천간극: 천간의 경(庚)금이 갑(甲)목을 심하게 극한다. 갑(甲)목에게는 경(庚)금이 편관이기 때문이다.
  갑(甲)목은 목 운동의 양간이므로 외형을 키우고 확산하는 상승 운동을 하는데, 경(庚)금은 금 운동의 양간이라 외형을 줄이고 응축하는 하강 운동을 한다. 밖에 나가서 뛰놀고 싶어 미칠 것 같은 아이[갑(甲)목]와 절대로 나가지 못하게 하고, 공부를 시키려는 무서운 엄마[경(庚)금]의 만남이니 그 극함과 살벌함이 싸늘하다. 오행과 십신을 떠나서 상승하려는 힘과 하강하려는 힘이 만나니 강한 극함이 생기는 것이다.

- 지지합: 사신(巳申)합(육합) 삼합-신자진[申子辰, 용(用)-수(水)의 운동], 방합-신유술[申酉戌, 체(體)-금(金)의 운동]
- 지지충: 인신(寅申)충, 원진: 묘신(卯申)원진(원진의 기운이 약하다), 삼형: 인신사(寅申巳)
- 지지파: 사신(巳申)파 - 지지해: 신해(申亥)해

(8) 신축년(2021년) 포함 4년의 운세 팁(Tip)-사주의 핵심은 운을 보는 것이다

갑신(甲申) 일주의 갑(甲)목 일간은 신축(辛丑)년(2021년)에 축(丑)토에서 새 12운성의 관대(冠帶)로서 힘 있는 모습이다.

관대는 이제 막 사회에 진출한 신입사원의 모습과 비슷하다. 패기와 열정이 있지만, 아직은 미숙함이 많은 모습이다.

천간으로 들어오는 신(辛)금은 갑(甲)목 일간에게 정관이 된다. 운으로 정관이 들어오니 입학, 취업 등에 유리하고 직장인이라면 적절한 임무와 보직이 주어지는 모습이 된다.

지지로 들어오는 축(丑)토는 갑(甲)목 일간에게 정재가 된다. 일지 신(申)금은 편관의 모습인데 신(申)금 지장간 중기는 임(壬)수 편인이고, 축(丑)토의 지장간 중기는 신(辛)금 정관의 모습이니 관인상생의 모습을 보여 준다.

전환기의 축(丑)토이니 작은 규모의 부서 이동, 전근, 업무 변경이나 때론 이직 등의 변화가 있을 수 있다.

갑(甲)목 일간은 2022년에 건록, 2023년에 제왕, 2024년에 쇠지의 모습으로 맹활약을 하는 시기가 된다. 丑년의 관대는 그 전조가 된다. 물론 세운의 상승과 하강은 대운이라는 기준 안에서 살펴야 한다.

갑(甲)목이 맹활약을 하는 인묘진(寅卯辰) 봄이 찾아온 것이다. 양간의 갑(甲)목은 상승 확산하면서 밖에서 키우고, 갑(甲)목의 파트너인 신(辛)금은 내부의 보이지 않는 안에서 금기를 불어넣어 목의 성장을 돕게 된다.

22) 새로운 을유(乙酉) 일주 분석

(1) 자연물상/동물상

을유(乙酉) 일주는 자갈밭에 핀 꽃이다. 곡식을 먹어 치우는 닭의 형상이고, 칼로 초목을 다듬는 형상이다. 바위 위에 심은 화초이니 뿌리내리기가 힘들다. 마음이 편하지 않고 강박관념에 시달릴 수 있지만, 천간 지지에 목 기운이 왕성하면 위의 현상이 덜할 것이다. 을(乙)목은 목이니 다정하고 순하지만, 유(酉)금은 칼이라 날카롭다. 겉으로는 다정해 보여도 속으로는 권위적이고 냉정하다. 밝고 끈기가 있으며 생활력도 강하고 의지가 강하여 지도자의 자질도 있다. 을(乙)목도 음간이고, 유(酉)금도 음이니 사업보다는 조직이나 직장에서 인정받고 성공한다. 칼로 초목을 다듬는 모습이니 매사에 절제력이 있고, 자기관리가 철저하며, 화분에 심어진 꽃이니 남자는 샤프하고 여자는 외모가 출중하다.

(2) 일간일지의 음양오행 및 관계

을(乙)목은 음간이니 실속파이자, 현실적이고, 용의주도한 면이 있다. 음간이지만 양 운동 속에 있으니 을(乙)목도 식재를 추구한다. 우선으로 관인비를 선호하고 차선으로 식재를 추구한다. 양간인 갑(甲)목과 다르게 음간이라 강한 세력을 따라 가려는 경향이 있다. 변절로 보기도 하지만, 약자의 생존법으로 보는 게 맞겠다. 유(酉)금은 금 기운으로 마무리하는 기운이니 마무리가 좋은 편이다.

(3) 일간 기준 십신 관계-편관, 너를 죽여야 내가 산다

일지 유(酉)금은 편관이라고 할 수 있다. 십신은 천간끼리의 관계로 정해지며 지지와는 상관이 없다. 편관도 10개의 편관이 있는데, 그중에서도 금의 편관은 매섭다. 유(酉)금은 천간의 신(辛)금과 비슷하니 늦가을 서릿발 같은 편관이라 냉정하고 차가우며 맺고 끊음이 확실하다. 신(申)금의 기운을 이어받아 더욱 세련되게 가다듬고 정련하니 그 예리함에 한기가 서린다. 편관의 성정에 닭의 쪼아대는 물상이 겹쳐서 예리한 지적을 잘하고 닭이 곡식을 쪼듯이 독설도 강한 편이다. 편관의 성정이 강하게 나와 자존심과 명예를 빼면 남는 것이 없는 사람이다.

체면과 명분을 중시하는데 특히, 눈이 높고 고상한 것을 추구하여 잡다한 것에는 관심이 없고 특별해야 관심을 갖는다. 갑신(甲申)도 일지 편관이지만, 지장간에 편인이 있어 잔머리를 쓰는데, 을유(乙酉)는 곧이곧대로이다. 즉, 잔머리가 없고 대쪽 같은 성격이다. 일지 편관이니 인성은 반겨서 모친의 연은 좋고, 재성을 꺼리니 부친의 연은 좋지 않다. 술, 담배 같은 기호식품을 좋아하고, 일지가 형충으로 구성되어 있으면 주사(酒邪)가 있는 경우도 있다. 일지 편관이니 지나친 스트레스와 강박관념으로 건강이 안 좋을 수 있다. 일지 주변에 편관과 맞설 비겁이나 식신, 편관의 기운을 설기할 인성이 있으면 괜찮다.

(4) 새 12운성과 새 12신살[체(體)와 용(用)]

을유(乙酉) 일주는 새 12운성으로 제왕(帝旺)에 해당하는데 예전의 12운성 포태법은 절지(絶地)였다. 제왕과 절지는 천지 차이이니 을유(乙酉) 일주 분들은 본인이 어느 쪽에 해당하는지 비교해 보면 좋겠다. 을(乙)목은 신(申)월에 건록, 유(酉)월에 제왕이 된다. 제왕이니 노련하고 완숙하다. 책임감이 강하며 약한 모습을 보이지 않는다. 자존심 강하고, 뻣뻣하며, 신세를 지지 않으려 하고, 힘들어도 내색하지 않으니 중장년 시기를 살아가는 우리의 아버지들의 모습을 닮은 것 같다.

새 12신살로 유(酉)금은 사유축(巳酉丑) 삼합 기준으로 가운데 자리이니 장성살이 된다. 을(乙)목은 제왕으로 맹활약을 하면서 그 모습이 장성살의 리더의 모습이 된다. 물론 을(乙)목은 음간이니 실내에서, 드러나지 않게 써야 한다. 어떤 모습이 있을까? 겉으로 드러난 방탄소년단이 전 세계인의 주목을 받고 빌보드 차트에 한국 최초로 1위에 올라갔지만, 그것을 주도한 것은 기획자인 방시혁씨가 된다. 또한, 기업 내부에서 실세는 재무 파트, 회계 파트의 수장이 보통이다. 회사 회계의 수장이 우리는 누군지 모르고 관심도 없지만, 그 사람이 회사에서 돈줄을 쥐고 있으니 실세인 것이 맞고 이는 실내에서 드러나지 않는 제왕의 모습이고, 장성살의 모습이 된다.

신살로 유(酉)금은 도화인데 편관이니 관성도화로 조직에서 인기가 많다. 을(乙)목은 화초인데 일지 도화이니 미모가 있다. 남녀 공통으로 다른 이성과 인연을 맺는 경우가 있는데 특히, 여자는 지장간의 경(庚)금과 을경(乙庚)합으로 반명합을 하니 더욱 그러하다.

'유(酉, 10)-을(乙, 2)'=8이 되는데 양의 수이니 그대로 8이 된다.
7, 8이 짝을 이루는데 오미(午未)가 되니 을유(乙酉) 일주의 공망은 오미(午未)가 된다.

(5) 새 지장간 분석-일간의 라이프 스타일 분석

을유(乙酉) 일주 유(酉)금의 지장간은 경(庚)-정관, 신(辛)-편관, 신(辛)-편관을 가지고 있는데 천간이 머무는 시간은 한 달 기준으로 정관(10일), 편관(10일), 편관(10일)이 된다. 을(乙)목은 음간이라 관인비를 선호하니 강한 편관 성향이 나타난다. 명예와 체면을 중시한다. 잔머리도 굴리지 않고 FM으로 행동하니 과도함과 엄격함이 구설에 오를 수 있다.

일지는 명주의 사생활과 라이프 스타일을 보여 주는데, 편관의 환경에서 편관의 활동을 하고 있다. 체면과 자존심이 가치 판단의 기준이 되니, 체면치레를 하고 남의 이목에 신경 쓰다가 실리를 놓치는 경우가 많다. 자존심이 꺾이는 것을 죽기보다 싫어하니 을유(乙酉) 일주를 곁에 둔 경우라면, 그의 자존심을 세워주고 치켜준다면 오히려 다루기 쉬운 스타일이다.

(6) 배우자, 재물 및 직업 분석

일지 편관이니 남녀 공통으로 배우자의 덕은 약하다. 여자에게는 강압적이고 권위적인 남편이다. 남자는 여자의 눈치를 보면서 위축된다. 그러나 사주 내에 목 기운이 중중하면 어느 정도 해소될 수 있다. 사주 내 목 기운은 비겁인데 일간에 힘을 넣어주어 편관에 대항할 힘이 생기기 때문이다. 일지 편관이니 늘 건강에 위협을 받는다. 을(乙)목은 눈, 간, 담, 신경 쪽이니 그쪽의 질환에 노출되기 쉽다.

직업적으로는 유(酉)금은 보석이라 주얼리, 금속 공예, 의료 기기 등과 관련이 있고, 또한 술이나 제약, 기타 기호식품, 발효 식품과 관련된 직업과 인연이 있다. 일지 편관이니 편관성 직업이 좋고 조직 생활이 잘 맞는다. 사업을 한다면 대기업 관련 하청, 대리점 또는 정부나 기타 공조직을 대상으로 하는 것이 좋겠다.

(7) 천간합극 및 형충회합파해 원진

- 천간합: 을경합-금(乙庚合金)-합하여 합화가 안 되는 경우가 대부분인데 지지에 금의 세력이 강하면(월지 포함-삼합, 방합의 경우) 합화가 되어 새로운 금이 나올 수 있다. 해마다 수많은 퇴직자가 대박의 꿈을 꿈꾸며 편의점, 치킨집, 식당을 차리지만, 그중에서 생존하는 것은 얼마 되지 않는다.
- 천간극: 천간은 신(辛)금이 을(乙)목을 극한다. 을(乙)목의 기준으로 보면 신(辛)금이 편관이니 운으로 신(辛)금이 들어오면 극함이 있고 강도가 심하다. 천간의 극은 스트레스(Stress)를 의미한다.
  랍스터 등의 갑각류는 몸이 성장함에 따라서 두꺼운 외피가 이를 수용하지 못하면서 갑갑해지고 힘들어지니 천적을 피해서 조용한 바위틈에 들어가 껍질을 벗고 새로운 외피를 만들어 간다. 본인에게 剋(Stress)이 왔다는 것은 이렇게 변화와 활로를 모색해야 하는 시기가 왔음을 알려준다.

- 지지합: 진유(辰酉)합(육합), 삼합-사유축[巳酉丑], 용(用)-금(金)의 운동], 방합-신유

술[申酉戌, 체(體)-금(金)의 운동]
 - 지지충: 묘유(卯酉)충, 원진: 인유(寅酉)원진(원진이 강하다), 자형: 유유(酉酉)형
 - 지지파: 자유(子酉)파 - 지지해: 유술(酉戌)해

(8) 신축년(2021년) 포함 4년의 운세 팁(Tip)-사주의 핵심은 운을 보는 것이다

을유(乙酉) 일주의 을(乙)목 일간은 신축(辛丑)년(2021년)에 축(丑)토에서 새 12운성으로 고지(庫地) 또는 묘지(墓地)가 된다.

고지(묘지)는 묘지처럼 작은 공간에서 재충전을 하라는 의미가 된다. 새로운 일을 벌이지 말고 수성의 모습으로 전문 기술을 연마하거나 공부, 자격증, 내부 업무 등을 하면서 수성의 모습으로 보내면 좋다.

천간으로 들어오는 신(辛)금은 을(乙)목 일간에게 편관이 된다. 편관운이 들어오니 정신적인 스트레스가 있는 모습이고 업무 등이 과중되는 모습이다. 예기치않은 승진도 가능하다. 지지로 들어오는 축(丑)토는 을(乙)목 일간에게 편재가 된다. 편관과 편재가 들어온 해이니 상당히 바빠지고 욕심도 커지게 된다. 예상치 않은 특별 승진이 있을 수 있다.

을(乙)목 일간은 2022년에 절지, 2023년에 태지, 2024년에 양지의 모습으로 가장 약해지는 시기가 된다. 물론 세운의 상승과 하강은 대운이라는 기준 안에서 살펴야 한다. 차분히 내실을 다지고 실력을 키우며 준비하며 보내는 것이 좋다. 지방 발령이나, 해외 근무, 해외 연수를 가거나 여행, 휴식, 공부 등을 하면서 보내면 좋다. 갑(甲)목 겁재와의 경쟁이나 대립은 유리할 게 없다.

23) 새로운 병술(丙戌) 일주 분석

(1) 자연물상/동물상

병술(丙戌) 일주는 일락서산, 즉 서산에 지는 태양이다. 일간이 태양이지만 지는 해이니 겉으로는 화려하지만, 실속은 없다. 지는 해를 보고 개가 짖고 있는 형상이니 책임감이 강하다.

병(丙)화는 밝지만 술(戌)토는 늦가을이니 겉은 명랑하고 밝지만 내면은 외로움과 쓸쓸함을 간직하고 있다.

머리가 총명하고 학문과 예술에 뛰어난 재능을 가지고 있다. 종교, 학문, 예술 방면에 남다른 재주와 관심을 가진다.

(2) 일간일지의 음양오행 및 관계

일간 병(丙)화는 양 중의 양이다. 『적천수』에 보면 오양개양병위최(五陽皆陽丙爲最)라고 했는데 병(丙)화가 최고의 양이라는 뜻이다. 일반적으로 병(丙)화는 비밀을 지키지 못하고 거짓말을 잘 못하는데, 병술(丙戌)은 다소 다른 경향이 나온다. 일지 술(戌)토는 병(丙)화의 묘지가 되니 그러한 밝고 솔직한 성정이 잘 드러나지 않는다. 지지에 묘지를 가지고 있으면 본래의 병(丙)화의 드러내고 나서는 성향보다 숨기고 감추는 성향이 더 잘 나온다.

일지 술(戌)토는 계절로는 늦가을에서 겨울로 넘어가는 환절기에 해당한다. 동물로는 개이고, 시간으로는 늦은 저녁이다. 개는 지키고 보호하는 것이 임무이니 책임감이 강하다. 개처럼 물고 늘어지니 끈질김이 돋보인다. 축(丑)토가 생명을 잉태하는 숙성의 토라면, 술(戌)토는 만물이 죽어서 흙 속에 묻히는 매장의 토다. 만물이 술(戌)토에서 삶의 과정을 마치고 묻히게 되니 쓸쓸하고 외로움이 가득하다.

(3) 일간 기준 십신 관계-식신, 일간을 지켜주는 훌륭한 보디가드

일지 술(戌)토는 십신으로 식신이라고 할 수 있다. 식신은 음양오행에 따라 10개의 다양한 식신이 존재한다. 목에서 화로 진행하는 식신이나 금에서 수로 진행하는 식신과 다르게 화에서 토로 진행하는 식신은 속도가 더디다. 가파르게 오르다가 정상 무렵에 다다라 속도가 줄어들고 진행이 더딘 식신이다. 하지만 술(戌)토의 식신은 건토이므로 무슨 일이든 빨리 해치워야 직성이 풀린다. 성격이 급하고 속전속결이다. 무골호인이지만 조급함이 병이다. 여명인데, 술(戌)토의 주변에 수 기운이 없다면 출산 때 어려움을 겪는 경우가 있다. 식신은 베푸는 성향인데, 영양분도 없는 건토이므로 베풀 만한 것이 보잘것없다.

남자에게 병(丙)화는 태양이라 잘난 척하는 성향이 있는데 지지가 술해(戌亥) 천문에 해당하니 이상이 높고 권력과 명예욕이 강하다. 식신이 일간을 지켜주는 보디가드인 이유는 일간을 극하는 편관을 막아주기 때문이다. 편관의 입장에서 보면 식신은 편관이 되기 때문에 식신을 두려워하는데 식신의 느긋함이 지나친 강박관념과 스트레스로부터 보호하기 때문이다.

(4) 새 12운성과 새 12신살[체(體)와 용(用)]

병술(丙戌) 일주는 새 12운성으로 묘지(墓地)에 해당하는데 양간이니 기존의 12운성 포태법도 묘지(墓地)로 같다. 일간의 묘지가 되니 자기입묘가 된다. 병(丙)화는 술(戌)토에 입묘가 되어야만 해자축(亥子丑) 수의 시절을 잘 넘길 수 있는 것이다. 묘처럼 작은 공간에 들어가 있는 형상이니 답답한데, 상승 확산을 하는 병(丙)화라서 더욱 힘들 수 있다. 정신적이든, 육체적이든 갇히는 일을 경험하게 된다. 자기입묘라 들어온 것은 나가지 않게 하니 구두쇠인 경우가 많고, 속내를 드러내지 않으니 겉으로는 병(丙)화 일간임을 알기 어렵다. 새 12신살로 술(戌)토는 인오술(寅午戌) 삼합 기준으로 화개살이 된다.

신살로는 병술(丙戌)은 백호살인데 여명에서 술(戌)토가 식신에 해당하니 자식으로 인한 근심이 있다.

백호살인데 시지나 월지에 형충이 있다면 본인이나 배우자가 사고나 수술 등에 노출되기 쉽다.

'술(戌, 11)-병(丙, 3)=8'이 되는데 양의 수이니 그대로 8이 된다.

7, 8이 짝을 이루는데 오미(午未)가 되니 병술(丙戌) 일주의 공망은 오미(午未)가 된다.

(5) 새 지장간 분석-일간의 라이프 스타일 분석

병술(丙戌) 일주 술(戌)토의 지장간은 신(辛)-정재, 정(丁)-겁재, 무(戊)-식신을 가지고 있는데 천간이 머무는 시간은 한 달 기준으로 정재(9일), 겁재(3일), 식신(18일)이 된다. 병(丙)화는 양간이라 정(丁)화 겁재를 반기지 않아 겁재적 성향은 잘 나타나지 않는다. 병(丙)화는 신(辛)금 정재를 반기니 정재의 성향이 강해서 알뜰하고, 꼼꼼하며, 치밀하면서도, 계산적이다. 일지는 명주의 사생활과 라이프 스타일을 보여 주는데, 식신의 환경에서 정재, 겁재의 활동을 하고 있다. 병화가 양간이고 겁재가 머문 기간이 3일로 짧아서 겁재의 성향은 잘 드러나지는 않지만 이따금 정(丁)화 겁재가 들어오는 운에서 재의 겁탈이 있기도 한다. 술(戌)토는 영양분이 없는 토이고 물상으로 개에 해당하여 지키는 성향이 강하니 베푸는 식신의 기질보다는 아끼고 절약하며 저축하는 정재의 스타일로 살아간다.

(6) 배우자, 재물 및 직업 분석

대체로 남녀 공히 배우자 연은 좋지 않다. 여명은 배우자 궁이 식신이라 그렇고, 남명은 술(戌)토가 건토라서 병(丙)화 일간을 잘 받아들이지 못하기 때문이다. 남자는 지장간과 반명합을 하니 숨겨둔 여자가 있을 수 있다. 직업적으로는 교육 계통(식신의 성향), 금융 계통(정재의 성향), 역학, 종교, 상담(술해 천문의 성향) 등 활인업이 좋고, 일주가 백호살이니 생사를 다루는 직업이나 무관 직업과 인연이 있다.

7. 육십갑자(六十甲子) 일주 분석- 새로운 육십갑자 일주론을 시작하며

(7) 천간합극 및 형충회합파해 원진

- 천간합: 병신합-수(丙辛合水)-합하여 합화가 안 되는 경우가 대부분인데 지지에 수의 세력이 강하면(월지 포함-삼합, 방합의 경우) 합화가 되어 새로운 수가 나올 수 있다.

- 천간극: 천간의 임(壬)수가 병(丙)화를 극한다. 병(丙)화의 입장에서는 임(壬)수가 편관이 되기 때문이다.

  천간의 극은 나쁘게 말하면 스트레스지만, 좋은 쪽으로 보면 자극이 된다. 삶에 자극이 들어오면 변화가 생긴다.

- 지지합: 묘술(卯戌)합(육합), 삼합-인오술[寅午戌, 용(用)-화(火)의 운동], 방합-신유술 [申酉戌, 체(體)-금(金)의 운동]

- 지지충: 진술(辰戌)충, 원진: 사술(巳戌)원진(약한 원진의 기운이다) 삼형: 축술미(丑戌未)

- 지지파: 술미(戌未)파 - 지지해: 유술(酉戌)해

(8) 신축년(2021년) 포함 4년의 운세 팁(Tip)-사주의 핵심은 운을 보는 것이다

병술(丙戌) 일주의 병(丙)화 일간은 신축(辛丑)년(2021년)에 축(丑)토에서 새 12운성으로 양지(養地)가 된다.

양지는 이제 막 출산을 앞둔 태아의 모습이 된다. 현재의 힘은 약하지만, 미래에 대한 희망과 기대를 가질 수 있다.

천간으로 들어오는 신(辛)금은 병(丙)화 일간에게 정재가 된다. 병신(丙辛)합의 모습이다. 정재가 천간으로 들어오니 결실, 결과물, 목표물, 돈에 대한 생각이 많아지고 바빠지게 된다. 편재와 다르게 정재는 단계를 밟아 가며 쌓아올리는 적금과 같다. 그간의 노력과 진행에 관해 소소한 이득이 있는 모습이 된다.

지지로 들어오는 축(丑)토는 병(丙)화 일간에게 상관이 된다. 일지의 술(戌)토의 식신과 축술(丑戌)형의 모습이 되는데 형(刑)은 치우친 것을 수정, 교정, 수리, 수술하라는 자연의 신호와 같다. 형(刑)을 순리대로 잘 따르면 업그레이드가 될 수 있다. 가장 가벼운 형(刑)의 모습은 잔소리가 되고 심하면 관재구설이 있을수 있다.

일지는 배우자의 자리이니 다툼과 분쟁이 있을 수도 있다.

병(丙)화 일간에게 2022년에 장생, 2023년에 목욕, 2024년에 관대의 모습으로 상승 운으로 가고 있다.

병(丙)화는 양 운동 중에 양간으로 갑(甲)목이 상승 확산 운동을 한다면, 병(丙)화는 더 상승하고 더 확산하는 운동을 하게 된다. 천간에서는 병(丙)화의 짝은 신(辛)금이 되지만, 지축의 기울기로 인해서 사계절 운동을 하는 지지에서의 짝은 계(癸)수가 된다. 여름철 병(丙)화가 밖에서 외형을 키우고 확산할 때 내부에서는 계(癸)수가 외형을 키우고 확산한다.

24) 새로운 정해(丁亥) 일주 분석

(1) 자연물상/동물상

정해(丁亥) 일주는 강물 위에 뜬 달이니 아름답고 낭만적이며 감성적이다.

남녀 공통으로 외모가 아름답고 수려하다. 정(丁)화는 불이니 위로 오르고 해(亥)수는 물이니 아래로 흐른다. 화수미제(火水未濟)인 셈이다. 천간과 지지가 만나지 못하니 겉으로는 밝지만, 속으로는 물처럼 엉큼하고 숨기는 것도 많고 약간의 변덕도 있다. 성품이 온순하고 긍정적인 사고방식을 가지는데 호수에 비친 달이니

7. 육십갑자(六十甲子) 일주 분석- 새로운 육십갑자 일주론을 시작하며

인기와 명예를 추구한다. 조직의 지도자로 살아가지만, 카리스마와 추진력이 부족하여 일이 지연된다. 그러나 기획 능력이 좋고 희생정신이 강하여 조직원들의 신뢰를 받아 리더십을 발휘하여 조직을 잘 이끌어갈 수 있다.

(2) 일간일지의 음양오행 및 관계

일간 정(丁)화는 화 운동의 음화로 화려한 것을 더욱 화려하게 하고 세련되게 한다.

병(丙)화처럼 수다스럽지는 않지만, 언변이 세련되고 설득력이 있으며 따뜻하고 인정이 있으며 섬세하다. 정(丁)화는 촛불과 관련되니 무속인, 역술가, 종교와 관련이 있으며, 직관력과 영감이 뛰어나다.

정(丁)화는 병(丙)화가 여름에 화려하게 자신의 계절을 뽐내고 즐길 때, 홀로 화기운의 불씨를 보듬고 가을을 건너 화 기운의 상극인 수의 계절인 겨울에 땅속 깊은 곳에 화기를 보존한다.

겨울날엔 작은 불씨도 소중하다. 또한, 정(丁)화는 온순하나, 그 임계치가 넘어가면 폭발한다. 을(乙)목, 정(丁)화, 기(己)토, 신(辛)금, 계(癸)수 등의 음간들은 세력에 종(從) 하는 경향이 있어 여간해서는 그 성향을 드러내지 않고 갈무리하나, 그 압박이 임계치가 넘어가면 폭발한다. 그러나 겉으로는 조용하고 여성스럽고 애교도 많다. 정해(丁亥)의 간지가 모두 천문이라서 영감이 뛰어나고 예감이 잘 맞는다. 촉이 좋다는 뜻이다.

(3) 일간 기준 십신 관계-나의 수호천사 천을귀인

일지 해(亥)수는 십신으로 정관이라고 할 수 있다. 보통 정관이라고 하면 사람들이 순수하게 정관으로만 보는데 그렇지 않다. 해(亥)수의 지장간은 무갑임(戊甲壬)으로 복잡하다. 그중에 정기(말기)인 임(壬)수가 정관에 해당하므로 정관으로 구분했을 뿐이다.

사주간명은 체(體)를 보는 것이 아니라 용(用)을 중심으로 보기 때문에 지장간 중기인 갑(甲)목이 중요하다는 것을 잊지 않았으면 좋겠다. 정관이니 원칙과 명예, 절차를 중시하고, 체면치레를 잘한다. 융통성이 없고 일 처리가 꼬장꼬장하지만, 조직과 권위에 순종하며 위에서 시키면 시키는 대로 잘하는 것이 정관이다. 정관은 편관에 비해서는 융통성이 있는데 흔히 정관이 융통성이 없다는 것은 식상에 비해서 떨어진다는 것이다. 음양이 상대적이듯이 십신도 상대적이다.

자기 절제력이 뛰어나고(편관은 더 뛰어나다) 만인의 인기와 사랑을 받는다. 대체로 직위와 직책에 대한 집착이 있다. 정해(丁亥) 일주는 종교, 무속, 활인업과 인연이 많다. 또한, 해(亥)수는 큰물이고 물은 이리저리 흐르니 변덕스러운 면이 있다.

(4) 새 12운성과 새 12신살[체(體)와 용(用)]

정해(丁亥) 일주는 새 12운성으로 건록(建祿)에 해당하는데 예전의 12운성 포태법은 태지(胎地)였다. 병(丙)화가 오(午)월에 제왕으로 절정을 구가할 때, 그 정점에서 정(丁)화가 태지로 활동을 시작한다. 양이 절정인 곳에서 음이 태어난다는 양극즉음생(陽極卽陰生)이다. 병(丙)화는 제왕을 정점으로 조금씩 세력이 줄어드는 반면, 정(丁)화는 양지, 장생으로 세력을 키우게 된다. 양 운동 속의 음간이니 정(丁)화의 세력이 커지면 화 기운은 더 작아지고 응축된다. 가을을 지나 해자축(亥子丑) 임(壬)수의 계절에는 다른 오행도 임(壬)수를 따라서 작고 단단하게 응축되기 때문이다. 회사의 매출과 외형을 키우는 것이 병(丙)화의 역할이었다면, 비대해져서 효율성이 떨어진 조직을 다이어트하고 실속 있게 조정하고 축소하는 구조조정은 정(丁)화가 한다.

새 12신살로 해(亥)수는 해묘미(亥卯未) 삼합 기준으로 지살이 된다. 역마가 타의에 의해 이동하는 것이라면, 지살은 자의에 의해 이동하는 것으로 움직임이 있는 것은 같지만 그 동기가 다르다. 또한, 음의 영역에서의 움직임이니 보이지 않을 수 있으며 실제의 움직임이 없는 정신 속에서의 움직임일 수도 있다. 내부에서 건록처럼 힘 있게 하강 응축하면서 쓰는데, 지살처럼 늘 머릿속이 바삐 움직이고 분주하다.

신살로 정해(丁亥)는 천을귀인인데 사주 내에 천을귀인이 있으면 사람이 믿을 만한 사람이고 온순하고 순리를 따르며 의리가 있어 소위 뒤통수를 때리지 않는다. 중요한 점은, 어려울 때 귀인의 도움이 있어 어려움을 극복할 수 있다 하여 자평명리학에서도 중요하게 보는 신살 중의 하나이다. 신살계의 슈퍼 히어로로 정도로 생각하면 좋다.

　　일간: 무(戊), 경(庚), 갑(甲)일 때 지지는 축(丑), 미(未)
　　일간: 을(乙), 기(己)일 때, 지지는 신(申), 자(子)
　　일간: 병(丙), 정(丁)일 때, 지지는 해(亥), 유(酉)
　　일간: 신(辛)일 때 지지는 인(寅), 오(午)
　　일간: 임(壬), 계(癸)일 때 지지는 사(巳), 묘(卯)

　모든 것에는 음과 양, 긍정과 부정이 공존하니 사주 내에 천을귀인이 많다는 것은 그만큼 어려움이 많이 도래한다는 것을 뜻하니 타인에게 의존적이기 쉽다.

　'해(亥, 12)-정(丁, 4)=8'이 되는데 양의 수이니 그대로 8이 된다.
　7, 8이 짝을 이루는데 오미(午未)가 되니 정해(丁亥) 일주의 공망은 오미(午未)가 된다.

(5) 새 지장간 분석-일간의 라이프 스타일 분석

　정해(丁亥) 일주 해(亥)수의 지장간은 무(戊)-상관, 갑(甲)-정인, 임(壬)-정관을 가지고 있는데 천간이 머문 시간은 상관(7일), 정인(7일), 정관(16일)이 된다. 정(丁)화는 음간이니 상관의 성향은 잘 나타나지 않는다.

　정인과 정관성이 잘 드러난다. 일간은 정관과 암합하니(정임합) 배우자와 정이 돈독하며 때로는 여자의 경우 숨겨둔 남자가 있을 수 있고, 남자는 직장 생활을 잘한다.

　일지는 명주의 사생활과 라이프 스타일을 보여 주는데, 정관의 환경에서 정인의 활동을 하고 있다. 임(壬)수 정관의 환경이니 체면과 명예, 위신을 중시하며 바른 생활을 추구하고 타의 모범이 되려고 한다. 그런 정관 속의 목 정인이니 새로운 것을 배우고 익히는 것을 즐기며 가르치고 교육하는 것을 좋아한다. 정관은 곧 법이요, 질서이니 법으로 보장된 문서나 권리로 노후를 준비할 수 있어서 든든하다.

(6) 배우자, 재물 및 직업 분석

대체로 남녀 배우자 연이 좋은 편이다. 일지가 천을귀인이기도 하고, 일간과 지장간이 반명합을 하고 있으니 이래저래 살펴봐도 부부 사이가 좋다. 여자의 경우 대체로 남편과 사이가 좋지만, 일간이 반명합하고 정해(丁亥)가 낭만과 로맨틱한 것을 좋아하는 일주라 때로는 일탈을 꿈꾸기도 하여 바람이 나는 경우도 있다. 대체로 일생에 큰 애로가 없는 평탄하고 유복한 삶을 사는 경우가 많은 일주이다.

직업적으로는 일지 정관으로 공직이나 대기업 같은 조직 생활이 좋다. 일지 해(亥)수는 지살, 역마이니 역마성 직업도 괜찮다. 정(丁)화는 정보, 통신, 인터넷 등과 관련 있고, 화의 물상에 따라 문화, 연예, 언론, 인테리어, 디스플레이 등도 좋아 보인다. 천문으로 역학, 종교, 탐색, 조사, 프로파일러 쪽도 유망하다.

(7) 천간합극 및 형충회합파해 원진

- 천간합: 정임합-목(丁壬合木)-합하여 합화가 안 되는 경우가 대부분인데 지지에 목의 세력이 강하면(월지 포함-삼합, 방합의 경우) 합화가 되어 새로운 목이 나올 수 있다.

- 천간극: 천간의 계(癸)수가 정(丁)화를 극한다. 정(丁)화에게는 계(癸)수가 편관이기 때문이다.
  천간의 합은 극이 운으로 들어올 때 합이 풀린다. 월간+년간이 정임(丁壬)이 되어 있을 때 운으로 계(癸)수가 들어오면 합이 풀리게 된다. 반면에, 천간의 극은 합이 되는 글자가 들어올 때 그 극함이 풀리는데, 합이 극을 풀고, 극이 합을 풀기도 한다. 이는 운에 따라서 좌지우지된다는 것을 의미한다.

- 지지합: 인해(寅亥)합(육합), 삼합- 해묘미[亥卯未, 용(用)-목(木)의 운동], 방합-해자축[亥子丑, 체(體)-수(水)의 운동]
- 지지충: 사해(巳亥)충, 원진: 진해(辰亥)원진(원진살이 강함), 자형: 해해(亥亥)형
- 지지파: 인해(寅亥)파 - 지지해: 신해(申亥)해

(8) 신축년(2021년) 포함 4년의 운세 팁(Tip)-사주의 핵심은 운을 보는 것이다

정해(丁亥) 일주의 정(丁)화 일간은 신축(辛丑)년(2021년)에 축(丑)토에서 새 12운성으로 쇠지(衰地)가 된다.

쇠지는 이제 막 정상에서 내려온 모습으로 여전히 힘이 있으며 노련미를 갖추고 있다. 공직에서 은퇴한 지 얼마 안 된 법관이나 공직자를 대형 로펌에서 서로 모셔가는 것은 그러한 이유이다.

천간으로 들어오는 신(辛)금은 정(丁)화 일간에게 편재가 된다. 편재가 들어오니 머릿속에 바빠지고 활동성이 넓어지며 분주해진다. 차곡차곡 단계를 밟아서 쌓아가는 정재와는 다르게, 편재는 크게 한방으로 벌려는 마음이니 평소에 안 하던 주식이나 과감하고 공격적인 투자를 할 수 있다. 지지로 들어오는 축(丑)토는 정(丁)화 일간에게 식신이 된다. 일지 해(亥)수 정관과 축(丑)토 식신은 수성의 기운이고 서로 해자축(亥子丑) 방합의 일원이니 사이가 괜찮은 편이다. 조직 내에서 자신의 전문성이 강화되는 모습이다.

새로운 취미활동이 생길수도 있다.

정(丁)화 일간은 2022년에 병지, 2023년에 사지, 2024년에 고지(묘지)의 모습으로 점차 하강 운으로 가고 있다고 볼 수 있다. 물론 세운의 상승과 하강은 대운이라는 기준 안에서 살펴야 한다.

양 운동을 하는 중에 음간이니 하강 응축 운동을 한다.

정(丁)화 일간을 어떻게 쓰면 좋을까? 용어를 쓰면 어려우니 쉽게 물상으로 설명하겠다.

촛불이 있다. 촛불은 밤에 쓰임이 있지, 낮에는 켜두면 안 된다. 가로등이 있다. 어두워지는 저녁때 켜져 밤새 어둠을 밝히면서 늦은 밤 귀가하는 이의 안전을 돕는다. 그리고 아침이 밝아올 때 꺼지면서 쉬게 되는데 한낮에도 켜져 있다면 욕을 먹기 십상이다.

"아니, 어떤 정신 나간 녀석이 벌건 대낮에 가로등을 켜둔 거야?" 정(丁)화의 쓰임이 그러하다.

25) 새로운 무자(戊子) 일주 분석

(1) 자연물상/동물상

무자(戊子) 일주는 사막의 오아시스이자, 동물상으로는 산속의 다람쥐이다. 사막의 오아시스는 귀한 대접을 받는데, 무(戊)토 일간에게 수(水)는 재성이라 아내의 덕이 있다. 그러나 사막의 오아시스는 충분한 양이 아니니 항상 물에 대한 갈증이 있다. 끊임없이 나오는 샘물이니 투기적인 성향보다 안정적인 사업이나 안정적인 수입을 선호하며, 매사에 꼼꼼하고 치밀하며 계획적인 생활을 한다. 소심해 보이나 마음속에는 미래에 대한 희망으로 부풀어있다. 정직하고 성실하니 오랜 세월이 흐르면서 천천히 성공한다. 작지만 기본적인 재물 운은 타고났으므로 큰 부자는 아니더라도 재정적으로 부족함은 없다.

(2) 일간일지의 음양오행 및 관계

일간 무(戊)토는 큰 산이요, 사막에 비유된다. 듬직하고 포용력이 좋지만 메마른 땅이므로 나무가 살기에는 적합하지 않다. 목은 남자에게는 직장이고 자식이며, 여자에게는 남편이고 직장이 된다. 사주의 다른 곳에 수(水)가 없으면 남자는 직장

7. 육십갑자(六十甲子) 일주 분석- 새로운 육십갑자 일주론을 시작하며

과 자식, 여자는 남편과 직장의 연이 얇을 수 있다.

무(戊)토는 건조한 땅인데 자(子)수는 작은 오아시스니, 남자는 배우자에 대한 불만과 갈증이 항시 존재한다. 물이 절대적으로 필요하고 양간의 특성상 식재를 추구하니, 자(子)수(재성)에 대한 집착이 대단하다.

(3) 일간 기준 십신 관계

일지 자(子)수는 십신으로 정재라고 할 수 있다. 일간이 양간인 무(戊)토이니 특히, 정재성이 잘 드러난다. 정재의 성향에 따라서 안정적이고 낙천적이며 꼼꼼하고 치밀하다. 계획적인 생활을 하고 돈에 집착하지만, 큰돈을 노리지 않고 남의 돈을 탐내지 않는다. 남의 돈을 탐내는 것은 편재다.

가끔 모임에서 같이 식사를 하거나 술자리를 할 때 계산할 금액이 나오면 각자가 낼 금액을 칼같이 나눠주는 사람이 있는데, 그것이 정재이다. 보통 천 원 단위까지 칼같이 나눈다.

재성은 현실이고, 식상 활동의 결과물을 말하니 대단히 현실적이다. 정재에게 뜬구름 잡는 이야기나 허황된 이야기는 일고의 가치가 없다. 학업과는 큰 인연이 없고(재격패인이 된 경우는 예외), 모친보다는 부친의 영향력이 강하다. 남자는 현명하고 어진 아내를 만나는데 남자는 일찍 이성을 만나고, 여자의 경우는 혼인이 늦는 편이다.

(4) 새 12운성과 새 12신살[체(體)와 용(用)]

무자(戊子)일주는 새 12운성으로 태지(胎地)에 해당하는데 양간이니 12운성 포태법도 태지(胎地)로 같다. 태지라는 것은 절지에서 잉태되어 어머니의 배 속에서 막 자라나는 상태를 뜻한다.

아이는 어머니의 배 속에서 보호받지만, 활동을 할 수 없으니 감옥처럼 답답함을 느낀다. 태지에 있으니 준비하고 계획하는 일을 잘한다. 다재다능하고 총명하고 사람이 순하다. 삶이 비교적 안정되어 있는데, 사업이나 큰 재물에 욕심을 내면 안 되고 추진력이나 결단력이 부족하며, 귀가 얇아서 남에게 속기 쉽다. 때로는 자기 실속을 챙기고 이기적인 면도 보인다.

새 12신살로 자(子)수는 신자진(申子辰) 삼합 기준으로 장성살이 된다. 장성살은 12운성의 제왕과 같은 모습으로 왕성하고 힘있게 쓸 수 있는 왕지의 글자가 된다. 태지의 모습이니 정신적인 분야에서 활동하면 장성살처럼 힘 있게 쓸 수 있다. 태지는 이제 막 음과 양이 만나서 수정된 모습을 의미하니 드러나지 않는 모습을 의미한다. 드러나지 않는 곳에서 계획을 짜면서 진두지휘하는 책사의 모습이 연상된다.

신살로 자(子)수는 도화이다. 도화적인 기질이 나와서 유흥과 색정을 즐기는 편이다. 자(子)수는 한밤중이니 밤에 관련된 일을 하거나 야행성을 띤다.

'자(子, 1)-무(戊, 5)=-4'가 되는데 음의 수이니 12를 더하면 8이 된다.

7, 8이 짝을 이루는데 오미(午未)가 되니 무자(戊子) 일주의 공망은 오미(午未)가 된다.

(5) 새 지장간 분석-일간의 라이프 스타일 분석

무자(戊子)일주 자(子)수의 지장간은 임(壬)-편재, 계(癸)-정재, 계(癸)-정재를 가지고 있는데 천간이 머무는 시간은 한 달 기준으로 편재(10일), 정재(10일), 정재(10일)이 된다. 일간 무(戊)토와 지장간의 계(癸)수가 무계(戊癸)합을 하는데 남자 사주에 일간이 지장간의 재성과 반명합을 하니 부부의 정이 돈독하기도 하지만, 남자가 바람기가 있을 수 있다. 보통 반명합을 하면 첫째, 사람이 온순하고 다정다감하다는 것을 알 수 있고, 둘째, 부부 사이가 유정하다는 것을 알 수 있으며, 셋째, 바람기가 있을 수 있다는 것을 의미한다. 육십갑자에서 오리지널로 반명합하는 일간이 있는데 다음과 같다.

정해(丁亥) 일주-정관과 반명합(여자의 경우)
임오(壬午) 일주-정재와 반명합(남자의 경우)
신사(辛巳) 일주-정관과 반명합(여자의 경우)
무자(戊子) 일주-정재와 반명합(남자의 경우)

반명합되어 있다고 남편이나 부인을 닦달하고 바람둥이, 바람순이 취급을 하지는 말자. 〈마이너리티 리포트〉처럼 현재의 톰 크루즈에게 미래의 살인죄를 뒤집어씌울 수는 없는 것이다.

일지는 명주의 사생활과 라이프 스타일을 보여 주는데, 정재의 환경에서 정재의 활동을 하고 있다. 매사에 계획적인 생활을 하고 성실하고 부지런하니 바른 생활을 하는 사람이다. 일간 무(戊)토는 큰 산이라 많은 것을 포용하고 감출 수 있는데, 정재와 반명합을 하니 감추고 숨기는 구두쇠 성향이 나올 수가 있겠다.

(6) 배우자, 재물 및 직업 분석

남자는 배우자와 연이 좋은 편이다. 일지 정재이니 자기 배우자를 아끼고 잘 챙긴다.

퇴근 시간이 되면 딴 데로 안 새고 바로 집으로 가는 삼식이 스타일일 수 있는데 인간적인 재미는 떨어진다. 가족과 무언가를 함께하는 것을 좋아한다. 여자는 결혼이 늦어지는 경향이 있고 흠 있는 남자(돌싱, 병약, 외국인, 자식이 있는 경우)와 결혼하는 경우가 있다. 직업적으로는 일지 정재이니 사업보다는 직장이 잘 맞는다. 회계, 경리, 재무, 무역, 부동산, 농수산업, 또는 수에 대한 갈증이 있으니 수와 관련된 사업을 할 수도 있다.

(7) 천간합극 및 형충회합파해 원진

- 천간합: 무계합-화(戊癸合火)-합하여 합화가 안 되는 경우가 대부분인데 지지에 화의 세력이 강하면(월지 포함-삼합, 방합의 경우) 합화가 되어 새로운 화가 나올 수 있다.
- 천간극: 천간의 무(戊)토를 갑(甲)목이 극한다. 무(戊)토의 입장에서는 갑(甲)목이 편관이 되기 때문이다. 같은 양 운동 속의 갑(甲)목과 무(戊)토이니 극을 하기는 해도 극함이 심하지는 않다.

- 지지합: 자축(子丑)합(육합), 삼합-신자진[申子辰, 용(用)-수(水)의 운동], 방합-해자축[亥子丑, 체(體)-수(水)의 운동]
- 지지충: 자오(子午)충, 원진: 자미(子未)원진(오리지널 원진), 상형: 자묘(子卯)형
- 지지파: 자유(子酉)파 - 지지해: 자미(子未)해

(8) 신축년(2021년) 포함 4년의 운세 팁(Tip)-사주의 핵심은 운을 보는 것이다

무자(戊子) 일주의 무(戊)토 일간은 신축(辛丑)년(2021년)에 축(丑)토에서 새 12운성으로 양지(養地)가 된다.

양지는 이제 막 출산을 앞둔 아이와 같다. 약한 모습이지만 미래에 대한 기대와 희망을 가지고 있다. 지지는 사계절 운동을 하여 토 운동이 없으니 화와 토를 비슷하게 보는 화토동법(火土同法)을 적용한다.

천간으로 들어오는 신(辛)금은 무(戊)토 일간에게 상관이 된다. 날카로운 현침 기운의 신(辛)금 상관이 들어오니 직장이나 가정, 개인적으로 말과 경솔한 행동으로 인한 관재구설과 트러블이 있을 수 있다.

지지로 들어오는 축(丑)토는 무(戊)토 일간에게 겁재가 된다. 순간적으로 에너지가 강한 상관과 겁재가 천간지지로 들어왔지만, 지지에서는 일지 자(子)수 정재와 겁재가 자축(子丑)합의 모습이 된다. 겁재가 들어오니 지출이 늘어날 수 있고, 남자의 경우 내 배우자가 경쟁자와 합을 하는 모습이니 신경을 쓰는 게 좋겠다.

무(戊)토 일간은 2022년에 장생, 2023년에 목욕, 2024년에 관대의 모습으로 점차 상승 운으로 가고 있다. 물론 세운의 상승과 하강은 대운이라는 기준 안에서 살펴야 한다.

만물을 키우고 성장시키는 무(戊)토이니 상승하고 확산하는 운동을 하게 된다. 무(戊)토는 병사묘, 절태양에서는 보이지 않는 곳으로 서서히 들어가야 하고, 생욕대, 록왕쇠의 시기에는 보이는 곳으로 서서히 나와야 한다. 들어가고 나가고를 혼동하면 삶에 어려움이 있다.

7. 육십갑자(六十甲子) 일주 분석- 새로운 육십갑자 일주론을 시작하며

26) 새로운 기축(己丑) 일주 분석

(1) 자연물상/동물상

　기축(己丑) 일주는 밭을 가는 소의 물상이고 논밭이 중첩되어 있는 모습이기도 하다. 밭을 갈고 있는 소이니 근면 성실하고 책임감이 있다. 소처럼 꿋꿋하고 우직한 성향이 있어 성정이 강직하고 고집이 있다. 논밭이 중첩된 형상인데 논밭은 만물을 길러내는 모성의 물상이라 교육과 인연이 있다. 잘 다듬어진 토양이라 잡초와 곡식을 선별하여 길러내니 호불호가 있고 매사에 확인 후 진행하는 성향이 있다. 대체로 만물을 기르고 포용하는 성품이지만 일을 시작하여 결실을 이루는 데는 어려움이 있다. 그러나 축(丑)토 주위에 화 기운이 있으면 일찍 성공할 수도 있다. 축(丑)토가 녹으면 가장 기름진 땅이 되기 때문이다. 논밭이 얼어있는 모양이니 뜻을 펼치는 데 어려움이 있고 늦게 이루어진다. 노력 대비 결실이 적고 전문기술이나 자격증으로 직장을 다니거나 사업을 하면 성공한다. 기(己)토도, 축(丑)토도 희생과 봉사를 하며 살아가니 칭송과 명예는 얻으나 삶은 녹록지 않다.

(2) 일간일지의 음양오행 및 관계

　일간 기(己)토는 논밭의 형상이고 일정한 목적을 위해 가공된 땅이며, 습토이니 목이 좋아한다.

　갑을(甲乙)목 모두가 반긴다. 기(己)토는 오장육부에서 입에 해당하니 언변이 뛰어나나. 생명을 키우는 논밭이니 모성적 특성으로 헌신하고 봉사하여 교육 계통이나 활인업 쪽과 인연을 맺는다.

일간과 일지가 같은 토(土)로 간여지동이니 고집과 자존심이 강하다. 기축(己丑) 일주는 천간과 지지가 다 음간이고 호불호가 있어서 의심이 많고 까다로운데 목적에 맞는지를 확인하고 받아들인다. 비겁은 재성을 극하니 부친과의 연이 짧은 경우가 많고 일찍 독립생활을 하는 경우가 많다. 배우자 연도 짧은 편인데, 30~50대에 남자가 대운으로 지지에 비겁운이 흐르면 부부 생활에 문제가 생길수 있다.

(3) 일간 기준 십신 관계

일지 축(丑)토는 십신으로 비견이라고 할 수 있다. 기(己)토는 나무가 좋아하는 땅이지만, 축(丑)토는 얼어붙은 땅이니 좋아하지 않는다. 그러나 토생금을 잘하니 전문 분야에서 두각을 나타내고, 사업적 수완이나 투자 활동에도 관심이 많다. 동토이니 원명에서나 운으로 화 기운을 보면 학문 분야에서도 성공한다. 축(丑)토는 물상으로 소에 해당하니 부지런하고 희생, 봉사하는 성정이 있다.

비견이 분배, 평등, 지원, 경쟁심, 승부욕, 자존심, 고집, 체면치레의 아이콘이라면, 겁재는 과욕, 독식, 약탈, 배신, 변절의 아이콘이 된다. 물론 겁재가 제화가 안된 경우를 의미한다. 현대는 어느 분야나 경쟁 사회이니 사주 내에 비겁이 어느 정도 있는 것이 경쟁력도 생기고 좋으나, 너무 많은 비겁은 좋다고 보기는 힘들다.

(4) 새 12운성과 새 12신살[체(體)와 용(用)]

기축(己丑) 일주는 새 12운성으로 쇠지(衰地)에 해당한다. 음간이니 예전의 12운성 포태법은 묘지(墓地)였다. 쇠지는 건록, 제왕을 거쳐 은퇴를 한 시기라 여전히 힘도 있고 재력도 갖추고 있다. 사회에서의 원로에 해당하니 분쟁이나 다툼을 노련하게 해결한다. 한마디로 백전노장이다.

제왕인 정상의 자리에서 내려오니 홀가분하기도 하고 섭섭하기도 하다. 인생 이모작을 준비할 시기다.

기축(己丑) 일주 분들은 본인 스스로 쇠지의 모습인지, 자기입묘가 되어 답답해진 묘지의 상황인지 비교해 보기를 바란다. 새 12운성은 아직 보편화되지 않았지만 반대로 저항도 심하지 않다. 그 이유는 이전의 음 포태법의 정확성이 떨어져서 맞느니, 틀리느니 명리학자 간에 갑론을박으로 의견이 분분했던 이유도 있고, 또 일부는 아예 음 포태법을 쓰지 않는 경우도 많기 때문이다. 그러나 사주간명은 앞으로 미래의 운의 흐름을 보려는 것이므로 새 12운성은 효과적으로 적용될 것이다.

새 12신살로 축(丑)토는 사유축(巳酉丑) 삼합 기준으로 화개살이 된다. 화개살은 화려함을 덮는다는 의미이니 정신적인 분야인 종교, 예술, 학문, 철학, 활인업의 분야에서 쇠지처럼 노련하게 쓸 수 있다.

신살로 곡각살이니 40대 이후에는 골절이나 디스크 등 근골격계 질환을 경험할 수 있다. 오랜 시간 스마트폰, PC의 사용을 줄이고, 사용하더라도 목과 척추에 좋은 자세를 유지하는 것이 좋고, 기능성 의자 및 베개 등을 활용하면 도움이 된다.

'축(丑, 2)-기(己, 6)=-4'가 되는데 음의 수이니 12를 더하면 8이 된다.
7, 8이 짝을 이루는데 오미(午未)가 되니 기축(己丑) 일주의 공망은 오미(午未)가 된다.

(5) 새 지장간 분석-일간의 라이프 스타일 분석

기축(己丑)일주 축(丑)토의 지장간은 계(癸)-편재, 신(辛)-식신, 기(己)-비견을 가지고 있는데 천간이 머무는 시간은 한 달 기준으로 편재(9일), 식신(3일), 비견(18일)이 된다. 지장간에서 비견이 식신을 생하고, 식신이 재성을 생하는 순환 구조로 되어 있어 근면 성실하며 일생 동안 돈이 궁핍하지 않다.

일지는 명주의 사생활과 라이프 스타일을 보여 주는데, 비견의 환경에서 식신의 활동을 하고 있다. 늘 지인 및 친구들과 함께하는 환경 속에서 본인이 오랜 시간 즐기는 식신 활동을 하니 동호회나 모임 활동을 하는 모습이 된다. 기(己)토는 호불호가 있으니 소규모의 고정 멤버들과 깊은 교류를 가지며, 축(丑)토 속의 지장간 중기는 늦가을 신(辛)금이니 독서 토론, 문학이나 재테크 모임, 전통과 관련된 취미 활동일 수 있다.

(6) 배우자, 재물 및 직업 분석

일간과 지지가 모두 비견이니 남녀 공히 배우자 연과 덕이 없는 편이다.

단식적으로는 그렇고 사주 내의 비견이 좋은 역할을 하는지, 나쁜 역할을 하는지를 살펴야 한다.

자기주장이 강하고 경쟁심으로 인해 조직에서 마찰을 일으키는 경우가 많으니 조직 생활은 전문 기술이나 자격증을 가지고 하거나 개인 사업을 하는 것이 유리하다. 직업적으로는 전문 기술, 자격증, 사업성이 강하다. 전문 기술을 가지고 사업을 하면 성공한다.

직장에서는 연구직이 좋다. 교육 계통, 음식 계통, 기타 언변과 관련된 분야와 인연이 있고, 일간 일지가 모두 토(土)이니 부동산, 농업과도 관련이 있다.

(7) 천간합극 및 형충회합파해 원진

- 천간합: 갑기합-토(甲己合土)-합하여 합화가 안 되는 경우가 대부분인데 지지에 토의 세력이 강하면(월지 포함-삼합, 방합의 경우) 합화가 되어 새로운 토가 나올 수 있다.

  합화되어 새로운 오행을 만들어 내는 것은 쉽지 않다. 반면에 어렵지도 않다. 이것은 무슨 논리인가? 자기 사업을 하려고 마음먹어서 자본을 투자하고 인력을 투자하여 사업을 할 때 원국이나 대운에서 도와주지 않으면 성공하기가 쉽지 않다. 새로 창업한 자영업자의 5년 후 생존율이 20% 미만인 것만 봐도 알 수 있다. 그런데 천간에 합화의 기운이 들어와서 여행을 가려고 하는 것은 어떨까? 천간에 합화의 기운이 들어와서 책을 구입하거나 차를 바꾸거나 사는 것은 어떨까? 이처럼 창업하여 대박 나는 큰 합화는 어렵지만, 작고 소소한 합화로 인한 것들은 생활에서 흔히 생겨나곤 한다는 것을 의미한다.

- 천간극: 천간의 을(乙)목이 기(己)토를 극한다. 기(己)토의 입장에서는 을(乙)목이 편관이기 때문이다.

  천간의 극이 왔다는 것은 그러한 스트레스를 해결하기 위해서 변화를 해야 함을 의미한다.

- 지지합: 자축(子丑)합(육합) 삼합-사유축[巳酉丑, 용(用)-금(金)의 운동], 방합-해자축[亥子丑, 체(體)-수(水)의 운동]
- 지지충: 축미(丑未)충, 원진: 축오(丑午)원진(원진이 비교적 약한 편), 삼형: 축술미(丑戌未)
- 지지파: 축진(丑辰)파 - 지지해: 축오(丑午)해

(8) 신축년(2021년) 포함 4년의 운세 팁(Tip)–사주의 핵심은 운을 보는 것이다

기축(己丑) 일주의 기(己)토 일간은 신축(辛丑)년(2021년)에 축(丑)토에서 새 12운성으로 쇠지(衰地)의 모습이 된다.

쇠지이니 여전히 힘이 있고 노련하며 매사를 능숙하게 처리하고 조정하는 모습이다. 일지가 비견이니 동료들의 지원을 받으며 실리를 잘 챙길 수 있다.

천간으로 들어오는 신(辛)금은 기(己)토 일간에게 식신이 된다. 운으로 식신이 들어오니 느긋함이 있지만, 호불호가 강하고 까칠한 신(辛)금이니 잡다한 일을 젖혀두고 좋아하는 일에 몰두하는 성향을 보인다.

불필요한 인간관계의 단절로 자기 일에 몰두할 시간이 늘어나게 될 수 있다.

지지로 들어오는 축(丑)토는 기(己)토 일간에게 비견이 되니 일지도 축(丑)토로 비견이라 강해지니 식신을 잘 생할 수 있으며 대세 장악력이 좋아지고 리더십도 향상된다.

기(己)토 일간은 2022년에 병지, 2023년에 사지, 2024년에 고지(묘지)의 모습으로 점차 하강 운으로 가고 있다. 물론 세운의 상승과 하강은 대운이라는 기준 안에서 살펴야 한다. 봄과 여름에 만물을 키우는 무(戊)토에게 배턴을 넘기고 일을 마무리하고 퇴근해야 하는 시기이다. 직장에서 일하다가 퇴근하면 좋아하면서, 운으로 병사묘가 들어오면 탄식을 하니 참으로 아이러니하다.

27) 새로운 경인(庚寅) 일주 분석

(1) 자연물상/동물상

경인(庚寅) 일주는 큰 바위 아래에 있는 호랑이다. 경(庚)금은 흰색을 뜻하니 백호이다. 또한, 해질녘의 호랑이니 자신이 활동할 밤을 기다리는 모습이다. 백호는 의리의 상징이자, 변화와 투쟁 정신이 강하고, 위세가 당당하고, 카리스마를 가지고 넓은 지역을 아우르는 활동력이 강한 동물이다. 아직 어두워지지 않았기 때문에 본격적으로 활동하기엔 불리하고 겁도 많다. 사주 내에 다른 곳에 사업 운을 강화하는 요소(식상, 재성)가 없다면 직장 생활을 하는 게 유리하다.

(2) 일간일지의 음양오행 및 관계

일간 경(庚)금은 여름의 열기를 숙살지기로 제압하여 음 운동으로 이끄는 역할을 하고 있다.

곡식을 수확하는 가을이며, 무쇠나 가공되지 않은 원석에 해당하니 사람이 우직하고 잔머리를 굴리지 않는다. 강직하고, 의리 있고, 순박하며, 결단력이 강하고, 인정이 많다.

경(庚)금은 팽창할 대로 팽창한 만물을 수축시키고 성장을 강제적으로 억제하고 변화시키니, 죽이고 살리는 무관 직업이 잘 어울린다. 조직과 윗사람에 대한 충성심과 동료애가 강하며, 공사(公私)가 분명하고, 원리원칙을 잘 지킨다. 통솔력, 결단력, 팀웍, 의협심이 강하며, 때로는 고집불통이기도 하다. 즉, 조직 내에서 2인자가 적합하니 비서, 참모 역할을 잘하며, 기억력이 남다른데 이는 비서와 참모로서의 생존을 위한 진화의 결과이기도 하다.

(3) 일간 기준 십신 관계

일지 인(寅)목은 십신으로 편재라고 할 수 있다. 일지 편재는 큰 재물이고, 공공재이며, 사업 등으로 얻어진 재물이다. 정재가 알뜰하게 모으고 쌓아온 내 돈이라면, 편재는 남의 돈이고, 대출금이고, 투자 금액이다. 사주의 구조상 식상이 잘 발달했다면 사업이 유리하고, 관살이 강하다면 직장이 유리하다.

편재는 다정·다욕하다. 머릿속이 항상 재물에 대한 생각으로 복잡하고 항상 분주하다. 폭넓은 대인관계를 유지하고 그런 쪽을 잘한다. 편재의 성향도 그렇고 인(寅)목의 역마성도 그러하니 늘 분주하게 돌아다니며 이사가 잦거나 먼 거리를 돌아다니는 활동성이 있는 직업을 갖는 경우가 많다. 객지에서 성공한다. 직장인이라면 출퇴근 거리가 먼 경우가 많다. 정재보다 더 수치력, 관리력이 좋으며, 공간 감각이 뛰어나다.(운전을 잘하는 편이다) 정재가 가축이라면, 편재는 야생동물에 가까운데 한번 먹을 때는 포식을 하지만, 오랜 시간 굶기도 한다.

(4) 새 12운성과 새 12신살[체(體)와 용(用)]

경인(庚寅) 일주는 새 12운성으로 절지(絶地)에 해당하는데 양간이니 12운성 포태법도 절지(絶地)로 같다. 절지는 묘지에서 죽어 혼과 영이 허공을 떠돌고 있는 형상이니 정신적인 영역이 극대화되는 시기이다. 실체가 안 보이는 상황이니 첩첩 산골의 산사나, 한적한 수도원에 있는 것을 생각하면 된다. 예술, 연구직, 전문직과 관련이 있고, 태지처럼 귀가 얇아서 잘 속기도 한다. 전문직으로 성공한다.

새 12신살로 인(寅)목은 인오술(寅午戌) 삼합 기준으로 지살이 된다. 지살은 자의적인 이동을 의미한다. 천살을 지나서 지살에 다다르면 새로운 출발, 새로운 기획, 새로운 시작을 꿈꾸며 이동을 하게 된다. 지살의 반대편에는 역마가 있는데 인(寅)목의 반대편이니 신(申)금이 된다.

역마는 타의에 의한 이동을 의미하는데 원치 않은 지방 전근, 해외 발령, 구조조정에 의한 퇴직 등을 의미한다.

'인(寅, 3)-경(庚, 7)=-4'가 되는데 음의 수이니 12를 더하면 8이 된다.

7, 8이 짝을 이루는데 오미(午未)가 되니 경인(庚寅) 일주의 공망은 오미(午未)가 된다.

(5) 새 지장간 분석-일간의 라이프 스타일 분석

경인(庚寅) 일주 인(寅)목의 지장간은 무(戊)-편인, 병(丙)-편관, 갑(甲)-편재를 가지고 있는데 천간이 머문 시간은 한 달 기준으로 편인(7일), 편관(7일), 편재(16일)이 된다. 경(庚)금은 양간이니 편인은 크게 필요로 하지 않아 편인의 성향은 잘 드러나지 않는다. 병(丙)화는 경(庚)금을 반기고, 편재 갑(甲)목이 편관을 생하여 재생살 형태가 나오니 편재 기질과 편관 기질이 잘 나타난다. 욕심과 야망이 크다.

일지는 명주의 사생활과 라이프 스타일을 보여 주는데, 편재의 환경에서 편관의 활동을 하고 있다. 돈과 사업에 대한 욕심이 많고 폭넓은 대인관계를 자랑한다. 한턱도 잘 쏘고 인정도 넉넉하다.

지장간 중기 편관 병(丙)화가 태양이니 체면도 중시하고 예의가 깍듯하다. 이리 저리 체면치례하고 한턱 쏘니 위신이야 올라가겠지만, 카드 대금은 아무래도 많이 나올 것 같다.

(6) 배우자, 재물 및 직업 분석

부부 연은 좋은 편은 아니다. 여자는 본인이 가계를 돌보는 경우가 많고 남편을 무시하는 경향이 있다. 일지 편재이니 연하의 남자나 만만한 남자를 선호하는데 자신이 마음대로 할 수 있다고 생각하기 때문이다. 연상이나 연하나 결혼하고 나면 여자는 남자를 마음대로 할 수 없다. 여자분들의 판단 착오이다. 일지는 배우자 자리인데 절지에 해당하니 배우자가 있어도 없는 듯 사별, 이혼, 별거 등으로 존재하지 않거나, 있어도 존재감이 없을 수가 있다. 꼭 이혼이나 별거가 아니라도 해외 출장, 지방 연수 등으로 인해 떨어져 있거나, 주말 부부, 기러기 아빠와 같은 형태로 혼인 상태를 유지하는 경우도 많다.

직업적으로는 재정, 회계, 조직에서의 인사관리, 무관 직업, 역마성 직업, 무역, 외교, 운수업, IT 산업, 섬유 쪽과 인연이 있다.

(7) 천간합극 및 형충회합파해 원진

- 천간합: 을경합-금(乙庚合金)-합하여 합화가 안 되는 경우가 대부분인데 지지에 금의 세력이 강하면(월지 포함-삼합, 방합의 경우) 합화가 되어 새로운 금이 나올 수 있다.

- 천간극: 천간의 병(丙)화가 경(庚)금을 극한다. 경(庚)금의 기준에서 병(丙)화가 편관이 되기 때문이다. 서로 규모와 스케일이 큰 양간끼리의 충돌이니 그 여파가 크다고 할 수 있겠다.

- 지지합: 인해(寅亥)합(육합), 삼합-인오술[寅午戌, 용(用)-화(火)의 운동], 방합-인묘진 [寅卯辰, 체(體)-목(木)의 운동]

- 지지충: 인신(寅申)충, 원진: 인유(寅酉)원진(원진의 기운이 강하다), 삼형: 인신사(寅申巳)

- 지지파: 인해(寅亥)파 - 지지해: 인사(寅巳)해

(8) 신축년(2021년) 포함 4년의 운세 팁(Tip)-사주의 핵심은 운을 보는 것이다

경인(庚寅)일주의 경(庚)금 일간은 신축(辛丑)년(2021년)에 축(丑)토에서 새 12운성으로 고지(庫地) 또는 묘지(墓地)가 된다. 고지(묘지)는 창고처럼, 묘지처럼 작은 공간에 있으라는 자연의 신호와 같다. 그러한 모습으로 있으면 무탈하다. 고지와 묘지를 혼동하는 경우가 많은데, 고지는 용(用)의 개념으로 재물, 지식, 기술, 문서 등이 입고됨을 의미하고, 묘지는 체(體)의 개념으로 육친의 입묘를 살핀다. 고지(묘지)의 개념은 재충전으로 이해하면 좋겠다. 사람이나 휴대폰도 잘 쓰고 나면 재충전해야 방전이 되지 않는다.

천간으로 들어오는 신(辛)금은 경(庚)금 일간에게 겁재가 된다. 운으로 겁재가 들어오니 호승심, 경쟁심, 욕심등이 강해지게 되지만, 입고되는 해이니 일반적인 경쟁과 욕심은 불리한 모습이다.

무리한 투자나 과도한 경쟁 및 타인과의 대립은 피하는 게 좋다. 겁재인 신(辛)금은 관대이니 유리함이 적다. 지지로 들어오는 축(丑)토는 경(庚)금 일간에게 정인이 된다. 고지(묘지)이기도 하니 공부하기 좋은 시기이다. 일지의 인(寅)목 편재와 인축

(寅丑) 암합을 구성하는데 재극인의 모습보다는 편재를 얻기 위한 학문과 기술, 자격증을 취득하기 좋은 모습으로 쓰면 좋다. 재충전을 하면서 실력을 키워놓는 것이 좋겠다.

경(庚)금 일간은 2022년에 절지, 2023년에 태지, 2024년에 양지의 모습으로 하강운의 시기가 된다.

절태양의 시기는 재충전의 시기이며 보이지 않는다는 것을 의미하니 그러한 모습으로 보내면 좋다.

타지 근무, 해외 연수, 유학, 군대, 고시원 생활 등이 그러하다. 물론 세운의 상승과 하강은 대운이라는 기준 안에서 살펴야 한다.

28) 새로운 신묘(辛卯) 일주 분석

(1) 자연물상/동물상

신묘(辛卯) 일주는 신(辛)금은 흰색이고 묘(卯)목은 토끼이니 흰 토끼의 동물상이다. 또한, 신(辛)금은 칼이고 묘(卯)목은 화초이니 풀밭에 놓은 낫의 물상이라 화초가 베어지고 일에 중단수가 있다. 학업적으로도 성공하기 힘들다. 천간과 지지에 금과 목으로 금목상쟁하니 천지불합이라 인생에 풍파가 있다. 성품이 부드러워 사람 좋다는 평은 들으나 엉뚱한 고집으로 일을 매듭짓지 못하고 뒷심 부족으로 마무리가 부족하기 쉽다. 큰 사업보다는 전문 기술에 의지하여 직장이나 소규모 사업을 한다면 일생을 평탄하게 가꾸어 갈 수 있다. 낫과 풀의 만남이니 부부 생활에 어려움이 있다.

(2) 일간일지의 음양오행 및 관계

일간 신(辛)금은 보석이니 뽐내기를 좋아하고 섬세하고 깔끔하며 냉철하다. 샤프하며, 멋을 부릴 줄 알고 여자의 경우 공주병도 있다. 장식과 화려함을 좋아한다. 그러나 늦가을 서릿발이므로 한없이 밝고 좋다가도 틀어지면 단칼에 잘라버린다. 호불호가 있다. 신(辛)금은 늦가을이니 우수에 잠기고 쓸쓸하다.

차가운 기운이며 매사에 사리가 분명하고 맺고 끊음이 확실하다. 신(辛)금이 묘(卯)목 위에 있으니 겁이 많고, 소심하며, 하는 일이 더디다. 남자는 여자에게 의지하는 경향이 있다. 일지 편재이므로 늘 큰 재물을 노리고 사업에 마음을 두지만, 사주에 구성이 받쳐주지 않는다면 큰돈과는 인연이 없다.

(3) 일간 기준 십신 관계

일지 묘(卯)목은 십신으로 편재라고 할 수 있다. 남자는 편재적 성향으로 화끈하고 화통하며 주색을 즐기는 경향이 있다. 편재적 기질로 늘 다른 이성에게 관심을 가지기 쉽지만, 한편으로는 배우자에게 의지하는 성향을 띤다. 남녀 공통으로 수치 감각과 공간 감각이 좋아서 직업적으로 이공계 쪽이 적합하다.

실속 없는 일은 벌이지 않으며 판단력이 탁월하다. 다정·다욕하며 큰 재물을 노리니 인생의 기복이 심하다. 목표 의식이 뚜렷하고 현실 감각이 탁월하며, 여자는 봉사 정신이 강하고 공짜를 좋아하지 않는다.

묘(卯)목 편재는 인신사해의 역마지살은 아니지만 십신의 성향으로 역마성이 있으며, 양 운동 속의 왕지 글자라 잦은 이동이 있다. 편재는 결실과 결과를 얻는 과정의 재미를 추구한다. 재미가 없으면 직업이건, 연애건 마음을 붙이지 못한다. 여자친구의 옆구리 살을 꼬집는다던가, 뱃살을 쓰다듬는 둥 계속 귀찮게 장난을 치다가 된통 혼나기도 하는 것이 편재의 남자다.

(4) 새 12운성과 새 12신살[체(體)와 용(用)]

신묘(辛卯) 일주는 새 12운성으로 제왕(帝旺)에 해당하는데 예전의 12운성 포태법은 절지(絶地)였다.

제왕과 절지는 그 차이가 천지 차이이니 신묘(辛卯) 일주 분들은 직접 비교해 보시길 바란다.

음간의 제왕이니 양간의 제왕과는 확연히 다르다. 신(辛)금은 인(寅)월과 묘(卯)월에 나무와 줄기에 금 기운을 불어넣어서 단단하고 강하게 만들어준다. 제왕이니 왕성한 활동력과 추진력이 뛰어나다. 타인에게 약한 모습을 보이기 꺼려한다. 힘든 것이 있어도 속으로 삭이는데, 마치 우리나라의 40~50대 남자 가장을 닮아있다. 정상에 올랐으니 이제 내려갈 준비를 해야 하며 새로운 인생 이모작을 준비할 시기이다. 제왕이지만 신(辛)금은 음간이니 안에서, 드러나지 않는 모습의 제왕이 된다.

새 12신살로 묘(卯)목은 해묘미(亥卯未) 삼합을 기준으로 장성살이 된다. 봄의 왕지의 글자이니 자존심이 강하고 목 운동의 대장 역할을 한다. 실내에서 제왕의 모습으로 활동하며 장성살의 모습이니 힘이 있고, 자신감이 넘치며, 카리스마가 있다.

신살로 일지 묘(卯)목은 도화살이다. 남녀 공통으로 도화적 기질이 있다.

흔히 사람들이 도화살과 홍염살의 구분을 못 하는 경우가 많은데, 비슷한 듯해도 차이가 있다. 도화살은 적극적인 매력의 발산이라면, 홍염살은 은근한 수동적인 매력의 발산이다.

도화살은 꽃을 찾아다니는 나비나 벌과 같다면, 홍염살은 화려한 자태를 뽐내며 나비나 벌을 유혹하는 꽃을 닮았다. 도화살은 신진대사가 왕성한 젊은 시절이면 누구나 나타날 수 있고, 또 나이가 들면 차츰 그 기운이 약해지는 경향이 있기에 사주 내에 도화적 기질이 강하면 결혼을 늦게 하는 게 좋다.

그러나 홍염살은 나이가 들었어도 여전히 그 매력을 발산하려고 하니 중년 이후에 이성 문제로 곤혹스러운 일을 경험하기도 한다. 또한, 천간의 마음이 개입되니 의도와 목적이 있는 유혹이고 매력이 된다. 그리고 신묘(辛卯)는 현침살인데 직업적으로는 주사, 바늘, 가위, 칼등 첨단 직종이나 보석세공, 날카롭고 뾰족한 것을 쓰는 일이나 직업과 관련이 있는데 의사, 간호사, 보석 세공, 미용, 헤어 디자이너 등이 그러하다. 성격이 섬세하고 날카롭고 비판적이며 언변이 강한데 현침살이 2개 이상 중중하면 관재구설에 시달릴 수도 있다.

'묘(卯, 4)-신(辛, 8)=-4가' 되는데 음의 수이니 12를 더하면 8이 된다.

7, 8이 짝을 이루는데 오미(午未)가 되니 신묘(辛卯) 일주의 공망은 오미(午未)가 된다.

(5) 새 지장간 분석-일간의 라이프 스타일 분석

신묘(辛卯) 일주 묘(卯)목의 지장간은 갑(甲)-정재, 을(乙)-편재, 을(乙)-편재를 가지고 있는데 천간이 머무는 시간은 한 달을 기준으로 정재(10일), 편재(10일), 편재(10일)이 된다.

지장간에 정재, 편재가 섞여 있으니 재성혼잡이다. 혼잡된 경우 관살혼잡이 가장 안 좋고, 다음이 식상혼잡이며, 인성혼잡, 재성혼잡으로 이어진다. 일지는 명주의 사생활과 라이프 스타일을 보여 주는데, 편재의 환경에서 편재의 활동을 하고 있다. 돈과 사업에 대한 욕심이 많고 폭넓은 대인관계를 자랑한다. 묘목이 도화이니 이성에 대한 관심이 많고 적극적이다. 편재의 환경속에 하는 일도 편재이니, 삶에 기복이 있고, 항상 분주하고 바쁘다.

(6) 배우자, 재물 및 직업 분석

앞에서 말한 것처럼 부부 연은 좋은 편은 아니다. 여자는 혼인 시 남자의 직장이나 재력을 잘 살펴보면 좋다. 여자는 본인이 가계를 돌보는 경우가 많고 남편을 무시하는 경향이 있다. 남자는 여러 여자와 인연을 맺고 본처보다 애인에게 정을 두는 경우가 많다. 여자는 이재가 밝고 연하 남자를 선호하는 경향이 있지만, 남자가 대체로 무력하여 남편의 덕이 없는 경우가 많다. 남녀 공통으로 혼인 생활이 평탄하지 않다.

직업적으로는 의료계, 보석 세공, 봉재, 묘(卯)목의 성정으로 교육 계통(유아, 어린이), 장난감, 장식 계통, 미용, 유흥이 좋다. 인(寅)목도 교육 쪽에 인연이 있는데, 묘(卯)목은 더욱 그렇다. 묘(卯)목의 편재성이 있어 역마성 직업이나 스포츠도 좋고, 신(辛)금은 칼이고 도구이니 칼을 쓰는 직업인 횟집, 조각가, 정원사, 정비사, 정육점 및 손재주가 좋으니 기술 분야에 인연이 있다.

(7) 천간합극 및 형충회합파해 원진

- 천간합: 병신합-수(丙辛合水)-합하여 합화가 안 되는 경우가 대부분인데 지지에 수의 세력이 강하면(월지 포함-삼합, 방합의 경우) 합화가 되어 새로운 수가 나올 수 있다.
- 천간극: 천간의 정(丁)화가 신(辛)금을 극한다. 신(辛)금의 입장에서 정(丁)화가 편관이기 때문이다.

  둘 다 음간이지만, 신(辛)금은 내부에서 확산 상승하는 운동을 하고, 정(丁)화는 내부에서 응축 하강하는 운동을 하여 정반대의 성향이 부딪치니 극함이 강한 편이다.

- 지지합: 묘술(卯戌)합(육합), 삼합-해묘미[亥卯未, 용(用)-목(木)의 운동], 방합-인묘진[寅卯辰, 체(體)-목(木)의 운동]
- 지지충: 묘유(卯酉)충, 원진: 묘신(卯申)원진(원진이 약한 편이다), 상형(相刑): 자묘(子卯)형
- 지지파: 묘오(卯午)파 - 지지해: 묘진(卯辰)해

(8) 신축년(2021년) 포함 4년의 운세 팁(Tip)-사주의 핵심은 운을 보는 것이다

신묘(辛卯) 일주의 신(辛)금 일간은 신축(辛丑)년(2021년)에 축(丑)토에서 새 12운성으로 관대(冠帶)가 된다.

관대는 새로 입사한 신입사원, 공직에 진출한 신입 관료의 모습으로 열정과 패기가 넘치는 모습이다.

앞으로 나아갈 록왕쇠의 모습을 꿈꾸지만, 노련함이 없으니 힘은 들지만 수고로움이 덜한 모습이다.

천간으로 들어오는 신(辛)금은 일간 신(辛)금과 같은 비견이 된다. 비견이 들어오니 나를 도와줄 동료가 생긴 모습이라 일간의 힘이 강해진다. 또는 경쟁모드에 처하기도 한다. 관대지이면서 일간이 강해지니 좋기는 하지만 오버하기 쉽다.

지지로 들어오는 축(丑)토는 일간 신(辛)금에게는 편인이 되는데 일지 묘(卯)목 편재와 만나 격각(작은 충)을 형성한다. 편재의 목표 중심의 진로에 편인이 들어오니 브레이크가 걸리는 모습이다.

신(辛)금 일간은 2022년은 건록, 2023년은 제왕, 2024년은 쇠지의 모습으로 맹활약을 하는 시기가 된다. 물론 세운의 상승과 하강은 대운이라는 기준 안에서 살펴야 한다.

음 운동을 하는 중에 음간이니 실내에서 보이지 않는 모습으로 상승 확산하는 운동을 한다.

29) 새로운 임진(壬辰) 일주 분석

(1) 자연물상/동물상

임진(壬辰) 일주는 물상으로 보면 임(壬)수는 큰물이고, 진(辰)토는 용이다. 용이 물을 만났으니 기상이 굳세고 씩씩하다. 용처럼 변화무쌍하면서, 지장간 내에 다양한 것을 가지고 있어 재주가 많다. 임전무퇴의 기상으로 남에게 굴복당하지 않는 강인한 성정과 인내심을 가진다.

그러나 임진(壬辰)은 물속에 있는 용이니 승천하지 못한 용의 모습이다. 먼저 명예를 추구하고 재물을 얻어야 안전하다. 사업을 하면 정직과 신용을 인정받을 수 있으나 실속이 없는 경우가 많다. 사업 쪽보다는 조직에서 성공하는 경우가 많다. 변화가 심한 용의 모습이니 감정의 기복이 심한 편이다.

(2) 일간일지의 음양오행 및 관계

일간 임(壬)수는 큰물이니 조용히 흐르며 침착하고 과묵하다. 물은 다른 물과도 섞이니 융통성이 좋고 타인과 시비를 벌이지 않는다. 방해물을 만나면 돌아가거나 넘어가니, 환경 적응력이 좋고 사교성이 있으나 깊은 물이니 속내를 알 수가 없다. 깊은 물의 속성과 오랜 삶을 살아온 노인이니 생각이 많고 지혜가 있다. 서로 섞이고 합치니 포용력이 좋고 음 운동 중에 양간이라 감추고 저장하며 압축하여 작게 만드는 일을 잘하니 보관, 수집, 저장, 관리 및 효율적인 조직 관리를 잘한다.

(3) 일간 기준 십신 관계

임진(壬辰)의 일지 진(辰)토는 편관이니 카리스마가 있다. 눈빛이 강하고 야심만만하며 반항적 기질과 승부욕이 남다르며 말로써 남에게 상처를 주는 경향이 있다. 배우자 궁이 편관이니 보통은 배우자를 어려워하지만, 임(壬)수는 큰물이니 능히 감당할 수 있다. 진취적이긴 하나 변화무쌍하고, 변덕이 심하다.

자존심과 명예가 가치판단의 기준이 되고, 절제력과 자기 관리 능력이 뛰어나다. 웬만해서는 흐트러지는 모습을 보이지 않으며, 의리와 원칙을 중시하고 정의롭다. 직위와 감투를 좋아하는 편이다.

(4) 새 12운성과 새 12신살[체(體)와 용(用)]

임진(壬辰) 일주는 새 12운성으로 묘지(墓地)에 해당하는데 양간이니 예전의 12운성 포태법도 묘지(墓地)로 같다. 일지가 고지(묘지)이니 자기입묘가 된다. 진(辰)토가 임(壬)수를 입묘하는 것은 장차 여름의 시절을 대비하여 임(壬)수를 보호하려는 뜻이다. 어쨌든 자기입묘가 되니 답답한 느낌이 있으나, 원명에 있는 것이라 원래부터 그러려니 하니 잘 체감하지 못하는 경향이 있다. 반면에 운으로 입묘가 될 때 확실하게 체감하게 된다. 일지 입고의 영향으로 구두쇠 기질이 있는데 무엇이 든지 숨기고 저장하고 감추는 성향으로 속내를 잘 드러내지 않으며 은근히 뒤끝이 있다.

새 12신살로 진(辰)토는 신자진(申子辰) 삼합 기준으로 화개살이 된다. 12운성이 묘지이고 12신살이 화개살이니 작은 공간에서 종교, 철학, 예술, 학문 등의 활동을 하는 경우가 많다.

신살로는 임진은 괴강살이다. 여자는 독신이 될 가능성이 높고, 또 지장간에서 관성이 겁재와 암합을 하니 결혼을 해도 독수공방을 하는 경우가 많다. 괴강살은 남녀 공통으로 성정이 과격하고 폭발적이며 성급하다. 논리적이고 카리스마가 넘치고, 용기와 결단성이 돋보이며, 한번 결심하면 끝장을 보는 성격이다. 여자는 현모양처의 모습보다는 성공하는 커리어우먼이 잘 어울린다.

'진(辰, 5)-임(壬, 9)=-4'가 되는데 음의 수이니 12를 더하면 8이 된다.

7, 8이 짝을 이루는데 오미(午未)가 되니 임진(壬辰) 일주의 공망은 오미(午未)가 된다.

(5) 새 지장간 분석–일간의 라이프 스타일 분석

임진(壬辰) 일주 진(辰)토의 지장간은 을(乙)-상관, 계(癸)-겁재, 무(戊)-편관을 가지고 있는데 천간이 머문 시간은 한 달을 기준으로 상관(9일), 겁재(3일), 편관(18일)이 된다.

겁재가 상관을 생하니 상관성이 나타나 머리가 좋고 임기응변이 탁월하다. 직관력은 좋지만, 지구력은 약하다. 상관성이 강하게 나타나 안하무인적인 행동에 변덕이 심하고 다혈질에 승부욕이 강하다. 독설가 기질이 있다. 일지는 명주의 사생활과 라이프 스타일을 보여 주는데, 편관의 환경에서 겁재의 활동을 하고 있다. 편관적인 환경에서 겁재와 함께하니 여자는 남자들과 어울리는 것을 좋아한다.

(6) 배우자, 재물 및 직업 분석

배우자 연은 일지 편관에 괴강살이니 남녀 공통으로 배우자가 부담스럽고 어럽다.

부부가 해로하기에 어려운 경우가 많고 특히, 여자는 그 배우자가 지장간에서 무계(戊癸)합을 하니 남편이 바람둥이일 가능성이 있다. 직업적으로는 진(辰)토가 묘지이니 저장하는 일과 관련이 있고, 편관에 해당하는 무관 직업도 좋다. 학문, 예술, 종교, 철학, 교육 등의 형이상학적인 관념을 추구하기도 한다.

(7) 천간합극 및 형충회합파해 원진

- 천간합: 정임합-목(丁壬合木)-합하여 합화가 안 되는 경우가 대부분인데 지지에 목의 세력이 강하면(월지 포함-삼합, 방합의 경우) 합화가 되어 새로운 목이 나올 수 있다.
- 천간극: 천간의 무(戊)토가 임(壬)수를 극한다. 임(壬)수의 기준에서 무(戊)토가 편관이기 때문이다.

  무(戊)토는 양 운동의 정점의 토이고, 임(壬)수는 음 운동의 정점의 수이니 서로 용호상박하며 규모와 스케일이 큰 모습이다. 천간에 극이 있는 구조는 생각의 폭이 넓은 모습이다.

- 지지합: 진유(辰酉)합(육합), 삼합-신자진[申子辰, 용(用)-수(水)의 운동], 방합-인묘진 [寅卯辰, 체(體)-목(木)의 운동]
- 지지충: 진술(辰戌)충, 원진: 진해(辰亥)원진(원진이 강한 편이다) 자형: 진진(辰辰)형
- 지지파: 축진(丑辰)파 - 지지해: 묘진(卯辰)해

(8) 신축년(2021년) 포함 4년의 운세 팁(Tip)-사주의 핵심은 운을 보는 것이다

임진(壬辰) 일주의 임(壬)수 일간은 신축(辛丑)년(2021년)에 축(丑)토에서 새 12운성으로 쇠지(衰地)가 된다.

쇠지는 이제 막 정상에서 내려온 모습으로 여전히 힘이 있으며 노련미를 갖추고 있다. 상품의 경우라면 제왕의 시절에 매출은 높지만, 그에 따른 홍보 등 마케팅비용으로 이익이 크지는 않다. 쇠지의 시절에는 매출은 낮아졌지만 마케팅 비용이 적게 드니 오히려 이익은 늘어난 모습이 된다.

천간으로 들어오는 신(辛)금은 임(壬)수 일간에게 정인이 된다. 편인이 불규칙하고 예상치 못한 것이라면, 정인은 규칙적이고 예상된 나의 권리, 명예, 명성, 승진, 합격을 의미하니 직장인이라면 승진이나 합격 등에 유리하다. 임(壬)수와 신(辛)금은 서로 좋은 모습이 된다.

지지로 들어오는 축(丑)토는 임(壬)수 일간에게 정관이 된다. 일지의 진(辰)토 편관과 축진(丑辰)파의 모습이고 관살혼잡의 모습이니 직장인은 업무가 늘어나거나 부서 등이 변경될 수 있다. 여자의 경우 체(體)로서 관성은 남자가 되니 이성 문제로 갈등, 고민하는 모습이 될 수 있다.

임(壬)수 일간은 2022년에 병지, 2023년에 사지, 2024년에 고지(묘지)의 모습으로 점차 하강 운으로 가고 있다. 양간이 약해지니 이제 병사묘의 시기에 서서히 안으로 들어가야 하고, 절태양의 시기에는 보이지 않는 모습으로 있어야 한다. 물론 세운의 상승과 하강은 대운이라는 기준 안에서 살펴야 한다.

겨울의 해자축(亥子丑)의 시기에 맹활약했던 임(壬)수가 일을 마무리하고 퇴근해야 하는 시기가 온 것이다. 사람이 일만 하면서 살 수는 없다. 일과 휴식이 균형 잡힌 워라벨(Work+Life balance)이 중요한 이유이다.

30) 새로운 계사(癸巳) 일주 분석

(1) 자연물상/동물상

계사(癸巳) 일주의 계(癸)수는 내리는 빗물이기도 하고 맑은 샘물이기도 하다. 사(巳)화의 물상은 뱀이다.

맑은 샘물을 마시러 온 뱀의 형상을 가졌다. 또한, 추운 겨울에 비추는 따뜻한 한 줄기 햇빛과도 같은데, 추운 겨울에 내리쬐는 햇빛은 그 자체로 소중하다.(조후는 근본적으로 음양의 문제다)

계(癸)수는 아래로 흐르고, 사(巳)화는 위로 솟구치니 서로 만난다. 수와 화가 만나니 수화기제(水火旣濟)를 이룬다. 사(巳)화인 뱀은 권력과 관련이 있는데, 아마도 뱀의 왕성한 활동력(六陽)과 침착하고 냉철한 기질에서 권력자의 모습을 보았는지도 모른다. 신사(辛巳) 일주에서도 보았듯이 계사(癸巳) 일주도 권력과 관련이 있고, 지위나 감투를 탐하다가 낭패를 겪을 수 있다. 계(癸)수는 맑고 명랑하고 유쾌하며, 사(巳)화도 예의 바르고 사회생활을 잘하니 천을귀인의 일주답게 사회생활을 잘 해나갈 수 있다.

(2) 일간일지의 음양오행 및 관계

일간 계(癸)수는 생명을 키우는 깨끗한 생명수이고, 맑은 옹달샘이며, 흐르는 계곡물이고, 천지에 내리는 빗물이기도 하다. 수생목을 잘하며 그것이 계(癸)수의 목적이기도 하다.

수생목을 잘하니 모성애가 강하다. 계(癸)수는 환경적인 영향에 따라서 영향을 많이 받는데, 무(戊)토에 의해 말라버리기도 하고, 병(丙)화나 정(丁)화에 의해서 증발해 버리기도 한다. 새 생명이 탄생하는 천간이니 희망에 차 있고 명랑한 편이나, 감정 변화가 잦은 편이고, 마음이 여리고 눈물이 많다.

새로운 것을 좋아하고 변화를 추구하니, 순발력도 좋고 재치와 유머가 넘친다. 깊은 침잠의 임(壬)수에서 한발 더 나아가 수생목하면서 새 생명을 키우니 활기가 넘치는 분위기 메이커이다.

(3) 일간 기준 십신 관계

일지 사(巳)화는 십신으로 정재에 해당한다. 정재도 마찬가지로 10개의 정재가 있다.

확산 상승하는 목화(木火)의 정재이니 구두쇠 성향이 덜하다. 구두쇠 성향은 수렴 응축하는 금수(金水)에서 좀 더 잘 나타난다. 일지 정재이고 사(巳)화이니 항상 낙천적이고 미래에 대한 꿈에 부풀어 있다.

매사에 꼼꼼하고 정확하며 계획적인 생활을 한다. 알뜰살뜰하지만, 정도를 벗어나지 않는다.

한 방의 일확천금을 노리지 않고 장기 저축, 국채, 대기업 우량 주식에 관심이 많으며, 이 또한 분산 투자한다. 정재에게 중요한 것은 높은 수익이 아니라, 적지만 안정된 수익이며 착실하고 안정된 투자나 저축으로 미래에 대한 희망으로 부풀어 있다. 자기 몫을 잘 챙겨서 짠돌이 소리를 듣기도 하지만, 사(巳)화의 영향으로 적당히 남의 이목을 의식하면서 챙긴다.

(4) 새 12운성과 새 12신살[체(體)와 용(用)]

계사(癸巳) 일주는 새 12운성으로 건록(建祿)에 해당하는데 예전의 12운성 포태법은 태지(胎地)였다. 한창 힘이 붙는 건록과 배 속에 웅크린 태지와는 확연히 구분되니 비교해 보길 바란다.

계(癸)수가 힘이 강해지면 내부에서 상승 확산하게 된다. 목을 따라 올라간 계(癸)수는 나무줄기, 잎과 가지 끝까지 수분을 공급하고, 화를 따라서 계속 오르고 올라가서 부피는 더 커지고, 밀도는 더욱 낮아진다.

여름철에 대기 중의 습도가 높아서 불쾌지수가 올라가는 것은 계(癸)수의 활동이 건록, 제왕으로 확산했기 때문이다.

새 12신살로 사(巳)화는 사유축(巳酉丑) 삼합 기준으로 지살이 된다. 지살은 자의적인 이동을 의미한다. 천살을 지나서 지살에 이르면 새로운 출발, 새로운 기획, 새로운 시작을 꿈꾸며 이동을 하게 되는데, 건록의 모습으로 힘차게 도약하고 시작할 수 있다. 신살로는 역마살이니 주거나 직장의 이동이 잦고, 항시 분주하며, 새롭게 잘 시작한다. 또한, 일지 천을귀인인데, 사람이 유순하고 신의가 있으며 곤란한 일이 생겨도 늘 귀인이 도우니 인덕이 있다고 할 수 있다.

천을귀인에 대한 이론 중에 재미난 것이 있는데, 천을귀인이 전생에 하늘나라의 왕족이었나는 설이다. 왕족이어서 기품이 있고, 고귀하여 금수저, 은수저, 고상한 식기류 등과 독특한 가구 및 장식류를 좋아하고, 흔히 말하는 천박하고, 속물적인 행태를 싫어한다는 것이다. 천상 왕족의 품위를 지키려고 한다는 것인데, 계사(癸巳) 일주 분들은 과연 그런 성향이 있는지 스스로 확인해 보시길 바란다.

한편 30번째 계사(癸巳) 일주는 19번째 임오(壬午) 일주와 '녹마동향(綠馬同鄕)'이라고 하여 지장간 내에 정재와 정관을 함께 가지고 있어 재가 정관을 생하는 재생관 일주로 예전부터 복이 많은 일주라고 불렸으나, 官의 위상이 낮아진 현대에는 전과 같지 않고, 탐관의 화(禍)로 작용할 수 있으니 주의하여야 한다.

'사(巳, 6)-계(癸, 10)=-4'가 되는데 음의 수이니 12를 더하면 8이 된다.

7, 8이 짝을 이루는데 오미(午未)가 되니 계사(癸巳) 일주의 공망은 오미(午未)가 된다.

(5) 새 지장간 분석-일간의 라이프 스타일 분석

계사(癸巳) 일주 사(巳)화의 지장간은 무(戊)-정관, 경(庚)-정인, 병(丙)-정재를 가지고 있는데 천간이 머무는 시간은 한 달을 기준으로 정관(7일), 정인(7일), 정재(16일)이 된다.

정관, 정인, 정재이니 모두 흔히 말하는 길신에 해당한다. 그러나 허주의 생각은 좀 다른데, 그것은 용어의 문제인 것 같다. 용어란 게 한번 정해지면 오랫동안 사람의 머릿속에 남게 되어 의식을 지배하게 된다. 원래의 뜻은 그것이 아니라도 한번 들어와 박혀 있는 의식을 빼내기는 쉽지 않다. 『자평진전』에서 언급한 4길신과 4흉신이 그러한데, 『자평진전』에 따르면 길신은 순용하고, 흉신은 역용하여 쓰면 좋다고 했는데, 이미 길신과 흉신의 용어에서 좋고 나쁨이 정해져 있어서 후학들의 배움에 오류를 주고 있다. 길신은 유순하고 치우치지 않음이 장점이니, 부드러울 유(柔) 자를 써서 '유신(柔神)', 흉신은 강하고 거칠면서 음양이 치우친 경우가 많으니, 군셀 강(强) 자를 써서 '강신(强神)'의 가치중립적인 용어로 바꿔보면 어떨까 한다.

7. 육십갑자(六十甲子) 일주 분석-새로운 육십갑자 일주론을 시작하며

모두 내 팔자 안에 있는 녀석들이라 유신(柔神)들은 잘 토닥여주고, 궁둥이라도 두드려주면서 쓰면 좋겠고, 강신(强神)들은 제멋대로의 행동에 브레이크를 걸고 일간의 의지를 정확하게 전달하여 딴생각, 딴마음을 못 먹게 통제하면 어떨까 생각해 본다. 원국의 글자는 모두 내 글자이며 내 자식 같아 평생을 나와 함께하니 차별하지 말고 그 재능과 용도에 맞추어 쓰면 좋을 것이다. 일지는 명주의 사생활과 라이프 스타일을 보여 주는데, 정재의 환경에서 정인의 활동을 하고 있다. 정재 병(丙)화가 화극금으로 정인 경(庚)금을 극하여 돈이나 여자로 인해 체면이 깎이기도 하니 돈을 아끼려다가 짠돌이란 소리를 듣는 경우가 있겠다.

(6) 배우자, 재물 및 직업 분석

일간 계(癸)수가 지장간의 무(戊)토(정관)와 무계(戊癸)합을 하니, 여자는 숨겨둔 남자가 있을 수 있다.

물론 아닐 수도 있다. 말 그대로 보이지 않은 어두울 암(暗)이기 때문이다. 여자는 비교적 배우자의 덕이 좋은 편은 아니지만, 남자는 배우자 덕이 있다. 일지 역마이니 배우자를 여행 중이나 이동 중에 만나는 경우가 있다. 허주의 지인 중에 계사(癸巳) 일주인 지인이 있다. 제주 살사 페스티벌에 같이 가려던 언니가 못 가게 되어서 옆 좌석에 다른 남자와 앉아서 가게 되었는데 거기서 인연이 되어서 결혼을 한다고 청첩장이 날아왔다. 여행을 많이 다니라고 조언했는데 인연은 거기에 있었던 것 같다.

일지 정재이니 사업보다 직장 생활이 적합하다. 정재성으로 재정, 회계 쪽이나, 사(巳)화의 영향으로 역마성 직업 및 패션, 장식, 문화 쪽의 직업과 인연이 있다. 사(巳)화는 빛이기도 하니 조명, 촬영, 카메라 쪽과도 관련 있다.

(7) 천간합극 및 형충회합파해 원진

- 천간합: 무계합-화(戊癸合火)-합하여 합화가 안 되는 경우가 대부분인데 지지에 화의 세력이 강하면(월지 포함-삼합, 방합의 경우) 합화가 되어 새로운 화가 나올 수 있다.
- 천간극: 천간의 기(己)토가 계(癸)수를 극한다. 계(癸)수 일간에게 기(己)토는 편

관이기 때문이다. 기(己)토와 계(癸)수는 천간에서 6번째와 10번째의 글자이니 상당히 떨어져 있다. 천간은 명주의 드러난 마음, 욕망, 욕심, 의지이니 생각의 폭이 넓다는 것을 알 수 있다.

- 지지합: 사신(巳申)합(육합), 삼합-사유축[巳酉丑, 용(用)-금(金)의 운동], 방합-사오미[巳午未, 체(體)-화(火)의 운동]
- 지지충: 사해(巳亥)충, 원진: 사술(巳戌)원진(약한 원진의 모습이다), 삼형: 인신사(寅申巳)
- 지지파: 사신(巳申)파 - 지지해: 인사(寅巳)해

(8) 신축년(2021년) 포함 4년의 운세 팁(Tip)−사주의 핵심은 운을 보는 것이다

계사(癸巳) 일주의 계(癸)수 일간은 신축(辛丑)년(2021년)에 축(丑)토에서 새 12운성으로 양지(養地)가 된다.

양지는 이제 막 출산을 앞둔 아이의 모습이다. 자체적인 힘이 약하니 부모와 주변의 도움을 받으면서 앞날을 준비하고 계획하는 시기가 된다.

천간으로 들어오는 신(辛)금은 계(癸)수 일간에게 편인이 된다. 인성의 의미는 윗사람으로부터 내려받는 것을 의미하는데, 일간의 힘이 약하면 정인이건, 편인이건 도움이 된다. 반면에, 일간이 강하다면 별 도움이 안 되고 잔소리처럼 느껴질 수 있다. 지지로 들어오는 축(丑)토는 계(癸)수 일간에게 편관이 된다. 일지 사(巳)화 정재를 만나 사축(巳丑)합이 된다. 정재가 편관을 생해 주는 재생살의 모습인데, 업무 과중으로 인한 건강의 악화, 대출금 증가로 인한 이자의 압박 등으로 나타날 수 있다. 현실에서의 스트레스가 증가하는 모습이기도 하다.

계(癸)수 일간은 2022년에 장생, 2023년에 목욕, 2024년에 관대의 모습으로 점차 상승 운으로 가고 있다. 물론 세운의 상승과 하강은 대운이라는 기준 안에서 살펴야 한다.

봄철에 아지랑이가 피어오르고, 여름철에 습도가 높은 것은 계(癸)수 활동의 모습이다.

7. 육십갑자(六十甲子) 일주 분석- 새로운 육십갑자 일주론을 시작하며

사주의 감명에는 정확한 원칙이 있어야 하는데, 양간[갑(甲)목, 병(丙)화, 무(戊)토, 경(庚)금, 임(壬)수]은 밖에서, 드러난 모습으로 활동하며, 음간[을(乙)목, 정(丁)화, 기(己)토, 신(辛)금, 계(癸)수]은 안에서, 드러나지 않은 모습으로 활동하는데, 각자의 자리를 지키면 무탈하다.

31) 새로운 갑오(甲午) 일주 분석

(1) 자연물상/동물상

갑오(甲午) 일주는 동물상으로는 청마(靑馬)가 되는데 현실에서 푸른 말은 존재하지 않으니 이상적인 면이 강하다. 나무 아래에 있는 말이라 통신, 전파, 문화, 교통, 방송, 정보와 관련이 있다.

말은 항상 무언가를 태우고 달려야 하니 팔자가 센 일주에 속한다. 말처럼 왕성하게 활동하면서 재물을 추구하지만, 노력 대비 결실이 적은 편이다. 본래 목화 같은 양은 겉은 화려하지만, 실속 면에서 금수를 따라가지 못하는 법이다. 목화통명으로 지지의 열에 의해 목이 불타오르니 진취적이고 역동적이나 끈기가 부족한 구석이 있다. 자신의 능력과 표현이 가감 없이 펼쳐지는 형상이라 숨김없이 내면이 발산되는 모습이다.

(2) 일간일지의 음양오행 및 관계

일간 갑(甲)목은 천간에서 첫 번째로 시작하는 기운이다. 물상으로 소나무, 버드나무로 많이 표현하는데, 사실은 그런 표현보다 새싹, 새순, 새 출발, 새 직장 등 새롭게 시작하는 모든 것을 포함한다. 당신이 명리학에 막 입문했다면 이미 갑(甲)목인 셈이다.

새로운 사람을 만나고, 새로운 것을 배우고, 새로운 아이디어를 구상하는 것도 물론 갑(甲)목에 해당한다. 갑(甲)목은 기획력과 추진력이 좋다. 위로 뻗어 올라가는 힘이니 거침이 없고 적극적이며, 의지와 자부심이 강하니 리더의 기질이 있다. 갑(甲)목은 흙이 없으면 살 수 없으니 남자의 경우 토(土, 재물과 여자)에 집착한다. 바람둥이 기질이 있고 처에 의지한다. 양목이라 이상을 추구하니 현실감이 부족한데, 두려움이 없어 시작은 잘하나 마무리가 부족하다. 진취적이고 역동적이나 지구력과 인내심이 부족한 편이다.

(3) 일간 기준 십신 관계-오행의 차이점에 따른 상관의 성향은?

일지 오(午)화는 상관으로 볼 수 있다. 양간의 상관이니 상관성이 강하게 표출된다. 기억하는가? 상관도 10개의 상관이 있다. 식신이 자의식이라면, 상관은 잠재되어 있는 무의식을 의미한다. 잠재되어 있는 생각이 나도 모르게 툭툭 튀어나와서 타인들과 심지어 본인까지도 당황하게 만들기도 하니, 제화되지 않은 상관은 말실수가 잦아 구설수에 오르기가 쉽다.

10개의 상관은 오행으로 5개요, 음양을 나누면 10개가 되는데 그 특성을 살펴보면 다음과 같다.

- 목 상관: 어! 나도 모르게 그만. 미안해. 본의가 아니야.(어린아이이니 본심은 아니다. 속마음이 무심결에 드러났을 뿐이다)
- 화 상관: 이것저것 신나게 말하다 보니 뻥도 들어가고 과장도, 잘난 척도 하고 게다가 무시까지…. 미안하다.(그러나 화 상관은 뒤끝이 없다. 상처받은 금수 일간에게 뒤끝이 생길 뿐이다)
- 토 상관: 말이 많지는 않으나 말에 의미를 담고 있다. 양도 보고 음도 보니 중

립적이다.

- 금 상관: 현침살은 금 상관을 보고 만든 것이 아닐까 한다. 한 마디, 한 마디가 매서워 눈물이 찔끔 난다. 틀린 말은 없는데 왠지 기분 나쁘고 귀에 거슬린다.
- 수 상관: 듣다 보면 인생의 깊이가 느껴지고 배울 점이 많다. 늙은 생강이 매섭다는 것이 여기서 나오는 것 같다. 그런데 한 말 또 하고, 한 말 또 한다. 노인들의 잔소리는 한두 번이면 충분할 것 같다.

오(午)화 상관은 인정 많고 다정다감하지만, 자기가 베푼 것을 떠벌이고 과장하니 좋은 일을 하고 좋은 소리를 못 듣는 경우가 많다. 목화상관은 화려하지만 외화내빈이다. 남자는 왕성한 활동력으로 재물과 여자를 추구하지만 결실이 작고, 여자는 일지 상관이라 관성을 극하니 남자 연이 좋지 않다.

(4) 새 12운성과 새 12신살[체(體)와 용(用)]

갑오(甲午) 일주는 새 12운성으로 사지(死地)에 해당하는데 양간이니 예전의 12운성 포태법도 사지(死地)로 같다. 세상의 순리에 따르고 사색을 즐긴다. 상관이 사지에 있어 정신적인 영역이 확장되는 시기이므로 머리를 쓰면서 살면 좋겠다.

새 12신살로 오(午)화는 인오술(寅午戌) 삼합 기준으로 가운데 글자이니 장성살이 된다. 12운성은 용(用)이 되고, 12신살은 체(體)가 되는데 체(體)는 고정적이지만, 용(用)에 따라서 그 쓰임과 활용이 달라지게 된다. 사지로 정신적인 영역과 순리를 따르고 형이상학적인 면을 배우고 연구한다면 장성살처럼 그 분야에서 권위자가 되고 리더가 될 수 있다. 신살로는 오(午)화가 도화살이고, 갑오(甲午)는 홍염살이다. 일지 상관인데, 여자는 홍염과 도화가 겹치니 애교 있고, 센스가 있으며 미모와 매력이 넘치는 팔방미인이 많다. 여자는 부부 연은 부족하지만 다른 이성에게는 인기가 많다.

'오(午, 7)-갑(甲, 1)=6'이 되는데 양의 수이니 그대로 6이 된다.
5, 6이 짝을 이루는데 진사(辰巳)가 되니 갑오(甲午) 일주의 공망은 진사(辰巳)가 된다.

(5) 새 지장간 분석-일간의 라이프 스타일 분석

갑오(甲午) 일주 오(午)화의 지장간은 병(丙)-식신, 기(己)-정재, 정(丁)-상관을 가지고 있는데 천간이 머무는 시간은 한 달 기준으로 식신(10일), 정재(9일), 상관(11일)이 된다. 갑(甲)목은 양간이니 식재를 추구하여 상관 성향이 강한 편이다. 남자는 배우자와 관계가 좋은 편인데, 일간 갑(甲)목과 지장간 중기 기(己)토가 갑기(甲己)합으로 반명합을 하기 때문이다. 그런데 숨겨둔 여자가 있을까? 있을 수도 있고 없을 수도 있다. 사주 전체 구성을 보면 좀 더 잘 알 수 있다.

일지는 명주의 사생활과 라이프 스타일을 보여 주는데, 상관의 환경에서 정재의 활동을 하고 있다.

상관은 내가 하고 싶은 것, 나의 표현력, 재능의 표출인데, 발산하는 정(丁)화이니 엄청난 에너지로 발산된다. 그 정도가 심하면 목은 다 발화되어 재만 남길 수 있다. 사주 내 수 기운(인성)이 있어 속도 조절을 하는 것이 중요하다. 남자는 상관의 환경에서 정재의 활동을 하니 바람둥이 기질이 다분하다. 끊임없이 추파를 던지고, 거절당해도 쿨하게 대처한다. 그것이 양(陽)의 본성이다.

차여도 다시 대시하거나 그래도 안 먹히면 쉽게 타깃을 바꾸어 다시 대시한다.

(6) 배우자, 재물 및 직업 분석

여자는 일지 상관이라 배우자 연이 좋지 않다. 여자가 일지 상관이고 사주 내 식신과 상관 기운이 강하면 식극관이라 관성에 대항하니 좋지 않게 보았는데, 그 개운법은 있다.

직장 생활을 하면 직장에서 성공 가도를 달릴 수 있고, 부부가 맞벌이를 하면 재정적으로 여유가 생기니 도우미 등으로 가사를 맡기거나, 남녀가 가사 및 육아를 분담하는 규칙을 정하면 좋다. 직업적으로는 운동선수, 순발력 좋은 예능, 연예인 쪽도 유망하다.

갑오(甲午)는 현침살이니 의료, 봉제, 미용, 세공과 인연이 있다. 남자는 사업 쪽도 유망하며 전문직도 좋다. 통신, 매스미디어, 문화, 전기, 여행업, 운수업 쪽도 유망하다.

(7) 천간합극 및 형충회합파해 원진

- 천간합: 갑기합-토(甲己合土)-합하여 합화가 안 되는 경우가 대부분인데 지지에 토의 세력이 강하면(월지 포함-삼합, 방합의 경우) 합화가 되어 새로운 토가 나올 수 있다.

- 천간극: 천간에 경(庚)금이 갑(甲)목을 극한다. 갑(甲)목의 입장에서는 경(庚)금이 편관으로 극함이 강하기 때문이다. 갑(甲)목이 운으로 들어오면 경(庚)금은 금극목이 되지 않으니 복종해야 한다. 반면에, 경(庚)금이 운으로 들어올 때도 마찬가지로 갑(甲)목이 복종해야 한다. 운의 환경 속에서 활로와 변화를 모색해야 함을 의미한다.

- 지지합: 오미(午未)합(육합), 삼합-인오술[寅午戌, 용(用)-화(火)의 운동], 방합-사오미[巳午未, 체(體)-화(火)의 운동]
- 지지충: 자오(子午)충, 원진: 축오(丑午)원진(원진이 약한 편이다), 삼형: 오오(午午)형
- 지지파: 묘오(卯午)파 - 지지해: 축오(丑午)해

(8) 신축년(2021년) 포함 4년의 운세 팁(Tip)−사주의 핵심은 운을 보는 것이다

갑오(甲午) 일주의 갑(甲)목 일간은 신축(辛丑)년(2021년)에 축(丑)토에서 새 12운성으로 관대로 힘 있는 모습이다.

패기는 넘치지만, 노련미는 떨어진다. 의욕은 앞서지만 미숙한 점이 많다. 시행착오로 어려움은 있지만, 그 모든 과정이 록왕쇠로 가기 위한 과정이니 참고 인내해야 한다.

천간으로 들어오는 신(辛)금은 갑(甲)목 일간에게 정관이 된다. 운으로 정관이 들어오니 입학, 취업 등에 유리하고, 직장인이라면 적절한 임무와 보직이 주어지는 모습이 된다.

지지로 들어오는 축(丑)토는 갑(甲)목 일간에게 정재가 된다. 일지의 오(午)화 상관을 만나니 상관생재에 유리하다.

자신의 능력(순발력, 창의력, 임기응변, 영업력)으로 결과물을 만들어 내는 한 해가 된다.

축오(丑午)원진의 모습이지만 원국의 소후에 따라 좋게 작용할 수 있다.

갑(甲)목 일간은 2022년에 건록, 2023년에 제왕, 2024년에 쇠지의 모습으로 맹활약하는 시기가 된다. 물론 세운의 상승과 하강은 대운이라는 기준 안에서 살펴야한다. 대운이 신유술(申酉戌)이라면 절태양의 하강기 안에서 작은 반등을 의미하고, 인묘진(寅卯辰)이라면 상승 운 속에 찾아온 더블 점프의 모습이 되기 때문이다.

갑(甲)목이 맹활약하는 인묘진(寅卯辰) 봄이 찾아온 것이다. 양간의 갑(甲)목은 상승 확산하면서 밖에서 키우고 드러나는 모습으로 쓰면 잘 쓰는 것이다.

32) 새로운 을미(乙未) 일주 분석

(1) 자연물상/동물상

을미(乙未) 일주는 들판에서 풀을 뜯고 있는 양의 형상이다. 산양이니 고집도 세고 급하며 다혈질이다. 을(乙)목은 화초이고, 미(未)토는 뜨거운 열토이니 사막에서 자라는 선인장 같은 모습이다.

사막의 선인장은 생존 환경이 열악함에도 그 생명력을 이어가니 을(乙)목의 기질을 잘 보여 준다.

을(乙)목은 강한 생활력과 질긴 생존력을 가지고 있으며, 환경 적응력이 뛰어나 어려운 환경을 극복하는 끈질긴 의지력이 있고, 항상 노력하여 자수성가하는 일주이다. 자연과 같아서 강한 자가 살아남는 것이 아니라 환경에 잘 적응하는 자가 가장 강한 자가 된다. 을(乙)목은 음간이니 실내에서, 안에서, 드러나지 않는 모습으로 응축, 하강 운동을 하면 팔자에 잘 맞는다.

(2) 일간일지의 음양오행 및 관계

일간 을(乙)목은 음목이니 실속파이고, 현실적이며, 용의주도한 면이 있다. 음목이지만 양 운동 속에 있으니 을(乙)목도 식재를 추구한다. 우선적으로 관인비를 선호하고, 차선으로 식재를 추구한다. 을(乙)목은 넝쿨처럼 엉켜있으니 조직 내에서 화합하고 친화력이 좋지만, 반면에 변덕이나 변심도 많다. 갑(甲)목은 가을에 열매를 맺으니 말년이 편안하나, 을(乙)목은 화초이니 꽃이 지는 가을에 고독하고 초라해지기 쉬우니, 말년을 준비하고 대비하는 자세가 필요하다.

(3) 일간 기준 십신 관계

일지 미(未)토는 편재라고 볼 수 있다. 십신은 천간끼리의 관계로 정해지며 지지와는 상관이 없다.

편재이니 다정·다욕하고 돈이 가치 판단의 기준이 된다. 미(未)토는 열토라서 성격이 폭발적이고, 다혈질이며 고집이 강한데, 천간의 기(己)토와 닮아 호불호가 있지만 남을 배려하고 헌신한다. 일지 편재니 욕심이 많은데 을미(乙未) 일주는 특히 욕심이 많다. 토에 해당하는 부동산 쪽에 관심이 많다. 을(乙)목은 용(用)으로는 음간이지만, 체(體)로서는 양 운동을 하니 재성을 추구하는 경향이 있다.

물불을 안 가리고 재물을 추구하며 한 방을 노리기도 한다. 두 사람이 식당을 차려서 손님도 몰리고 장사가 잘될 때, 정재가 영업시간을 늘려서 장사를 한다면, 편재는 레시피를 공유하며 프렌차이즈를 만들어 매장을 늘리려고 한다. 정재가 시간 개념의 확대를 꾀한다면, 편재는 공간 개념의 확대를 꿈꾼다.

(4) 새 12운성과 새 12신살[체(體)와 용(用)]

을미(乙未) 일주는 새 12운성으로 관대(冠帶)에 해당하는데 예전의 12운성으로는 양지(養地)였다.

관대는 새로 출사한 신입 관리의 모습이고, 기업에 입사한 신입사원의 모습이다. 호기롭고 자신감은 넘치나 여러모로 부족한 점이 많은 시기가 된다. 어깨에 너무 힘이 들어가서 능력을 과신하여 어려움을 겪는 등, 좌충우돌하는 모습이다.

새 12신살로 미(未)토는 해묘미(亥卯未) 삼합 기준으로 화개살이 된다. 관대처럼 패기 있고 힘차게 쓰는데 그것이 화개살이니 종교, 철학, 인문학, 예술 등의 정신적인 분야를 의미한다. 차선으로는 수집, 저장, 보관, 관리, 분류등으로 쓰면 좋을 것이다. 신살로는 을미(乙未)는 백호살이고 곡각살이다. 일주나 시주에 있는 경우, 지지 형충운에 발동한다. 교통사고 및 각종 피를 보는 사고, 꿰매는 수술 등을 경험할 수 있다.

곡각살은 을(乙), 기(己), 축(丑), 사(巳)로 모양이 굽어지거나 꺾인 글자를 말한다.
골절이나 디스크, 관절 등의 질환에 노출될 수 있고, 사고, 마비 등의 위험이 있다. 현침 글자와 만나면 가능성이 높아지고, 을축(乙丑), 을유(乙酉), 기사(己巳), 기축(己丑), 을사(乙巳)처럼 일간과 일지가 겹칠 때 그 위험성이 커지니 30대 이후에는 이러한 질환에 유의하여 체형 교정 의자를 쓰거나 과도한 스마트폰 사용을 줄이고 올바른 자세를 유지하도록 노력해야 한다.

'미(未, 8)-을(乙, 2)=6'이 되는데 양의 수이니 그대로 6이 된다.
5, 6이 짝을 이루는데 진사(辰巳)가 되니 을미(乙未) 일주의 공망은 진사(辰巳)가 된다.

(5) 새 지장간 분석-일간의 라이프 스타일 분석

을미(乙未) 일주 미(未)토의 지장간은 정(丁)-식신, 을(乙)-비견, 기(己)-편재를 가지고 있는데 천간이 머무는 시간은 한 달 기준으로 식신(9일), 비견(3일), 편재(18일)이 된다. 을(乙)목은 음간이나 양 운동을 하니 비견과 편재성이 같이 나오는데 자기중심적이고, 큰 재물을 추구하는 경향을 보여 준다.

일지는 명주의 사생활과 라이프 스타일을 보여 주는데, 편재의 환경에서 비견의 활동을 하고 있다. 적극적으로 재성을 추구하고 늘 돈에 대한 생각으로 머릿속이 복잡하다. 지장간 중기가 비견이고 을(乙)목이니 동료와 더불어 도모하고자 한다.

주변에 늘 친구들이 함께하고 분주하며 활기가 넘치는 사람이다.

(6) 배우자, 재물 및 직업 분석

일지 편재인데 을(乙)목은 미(未)토가 열토라서 반기지 않는다. 고로 부부 사이가 좋지는 못하다. 일주가 백호살이니 더욱 그러하다. 그러나 미(未)토 주변에 수 기운이 어느 정도 있다면 이러한 문제는 해소될 수 있다. 수 기운이 열토인 미토를 식혀 주기 때문이다. 직업적으로 미(未)토는 천간의 기(己)토와 비슷하니 언변이 뛰어나고, 조리 있게 말하며, 부동산업, 교육, 중재, 상담, 유통 등의 업무를 잘할 수 있다. 을(乙)목은 머리카락이니 헤어 디자이너도 유망하다. 환경 적응력이 뛰어나서 다양한 직업을 갖는 경우가 많고, 한 직장에 오래 머물지 못하는 경향이 있다.

(7) 천간합극 및 형충회합파해 원진

- 천간합: 을경합-금(乙庚合金)-합하여 합화가 안 되는 경우가 대부분인데 지지에 금의 세력이 강하면(월지 포함-삼합, 방합의 경우) 합화가 되어 새로운 금이 나올 수 있다.
- 천간극: 천간에 신(辛)금이 을(乙)목을 극한다. 신(辛)금은 확산 상승 운동을 하고, 을(乙)목은 응축 하강 운동을 하니 서로의 운동성이 달라서 극함이 심한 편이다. 을(乙)목에게는 신(辛)금이 편관이 된다.

- 지지합: 오미(午未)합[육합], 삼합-해묘미[亥卯未, 용(用)-목(木)의 운동], 방합-사오미 [巳午未, 체(體)-화(火)의 운동]
- 지지충: 축미(丑未)충, 원진: 자미(子未)원진(오리지널 원진이다), 삼형: 축술미(丑戌未)
- 지지파: 술미(戌未)파 - 지지해: 자미(子未)해

(8) 신축년(2021년) 포함 4년의 운세 팁(Tip)-사주의 핵심은 운을 보는 것이다

을미(乙未) 일주의 을(乙)목 일간은 신축(辛丑)년(2021년)에 축(丑)토에서 새 12운성으로 고지(庫地) 또는 묘지(墓地)가 된다.

고지(묘지)는 묘지처럼 작은 공간에서 재충전을 하라는 의미가 된다. 새로운 일을 벌이지 말고 수성의 모습으로 전문 기술을 연마하거나 공부, 자격증, 내부 업무 등을 하면서 보내면 좋다. 자연의 흐름을 거스르면 강제로 입묘(병실, 감옥)하게 될 수도 있다.

천간으로 들어오는 신(辛)금은 을(乙)목 일간에게 편관이 된다. 편관 운이 들어오니 정신적인 스트레스가 있는 모습이고, 예기치 못한 사건, 사고에 엮일 수도 있다. 업무 등이 과중되는 모습이며, 또는 직장에서 승진을 하기도 한다. 물론 승진하면 좋지만, 그만큼 업무의 중요성과 책임감이 커지니 이는 음과 양처럼 스스로 감당해야 할 몫이 커지게 된다.

지지로 들어오는 축(丑)토는 을(乙)목 일간에게 편재가 된다. 일지 미(未)토와 만나 축미(丑未)충, 축미(丑未)형이 되는데, 충(沖)은 환경의 변화를 의미한다. 이사, 전출, 이직이 있을 수 있고, 형(刑)은 개선, 수정, 수선의 의미이니 재물로 인한 송사나 관재구설, 본인이나 배우자의 질병으로 인한 치료나 수술이 있을 수 있으니 집안에 고칠 것이 있다면 이때 수리하면 좋고, 미루었던 치료가 있다면 신축년에 하는 것이 도움이 된다.

을(乙)목 일간은 2022년에 절지, 2023년에 태지, 2024년에 양지의 모습으로 가장 약해지는 시기가 된다. 물론 세운의 상승과 하강은 대운이라는 기준 안에서 살펴야 한다.

절태양은 보이지 않음을 의미한다. 또한, 앞으로 다가올 생욕대를 준비하는 시기이기도 하다. 양간인 갑(甲)목이 록왕쇠로 맹활약을 하는 시기니 겁재와 경쟁하거나 경합을 벌여서 유리할 것이 없다.

차분히 내실을 다지고 실력을 키우며 보내는 것이 좋다. 세운은 12년을 주기로 순환하기 때문에 다시 겁재 갑(甲)목을 누를 기회가 오는데, 미(未)년이 그렇고 신유술(申酉戌)의 운이 그렇다.

33) 새로운 병신(丙申) 일주 분석

(1) 자연물상/동물상

병신(丙申) 일주의 병(丙)은 양 운동 속의 양간으로 태양의 물상이고, 신(申)은 방향으로 서쪽이자 저녁을 의미한다. 해가 서쪽으로 저물어 가는 물상이다. 또한, 병신(丙申)은 태양 아래 원숭이의 동물상이니 명랑하고, 재주가 많으며, 비밀이 없고, 총명하다. 신(申)은 가을의 시작이니 감성적이며 동정심과 의리가 있고 예의가 바르다. 병(丙)화는 올라가는 기운이고, 신(申)금은 내려가는 기운을 뜻하니 일주만으로는 뜻하는 바를 이루기 어려우며 주변에 이를 보완해 주는 글자가 있어야 한다. 겉 표정은 밝으나 속으로는 근심이 있을 수 있으며, 태양이 바위를 내리쬐는 것이니 노력 대비 재물을 취하기가 쉽지 않겠다. 주변에 도와주는 글자가 있을 때 가능하다.

(2) 일간일지의 음양오행 및 관계

일간 병(丙)화는 양 중의 양이다. 적극적이고, 정열적이며, 허풍도 있고, 과장하는 버릇이 있다. 무모한 확장으로 인해 어려움을 겪을 수도 있다. 병(丙)화는 태양이니 권위적이고 일방적이지만, 예의가 바르고 솔직하며 비밀이 없다. 병(丙)화는 태양이니 잘 보이게 꾸미는 것을 좋아하며, 개성이 뚜렷하고 자기 스타일을 고집한다. 감투와 명예심이 강하며, 사교적이고, 매사에 활기차고, 의욕적이다.

(3) 일간 기준 십신 관계

일지 신(申)금은 십신으로 편재라고 할 수 있다. 편재는 음양오행에 따라 10개의 다양한 편재가 존재한다. 신(申)금은 바위나 철광석에 해당하니 병(丙)화가 편재를 취하려고 해도 쉽지 않다. 대체로 병정(丙丁)화가 재성으로 경신(庚辛)금을 보면 오래 집착한다. 병(丙)화가 정재인 유(酉)금이나, 정(丁)화가 신(申)금을 취하기는 용이하지만, 병(丙)화는 햇빛으로 바위인 신(申)을 녹이기 어렵고, 정(丁)화의 열은 보석인 유(酉)금이 피하니 어려움이 있다. 이러한 이유로 인해 병정(丙丁)화 남자가 여자를 만나면 오래 집착하고, 여자는 병정(丙丁)화 남자를 만나서 헤어질 때 어려움을 겪게 된다.

(4) 새 12운성과 새 12신살[체(體)와 용(用)]

병신(丙申) 일주는 새 12운성으로 병지(病地)에 해당하는데 양간이니 기존의 12운성 포태법도 병지(病地)였다. 역지사지의 별이니 동정심과 의리가 있으며 타인을 잘 배려한다. 환자 중에 일지가 병지에 해당하는 의사나 간호사를 만나는 경우, 그 환자는 호강한다. 신(申)은 가을의 시작이니 일을 시작하는 것도 좋아하지만, 가을의 시작이니 사색적이고 감성적이다.

새 12신살로 신(申)금은 신자진(申子辰) 삼합 기준으로 첫 번째 글자이니 지살이 된다. 병지처럼 타인과의 공감 능력과 커뮤니케이션을 잘 쓰는 와중에 지살처럼 새로운 시작, 출발, 도전을 진행할 수 있겠다. 신살로는 일지 암록이니 평생 보이지 않는 귀인의 도움이 있다. 일지 역마이니 분주하고 바쁜데, 실제적인 움직임일 수도 있지만, 정신적인 분주함일 수도 있다. 또한, 일지 문창성이니 지혜가 총명하고 글재주가 있다.

'신(申, 9)-병(丙, 3)=6'이 되는데 양의 수이니 그대로 6이 된다.

5, 6이 짝을 이루는데 진사(辰巳)가 되니 병신(丙申) 일주의 공망은 진사(辰巳)가 된다.

(5) 새 지장간 분석—일간의 라이프 스타일 분석

병신(丙申) 일주 신(申)금의 지장간은 무(戊)-식신, 임(壬)-편관, 경(庚)-편재를 가지고 있는데 천간이 머무는 시간은 한 달을 기준으로 식신(7일), 편관(7일), 편재(16일)이 된다. 편재 경(庚)금은 임(壬)수 편관을 생해 주니 편관의 성향이 잘 나타난다. 일지는 명주의 사생활과 라이프 스타일을 보여 주는데, 편재의 환경에서 편관의 활동을 하고 있다. 편재의 환경이니 늘 돈과 여자(재성)에 대한 생각으로 머리가 복잡하고 분주하며 적극적이나, 체면과 눈치, 남의 이목을 의식하여(편관) 이를 취하기가 쉽지 않다.

(6) 배우자, 재물 및 직업 분석

여자는 병(丙)화가 화려함을 추구하고 일지 편재이니 연하의 남자를 만나기 쉽고, 외모를 보는 경향이 있다. 안정된 직장, 재산보다는 외모, 인간성, 가능성을 보는 경향이 있다. 남자는 병(丙)화로는 일지 신(申)금을 취하기 어려우니 여자에게 집착한다. 남자는 처덕이 있는 편이고, 이동중에 사고(?)를 치는 경우도 생긴다. 직업적으로는 편관으로 생사를 다루는 직업, 재성 관련 직업(회계, 금전 출납, 보험, 외환), 역마성 직업과 인연이 있다.

(7) 천간합극 및 형충회합파해 원진

- 천간합: 병신합-수(丙辛合水)-합하여 합화가 안 되는 경우가 대부분인데 지지에 수의 세력이 강하면(월지 포함-삼합, 방합의 경우) 합화가 되어 새로운 수가 나올 수 있다.
- 천간극: 천간의 임(壬)수가 병(丙)화를 극한다. 병(丙)화의 입장에서 임(壬)수는 편관이기 때문이다.
  극의 관계를 떠나서 천간의 병(丙)화 일간 옆에 임(壬)수가 있다면 생각의 폭이 넓다는 것을 의미한다.
  임(壬)수와 병(丙)화는 9번째, 3번째의 글자로 멀리 떨어져 있으므로 생각의 폭이 넓다는 것을 의미한다. 고서에서는 병(丙)화가 임(壬)수를 보는 것을 강휘상영이라고 좋게 본데는 그러한 이유가 있다.

- 지지합: 사신(巳申)합(육합), 삼합- 신자진[申子辰, 용(用)-수(水)의 운동], 방합-신유 술[申酉戌, 체(體)-금(金)의 운동]
- 지지충: 인신(寅申)충, 원진: 묘신(卯申)원진(약한 원진에 속함), 삼형: 인신사(寅申巳)
- 지지파: 사신(巳申)파 - 지지해: 신해(申亥)해

(8) 신축년(2021년) 포함 4년의 운세 팁(Tip)-사주의 핵심은 운을 보는 것이다

병신(丙申) 일주의 병(丙)화 일간은 신축(辛丑)년(2021년)에 축(丑)토에서 새 12운성으로 양지(養地)의 모습이 된다.

절지의 막막함과 태지의 불안한 시기를 지나 양지는 이제 막 출산을 앞둔 아이의 모습이니 힘은 약하지만, 미래에 대한 희망과 부푼 꿈을 키우고 있다. 독립적인 활동은 어렵고 배우고 익히면서 생욕대의 시기를 기다려야 한다.

천간으로 들어오는 신(辛)금은 병(丙)화 일간에게 정재가 된다. 천간에 신(辛)금이 들어오면 반대편의 병(丙)화가 약해진다. 일간과의 병신(丙辛)합의 모습이니 일간이 꾸준하게 키워온 결실과 결과물을 얻을 수 있다.

지지로 들어오는 축(丑)토는 병(丙)화 일간에게 상관인데, 일지의 신(申)금 편재와 상관이 만난 모습이다.

성을 공략 중인데 필요한 공성무기가 도착한 모습이다. 상관생재의 모습이니 결과물을 얻는 기쁨이 있을 것이다.

병(丙)화 일간은 2022년에 장생, 2023년에 목욕, 2024년에 관대의 모습으로 점차 상승 운으로 가고 있다. 물론 세운의 상승과 하강은 대운이라는 기준 안에서 살펴야 한다.

인묘진(寅卯辰)은 봄의 모습으로 상승과 확산의 시기이다. 십신으로는 인성의 모습이니 윗사람들(문서, 지식, 기술, 자본)의 도움을 받아 상승하고 확산하는 모습이 된다.

7. 육십갑자(六十甲子) 일주 분석- 새로운 육십갑자 일주론을 시작하며

34) 새로운 정유(丁酉) 일주 분석

(1) 자연물상/동물상

정유(丁酉) 일주는 촛불의 형상이다. 사방이 깜깜할 때 홀로 불길을 피워내어 어둠을 밝히니 봉사와 헌신, 희생의 상징이다. 순하고 착하며 용모가 단정하고 깔끔하다. 시기로는 한가위(9월)의 달이니 풍성하고 낭만적이며 예술적이고 세련된 느낌이다. 정유(丁酉)일주는 촛불이 촛대에 꽂혀있는 형상이니 천간과 지지가 조화롭게 구성되어 있어 재물과 인연이 순탄하고 다복한 인생을 이룬다. 시작은 미약해도 결과는 좋은 결실로 이어진다.

(2) 일간일지의 음양오행 및 관계

일간 정(丁)화는 화 운동의 음화로 병(丙)화가 화려하다면, 정(丁)화는 세련되게 한다.

병(丙)화처럼 수다스럽지는 않지만, 언변이 세련되고 설득력이 있다. 따뜻하고 인정이 있으며 섬세하다. 정화는 촛불과 관련되니 무속인, 역술가, 종교와 관련이 있다. 직관력과 영감이 뛰어나다. 을(乙)목, 정(丁)화, 기(己)토, 신(辛)금, 계(癸)수 등의 음간들은 세력에 종(從) 하는 경향이 있어 여간해서는 그 성향을 드러내지 않고 갈무리하나, 그 압박이 임계치가 넘어가면 폭발한다. 수시로 폭발하는 양간들과 다르게 오랜 시간 쌓였던 것이 폭발하기 때문에 폭발력이 대단해 주변 사람들을 놀라게 한다. 정(丁)화도 그러하다. 그러나 겉으로는 조용하고 여성스럽고 애교도 많다.

(3) 일간 기준 십신 관계–정재가 가축이라면 편재는 야생동물이다

일지 유(酉)금은 십신으로 편재라고 할 수 있다. 어디에 있든지 돈 냄새를 잘 맡고, 액션을 취하며, 늘 재빠르고, 민첩하다. 이재에 타고난 구석이 있고 정재가 티끌 모아 태산이라면, 편재는 "인생 뭐 있어?" 하며 한방을 추구한다. 실패해도 좌절하지 않고 다시 재기를 위해서 분주히 돌아다닌다.

정재가 가축이라면, 편재는 야생동물이다. 큰 건을 잡으면 포식하지만, 그렇지 못한 날들은 쫄쫄 굶기도 한다. 성격이 화끈하고, 사교성이 좋으며, 더 큰 이재를 위해서 사람과 정보를 얻기 위해 과감하게 투자한다. 지갑에 돈이 없어도 계산서를 들고 나가서 허세를 떤다. 필요하고 즐거움을 위해서라면 큰돈을 쓰지만, 그렇지 않다면 단돈 천 원도 쓰지 않는다.

(4) 새 12운성과 새 12신살[체(體)와 용(用)]

정유(丁酉) 일주는 새 12운성으로 목욕(沐浴)에 해당하는데 예전의 12운성 포태법은 장생(長生)이었다.

목욕은 말 그대로 장생에 태어난 아이의 때를 벗긴다는 뜻이다. 때를 벗긴다는 것은 교육이니 한창 교육받을 시기의 청소년기를 뜻한다. 사춘기의 시절이니 멋부리고, 이성에 대한 호기심이 많다.

흔히 장생이 힘이 있고, 목욕을 부정적으로 보는 경우가 많은데, 장생은 어린아이이고, 목욕은 청소년기니 당연히 목욕의 시기가 힘이 더 있다. 갓 태어난 아이가 주변 사람들의 관심을 모으고 부모를 움직이니 나름대로 힘이 있지만, 그것은 본인의 힘이 아니라 주변의 도움을 의미한다. 물론 주변의 힘을 빌릴 수 있고 도움을 요청하는 것, 그 자체도 능력이 될 수는 있겠다.

새 12신살로 유(酉)금은 사유축(巳酉丑) 삼합 기준으로 장성살이 된다. 또한, 12신살은 사회적인 활동 삼합을 기준으로 살피니 사회적인 활동이 없다면 12신살 역시 의미가 없다.

목욕의 시기에 힘써 배우고 익히며 세상에 나갈 준비를 하는 모습인데, 장성살의 모습이니 학생 중에서도 우등생이고 리더의 모습이 된다. 반면에 목욕에 유흥을 즐기고 질풍노도의 시기를 보낸다면 역시 노는 아이 중에서 일진이 된다.

신살로 정유(丁酉)는 천을귀인인데 사주 내에 천을귀인이 있으면 사람이 믿을 만한 사람이고 온순하고 순리를 따르며 의리가 있어 뒤통수를 때리지 않는다고 한다. 특히 중요한 점은, 어려울 때 귀인의 도움이 있어 어려움을 극복할 수 있다는 점이다. 그래서 자평명리학에서도 중요하게 보는 신살이지만, 마치 만병통치약과 같으니 천간과 지지의 작용을 살펴보는 게 더 도움이 될 것이다.

'유(酉, 10)-정(丁, 4)= 6'이 되는데 양의 수이니 그대로 6이 된다.
5, 6이 짝을 이루는데 진사(辰巳)가 되니 정유(丁酉) 일주의 공망은 진사(辰巳)가 된다.

(5) 새 지장간 분석-일간의 라이프 스타일 분석

정유(丁酉) 일주 유(酉)금의 지장간은 경(庚)-정재, 신(辛)-편재, 신(辛)-편재를 가지고 있는데 천간이 머무는 시간은 정재(10일), 편재(10일), 편재(10일)이 된다. 남자는 일지 도화살에 지장간에 정재+편재가 있으니 바람둥이일 가능성이 높다.

유(酉)금의 영향으로 술과 풍류를 즐기는데, 여자는 풍류를 즐기는 남자를 만날 가능성이 있다.

일지는 명주의 사생활과 라이프 스타일을 보여 주는데, 편재의 환경에서 편재의 활동을 하고 있다. 신(辛)금 편재이니 돈에 대해 철저하고 현실적이다. 폭넓은 대인 관계를 중시하고, 한턱을 잘 쏘기도 하며, 음주·가무를 즐기고, 한 방을 노린다. 머리가 총명하고, 시세 판단이 빠르며, 이재 능력이 있다.

(6) 배우자, 재물 및 직업 분석

대체로 여자는 명문가에 출가하는 경우가 많지만, 남편은 풍류를 즐기는 경우가 많고, 아내는 남편을 잘 보살피는 현명한 아내지만, 남편은 바람기가 다분한 경우가 많다. 직업적으로는 직장보다는 사업 운이 좋다. 말로 먹고사는 직업(닭의 형상이고 편재라 말도 잘하고 목소리도 좋다), 가르치는 직업(정(丁)화의 봉사와 헌신), 재정 계통(신(辛)금 편재의 성향), 금속·기계, 의학 계통(유(酉)금의 성향) 등 금속과 의약업을 아우른다.

(7) 천간합극 및 형충회합파해 원진

- 천간합: 정임합-목(丁壬合木)-합하여 합화가 안 되는 경우가 대부분인데 지지에 목의 세력이 강하면(월지 포함-삼합, 방합의 경우) 합화가 되어 새로운 목이 나올 수 있다.
- 천간극: 천간에 계(癸)수가 정(丁)화를 극한다. 정(丁)화의 입장에서는 계(癸)수가 편관이기 때문이다.

  편관은 여자에게는 체로, 남자에게는 용으로 직장이 된다. 천간의 극은 새로운 변화와 자극을 의미한다. 기존에 남자가 있다면 남자로 인한 스트레스가 있고, 없다면 새로운 이성이 다가올 수 있다. 기존에 직장이 있다면, 직장 내의 일이 많아지고 스트레스가 증가할 수 있다. 백수였다면 일자리가 생길 수 있는데 스트레스가 심하고 긴장되는 직장이 된다.

- 지지합: 진유(辰酉)합(육합), 삼합-사유축[巳酉丑, 용(用)-금(金)의 운동], 방합-신유술[申酉戌, 체(體)-금(金)의 운동]
- 지지충: 묘유(卯酉)충, 원진: 인유(寅酉)원진(원진살이 강하다), 자형: 유유(酉酉)형
- 지지파: 자유(子酉)파 - 지지해: 유술(酉戌)해

(8) 신축년(2021년) 포함 4년의 운세 팁(Tip)-사주의 핵심은 운을 보는 것이다

정유(丁酉) 일주의 정(丁)화 일간은 신축(辛丑)년(2021년)에 축(丑)토에서 새 12운성으로 쇠지(衰地)의 모습이 된다.

이제 막 정상에서 내려온 모습이니 여전히 힘이 있고 노련미가 있으며

경쟁과 투쟁으로 쟁취하기보다는 협의와 조율로 처신하는 것이 좋다.

쇠지이면서 축(丑)토는 전환기이고 커브 길과 같으니 주변을 살피고 진중하게 움직이는 것이 좋겠다.

천간으로 들어오는 신(辛)금은 정(丁)화 일간에게 편재가 된다. 천간도 마찬가지로 신(辛)금이 들어오면 정(丁)화가 약해지게 된다. 일간이 약해지니 신(辛)금 편재의 영향을 받게 된다. 차곡차곡 쌓아 올리는 정재와 달리 큰 목표, 큰 결과물, 큰 돈에 대한 생각이 강하게 들게 된다. 지지로 들어오는 축(丑)토는 정(丁)화 일간에게 식신이 된다. 일지 유(酉)금 편재와 만나 유축(酉丑)합의 모습이 된다. 성(城, 편재)을 공략하는데 시의적절하게 공성무기(식신)가 도착한 모습이다.

정(丁)화 일간은 2022년에 병지, 2023년에 사지, 2024년에 고지(묘지)의 모습으로 점차 하강 운으로 가고 있다. 물론 세운의 상승과 하강은 대운이라는 기준 안에서 살펴야 한다. 해자축(亥子丑)의 시기에 맹활약을 한 정(丁)화는 인묘진(寅卯辰) 병사묘의 시기에 일을 마무리하고 퇴근하는 모습이 된다. 사람이 일만 하면서 살 수는 없다. 휴식이 있어야 능률이 오른다. 학생도 오랜 시간 공부만 한다고 해서 실력이 늘지 않는다. 한번 공부할 때 집중해야 효율이 높아진다.

35) 새로운 무술(戊戌) 일주 분석

(1) 자연물상/동물상
무술(戊戌) 일주는 무(戊)토도 산이고, 술(戌)토도 산이니 첩첩산중이다. 둘 다 메마른 땅이고 얼토이니 사막과도 같다. 늦가을의 추수가 끝난 들판이고, 적막한 늦가을의 기운이 펼쳐지니 인생이 고독해지기 쉽고, 여러 가지 애로가 있을 수 있다. 남녀 공통으로 재물과 배우자와의 인연에서 어려운 면이 있다. 첩첩산중이니 수시로 속세를 떠나서 혼자 살고 싶은 충동이 든다. 이상이 높고, 성품이 완고하며, 보수적이고, 책임감이 강하며, 호불호가 분명하다. 동물상으로 무술(戊戌)은 산속의 개이니 들개이다. 야생동물이라 삶이 고단해지기 쉽고 화가 나면 엄청 무섭다. 세상을 살아가는데 처세가 부족하여 타인과 불화를 겪는 경우가 있는데, 간여지동이라서 고집도, 자존심도 강하기 때문이다. 하지만 사주 내에 수 기운과 목 기운이 적당하면 그러한 단점이 해소될 수 있고, 드넓은 옥토가 되고, 지리산이 되어, 많은 사람들을 포용할 수 있게 된다.

(2) 일간일지의 음양오행 및 관계

일간 무(戊)토는 큰 산을 의미하니, 실제적인 스케일은 병화보다 더 큰 편이다.

이는 병(丙)화보다도 양의 절정이기 때문이다. 병(丙)화가 12시라면, 무(戊)토는 오후 2시이다. 어느 때 더 뜨거운지를 생각해 보면 쉽게 이해할 수 있다. 신용이 좋고 과묵하며 매사에 처신이 공정한 모습이며, 여자는 애교가 부족하니 결혼이 늦어지는 경우가 많다. 무(戊)토는 변화를 싫어하니 보수적인 편인데, 자기주장은 안 하지만 자기 주관은 뚜렷하다. 무(戊)토는 건토라서 나무가 살아갈 수 없으니 사주 내에 수 기운이 없다면, 여자는 남자의 덕이 없고 출산 시 어려움을 겪는다. 큰 산이니 포용력이 좋고, 속마음을 잘 보이지 않으며, 많은 사람을 거느린다. 근면하고 학문과 예술 방면에 재능이 있다. 양간이니 사회의 일이나 남의 일에는 적극적이지만, 집안일에는 소홀한 경향이 있다.

(3) 일간 기준 십신 관계-오행의 차이점에 따른 비견의 성향은?

일지 술(戌)토는 십신으로 비견이라고 할 수 있다. 기억하는가? 비견도 10개의 비견이 있다.

사주팔자는 십신만으로도, 오행만으로도 볼 수 있는 단순한 것이 아니다.

십신과 음양오행을 섞어서 살펴보는 것이 좀 더 정확할 것 같다. 십신이 외면의 모습이라면, 음양오행은 내면의 모습이다. 간단히 몇 가지만 살펴보면 다음과

319

같다.

갑갑(甲甲)은 그대로 뛰쳐나가는 추진력이다. 마치 100m 스타트라인에 들어선 선수 같다.

병병(丙丙)은 너무 뜨겁다. 너무 눈부시고 뜨거우니 다들 혼비백산하여 피한다. 하늘의 해는 한 개로 충분하다. 너무 뜨거운 곳은 사람들이 피하니 고독해지기 쉽다.

무무(戊戊)는 산 넘어 산, 첩첩산중이다. 도저히 꿈쩍도 하지 않는다. 한 개도 고집이 센 데 두 개이니 독 짓는 늙은이처럼 고집불통이다.

신신(辛辛)은 쌍칼 아저씨다. 복수심에 불타오르는 오나라의 부차와 월나라의 구천 같다. 한기가 풀풀 날리니 살벌하다.

계계(癸癸)는 졸졸 흐르던 시냇물에 빗물이 내리고 있다. 빗물까지 더하니 큰물이 된다. 재잘거리고 활기차다.

술(戌)토는 무(戊)토의 비견이고, 무술(戊戌)은 첩첩산중이니 늘 세상을 등지고 떠나고 싶은 충동이 있다.

속세를 떠나 산에 사는 자연인 중에 무술(戊戌) 일주가 많은 이유이다. 천간과 지지가 간여지동이고 양토라 건조한 땅이니 자존심, 경쟁심, 독선적인 경향을 띤다. 조직 생활과 가정생활에서 마찰을 일으키기 쉽고, 이로 인해 인간관계의 피로감을 느끼고 회의가 생겨서 산으로 가는 것이 일반적이다. 귀천을 가리지 않고 사람을 평등하게 대하는 긍정적인 면이 있다.

(4) 새 12운성과 새 12신살[체(體)와 용(用)]

무술(戊戌) 일주는 새 12운성으로 묘지(墓地)에 해당하는데 양간이니 포태법도 묘지(墓地)로 같다.

화토동법에 의해서 자기입묘 형태가 되는데, 자기를 가두고 속세를 떠나고 싶으며, 무엇이든 감추고 숨기는 경향이 있다. 입묘를 하는 것은 가을의 끝 무렵에 무(戊)토를 입묘하여 겨울 기간 내내 무(戊)토가 손상되는 것을 막기 위한 자연의 배려이다. 그 이치를 항상 기억하도록 하자. 입묘라는 용어가 그렇다면 입보(入保-들어갈 입, 보전할 보)도 괜찮다. 명리 용어를 가치중립적인 용어로 바꾸어 쓰는 것도 좋을 것이다.

새 12신살로 술(戌)토는 인오술(寅午戌) 삼합 기준으로 화개살이 된다. 묘지처럼 작은 공간에 들어 있는 모습으로 쓰면서 학문, 예술, 종교, 철학 등의 분야에서 활동하면 좋다. 저장하고 보관하고 감추는 것을 잘한다. 신살은 괴강살이라 살벌하고 집요한 구석이 있다. 여자는 남자 복이 없고, 집안을 책임지는 경우가 많으니 여장부이다. 남녀 공통으로 종교와 깊은 인연을 맺는 경우가 많으며, 술(戌)의 과(戈) 자가 창을 뜻하는 한자여서 다치거나 수술하는 경우가 종종 있다. 운으로 진(辰)토, 미(未)토, 축(丑)토가 올 때 그러하다.

'술(戌, 11)-무(戊, 5)=6'이 되는데 양의 수이니 그대로 6이 된다.

5, 6이 짝을 이루는데 진사(辰巳)가 되니 무술(戊戌) 일주의 공망은 진사(辰巳)가 된다.

(5) 새 지장간 분석−일간의 라이프 스타일 분석

무술(戊戌) 일주 술(戌)토의 지장간은 신(辛)-상관, 정(丁)-정인, 무(戊)-비견을 가지고 있는데 천간이 머문 시간은 한 달을 기준으로 상관(9일), 정인(3일), 비견(18일)이 된다.

무(戊)토는 건토이므로 토생금이 잘 안되며, 토극수에 적합한 천간이다. 그로 인해 상관의 성향이 잘 드러나지 않는다. 정인의 역할로 비견의 성향이 잘 드러난다. 일지는 명주의 사생활과 라이프 스타일을 보여 주는데, 비견의 환경에서 정인의 활동을 하고 있다. 비견이니 자기 주관과 고집과 자존심이 강한 사람이다. 꺾일지언정 굽히려 하지 않는다. 정(丁)화 정인이니 그 안에서 따뜻함과 배려심도 있다. 안정을 추구하고 체면치레도 적당히 하지만, 융통성이 부족하며, 변화에 대한 적응이 느린 편이다.

(6) 배우자, 재물 및 직업 분석

일지 간여지동이니 남녀 공통으로 배우자의 연이 좋은 편은 아니다. 남녀 대운이 비겁운으로 흐르면 배우자와의 사이가 나빠질 수 있으니 주의하여야 한다. 단, 무술(戊戌) 일주 주변에 수 기운이 많거나, 대운으로 수 기운이 오면 황무지가 논밭으로 바뀌니 좋아질 수 있다. 직업적으로는 화개살에 따라 학문, 종교, 예술 분야의 직업, 괴강살에 따라 무관 직업, 의약 계통, 교육 계통 및 전문 기술계통, 종교, 철학, 공직이 좋다.

(7) 천간합극 및 형충회합파해 원진

- 천간합: 무계합-화(戊癸合火)-합하여 합화가 안 되는 경우가 대부분인데 지지에 화의 세력이 강하면(월지 포함-삼합, 방합의 경우) 합화가 되어 새로운 화가 나올 수 있다.
- 천간극: 천간의 갑(甲)목이 무(戊)토를 극한다. 무(戊)토에게 갑(甲)목이 편관이기 때문이다. 갑(甲)목은 확산 상승하는 운동을 하고, 무(戊)토는 더 이상의 확산 상승 운동을 멈추고 음 운동으로 전환하는 운동을 하게 된다. 갑(甲)목은 더 재촉하고 키우기를 바라지만, 무(戊)토를 만나면 브레이크가 걸리고 상승 확산을 멈추게 되는 모습이다.

- 지지합: 묘술(卯戌)합(육합), 삼합-인오술[寅午戌, 용(用)-화(火)의 운동], 방합-신유술[申酉戌, 체(體)-금(金)의 운동]
- 지지충: 진술(辰戌)충, 원진: 사술(巳戌)원진(원진이 약하다), 삼형: 축술미(丑戌未)
- 지지파: 술미(戌未)파 - 지지해: 유술(酉戌)해

(8) 신축년(2021년) 포함 4년의 운세 팁(Tip)-사주의 핵심은 운을 보는 것이다

무술(戊戌) 일주의 무(戊)토 일간은 신축(辛丑)년(2021년)에 축(丑)토에서 새 12운성으로 양지(養地)의 모습이 된다.

양지의 모습이니 아직은 힘이 약하지만 봄과 여름을 준비하고 계획하는 시기가 된다. 무(戊)토 역시 상승 확산하는 양간이니 빨리 튀어나오고 싶지만 서두르면 안 된다. 시절을 앞서 잎을 틔운 싹은 꽃샘추위에 얼기가 쉽기 때문이다.

천간으로 들어오는 신(辛)금은 무(戊)토 일간에게 상관이 된다. 원국에 상관이 있다면 운에서 힘을 받으니 강해진다. 없던 기운이라면 낯설고 쓰는 데 익숙하지 않게 되는데, 날카로운 신(辛)금 현침의 기운을 가졌으니 언변에 주의하는 것이 좋다.

자칫하면 구설수에 엮이기 쉽다.

지지로 들어오는 축(丑)토는 겁재가 되는데, 일지의 술(戌)토 비견과 만나 축술(丑戌)형을 구성한다. 늦가을의 토와 늦겨울의 토의 만남으로 환절기의 변화를 의미한다. 형(刑)의 다양한 작용이 있겠지만, 체(體)로 느끼는 가장 보편적인 것이 감기이다. 과(戈)살이 있으니 축술(丑戌)형을 구성할 때, 치료나 수술등을 받을 수도 있다.

무(戊)토 일간은 2022년에 장생, 2023년에 목욕, 2024년에 관대의 모습으로 점차 상승 운으로 가고 있다. 물론 세운의 상승과 하강은 대운이라는 기준 안에서 살펴야 한다.

양간인 무(戊)토는 밖에서 만물을 키우고 성장시키는 토이다. 절태양의 답답했던 시기를 벗어나 이제 기지개를 켜고 본격적인 활동을 할 시기이다. 무(戊)토가 강해질수록 대지에 만물들이 무럭무럭 자랄 것이다.

36) 새로운 기해(己亥) 일주 분석

(1) 자연물상/동물상

기해(己亥) 일주의 기(己)토는 목적에 의해서 만들어진 논밭이고, 해(亥)수는 강물

7. 육십갑자(六十甲子) 일주 분석- 새로운 육십갑자 일주론을 시작하며

이니 논밭에 강물이 가득 차 있는 모습인데, 해(亥)수는 큰물이라 논밭이 물에 잠기니 좋지 않다.

기(己)토는 기본적으로 음토이고 습토라 토극수를 잘하지 못하는데, 해(亥)수는 큰물이니 감당하기 힘들다. 천간에서 말하는 '기토탁임(己土濁壬)'이 일주에서 구현된 것이다.

소심하고 우울하고 불안한 경향이 있다. 일지는 배우자의 궁이니 배우자를 다루기 어렵다.

배우자와의 관계가 상당히 불안하다. 하지만 지지 내에 다른 건토가 있으면 괜찮을 수 있으니 전체를 살펴야 한다. 무리하지 않고 안정을 추구하는 성품에 평생 안정적인 재물 운이 있어 남녀 공통으로 재정적으로 풍족하다. 사람이 올바르고 정직하나, 비밀이 많고 수심이 있다. 여행 등 돌아다니는 것을 좋아하여 직업이나 주거 이동이 잦다.

(2) 일간일지의 음양오행 및 관계

일간 기(己)토는 논밭의 형상이고 일정한 목적을 위해 가공된 땅이고 습토이니, 갑을(甲乙)목이 모두 좋아한다.

기(己)토는 오장육부에서 입에 해당하니 언변이 뛰어나며, 생명을 키우는 논밭이니 모성애적 특성으로 봉사하고 헌신하여, 교육 계통, 비서직, 공공 협력 부분, 활인업 쪽과 인연을 맺는다.

화생토를 잘하니 인성, 즉 학문에서 기량을 발휘하고, 배우고 가르치는 일을 좋아하며, 토생금도 잘하니 식상적 활동도 좋다. 베푸는 일을 잘하니 인정 있고 헌신적이다. 그러나 목적을 위해 조성된 땅이니, 분별력이 강해서 까다롭고 융통성이 없다. 말은 많지 않지만, 논리적이며 조리가 있고 품행이 올바르며, 신용 있고 성실하다.

(3) 일간 기준 십신 관계-오행의 차이점에 따른 정재의 성향은?

일지 해(亥)수는 십신으로 정재라고 할 수 있다. 정재도 마찬가지로 10개의 정재가 있다.

목화의 정재와 금수의 정재가 같지 않다. 십신을 사주통변의 꽃이라고 한다. 그만큼 빠르고 손쉽게 복잡한 인간관계를 설명할 수 있지만, 음양오행을 같이 보면서 통변해야 한다.

겉으로 보이는 모습(십신)에 내면의 모습(음양오행)을 놓칠 수가 있기 때문이다.

목(木)의 정재는 목의 성향을 닮아서 긍정적이고 낙천적이다. 할아버지, 할머니가 주신 세뱃돈을 꼬박꼬박 모은다. 초등학교 1학년인데 벌써 통장이 3개나 되니 입가에 미소가 절로 나온다.

어린아이라 겁이 많으니 투자할 엄두는 못 내고 저축하는 것에 만족한다. 응축하는 을(乙)목 정재가 그렇고, 확산하는 갑(甲)목 정재는 덜하다.

화(火)의 정재는 저축만 하지는 않는다. 은행에 넣어 보니 이자가 형편없다는 것을 알았기 때문이다. 예전의 꼬맹이가 아니다. 이자율이 좀 더 높은 연금 저축에 가입했다. 물론 원금 보장 상품이다. 고수익, 고위험은 편재의 몫이다. 정재와는 어울리지 않는다. 화 기운의 정재이니 정직하고 속임이 없다. 그래도 목의 정재 시절보다는 배포가 다소 커져 있다. 응축하는 정(丁)화 정재가 그렇고, 확산하는 병(丙)화 정재는 덜하다.

토(土)의 정재는 좀 더 보수적으로 되어 간다. 정재도 안정적인데, 토의 성향과 맞물려 좀 더 장기적이고 안정적인 수입을 꿈꾼다. 안정되고 지속적 성장을 할 수 있는 부동산을 꿈꾼다.

토(土)의 정재는 차분하지만, 순발력은 떨어지니 역시 부동산이 제격인 것 같다. 응축하는 기(己)토 정재가 그렇고, 확산하는 무(戊)토 정재는 덜하다.

금(金)의 정재는 금(金) 그 자체로 돈이다. 돈과 정재가 만났으니 어떠한 현상이 펼쳐질까?

금은 결과물이다. 매사에 계산적이고, 친구들이 모인 자리에서도 한턱 쏘는 법이 없다. 하지만 얻어먹지도 않는다. 자기 몫은 깔끔하게 계산한다. 모임 자리에서 계산을 할 때, 계산서를 본 순간 순식간에 암기로 1/n을 천 원 단위, 오백 원 단위까지 해버리는 능력자다. 수치감, 현실감, 공간 감각과 관리능력에서 발군의 실력을 보여 준다. 응축하는 경(庚)금 정재가 그렇고, 확산하는 신(辛)금 정재는 덜하다.

수(水)의 정재는 금(金)이 결실이고 압축된 형태인데, 수(水)는 더욱 압축되고 작아져서 작은 씨앗처럼 되어버린다. 금(金)의 정재도 실속이 있지만, 실상 진짜 알부자는 수(水)의 정재일 수 있다.

금(金)의 정재보다 더 쓰지 않으니 역사상 유명했던, 구두쇠, 자린고비, 노랭이, 스쿠루지가 수(水)의 정재라는 가능성이 높아진다. 일단 들어가면 나오지 않는다고 봐야겠다. 진술축미만 고지(창고)가 아니다. 수의 정재도 거의 고지(창고)급 레벨인데 응축하는 임(壬)수 정재가 그렇고, 확산하는 계(癸)수 정재는 덜하다.

(4) 새 12운성과 새 12신살[체(體)와 용(用)]

기해(己亥) 일주는 새 12운성으로 건록(建祿)에 해당되는데, 음간이니 예전의 12운성 포태법은 태지(胎地)였다. 건록이니 건강하고 고집이 쎄고, 똑똑하지만 배타적인 성격으로 남들과 원만한 관계를 이루기가 어렵다. 경쟁심과 자존심이 강하고 절정인 제왕을 향해서 숨 가쁘게 달려간다. 목표 지상주의로 달려가다 보니 정상의 문턱에서 망신을 당하기도 한다. 정상에 오르기 전에 누구나 한 번쯤 겪어야 할 통과의례 같은 것이다.

새 12신살로 해(亥)수는 해묘미(亥卯未) 삼합 기준으로 지살이 된다. 기(己)토 일간이 일지 해(亥)수에서 건록처럼 힘 있게 쓸 수 있는데, 작고 단단하게 응축하고 줄이는 모습 속에서 변화와 기회로 다가오는 모습이 된다. 신살로 해(亥)수가 역마이니 이동이 많다. 해외여행과 관련이 있다. 돌아다니고 타향 생활을 한다. 또한, 해(亥)수는 천문이니 영감이 있고 촉이 좋다.

'해(亥, 12)-기(己, 6)=6'이 되는데 양의 수이니 그대로 6이 된다.

5, 6이 짝을 이루는데 진사(辰巳)가 되니 기해 일주의 공망은 진사(辰巳)가 된다.

(5) 새 지장간 분석-일간의 라이프 스타일 분석

기해(己亥) 일주 해(亥)수의 지장간은 무(戊)-겁재, 갑(甲)-정관, 임(壬)-정재를 가지고 있는데 천간이 머문 시간은 한 달 기준으로 겁재(7일), 정관(7일), 정재(16일)이 된다. 해(亥)수에서 갑(甲)목이 장생이고, 임(壬)수가 건록이니, 정관적인 성향과 정재적인 성향이 나타난다. 일간이 정관과 갑기(甲己)합을 하니 정관적 성향도 잘 나타난다.

일지는 명주의 사생활과 라이프 스타일을 보여 주는데, 정재의 환경에서 정관의 활동을 하고 있다.

음간이라 정재 성향은 덜하고 정관적인 성향이 잘 나타나는데, 갑(甲)목 정관이니 사람이 어질고, 정이 있다. 성품이 올바르고 언행이 동년배에서 모범이 된다. 목은 어린이니 실수를 하더라도 악의가 없고 금방 사과를 한다.

(6) 배우자, 재물 및 직업 분석

위에서 말한 바와 같이 일주로는 배우자의 덕과 연에서 불리하다.

지지에 다른 토 기운이 있는지를 살펴야 하며, 일지 정재가 사주 내에서 좋은 역할을 하는지, 아닌지를 살펴야 좀 더 정확한 배우자의 역할을 알 수가 있다. 여자의 경우 정관과 암합을 하니 여자는 남편과 정이 돈독하지만 숨겨둔 남자가 있을 수 있고, 남자는 재관동림하니 결혼 전에 자식을 얻을 수도 있다. 직업적으로는 역마성 직업, 수산업 계통, 공직이나 월급 생활자가 좋다. 교육 계통과도 인연이 있고, 사업을 하더라도 관이나 대기업과 연계하여 하는 것이 좋겠다.

(7) 천간합극 및 형충회합파해 원진

- 천간합: 갑기합-토(甲己合土)-합하여 합화가 안 되는 경우가 대부분인데 지지에 토의 세력이 강하면(월지 포함-삼합, 방합의 경우) 합화가 되어 새로운 토가 나올 수 있다.
- 천간극: 천간의 을(乙)목이 기(己)토를 극한다. 기(己)토의 입장에서 을(乙)목은 편관이 되기 때문이다. 기(己)토는 생명을 키우기 위한 음토이므로 갑(甲)목뿐만 아니라 을(乙)목도 힘들지만 받아들인다.

기(己)토와 같은 음간에게는 편관의 극함도 양간처럼 충돌하지 않고 받아들이려고 한다. 음간들은 관인비에 우호적이고 세력을 따라가려는 수동적인 경향이 나오기 때문이다.

- 지지합: 인해(寅亥)합(육합) 삼합-해묘미[亥卯未, 용(用)-목(木)의 운동], 방합-해자축 [亥子丑, 체(體)-수(水)의 운동]
- 지지충: 사해(巳亥)충, 원진: 진해(辰亥)원진(원진이 강하다), 자형: 해해(亥亥)형
- 지지파: 인해(寅亥)파 - 지지파: 신해(申亥)해

(8) 신축년(2021년) 포함 4년의 운세 팁(Tip)-사주의 핵심은 운을 보는 것이다

기해(己亥) 일주의 기(己)토 일간은 신축(辛丑)년(2021년)에 축(丑)토에서 새 12운성으로 쇠지(衰地)가 된다.

쇠지는 이제 막 제왕에서 내려온 모습으로 여전히 힘이 있으며 노련미를 갖추고 있다.

전쟁에서 승리하여 훈장과 포상을 받고 고향으로 돌아가는 장수의 모습이고, 현역에서 막 퇴임하여 후배들의 축하속에 연금이나 퇴직금을 받으며 현직의 중압감에서 벗어난 모습이다.

홀가분한 마음이지만, 한편으로는 뭔가 허전함이 밀려오는 시기가 된다.

천간으로 들어오는 신(辛)금은 기(己)토 일간에게 식신이 된다. 식신이 들어오니 자기만족을 위하여 뭔가 새로운 일을 벌이거나 새로운 취미생활을 하고 싶어진다. 지지로 들어오는 축(丑)토는 기(己)토 일간에게 비견이 된다. 해자축(亥子丑) 방합의 고지이니 일지의 해(亥)수와 만나 수 운동을 마무리하려고 한다. 수 기운은 재성이니 그동안 해 왔던 재성 활동을 점검하며 실속을 챙겨야 하는 시기이다.

기(己)토 일간은 2022년에 병지, 2023년에 사지, 2024년에 고지(묘지)의 모습으로 점차 하강 운으로 가고 있다. 물론 세운의 상승과 하강은 대운이라는 기준 안에서 살펴야 한다.

양 운동을 하는 중에 음간이니 하강 응축 운동을 한다. 봄과 여름에 양간인 무(戊)토가 외형을 키우고 확산시켜 놓은 토 기운을, 기(己)토가 외형을 줄이고 응축한다. 보였다가 안 보이고, 커졌다가 줄어들고, 강했다가 약해지는 것, 그것이 음양 운동이며 그렇게 자연은 순환하게 된다.

37) 새로운 경자(庚子) 일주 분석

(1) 자연물상/동물상

경자(庚子) 일주는 바위틈에서 솟아나는 옹달샘이니 청렴하고 깔끔하다. 바위틈에 사는 쥐의 물상이고 가을 쥐라 먹을 것이 풍족하다.

천간이 경(庚)금이고 지지가 자(子)수이니 금백수청이라고 하며 물질적인 것보다는 정신적인 이상을 추구하는 경향이 있다. 자(子)수는 원자, 분자처럼 가장 작아지고 압축된 형태이니 예민하고 꼼꼼한 면을 가지고 있다. 일지 상관이니 총명하고 다재다능하며, 의리가 강하고, 약자에게 약하고 강자에게 강하나, 상관이니 남을 무시하는 경향도 있고, 변덕이 심한 편이다.

깨끗하고 고고하니 깨끗한 물에는 고기가 잘 모여들지 않듯이, 쓸쓸하고 고독을 느끼는 성향이 있다. 평생 의식주는 풍족하나 재물을 쌓는 것과는 거리가 멀다고 할 수 있겠다. 물론 이는 일주만의 모습이며 사주 내 다른 곳에 식재가 발달하면 달라질 수 있다.

(2) 일간일지의 음양오행 및 관계

일간 경(庚)금은 여름의 열기를 숙살지기로 제압하여 음 운동으로 이끄는 역할을 하고 있다.

곡식을 수확하는 가을이며, 무쇠나 가공되지 않은 원석에 해당하니, 사람이 우직하고 잔머리를 굴리지 않는다. 강직, 의리, 순박하며, 결단력이 강하고 인정이 많다.

경(庚)금은 팽창할 대로 팽창한 만물을 수축시키고 성장을 강제적으로 억제하며, 변화시키니, 죽이고 살리는 무관 직업이 잘 어울린다.(군대, 경찰, 검찰) 조직과 윗사람에 대한 충성심과 동료애가 강하며, 공과 사가 분명하고, 원리원칙을 잘 지킨다. 완성체인 신(辛)금은 고정된 모습이지만, 경(庚)금은 제련을 받아야 하는 금인데 제련에 따라 업그레이드가 될 수 있다.

(3) 일간 기준 십신 관계-오행에 따른 상관의 성향은?

일지 자(子)수는 십신으로 상관이라고 할 수 있다. 금수상관이니 수기가 빼어나 총명하고 똑똑하다.

일전에 '사주만으로 알아보는 천재감별법'을 쓴 적이 있는데, 거기서 첫 번째가 상관패인된 금수상관에 병정(丙丁)화 관성이 들어온 것이고, 두 번째는 상관패인된 목화상관에 임계(壬癸)수 인성이 들어온 것이며, 세 번째는 상관격이 편관을 만나서 상관대살된 사례였다. 셋 다 공통적으로 상관이 들어간다.

자(子)수는 쥐의 속성으로 번식력이 좋다. 남녀 공통으로 이성을 밝힌다. 또한, 천간의 계(癸)수와 비슷하니 변화를 좋아하고 유행을 앞서간다. 지혜를 뜻하고, 민첩하며, 정신적인 영역을 잘 활용하고, 상관의 기질로 왕성한 활동력과 실천력이 돋보인다. 그러나 상관이란 내 안에 뛰노는 야생마와 같아서 천 리를 달려갈 수도 있지만, 나를 떨어뜨려 다치게 할 수도 있다. 하극상을 하거나 독설로 사람들과 불화가 생길 수 있고, 사람들의 구설수에 오르기도 한다.

(4) 새 12운성과 새 12신살[체(體)와 용(用)]

경자(庚子) 일주는 새 12운성으로 사지(死地)에 해당한다. 양간이니 기존의 12운성 포태법도 사지(死地)로 같다. 사지인데 일지가 상관이니 겉으로는 고고하고 도도하다. 물질적인 삶에 회의를 느끼게 되고, 종교나 철학, 문학 같은 정신적인 면을 추구하게 된다. 예리한 언변과 다재다능한 능력이 남다르다. 그러나 겉은 화려하나 속은 고독하고 우울하다. 글쓰기를 좋아하고, 매일매일의 감성을 잘 정리하여 메모하기도 한다.

새 12신살로 자(子)수는 신자진(申子辰) 삼합 기준으로 장성살이 된다. 사지로 정신적인 분야 쪽으로 활용한다면 장성살로 힘 있게 쓸 수 있다. 신살로 자(子)수는 도화인데 상관도화이니 도화성이 강하다. 외모가 아름답고 고귀하다. 남녀 공통으로 도화의 기질로 바람을 피울 가능성이 있다. 자(子)수는 시간상으로 한밤중을 의미하니 어두워서 더듬는 다양한 애정사가 벌어지기도 한다.

'자(子, 1)-경(庚, 7)=-6'이 되는데 음의 수이니 12를 더하면 6이 된다.
5, 6이 짝을 이루는데 진사(辰巳)가 되니 경자(庚子) 일주의 공망은 진사(辰巳)가 된다.

(5) 새 지장간 분석-일간의 라이프 스타일 분석

경자(庚子)일주 자(子)수의 지장간은 임(壬)-식신, 계(癸)-상관, 계(癸)-상관을 가지고 있는데 천간이 머무는 시간은 한 달 기준으로 식신(10일), 상관(10일), 상관(10일)이 된다. 지장간이 식신과 상관으로만 구성되어 있다. 노력에 비해 결과가 보잘것없다. 여자나 돈을 강렬히 추구하나 재성이 없으니 결과가 없다. 유시무종이 되기 쉽고, 남의 입장은 무시하고 자기주장만 하는 경향이 있다. 식상의 영향으로 왕성한 활동은 하지만 재적으로 노력만큼 결실을 얻기 어려우니 고민을 하고 철학자가 된다.

일지는 명주의 사생활과 라이프 스타일을 보여 주는데, 상관의 환경에서 상관의 활동을 하고 있다.
계(癸)수의 상관이니 유쾌하고 명랑하며, 언변이 뛰어나다. 변화와 유행을 추구하고 주도한다.
뛰어난 사교성과 친화력을 갖추고 있으나, 비밀을 잘 지키지 못한다. 목을 생하는 계(癸)수라 희생정신도 강하고, 인정도 많으며, 의리를 중시한다.

(6) 배우자, 재물 및 직업 분석

배우자 연은 일지 상관이니 이성에 일찍 눈을 뜨게 된다. 남녀 공통으로 적극적으로 표현하니 일찍 이성 교제를 경험한다. 남자는 바람둥이 기질은 있지만 배우자에게 잘한다.

여자는 외모가 아름답지만 상관도화이니, 남편을 무시하고 변덕이 심하다.

눈이 높으나 실제로 결혼하는 남편은 기대 이하가 되는 경우가 많다. 자식을 낳으면 득자별부(得子別夫)하는 경우가 있는데 시대가 바뀌었으니 개운법도 달라져야 한다. 여자가 직장 생활을 하면 좋고, 남편도 육아 등을 공동으로 분담하면 사이가 더 돈독해질 수 있다. 공동 육아로 부부 사이에 동질감을 키워갈 수 있기 때문이다. 독박 육아는 아내의 서운함, 원망, 산후우울증 등을 유발하니 득자별부의 책임을 남편도 비껴갈 수 없을 것이다. 득자별부하는 일주의 여자분이 상담을 오면 상담을 해 주고 남편에게 보낼 몇 마디를 적어준다. 이혼당하기 싫으면 공동 육아, 공동 가사 등 일을 나눠서 하란 당부의 말이다. 아내의 말은 흘려버릴 수 있으니 별도로 적어 보낸다.

직업적으로는 일지 상관이니 언론인, 기자, 작가, 예능에 소질이 있다. 말로 먹고 사는 직업, 의학 관련 전문 기술직이 좋다. 사업도 가능하나 자격증이나 전문 기술을 가지고 소규모로 하는 것이 유리하다.

세속적인 사업보다 정신적인 분야에서 높은 성과를 이룰 수 있다.

(7) 천간합극 및 형충회합파해 원진

- 천간합: 을경합-금(乙庚合金)-합하여 합화가 안 되는 경우가 대부분인데 지지에 금의 세력이 강하면(월지 포함-삼합, 방합의 경우) 합화가 되어 새로운 금이 나올 수 있다.
- 천간극: 천간의 병(丙)화가 경(庚)금을 극한다. 경(庚)금의 입장에서는 병(丙)화가 편관이 되기 때문이다.

  경(庚)금은 응축 하강하는 기운이고, 병(丙)화는 확산 상승하는 기운인데 양간인 둘이 맞부딪치면 그 충격파가 상당할 것이다.

- 지지합: 자축(子丑)합(육합), 삼합-신자진[申子辰, 용(用)-수(水)의 운동], 방합-해자축[亥子丑, 체(體)-수(水)의 운동]
- 지지충: 자오(子午)충, 원진: 자미(子未)원진(원진의 기운이 강하다), 상형: 자묘(子

卯)형

- 지지파: 자유(子酉)파 - 지지해: 자미(子未)해

(8) 신축년(2021년) 포함 4년의 운세 팁(Tip)-사주의 핵심은 운을 보는 것이다

경자(庚子) 일주의 경(庚)금 일간은 신축(辛丑)년(2021년)에 축(丑)토에서 새 12운성으로 고지(庫地) 또는 묘지(墓地)가 된다.

고지(묘지)는 창고처럼, 묘지처럼 작은 공간에 있으라는 자연의 신호와 같다. 그러한 모습으로 있으면 무탈하다. 기존의 하던 일을 키우거나 늘리고 활동을 하며 자연의 흐름을 따르지 않는다면 자연은 강제로 창고나 묘지와 같은 공간으로 보내게 된다.

천간으로 들어오는 신(辛)금은 경(庚)금 일간에게 겁재가 된다. 비견이 같은 반급우라면, 겁재는 다른 학교 일진과 같다. 친구끼리는 적당히 경쟁하고 협력하며 놀기도 하지만, 타 학교 일진이라면 이야기가 다르다. 한판 붙기 전에는 상대방의 전력을 탐색하고 정보를 모아야 하니, 겁재는 상대방을 의식하고 관찰하는 데 많은 시간을 들이는 경향을 가진다. 지지로 들어오는 축(丑)토는 경(庚)금 일간에게 정인이 된다. 일지 자(子)수의 상관과 만나서 자축(子丑)합으로 상관패인이 되는 모습이다. 나의 식상의 결과물이 정인과 만나서 공중되는 모습이 된다. 고지(묘지)에 임했으니 그동안의 식상들을 모아서 책이나, 그림, 유튜브, 음반등의 작품으로 만들면 좋을 것이다.

경(庚)금 일간은 2022년에 절지, 2023년에 태지, 2024년에 양지의 모습으로 힘이 약한 시기이고, 여름철 사오미의 생욕대의 시기를 준비하는 시기가 된다. 물론 세운의 상승과 하강은 대운이라는 기준 안에서 살펴야 한다. 겁재인 신(辛)금이 록왕쇠로 강해지는 시기이므로 경쟁과 경합에서 불리하니 실력을 키우고 내실을 다지면서 보내면 좋겠다.

7. 육십갑자(六十甲子) 일주 분석- 새로운 육십갑자 일주론을 시작하며

38) 새로운 신축(辛丑) 일주 분석

(1) 자연물상/동물상

신(辛)금은 칼이요, 축(丑)토는 소이니 칼을 머리에 두른 소인데, 뿔이 돋아난 황소이다.

또한, 신(辛)금은 칼이고, 축(丑)은 말 그대로 소이니 칼로 고기를 다듬는 형상이다. 성격이 까칠하여 다루기가 쉽지 않다. 지장간 속에 신(辛)금이 또 하나 있어서, 흔히 '쌍신(雙辛) 일주'라고 하기도 한다. 신(辛)금은 보석이니 뽐내기를 좋아하고, 자존심이 강한데, 여자의 경우 신(辛)금의 짝은 병(丙)화이니 눈이 높은 편이다. 신축(辛丑) 일주는 지장간을 포함하여 신(辛)금을 2개 가지고 있는데 소의 뿔에 비유되고, 자존심을 상징한다. 자존심을 상하면 견디지를 못하니 확 들이받는다. 육오 만민영 선생이 쓴 『삼명통회』(三命通會, 1587년)는 특이하게 십천간의 글자를 물상으로 표현했는데, 신(辛)금을 꿩에 비유하니, 꿩은 화려하고 뽐내기를 좋아한다.

(2) 일간일지의 음양오행 및 관계

일간 신(辛)금은 완성된 금이고 보석이라 뽐내기를 좋아하며, 섬세하고, 깔끔하며, 냉철하다. 샤프하며, 멋을 부릴 줄 알고, 여자의 경우 공주병도 있다. 장식과 화려함을 좋아한다. 그러나 늦가을 서릿발이므로 한없이 밝고 좋다가도 틀어지면 단칼에 잘라버리니 호불호가 있다. 신(辛)금은 늦가을이니 우수에 잠기고 쓸쓸하다. 차가운 기운이며, 매사에 사리가 분명하고 맺고 끊음이 확실하니, 대단히 현실적인 사람인데, 자신이 좋아하는 사람에게는 한없이 잘해 준다. 남자는 재주가 있으나 도량이 좁고, 맡은 일에 근면 성실하므로 신용 위주의 삶을 산다. 매사에 날카롭지만, 이성적으로 대처하는 편이고, 자존심이 상하면 이를 오랫동안 기억하니 뒤끝이 있다. 중국 속담에 "군자의 복수는 10년이 지나도 늦지 않는다."라고 했는데 아마도 신축(辛丑) 일주를 두고 한 말인 듯싶다.

(3) 일간 기준 십신 관계-편인은 꼭 제화되어 써야 한다

일지 축(丑)토는 십신으로 편인이라고 할 수 있다. 신축(辛丑)은 천간지지가 모두 음으로 구성되어 있어 음간적인 속성으로 관성의 극제나 인성과 비겁의 조력을 반긴다. 따라서, 일지 편인이니 편인적인 특성이 강하게 나온다. 축(丑)토의 축(丑)은 한자의 구조가 거름망처럼 되어 있다. 일종의 필터링을 하는데, 천간의 신(辛)금과 맞물려서 호불호에 따라서 거르는 형상이다. 정보가 들어오면 정인은 그대로 수용하는 반면, 편인은 의심한다. 이런 축토의 필터링과 관련이 있다. 축(丑)토는 봄을 준비하는 땅이니 새로운 생명의 배양토이며, 희생과 봉사, 헌신의 땅이 된다. 새롭게 생명과 희망이 솟아나니, 이름 그대로 신축(新築)하는 땅이기도 하다.

편인이 좋은 작용을 하면 심학일식(深學一識)을 통한 연구의 실적을 내기도 하고, 침착하며, 예술적 재능과 특수한 기술 및 직관력, 순발력, 재치, 아이디어가 뛰어나다. 편인이 안 좋게 작용하면 의심, 편협된 사고, 잔머리, 사기, 위선, 자기중심적인 행동으로 나타난다.

사주 내 편인이 중중한데 제화가 되지 않으면, 겉으로는 깨끗하고 고고한 척하면서, 뒤로는 호박씨를 까는 스타일이 된다. 고서에서는 편인을 흉신으로 보았는데, 유시무종, 표리부동, 파재(破財), 이별, 색난(色亂)이 있다고 봤다. 편인뿐만 아니라 제화되지 않은 상관, 편관, 겁재는 뛰어난 장점만큼이나 폐단도 크게 나타나게 된다.

(4) 새 12운성과 새 12신살[체(體)와 용(用)]

신축(辛丑) 일주는 새 12운성으로 관대(冠帶)에 해당하는데 예전의 12운성 포태법은 양지(養地)였다.

7. 육십갑자(六十甲子) 일주 분석- 새로운 육십갑자 일주론을 시작하며

관대는 길고 긴 교육을 마치고 새로운 사회생활을 본격적으로 시작하는 전환점이다. 힘이 넘치고 자신감에 차 있으나 사회 초년생의 어설픈 점이 있다. 자기 고집도 있고, 추진력도 있다. 새로운 출발이니 많은 사람이 박수치고 축하해 주지만, 관대는 12신살로 고초살에 해당한다. 이는 풀이 바짝 마르는 것을 뜻하니, 앞으로 고생길이 열렸다는 것이다. 어쨌든 새로운 출발이니 희망에 부풀어 있고 어깨에 힘이 잔뜩 들어가게 된다.

새 12신살로 축(丑)토는 사유축(巳酉丑) 삼합 기준으로 화개살이 된다. 관대처럼 의욕적으로 활동하며 추진력 있게 행동하는데 화개살이니 학문, 예술, 문화 쪽으로 쓰면 좋다.

신살로 축(丑)토는 곡각살이고 신(辛)금 일간의 현침살이 겹쳐 있으니 배우자에게 근심이 있을 수 있고, 수술이나 마비, 관절염, 디스크, 골절, 근골격계 질환으로 고생할 수 있다.

'축(丑, 2)-신(辛, 8)=-6'이 되는데 음의 수이니 12를 더하면 6이 된다.

5, 6이 짝을 이루는데 진사(辰巳)가 되니 신축(辛丑) 일주의 공망은 진사(辰巳)가 된다.

(5) 새 지장간 분석-일간의 라이프 스타일 분석

신축(辛丑) 일주의 축(丑)토의 지장간은 계(癸)-식신, 신(辛)-비견, 기(己)-편인을 가지고 있는데 천간이 머문 시간은 한 달을 기준으로 식신(9일), 비견(3일), 편인(18일)이 된다. 신(辛)금은 음간이니 비견과 인성의 조력을 반긴다. 비견은 3일로 짧아 편인의 성향이 잘 드러나고, 축(丑)토는 새로운 생명을 키우는 땅이니 식신의 성향도 어느 정도 드러난다. 일지는 명주의 사생활과 라이프 스타일을 보여 주는데 편인의 환경에서 비견의 활동을 하고 있다. 일지 편인의 환경이니 나이가 들어서도 학문(특수 학문)을 즐겨 하고 배우고 학습한다.

지장간 중기가 비견이니 뜻을 같이하는 도반들과 교류하고, 상담하며, 학생들을 가르치는 활동을 하게 된다. 어떻게 쓰다 보니 내 이야기가 되었는데 허주가 바로 신축(辛丑) 일주이다.

(6) 배우자, 재물 및 직업 분석

배우자 연은 일지가 일간을 생하니 일간이 반긴다. 여자는 부부 사이가 좋다.

그러나 남자에게 있어서 일지 축(丑)토는 재성 목이 살기 힘든 땅이니 배우자와의 사이가 좋지 못하다.

원명에 화 기운이 축(丑)토 옆에 있거나, 대운으로 화 기운이 들어와야 원만한 부부 사이를 유지할 수 있다. 직업적으로는 편인이니 교육, 예술과 인연이 있고 의료와도 인연이 있는데, 의사중에 편인을 쓰는 사람이 많다. 지장간 식신의 성향으로 봉사 활동, 연구직도 좋으며, 축(丑)토의 끈기와 인내로 인해 산악인이나, 신(辛)금은 칼이고 일지 축(丑)토 지장간에 신(辛)금이 있으니 횟집, 조각가, 정원사, 정육점, 요리사 및 기술 분야에 재능이 있다. 화 기운이 적절한 시기에 맞추어 들어오면 학자, 연구원, 의사 쪽으로 가기 쉽고, 화 기운이 늦게 들어오거나 안 들어온다면 정육, 횟집, 요리사처럼 쌍신(雙辛)을 쓰거나, 화기를 다루는 쪽의 직업과 인연을 맺는 경우가 많다.

(7) 천간합극 및 형충회합파해 원진

- 천간합: 병신합-수(丙辛合水)-합하여 합화가 안 되는 경우가 대부분인데 지지에 수의 세력이 강하면(월지 포함-삼합, 방합의 경우) 합화가 되어 새로운 수가 나올 수 있다.
- 천간극: 천간의 정(丁)화가 신(辛)금을 극한다. 신(辛)금에게는 정(丁)화가 편관이기 때문이다. 천간의 극은 스트레스를 뜻한다. 스트레스가 찾아왔다는 것은 새로운 변화와 활로를 찾아야 함을 의미한다.

- 지지합: 자축(子丑)합(육합), 삼합-사유축[巳酉丑, 용(用)-금(金)의 운동], 방합-해자축[亥子丑, 체(體)-수(水)의 운동]
- 지지충: 축미(丑未)충, 원진: 축오(丑午)원진(원진이 비교적 약하다), 삼형: 축술미(丑戌未)
- 지지파: 축진(丑辰)파 - 지지해: 축오(丑午)해

7. 육십갑자(六十甲子) 일주 분석- 새로운 육십갑자 일주론을 시작하며

(8) 신축년(2021년) 포함 4년의 운세 팁(Tip)—사주의 핵심은 운을 보는 것이다

신축(辛丑) 일주의 신(辛)금 일간은 신축(辛丑)년(2021년)에 축(丑)토에서 새 12운성으로 관대(冠帶)로 힘 있는 모습이다.

관대는 이제 막 사회에 진출한 신입사원의 모습과 비슷하다. 신입사원은 의욕과 패기는 넘치지만, 노련미가 떨어져 좌충우돌하기 쉽다. 적당히 어깨의 힘을 빼고 선배들의 조언을 듣는 것이 좋겠다.

천간으로 들어오는 신(辛)금은 신(辛)금 일간에게 비견이 된다. 운으로 비견이 들어오니 일간이 강해지게 된다. 비견은 나와 협력하고 지원해 주는 동료의 모습이고 나의 생각, 의지, 신념의 모습이기도 한데, 축(丑)토에서 관대의 모습이니 어깨에 더욱 힘이 들어가게 된다. 지지로 들어오는 축(丑)토는 신(辛)금 일간에게 편인이 된다. 지지의 축(丑)토와 같으니 편인의 기운이 강화된다.

신축(辛丑) 일주에게 신축(辛丑)년은 복음이 된다. 복음(伏吟)은 엎드려서 흐느낀다는 의미인데, 복음도 긍정과 부정, 음과 양의 모습이 있으나 주로 부정의 의미로 쓰인다. 자신과 같은 기운이 들어오니 명령을 내리는 곳이 2곳이라서 어려움이 있다. 하던 일의 지체, 지연, 취소가 될 수 있는데, 스스로를 돌아보고 반성하며 점검하여 복음(福音)으로 만들어 가면 좋을 것이다. 신축(辛丑)일주 허주에게 찾아온 신축(辛丑)년을 기쁘게 노래하는 복음(福音)으로 만들고자 한다.

신(辛)금 일간은 2022년에 건록, 2023년에 제왕, 2024년에 쇠지의 모습으로 맹활약을 하는 시기이다.

물론 세운의 상승과 하강은 대운이라는 기준 안에서 살펴야 한다.

인묘진(寅卯辰)의 시기에 갑(甲)목은 밖에서 상승 확산하며 키우고, 신(辛)금은 안에서 상승 확산하면서 목(木)을 키우는 역할을 한다. 처음에 가냘프고 약했던 나무나 새싹이 점차 성장하면서 단단해지고 질겨지는 것은 이렇게 보이지 않는 내부에서 신(辛)금이 확산 상승을 하면서 금기(金氣)를 키웠기 때문이다. 20층, 30층 고층빌딩이 올라갈 때 당연히 내부에서는 철근이나 콘크리트로 내부를 단단하게 지탱해야만 높게 쌓아 올릴 수 있는 것과 같은 이치이다.

39) 새로운 임인(壬寅) 일주 분석

(1) 자연물상/동물상

임인(壬寅) 일주는 강가의 호랑이다. 임(壬)수는 한밤을 뜻하니 자기가 활동하는 시간대를 만나 기백이 넘치고 카리스마가 작렬한다. 또는 호숫가에 흐드러지게 자라난 버드나무의 물상이니 목가적이면서 정감이 넘친다. 길가는 나그네의 그늘이 되고, 쉼터가 되고, 가는 길의 이정표가 되어 주니 인정이 있고, 마음이 푸근해진다. 직관력과 영감이 뛰어나고, 순발력이 좋으며, 웅대한 기상이 있다. 방해물에 굴복하지 않는 굳건함이 있으며 용감무쌍하다. 임인(壬寅)일주는 식복이 있는 일주인데 요리와도 관련이 있다. 〈무한도전〉에 나오는 정준하 씨가 임인(壬寅) 일주로 유명세를 탄 일주이기도 하다.

(2) 일간일지의 음양오행 및 관계

일간 임(壬)수는 큰물이니 조용히 흐른다. 침착하고 과묵하다. 물은 다른 물과도 섞이니 융통성이 좋고 타인과 시비를 벌이지 않는다.

방해물을 만나면 돌아가거나 넘어가니, 환경 적응력이 좋고 사교성이 있으나, 깊은 물이니 속내를 알 수가 없다. 작은 물이 들어와도 합치니 포용력이 좋고, 음 중의 음이니 감추고 저장하며 압축하여 작게 만드는 일을 잘한다. 목화토금을 거쳐 온 수(水)이므로 오랜 삶을 살아온 노인처럼 생각이 많고 지혜가 있다.

고요하게 정지되어 있는 물이니, 휴식, 밤, 어둠, 정적이고, 죽음을 상징하며, 임(壬)수는 깊은 물이니 압축, 보관, 수집, 저장하는 것을 잘한다.

(3) 일간 기준 십신 관계-오행으로 살펴본 식신의 성향

임인(壬寅)의 일지 인(寅)목은 식신이라고 할 수 있다. 역시 식신도 10개의 식신이 있다.

목화의 식신과 금수의 식신을 같은 식신으로 보면 안 된다. 음양의 차이만큼이나 확연한 차이가 있다. 식신은 나누고 베푸는 마음이 강하다. 작은 마을에 목화식신을 가진 동네 부자가 있다면 가뭄이나 춘궁기에도 마을 사람들이 먹고사는게 부족하지 않는다는 일화가 전해진다.

2019년도에 강원도 산불로 인해서 많은 이재민이 발생했을 때 곳곳에서 따뜻한 온정이 이어져 우리를 감동시켰는데 이를 식신의 입장에서 살펴보도록 하겠다.

목(木)의 식신은 어질고 순하고 사심 없이 베푸는 마음이다.

강원도 산불 소식에 눈물을 글썽이면서 자신의 저금통을 깨고 부모님께 같이 기부하자고 조른다.

사심이 없고 진실된 마음이므로 부모님들도 웃으면서 동참할 수밖에 없다. 목(木)은 그런 힘이 있다. 주변의 다른 오행을 부끄럽게 만드는 힘이다.

화(火)의 식신은 그 베풀고 나눔이 목일 때보다도 더 크고 넓어진다.

이번 화재 참사에 아이유, 수지, 정우성, 차인표 및 신애라 등 많은 연예인이 거액을 기부했다. 연예인은 대표적으로 식신, 상관을 쓰는 직종이다. 목(木)보다 규모도 크고 스케일도 커진다.

남들의 시선을 의식하고 체면을 중시하니 통 크게 기부하고 즐거워한다.

토(土)의 식신은 모인 재원과 인원을 점검하여 배치하고 조절한다.

토(土)의 식신은 정부 및 재해 담당자로 볼 수 있겠다. 모인 후원금으로 쓸 곳과 인원을 점검한다. 또한, 이재민을 위한 기금이나 후원의 분위기를 조성하기도 하고, 현장에서 일할 공무원을 차출하고 자원봉사자를 모집하며 활용한다. 토(土)의 역할이 목화의 양과 금수의 음의 중간이기 때문이다.

금(金)의 식신은 그 나눔과 베품에 호불호가 갈린다. 때론 자신의 후원금이 어디에 쓰였으면 한다고 의도와 목적을 밝힌다. 피해를 본 농가의 아이들의 학용품과 식비를 지원할 수도 있고, 가축의 폐사로 피해를 본 목축업 종사자 등 자신의 후원금이 본인이 의도한 목적에 쓰이기를 바라고 있다. 또한, 산불에 화상을 입고 다친 동물들의 치료에 보태기도 한다.

수(水)의 식신은 목화토금을 지나온 노련미가 있으며 다른 오행이 놓치는 곳을 챙기는 지혜가 있다.

구호와 동시에 산불이 발생한 원인과 재발 방지 등을 점검함으로써 지혜를 보탠다. 또한, 산불로 인해 경황이 없는 통에 생길 수 있는 사회적 약자 및 노약자 층과 결식 아동들도 폭넓게 돌보는 지혜가 있다.

(4) 새 12운성과 새 12신살[체(體)와 용(用)]

임인(壬寅) 일주는 새 12운성으로 병지(病地)에 해당하는데 양간이니 예전의 12운성 포태법도 병지(病地)로 같다. 병지를 대표하는 용어가 역지사지이다. 쇠지를 지나니 몸이 구석구석 아프기도 하여 병실에 누워있다 보니 남의 아픔과 고충을 이해하게 된다. 사람들과의 교감과 소통에 능숙하니, 옷가게, 요식업, 전문 세일즈 등 서비스 업종에서 재능을 발휘한다.

새 12신살로 인(寅)목은 인오술(寅午戌) 삼합 기준으로 지살이 된다. 병지에 있으니 역지사지를 잘하고, 타인과 공감 능력을 잘 쓸 수 있는 분야에서 활약하며, 지살이니 움직임이 많고 분주하며, 새로운 시작을 잘한다.

신살로는 문창귀인, 천주귀인이고 암록과 역마살이 있다. 일지 인(寅)목이니 머리가 총명하고 기억력과 순발력이 뛰어나다. 먹을 복과 재복이 있는 일주로 손꼽힌다. 일간 임(壬)수의 재성이 화 기운인데, 인(寅)목이 화 기운의 생지가 되니 지장간에서 위의 사실을 어느 정도 잘 받쳐주고 있다고 할 수 있다.

'인(寅, 3)-인(壬, 9)=-6'이 되는데 음의 수이니 12를 더하면 6이 된다.

5, 6이 짝을 이루는데 진사(辰巳)가 되니 임인(壬寅) 일주의 공망은 진사(辰巳)가 된다.

(5) 새 지장간 분석-일간의 라이프 스타일 분석

임인(壬寅) 일주 인(寅)목의 지장간은 무(戊)-편관, 병(丙)-편재, 갑(甲)-식신을 가지고 있는데 천간이 머무는 시간은 한 달을 기준으로 편관(7일), 편재(7일), 식신(16일)이 된다.

임(壬)수가 음 운동을 하지만 양간이므로 무(戊)토 편관의 성향은 덜 드러나고, 식신과 재성의 성향이 잘 나타난다. 천주귀인이 신살인데, 천주(天廚)는 하늘나라 왕궁의 부엌을 관리하는 신을 뜻한다.

영화 <식신>에서 주성치는 원래 천계에서 왕궁의 부엌을 담당하는 신이었는데, 잘못으로 인해 벌을 받아 지상에 내려오는 것으로 설정되어 있다. 요리와 관련이 많은 일주이다. 또한, 지장간의 갑(甲)목과 병(丙)화는 모두 요리에 쓰이는 땔감과 화기이니 더욱 그렇다고 볼 수 있다.

일지는 명주의 사생활과 라이프 스타일을 보여 주는데, 식신의 환경에서 편재의 활동을 하고 있다. 목의 식신이니 새롭게 배우는 것을 즐겨하면서 그 스킬이나 재능을 활용하여 때때로 수입을 올리는 형상이다. 병화는 화려함이니 무대에 서는 것을 좋아하고 스포트라이트를 즐기는 삶이라고 할 수 있겠다.

(6) 배우자, 재물 및 직업 분석

배우자 연은 일지에 갑(甲)목과 병(丙)화가 식신생재하고 있어 이성에 빨리 눈을 뜰 수 있다.

이성에게 인기가 많으며 다양한 연애사를 경험할 수 있겠다. 일지 식신으로 여자는 다소 결혼 생활에 애로가 있을 수 있지만, 집안에서 살림만 하지 않고 적극적으로 직장 생활과 사회활동을 하면 좋아진다. 남편도 육아와 가사 노동을 해 봐야 아내의 고생을 알고, 아내도 치열한 직장 생활과 사회생활을 해 봐야 남편을 이해할 수 있기 때문이다. 서로 다르게 수십 년을 살아온 두 남녀가 결혼하여 한 공간에서 같이 산나는 것 자제가 대모험이다. 모험에는 등을 맡길 수 있는 동료가 필요하고 그게 바로 배우자가 된다.

임인(壬寅)의 일지는 식신이니 심학일식으로 한 우물을 파는 성향이 있다. 편인도 식신과 같은 성향이 있는데 조금 세분해 보면 식신이 응용학문이라면, 편인은 순수 학문이다.

누가 더 잘 파고들고 집중할까? 같은 조건이라면 식신이 win이다. 노력하는 자는 즐기는 자를 추월하기가 쉽지 않다. 편인은 가끔씩 멍 때리는 행동을 하는데, 정약용 선생의 서책에 어느 날 봄 향기에 취해 들판으로 나와 풀꽃도 보고 곤충의 울음소리도 듣고, 푸른 하늘을 멍하니 바라보다가 하루가 다 지나가서 차라리 책을 읽느니만 못했다는 구절이 나오는데, 바로 그런 경우다. 2019년에 열린 제4회 한강변 멍 때리기 대회 참가자의 상당수는 편인일 가능성이 높다.

(7) 천간합극 및 형충회합파해 원진

- 천간합: 정임합-목(丁壬合木)-합하여 합화가 안 되는 경우가 대부분인데 지지에 목의 세력이 강하면(월지 포함-삼합, 방합의 경우) 합화가 되어 새로운 목이 나올 수 있다.
- 천간극: 천간의 무(戊)토가 임(壬)수를 극한다. 임(壬)수의 입장에서는 무(戊)토가 편관이기 때문이다. 무(戊)토는 양 운동을 하는 양토이고 확산 상승하는 기운으로 토극수를 잘한다. 하지만 임(壬)수 역시 음 운동을 하는 양수이니 응축 하강 운동을 하며 만만치 않다. 양간끼리의 만남이니 스케일이 크고 볼 만하다.

- 지지합: 인해(寅亥)합(육합), 삼합-인오술[寅午戌, 용-(用)-화(火)의 운동], 방합-인묘진[寅卯辰, 체(體)-목(木)의 운동]
- 지지충: 인신(寅申)충, 원진: 인유(寅酉)원진(원진이 강한 편이다), 삼형: 인신사(寅申巳)
- 지지파: 인해(寅亥)파 - 지지해: 인사(寅巳)해

(8) 신축년(2021년) 포함 4년의 운세 팁(Tip)-사주의 핵심은 운을 보는 것이다

임인(壬寅) 일주의 임(壬)수 일간은 신축(辛丑)년(2021년)에 축(丑)토에서 새 12운성으로 쇠지(衰地)의 모습이다.

제왕의 자리에서 막 내려온 모습으로 여전히 힘이 있고 노련한 모습이다.

자(子)년 제왕에서 맹활약한 임(壬)수는 축(丑)년에도 여전히 힘이 있지만 기세가 한풀 꺾인 모습이다. 차츰 겨울을 마무리하고 다음 주자인 봄의 주인공 갑(甲)목에게 배턴을 넘겨주어야 할 것이다. 자연은 인수인계가 확실하고 전력을 다해 다음 계절로 이어지게 노력하고 있다.

천간으로 들어오는 신(辛)금은 임(壬)수 일간에게 정인이 된다. 천간의 임(壬)수와 신(辛)금은 가깝고 좋은 관계인데, 정인이 들어오니 취업, 진학, 승진, 합격 등에 유리하게 작용한다. 예정된 계약, 매매 등이 있을 수 있다.

편인이 예상치 못한 쪽지 시험이라면, 정인은 이미 예상을 하고 착실히 준비한 기말고사와 같으니 정인 운에 좋은 성적을 낼 가능성이 크다. 지지로 들어오는 축(丑)토는 임(壬)수 일간에게 정관이 된다. 일지 인(寅)목 식신과 인축(寅丑) 암합의 모습인데 내가 연구하고 파고들어간 식신의 결과물을 기업이나 관공서에서 채택되거나 활용되는 모습이 된다. 또는 지원을 받게 될 수도 있다. 정관 축(丑)토가 식신 인(寅)목을 생해주려는 모습이기 때문이다.

임(壬)수 일간은 2022년에 병지, 2023년에 사지, 2024년에 고지(묘지)의 모습으로 점차 하강 운으로 가고 있다. 물론 세운의 상승과 하강은 대운이라는 기준 안에서 살펴야 한다.

양간인 임(壬)수는 가을의 생욕대에 밖으로 나타나고, 겨울의 록왕쇠에 맹활약을 하고, 봄의 병사묘에 서서히 모습을 감추다가, 여름의 절태양에 보이지 않게 된다. 서서히 나타났다가 활약하고, 서서히 사라지며 모습을 감추는 것, 그것이 음양이다.

40) 새로운 계묘(癸卯) 일주 분석

(1) 자연물상/동물상

계묘(癸卯) 일주는 우리가 어렸을 때 배웠던 동요에도 나오는 유명한 일주이다.

계(癸)수는 옹달샘이고 묘(卯)목은 토끼이니, 깊은 산 속 옹달샘에 물 마시러 나온 토끼의 형상이다. 맑고 깨끗한 물이라서 토끼는 세수하러 왔다가 차마 하지 못하고 물만 마시고 간 것이다.

남녀 공통으로 외모가 아름답고 수려하다. 쑥쑥 자라고 있는 묘목에게 단비가 내리는 형상이니 의식주가 넉넉하고, 순발력이 뛰어나고, 눈치가 빨라 생활력이 좋은 편이다. 거창한 외형보다 실속을 잘 차리며 내실 있게 살아가는 사람들이 많은 일주이다.

(2) 일간일지의 음양오행 및 관계

일간 계(癸)수는 생명을 키우는 깨끗한 생명수이고, 옹달샘이며, 흐르는 계곡물이기도 하다. 수생목하는 작용을 잘한다. 모성애가 강하고, 식신적 성향이 강하게 나오니 베푸는 성정이고, 늘 뭔가를 하려고 준비하며 활동한다. 자식에게 목을 매는 경우가 많다. 계(癸)수는 맑은 물이라 다른 환경 요인에 의해서 탁해지기 쉬우며, 마음이 여리고 눈물이 많은데, 겨울에 있으면서 봄을 바라니 감정의 기복이 있다.

작은 물이니 재치도 있고, 유머 감각이 있으며, 명랑하고 순발력도 좋으나, 잔머리를 굴리기도 한다. 깊은 침잠의 임(壬)수에서 한발 더 나아가 수생목하면서 새 생명을 키우니 활기가 넘친다. 생활력도 강하고, 어려운 환경도 잘 극복하며, 주변의 인맥과 환경을 잘 활용하는 편이다.

(3) 일간 기준 십신 관계

일지 묘(卯)목은 십신으로 식신에 해당한다. 일지 식신이고 묘(卯)목이니 새로운 생명과 활력이 넘친다.

흔히 인(寅)목이 있으면 건축, 토목이나 어린이, 교육을 많이 거론하는데, 묘(卯)목은 더욱 그렇다.

꾸미고 장식하고 가꾸는 것을 좋아한다. 식신은 한 우물을 파는 대표적인 십신이다. 내가 생하는 오행 중에 음양이 다르면 상관, 같으면 식신인데 음양의 모습이니 사뭇 다르다. 상관이 100m 단거리 선수라면, 식신은 마라톤선수이다. 상관이 전기장판이라면, 식신은 온돌이고, 상관이 100가지 음식을 파는 김밥천국이라면, 식신은 한 두가지만 파는 신선 설렁탕과 같다.

노점을 하더라도 상관은 오만 가지를 다 깔아놓고 팔지만, 식신은 달랑 한 두 가지만 펼쳐놓고 판다.

동네에 김밥집이 있는데, 역시 메뉴가 50~60가지가 넘어서 짐짓 상관 주인이 하겠구나 생각해서 안 들어가다가 우연히 돌솥비빔밥을 시켜 먹었는데 맛이 있었다. 주방장인 사장님과 친해져서 나중에 그분의 사주를 보게 되었는데, 식상혼잡사주였다. 식신과 상관이 공존하니 다양한 메뉴와 괜찮은 맛이 함께 나온 것 같다.

(4) 새 12운성과 새 12신살[체(體)와 용(用)]

계묘(癸卯) 일주는 새 12운성으로 목욕(沐浴)에 해당하는데 예전의 12운성 포태법은 장생지(長生地)였다.

흔히 장생, 건록, 제왕이 힘이 있다고 한다. 건록과 제왕이 힘이 강한 것은 당연하지만, 목욕보다 장생이 더 힘이 있다는 것은 인간 위주의 주관적인 판단인 것 같다는 생각이 든다.

장생이 갓 태어난 아이이고, 목욕은 때를 벗기고 세상에 나가기 위해서 교육을 받는 청소년에 해당하는데, 청소년이 아기보다 힘이 없다는 것은 모순이다. 역술가의 주관적인 생각에 의해 장생을 강조하다 보니 비교적 목욕과 관대가 부정적으로 기재된 경우가 많은데, 자연은 순차적이고, 순리에 따라 흘러간다. 질풍노도의 시기라 시행착오가 있을 수는 있어도, 목욕이 장생보다 더 힘이 있는 것은 확실하다.

단지 장생의 경우 일간과 통근되어 있으니 지지에서 비겁(부모, 형제, 지인)의 도움을 받지만, 목욕은 일간과 통근하지 않는 모습이니 스스로의 힘과 역량으로 개척해 나가야 함을 의미한다. 어쩌면 비겁의 도움을 끌어낼 수 있는 것, 그것이 능력이라면 능력일 수 있다는 생각이 든다.

새 12신살로 묘(卯)목은 해묘미(亥卯未) 삼합 기준으로 장성살이 된다. 목욕의 시기로서 호기심을 가지고 배우며 실력을 키우는 모습인데, 장성살의 강한 모습이니 전문가의 모습이 된다.

신살로는 일지 식신이라 문창성이니 글재주가 있다. 창작 활동, 예술적인 소질이 다분하다. 묘(卯)목 성향과 맞물려 패션, 뷰티 사업, 조형 예술, 디스플레이, 무대 장치에 재능이 있다. 묘(卯)목은 도화이기도 하고 토끼라서 역마의 기질을 가지고 있다. 자유분방하고 유흥을 즐기는 기질이 있는데, 절제도 잘하고 정도를 지킨다. 천을귀인 일주라 사람들에게 인기가 많으며 재주가 많다. 가문과 조상의 음덕이 예전보다 덜한 현대에는 그 의미가 퇴색된 모습이지만 천을귀인의 영향으로 너저분하고 속된 것을 싫어하며 고상한 취미나 언행을 좋아한다.

'묘(卯, 4)-계(癸, 10)=-6'이 되는데 음의 수이니 12를 더하면 6이 된다.
5, 6이 짝을 이루는데 진사(辰巳)가 되니 계묘(癸卯) 일주의 공망은 진사(辰巳)가 된다.

(5) 새 지장간 분석-일간의 라이프 스타일 분석

계묘(癸卯) 일주의 묘(卯)목 지장간은 갑(甲)-상관, 을(乙)-식신, 을(乙)-식신을 가지고 있는데 천간이 머무는 시간은 한 달을 기준으로 상관(10일), 식신(10일), 식신(10일)이 된다. 음간은 원래 식재보다는 관인비를 좋아하지만 계(癸)수는 수생목을 목적으로 하니 일지 식신을 반긴다. 일지는 명주의 사생활과 라이프 스타일을 보여 주는데, 식신의 환경에서 식신의 활동을 하고 있다. 목의 식신이고 을(乙)목이니 눈치가 빠르고, 센스가 있다. 배우고 습득하는데 재주가 뛰어난 모습인데, 사교성이 좋고 대인관계가 원만한 가운데 오랜 세월 동호회나 취미생활을 즐겨 할 수 있겠다.

(6) 배우자, 재물 및 직업 분석

배우자 연은 일지 식신이라서 여자는 조금 불리할 수도 있으나, 앞서 말한 바와 같이 적극적인 사회활동과 가사, 육아의 분담으로 더 활기차고 동지적인 부부 생활을 할 수 있다.

묘(卯)목도 역시 역마 성향이 있으니 여행이나 이동 중에 만난 사람과 결혼하는 경우가 많다.

남자는 미모의 배우자를 얻을 수 있고, 여자도 착하고 능력 있는 배우자를 얻을 수 있어서 길하다.

직업적으로는 식신이니 꾸준히 오래할 수 있는 직종이 좋겠다. 연구직, 예술, 요리, 교육 쪽과 인연이 있다. 어린이, 뷰티 사업, 패션, 디스플레이, 스포츠나 역마의 직업도 괜찮다. 일지 묘(卯)목은 또한 철쇄개금이니 의료, 종교, 활인업도 전망이 좋다.

(7) 천간합극 및 형충회합파해 원진

- 천간합: 무계합-화(戊癸合火)-합하여 합화가 안 되는 경우가 대부분인데 지지에 화의 세력이 강하면(월지 포함-삼합, 방합의 경우) 합화가 되어 새로운 화가 나올 수 있다.
- 천간극: 천간의 기(己)토가 계(癸)수를 극한다. 계(癸)수의 입장에서는 기(己)토가 편관이기 때문이다.

기(己)토는 생명을 키우는 토이고, 계(癸)수는 빗물과 같으니 극의 관계이지만 심하지는 않는다.

- 지지합: 묘술(卯戌)합(육합), 삼합-해묘미[亥卯未, 용(用)-목(木)의 운동], 방합-인묘진 [寅卯辰, 체(體)-목(木)의 운동]
- 지지충: 묘유(卯酉)충, 원진: 묘신(卯申)원진(원진이 약한 편이다), 상형: 자묘(子卯)형
- 지지파: 묘오(卯午)파 - 지지해: 묘진(卯辰)해

(8) 신축년(2021년) 포함 4년의 운세 팁(Tip)-사주의 핵심은 운을 보는 것이다

계묘(癸卯) 일주의 계(癸)수 일간은 신축(辛丑)년(2021년)에 축(丑)토에서 새 12운성으로 양지(養地)가 된다.

양지는 이제 막 출산을 앞둔 아이의 모습이다. 자체 힘이 약하니 부모와 주변의 도움을 받으면서 앞날을 준비하고 계획하는 시기가 된다. 단독적인 활동과 독립은 쉽지 않고 인성과 비겁의 도움을 받아야 하는 시기이다.

천간으로 들어오는 신(辛)금은 계(癸)수 일간에게 편인이 된다. 일간이 약하다면 도움을 받을 수 있다. 반면에 일간이 강하다면 인성의 도움은 불편하고 어른들의 잔소리와 노파심이 될 것이다. 공부하려고 마음을 먹었는데 옆에서 공부해라, 좋은 대학 가라고 채근하면 하기가 싫어지는 법이다.

어쨌든 천간에 편인이고, 지지의 축토가 편관이 되니 취업, 이직, 진학에는 도움이 된다. 기존 직장인이라면 윗사람의 도움 또는 간섭이 있거나, 직장 내의 일이 많아지고, 스트레스가 가중되는 한 해가 될 것이다. 지지로 들어오는 축(丑)토는 계(癸)수 일간에게 편관이 된다.

식신이 강하면 느슨하고 나태해지기 쉽다. 이럴 때 편관이 들어오면 긴장하게 되고 자신이 하는 일에도 능률이 오를 수 있다.

계(癸)수 일간은 2022년에 장생, 2023년에 목욕, 2024년에 관대의 모습으로 점차 상승 운으로 가고 있다. 물론 세운의 상승과 하강은 대운이라는 기준 안에서 살펴

야 한다.

음 운동을 하는 중에 음간이니 상승 확산하는 운동을 한다. 음간이니 드러나지 않는 내부에서 활동하는 것이 좋고, 같은 음 운동 속의 음간인 신(辛)금보다 더 확산, 더 상승하게 된다.

41) 새로운 갑진(甲辰) 일주 분석

(1) 자연물상/동물상

갑진(甲辰) 일주에서 갑(甲)목은 푸른색이고, 진(辰)토는 용에 해당하니 청룡이 된다. 기상이 크고 강한 추진력과 결단력을 가지고 있다. 진(辰)토는 사춘기인 질풍노도의 시절에 해당하니 변화가 많은 일주이다. 『삼명통회』에 따르면 갑(甲)목을 여우에 비유했는데, 수구초심(首丘初心)에서 보듯이 귀소본능이 강한 동물이다. 또한, 가장(家長) 의식이 있어서 본인이 둘째나 셋째더라도 첫째의 역할을 자청하여 담당하는 경향이 있다. 물상으로는 우레에 비유했는데, 갑(甲)목으로 태어난 사람은 목소리도 크고 시끄러운 편이다. 시작을 잘하고 추진력도 좋으나, 시작하는 갑(甲)목이니 마무리가 약하고 큰 시련이 오면 좌절하기 쉽다.

(2) 일간일지의 음양오행 및 관계

일간 갑(甲)목은 음양오행에서 첫 번째로 시작하는 기운이다. 물상으로는 소나

무, 버드나무로 많이 표현하는데, 사실은 그런 표현보다 새싹, 새순, 새 출발, 새 직장 등 새롭게 시작하는 모든 것을 포함한다. 새로운 사람을 만나고, 새로운 것을 배우고, 새로운 아이디어를 구상하는 것도 물론 갑(甲)목에 해당한다. 기획력, 추진력이 좋으며, 위로 뻗어 올라가는 힘이니 거침이 없다. 고집과 자존심이 강하니 리더의 기질이 있고 적극적이다. 목은 토(土)가 없으면 살 수가 없으니 토(土, 재물과 여자)에 집착한다. 양(陽)목이라 이상을 추구하니 현실감이 부족하고, 시작은 잘하나 마무리가 부족한 경우가 많다. 스케일과 사이즈에서 을(乙)목보다는 크지만, 디테일에서는 을(乙)목이 앞선다.

(3) 일간 기준 십신 관계-오행별로 살펴본 편재의 성향은?

일지 진(辰)토는 편재로 볼 수 있다. 편재도 10개의 편재가 존재한다. 진(辰)토 편재이니 호기심이 많고 변화와 새로움을 추구한다. 현실적이며 강한 승부욕을 가지고 재성을 취하려고 한다. 편재격이 카지노에 갔을 때 오행에 따라 어떻게 행동하는지를 살펴보도록 하겠다.

- 목(木) 편재: 새로운 것을 만나는 것은 항상 즐겁고 신이 난다. 호기심 넘치는 눈빛으로 게임과 베팅하는 것을 바라보고 몰두하게 된다. 하지만 많은 돈을 베팅하기에는 아직은 겁이 많다.
- 화(火) 편재: 승부에 화끈하고 도박 영화의 갬블러처럼 폼을 잡는다. 한 방을 노리지만 쉽지 않다. 나중에는 빈털터리가 되어서 나오지만, 아무렇지 않은 척 쿨하게 어깨 한 번 으쓱하고 웃어버린다.
- 토(土) 편재: 카지노의 전반적인 상황을 점검하며 베팅은 신중하게 조금씩 늘려가면서 진행한다. 딜러나 상대방의 패를 예상하고 돌려보느라 머릿속이 복잡하다. 게임을 하는 동안에는 신중해지고 포커페이스를 유지한다.
- 금(金) 편재: 28가지의 경우의 수를 돌리면서 머릿속에는 영화 〈매트릭스 리로디드〉처럼 수많은 데이터와 정보가 스쳐 지나간다. 그 과정 속에서 승부사의 기질과 카리스마가 드러난다. 사람 좋게 보여도 먹잇감을 보는 순간 잔인하게 뼈까지 으스러뜨리는 하이에나가 된다. 땀이 흐르고, 침이 마르지만, 그 순간 입가에는 잔잔한 미소가 흐른다. 아! 이 사람은 진심으로 즐기고 있다.

- 수(水) 편재: 노회하다. 산전, 수전, 해상전, 공중전에 우주전까지 겪은 백전노장의 모습이다. 죽을 때와 올인(All IN)할 때를 알고 있으며, 노련하게 게임을 지배하고 있다. 오랜 장고 끝에 머릿속에서 계산이 서며 상황 정리가 되어 간다. '대머리 중년 남자는 잘해 봤자 스트레이트, 안경 쓴 여자는 이미 다잉, 내 앞에 패를 잡을 때마다 울상이거나 헤헤 웃는 애송이 녀석은 플러시를 노리고 있는데, 히든에 잡은 것 같네. 환하게 웃으며 입이 귀에 걸려있는 모습이. 하하. 초짜다. 이번 판은 올인이다.'라고 생각한다.

"자! 저는 킹(KING) 풀 하우스입니다. 이번 판은 제가 이긴 것 같군요. 흐흐."
"저기요, 어르신. 잠시만요. 2가 4개 있으면 킹(KING) 풀 하우스를 이기는 거 아닌가요?"
"헉…."
수(水) 편재는 생각이 너무 많아서 낭패를 볼 수 있다.

(4) 새 12운성과 새 12신살[체(體)와 용(用)]

갑진(甲辰) 일주는 새 12운성으로 쇠지(衰地)에 해당하는데 양간이니 예전의 12운성 포태법도 쇠지(衰地)로 같다. 건록을 거쳐서 최고의 자리, 제왕의 자리에 오르면, 서서히 내려올 준비를 해야 한다. 가을의 나뭇잎에 단풍이 드는 것을 아름답다고 하지만, 사실은 수분이 빠지는 것이며 늙어 가는 것이다. 아름답게 늙는다는 것이 어렵다. 제왕에서 내려올 준비를 하지 않는다면 강제로 내려오게 되는데, 적당히 쇠지의 시기에 내려오면 박수라도 받고 고문 자리라도 얻지만, 버티고 있으면 강제로 쫓겨가듯이 떠나야 하니 병지가 된다. '박수칠 때 떠나라'는 쇠지에 적합한 구절이다. 한편 쇠지는 인생의 끝이 아니라 인생 후반전을 준비하는 전환기가 된다. 쇠지가 진술축미(辰戌丑未)의 전환기이기 때문이다.

새 12신살로 진(辰)토는 신자진(申子辰) 삼합 기준으로 화개살이 된다. 12운성이 용(用)이라면, 12신살이 체(體)가 된다. 쇠지처럼 노련하고 힘 있게 쓸 수 있는데 화개살의 모습이니 학문, 예술, 종교, 철학 등의 정신적인 영역이나 물류업, 임대업, 창고업, 숙박업, 금융업 등 보관하고 저장하는 분야에서 두각을 나타낼 수 있다.

명리 혁명(The Revolution) 심화 편

신살로는 백호살이다. 편재 백호이니 남자의 경우 이성 문제로 아내의 속을 좀 태울 수 있겠다. 편재와 용(龍)의 조합이니 남녀 공통으로 분주하고 활동 범위가 넓으며, 다양한 인간관계를 가지게 된다. 수비 범위가 넓은 유격수일수록 에러가 많은데, 편재 백호의 사건, 사고, 해프닝도 그러한 의미로 봐주면 좋겠다.

'진(辰, 5)-갑(甲, 1)=4'가 되는데 양의 수이니 그대로 4가 된다.
3, 4가 짝을 이루는데 인묘(寅卯)가 되니 갑진(甲辰) 일주의 공망은 인묘(寅卯)가 된다.

(5) 새 지장간-일지의 라이프 스타일 분석

갑진(甲辰) 일주 진(辰)토의 지장간은 을(乙)-겁재, 계(癸)-정인, 무(戊)-편재를 가지고 있는데 천간이 머무는 시간은 한 달을 기준으로 겁재(9일), 정인(3일), 편재(18일)이 된다. 갑(甲)목은 양간이니 식재를 추구하므로 편재성이 잘 나타난다. 지장간에서 정인 계(癸)수가 을(乙)목 겁재를 생하니 겁재 성향도 나온다.

일지는 명주의 사생활과 라이프 스타일을 보여 주는데, 편재의 환경에서 겁재의 성향이 잘 나타나고 있다. 기본적으로 무(戊)토 편재이니 많은 것을 포용하는 무(戊)토답게 다양하고 폭넓은 인간관계를 유지하고자 한다. 겁재 성향으로 큰 재물 얻기를 꿈꾸고, 재테크, 부동산, 투자에 관심이 많다.

(6) 배우자, 재물 및 직업 분석

남녀 공통으로 배우자와 사이가 좋다. 진(辰)토는 갑(甲)목이 가장 좋아하는 토이기 때문이다.

남자는 다른 이성에게 관심을 보이면서도 나름대로 아내에게는 잘한다. 가족과 함께 무언가를 같이하는 것을 좋아한다. 직업적으로는 편재의 성향으로 회계, 인사관리, 재정 업무 쪽에 감각이 탁월하다.

갑(甲)목의 성향으로 교육, 기획, 디자인, 의류 쪽도 인연이 있으며, 크리에이티브한 직업도 잘 맞는다.

7. 육십갑자(六十甲子) 일주 분석- 새로운 육십갑자 일주론을 시작하며

(7) 천간합극 및 형충회합파해 원진

- 천간합: 갑기합-토(甲己合土)-합하여 합화가 안 되는 경우가 대부분인데 지지에 토의 세력이 강하면(월지 포함-삼합, 방합의 경우) 합화가 되어 새로운 토가 나올 수 있다.

- 천간극: 천간의 경(庚)금이 갑(甲)목을 극한다. 갑(甲)목의 입장에서 경(庚)금은 자신을 심하게 극하는 편관의 모습이 된다. 갑(甲)목은 확산 상승하는 기운인데, 이를 극하는 경(庚)금은 응축 하강하는 기운이니 서로 반대의 성향으로 나타나는데 일간 갑(甲)목, 월간 경(庚)금으로 구성된 경우라면 미혼 시절과 결혼 이후에 서로 반대의 성향을 나타나게 되고, 대운에서의 활동성이 반대가 되니 삶에 큰 변화가 생기게 된다.

- 지지합: 진유(辰酉)합(육합), 삼합-신자진[申子辰, 용(用)-수(水)의 운동], 방합-인묘진[寅卯辰, 체(體)-목(木)의 운동]

- 지지충: 진술(辰戌)충, 원진: 진해(辰亥)원진(원진이 강하다), 자형: 진진(辰辰)형

- 지지파: 축진(丑辰)파 - 지지해: 묘진(卯辰)해

(8) 신축년(2021년) 포함 4년의 운세 팁(Tip)-사주의 핵심은 운을 보는 것이다

갑진(甲辰) 일주의 갑(甲)목 일간은 신축(辛丑)년(2021년)에 축(丑)토에서 새 12운성으로 관대(冠帶)가 되어 힘 있는 모습이다.

관대는 이제 막 사회에 진출한 신입사원의 모습과 비슷하다. 신입사원은 의욕과 패기는 넘치지만, 노련미가 떨어져 좌충우돌하기 쉽다.

천간으로 들어오는 신(辛)금은 갑(甲)목 일간에게 정관이 된다. 운으로 정관이 들어오니 입학, 취업 등에 유리하고, 직장인이라면 적절한 임무와 보직이 주어지는 모습이 된다.

지지로 들어오는 축(丑)토는 갑(甲)목 일간에게 정재가 된다. 일지 진(辰)토는 편재의 모습인데 축진(丑辰)파의 모습이다. 목표 달성을 위해 위험하지만 빠르게 승부를 걸까(편재), 늦더라도 안정적으로 차근차근 갈까(정재) 하는 고민이 있을 수 있는데, 들어온 운인 정재 스타일로 가는 것이 유리할 것이다. 또한, 전환기의 축(丑)토이니 업무 변경, 부서 이동, 발령, 전출, 이직 등의 변화가 있을 수 있다.

갑(甲)복 일간은 2022년에 건록, 2023년에 제왕, 2024년에 쇠지(衰地)의 모습으로 맹활약을 하는 시기가 된다. 물론 세운의 상승과 하강은 대운이라는 기준 안에서 살펴야 한다.

갑(甲)목이 맹활약을 하는 인묘진(寅卯辰) 봄이 찾아온 것이다. 양간의 갑(甲)목은 상승 확산하면서 밖에서 키우고, 갑(甲)목의 파트너인 신(辛)금은 내부의 보이지 않는 안에서 금기를 불어넣어 목의 성장을 돕게 된다. 둘은 봄에 활약하는 멋진 파트너다.

42) 새로운 을사(乙巳) 일주 분석

(1) 자연물상/동물상

을사(乙巳) 일주는 햇빛을 받고 잘 자라고 있는 초목의 모습이고, 풀밭을 어슬렁 거리는 뱀의 형상인데, 풀밭에는 개구리나 쥐 등 먹을 것이 많으니 식복이 있는 일주이다. 을(乙)목은 청색이고 사(巳)화는 뱀이니 청사(靑蛇), 푸른 뱀이 된다. 육양(六陽)인 뱀은 양기가 많은 동물로서 논밭을 자유롭게 오가며 땅에 몸을 비벼서 열기를 식히고 있다. 언변이 좋고, 예의가 바르며, 화려함을 추구한다. 주변 사람들과 잘 어울리며, 인기도 많고, 주위의 시선을 즐기는 편이다. 역마 기질이 있어서 주거와 직장 생활에 이동이 많으며, 새로운 환경에서도 잘 적응하며 살아간다.

(2) 일간일지의 음양오행 및 관계

일간 을(乙)목은 음목이니 실속파이고, 현실적이며, 용의주도한 면이 있다. 음목이지만 양 운동 속에 있으니 을(乙)목도 식재를 추구한다. 을(乙)목은 넝쿨처럼 엉켜 있으니 조직 내에서 화합하고 친화력이 좋지만, 음간이라 세력을 따라가니 변덕이나 변심도 있는 편이다. 나쁘게 볼 것이 아니라 시류와 대세를 따라가는 약자의 생존법으로 보는 것이 더 맞을 것이다. 갑(甲)목과는 달리 생존력, 생활력이 뛰어나니 어려운 환경 속에서도 잘 견디어낸다.

(3) 일간 기준 십신 관계-상관, 세상을 바꾸는 힘!

일지 사(巳)화는 상관이라고 볼 수 있다. 십신은 천간끼리의 관계로 정해지며 지지와는 관계가 없다.

상관도 10개의 상관이 있으니 오행인 화(火)의 성향을 고려하여 기질을 살피면 통변에 도움이 된다.

상관은 배짱이 좋고 융통성이 좋아서 사업에 잘 맞는다. 상관을 대표하는 덕목이 인정과 변덕인데, 식신이 아랫사람들을 위해서 베풀고 도와준다면, 상관은 아랫사람들을 위해서 윗사람에게 대든다. 옛날 전통사회에서 상관을 가지면 제대로 인간 취급을 안 했지만, 현대에서는 상관이 사회 개혁과 변화를 주도하는 십신이 되었다. 봉건 시대도, 절대 왕정도 아닌 민주화된 사회에서 상관은 일반 시민들이 갖추어야 할 중요 덕목이 되었다. 이제는 내가 국가의 주인이 되어 공복들인 정치인과 공무원이 일을 잘하나 감시하고 점검해야 하는 시대이기 때문이다.

상관의 기운이 잠들어 있으면 국가는 부패하고 독재로 흘러가서 결국엔 파탄이 난다.

을사(乙巳) 일주는 목화로 구성되어 있어 뭐든지 빠르게 진행되는 경향이 있다. 이성 교제도, 취업도, 결혼도, 출산도 빠르게 진행되는 편인데, 지지의 사(巳)화는 천간의 을(乙)목보다 앞선 계절이니 앞에서 좀 빨리 가라고 재촉하는 형상이다.

(4) 새 12운성과 새 12신살[체(體)와 용(用)]

을사(乙巳) 일주는 새 12운성에서 장생(長生)에 해당하는데 예전의 12운성 포태법은 욕지(浴地)였다.

을(乙)목은 사(巳)화에서 장생이 되어 새롭게 시작한다. 장생은 출생 신고, 사업자 등록과 같다. 갑(甲)목이 제왕인 묘(卯)월에서 태지로 시작하여 진(辰)토 양지를 걸쳐 사(巳)화에서 장생으로 본격적인 을(乙)목의 일을 시작한다. 그런데 궁금하지 않은가? 을(乙)목은 무슨 일을 하는 것일까? 을(乙)목은 여름에 장생한 경(庚)금과 같이 간다. 꽃이 지고 생겨난 열매는 여름 내내 성장하고 커지며 단단해진다. 겉을 단단하게 만드는 것은 경(庚)금 본연의 성향인데, 그 열매의 내부는 무르고 부드러우면 달콤해진다. 또한, 가을이 깊어가면서 겉은 딱딱해지고 속은 비게 되는데 을(乙)목의 작용이 된다.

새 12신살로 사(巳)화는 사유축(巳酉丑) 삼합 기준으로 지살이 된다.

지살이니 항상 분주하고 바쁜 모습이다. 양 운동 속의 생지이니 실제적인 이동과 움직임도 많으며, 십신으로 상관이니 나의 관심과 시선은 항상 타인과 세상을 향하고 있는데 12신살로도 지살이니 역시 움직임이 많고 활기찬 모습이다.

신살로 을사(乙巳)는 고란살에 해당한다. 고란이란 새가 있는데, 짝이 없어 홀로 우는 것을 뜻한다.

여자에게만 해당하는데 장생과 지살의 영향으로 자주 돌아다니고 움직이다 보면 배우자와 떨어져 있기가 쉽다. 곡각살이기도 한데, 을(乙), 기(己), 축(丑), 사(巳)처럼 모양이 굽어지거나 꺾여 있는 글자를 말한다. 골절이나 디스크, 관절 등의 질병에 쉽게 노출될 수 있고, 사고, 마비 등의 위험이 있으니 과도한 스마트폰 사용을 자제하고 거북이 목이 되지 않도록 좋은 자세에서 쓰는 것이 좋다. 또한, 이동이 많아 장시간 운전 등으로 목이나 허리 쪽에 손상이 올 수 있으니 운전, 이동 중에도 틈틈이 스트레칭을 하면서 예방하는 게 좋겠다.

사(巳, 6)-을(乙, 2)=4가 되는데 양의 수이니 그대로 4가 된다.

3, 4가 짝을 이루는데 인묘(寅卯)가 되니 을사(乙巳) 일주의 공망은 인묘(寅卯)가 된다.

7. 육십갑자(六十甲子) 일주 분석- 새로운 육십갑자 일주론을 시작하며

(5) 새 지장간 분석–일간의 라이프 스타일 분석

을사(乙巳) 일주 사(巳)화의 지장간은 무(戊)-정재, 경(庚)-정관, 병(丙)-상관을 가지고 있는데 천간이 머문 시간은 한 달을 기준으로 정재(7일), 정관(7일), 상관(16일)이 된다. 을(乙)목 일간은 지장간의 경(庚)금 정관과 을경(乙庚)합을 하니 여자는 숨겨둔 남자가 있을 수 있다. 음간이므로 반명합을 하는 정관의 성향을 반기지만, 체에 해당하는 정재와 상관의 경향도 나타난다. 일지는 명주의 사생활과 라이프 스타일을 보여 주는데, 상관의 환경에서 정관의 활동을 하고 있다. 병(丙)화 상관이므로 활동적이고, 언변도 좋으며, 대외적인 활동을 중시하는데 지장간 중기의 경(庚)금 정관의 영향으로 예의를 갖추고 이목을 의식하며 활동하는 편이다. 사교성이 좋은 을(乙)목과 장생의 성향으로 주변에 늘 지인들과 함께하고 분주하며 활기가 넘치는 모습이다.

(6) 배우자, 재물 및 직업 분석

일지 상관인데 여자는 상관이면서 고란살에 해당하여 부부 사이에 어려움이 있을 수 있다. 고란살을 여자에게만 적용했는데, 요즘은 여성의 활동이 많아지고 교육 문제로 독거 남편, 기러기 아빠도 많으니 남자도 같이 적용하는 것이 좋겠다. 남녀 공통으로 이성에 일찍 눈을 뜨고 다양한 연애를 경험하는 경우가 많다.

여자는 일지 상관의 성향으로 까칠하고 남편을 아래로 보는 경향이 있어서 혼인 생활이 순탄치 않은데, 을사(乙巳) 일주의 여성분은 배우자와 소통을 위해 많이 노력하면 좋아질 수 있다.

직업적으로 사(巳)화의 성향으로 역마성 직업이나 해외 무역, 외국계 회사, IT 산업, 콘텐츠, 문화 사업도 좋으며, 을(乙)목의 성향으로 서비스업, 유통업, 물류업, 장사도 괜찮은 편인데 환경 적응력이 뛰어나서 잘 적응하고 해당 분야에서 능력을 발휘한다.

(7) 천간합극 및 형충회합파해 원진

- 천간합: 을경합-금(乙庚合金)-합하여 합화가 안 되는 경우가 대부분인데 지지에 금의 세력이 강하면(월지 포함-삼합, 방합의 경우) 합화가 되어 새로운 금이 나올 수 있다.

- 천간극: 천간에 신(辛)금이 을(乙)목을 극한다. 을(乙)목의 입장에서는 신(辛)금이 편관이 되기 때문이다. 신(辛)금이 시간에 있다면 이는 자식(남자), 남편(여자)으로 인한 스트레스를 의미한다. 신(辛)금이 월간에 있다면 이는 직장이나 남편, 부모로 인한 스트레스를 의미한다.

신(辛)금이 년간에 있다면 국가 단위의 큰 규모지만 직접적인 영향은 적은 스트레스를 의미하며, 예기치 못한 위험에 쉽게 노출되는 것을 의미한다. 예를 들어, 진보파인데 보수 정권이 들어서니 열을 받거나 스트레스를 받는 경우나 국가 단위의 재난(태풍, 지진, 코로나19, 경제 공황) 등으로 인한 스트레스, 야구장에서 날아온 공에 예기치 않게 맞거나, 간판등에 의한 낙상등의 경우가 이에 해당한다.

- 지지합: 사신(巳申)합, 삼합-사유축[巳酉丑, 용(用)-금(金)의 운동], 방합- 사오미[巳午未, 체(體)-화(火)의 운동]
- 지지충: 사해(巳亥)충, 원진: 사술(巳戌)원진(약한 원진이 된다), 삼형: 인신사(寅申巳)
- 지지파: 사신(巳申)파 - 지지해: 인사(寅巳)해

(8) 신축년(2021년) 포함 4년의 운세 팁(Tip)–사주의 핵심은 운을 보는 것이다

을사(乙巳) 일주의 을(乙)목 일간은 신축(辛丑)년(2021년)에 축(丑)토에서 새 12운성으로 고지(庫地) 또는 묘지(墓地)가 된다.

고지(묘지)는 묘지처럼 작은 공간에서 있으라는 자연의 명령인데 새로운 판을 벌이지 말고 수성의 모습으로 전문 기술을 연마하거나 공부, 자격증, 내부 업무, 매장 관리 등을 하면서 보내면 무탈하다.

천간으로 들어오는 신(辛)금은 을(乙)목 일간에게 편관이 된다. 편관운이 들어오니 정신적인 스트레스가 있는 모습이고, 업무 등이 과중되는 모습이다. 지지로 들어오는 축(丑)토는 을(乙)목 일간에게 편재가 된다. 편관과 편재가 들어온 해이니 재생살(財生殺)로 상당히 바빠지고 욕심도 커지며 승진할 수도 있는데, 때로는 과로하여 건강을 해칠 수 있으니, 꾸준한 운동과 적당한 휴식으로 몸과 마음을 컨트롤하는 게 좋겠다. 현대에서 재생살의 가장 흔한 통변은 과중한 업무 부담, 건강

악화, 대출금, 임대료의 압박, 과로로 인한 혹사 등으로 나타난다.

을(乙)목 일간은 2022년에 절지, 2023년에 태지, 2024년에 양지의 모습으로 가장 약해지는 시기가 된다. 물론 세운의 상승과 하강은 대운이라는 기준 안에서 살펴야 한다. 양간인 겁재 갑(甲)목이 록왕쇠로 맹활약을 하는 시기니 겁재와 경쟁하거나 경합을 벌여서 유리할 것이 없다. 차분히 내실을 다지고 실력을 키우면서 보내는 것이 좋은데, 공부, 해외 연수, 유학, 군대, 지방 근무 등으로 지인들의 시야에 보이지 않는 모습으로 있으면 운의 흐름에 잘 따르는 것이다.

43) 새로운 병오(丙午) 일주 분석

(1) 자연물상/동물상

병오(丙午) 일주의 병(丙)은 태양이고, 오(午)는 정오를 가리키니 이글거리는 한낮의 태양이다.

태양이 중첩된 형상이다. 병(丙)화는 빛이고, 오(午)화는 열이니, 빛과 열이 같이 발산되고 있어 실로 눈부시다. 병(丙)화는 안 그래도 일방적이고 권위적인 성향이 있는데 열까지 더하니 그러한 성향이 강화된다. 병(丙)화는 세상의 구석구석을 비추는 빛이라 만인의 지도자가 될 수 있는 잠재력을 가지고 있으나 일주가 간여지동으로 고집과 자존심으로 억지로 밀어붙이려다가 낭패를 볼 수도 있다. 물상으로 붉은 말, 적토마이니 앞으로 힘차게 내달리지만, 때로는 물러날 때 물러날 줄 안다면 더욱 좋을 것이다.

(2) 일간일지의 음양오행 및 관계

일간 병(丙)화는 양 중의 양이다. 적극적이고 정열적이다. 허풍도 있고 과장하는 버릇이 있는데, 무모한 확장으로 인해 수습이 어려워지는 상황을 겪을 수도 있다. 병(丙)화는 태양이니 권위적이고 일방적이지만, 예의가 바르고 솔직하며 비밀이 없으며 잘 보이게 꾸미고 과시하는 경향을 가진다. 개성이 뚜렷하고 자기 스타일을 고집하는데, 공명심과 출세욕이 강하니 사교적이고 매사에 활기차고 의욕적이다. 폼 나고 멋은 있지만, 음과 양의 비율에 따라 실속은 떨어진다.

술은 체(體)로는 수(水)지만, 용(用)으로는 대표적인 화 기운인데, 대학교 때 OT를 갔을 때, 술을 마시면 기분도 좋아지고 관계를 넓게 맺고자 하는 기운이 강해져서 옆방에도 술을 들고 찾아가 한 잔 나누고 어깨동무하며 으쌰으쌰하지만, 다음 날 술이 깨서 화 기운이 사라지면 왠지 뻘쭘하고 머쓱해진다. 확산된 화 기운이 흩어지면 안이 비게 되니 공허해지기 때문이다.

(3) 일간 기준 십신 관계–양인 '내 안의 도플갱어'

일지 오(午)화는 십신으로 겁재라고 하는데, 양간의 겁재를 '양인(陽刃)'이라고 한다.

『자평진전』에 따르면 월지가 겁재인 월겁인 경우나, 건록인 경우는 천간에 투출된 식재관으로 격을 잡는다고 했는데, 특별히 양인은 독특한 성향이 드러나서 양인격으로 별도로 잡기도 한다.

양인은 무엇일까? 양인은 내 안의 또 다른 나다. 도플갱어라고 들어보았는가? 서양에서는 나와 같은 또 다른 나를 보면 불길하다고 생각했다. 내 안에 잠재되어 있는 또 다른 나.

현실에서 사는 나로 인해 마음속 내부 기저에서 침잠하고 있다가 형충 등으로 개고되면 비로소 세상에 드러나게 된다. 현실의 나로 인해 묶여있던 양인이 세상에 드러나면 막강한 힘을 과시하게 된다.

많은 사주에서 꺼린다는 재생살도 두려워하지 않는데, 재성의 생함으로 통통하게 살이 오른 칠살은 양인에게 좋은 먹잇감이 된다. 카리스마가 넘치고 자신감이 충만한데 일지, 월지의 양인인 경우 사회적으로 자신만만하고 힘이 넘치니 부모의 조력을 필요로 하지 않는다. 오히려 간섭을 귀찮아하니 일찍 독립하여 자수성가하는 경우가 많다.

(4) 새 12운성과 새 12신살[체(體)와 용(用)]

병오(丙午) 일주는 새 12운성으로 제왕(帝旺)에 해당하는데 양간이니 예전의 12운성 포태법도 제왕(帝旺)이다.

제왕이니 노련하고, 자신감이 넘치니, 매사에 일 처리가 매끄럽고, 순조롭다. 제왕이라고 해도 회장이나 장군, 대통령을 의미하는 것이 아니라 한 사주의 격으로 가장 높이 올라갈 수 있는 자리를 말한다.

부장이 제왕일 수도 있고, 과장이 제왕일 수도 있으며, 대령이 제왕일 수가 있는 것이다. 그 이상 올라가면 감당하지 못하여 낭패를 볼 수가 있으니 높이 올라가더라도 그 직을 감당하지 못하면 아니 올라간 것만 못한 경우가 된다. 제왕의 정상에 올라갔으니 서서히 내려올 준비를 해야 한다.

원래 정상에 있는 시간은 짧은 법이다.

새 12신살로 오(午)화 인오술(寅午戌) 삼합 기준으로 장성살이 된다. 12운성도 제왕이고, 12신살도 장성살이 되니 강대함이 극대화된다. 이럴 때는 오히려 어깨의 힘을 빼고 주변을 둘러보는 지혜가 필요하다. 천간지지가 모두 확산하고 상승하는 기운이니 중요한 것을 놓칠 수가 있기 때문이다.

신살로는 일지 도화인데 화려한 오(午)화이니 풍류를 즐기고 화려함을 좋아한다. 남자는 작업하는 데 있어서 상당히 대담하고 적극적으로 유혹하고, 여자 또한 이성 관계를 주도하려고 하는데 남자를 쥐락펴락하는 경향이 있다.

'오(午, 7)-병(丙, 3)=4'가 되는데 양의 수이니 그대로 4가 된다.

3, 4가 짝을 이루는데 인묘(寅卯)가 되니 병오(丙午) 일주의 공망은 인묘(寅卯)가 된다.

(5) 새 지장간 분석–일간의 라이프 스타일 분석

병오(丙午) 일주 오(午)화의 지장간은 병(丙)-비견, 기(己)-상관, 정(丁)-겁재를 가지고 있는데 천간이 머무는 시간은 한 달을 기준으로 비견(10일), 상관(9일), 겁재(11일)이 된다. 병(丙)화는 양간이니 상관의 성향도 잘 나타나고, 겁재의 성향으로 매사에 공격적이며, 거침없고 카리스마가 넘치는데, 그러한 자신감을 바탕으로 타인과 넓게 교류하려고 한다. 일지는 명주의 사생활과 라이프 스타일을 보여 주는데, 겁재의 환경에서 상관의 활동을 하고 있다. 겁재의 환경이니 모르는 이와도 쉽게 친해지고 관계의 확장에 관심이 많다. 적극적이며, 큰 재물을 기대한다. 대담하고, 노련하게 행동하며, 일지 상관으로 자신의 능력과 순발력으로 난제를 극복한다. 겁재도, 상관도 타인을 중심으로 바라보는 기운이니 타인의 시선에 민감한 터라 유행과 패션, 외모에 많은 신경을 쓰게 된다.

(6) 배우자, 재물 및 직업 분석

병오(丙午)는 간여지동 일주라 남녀 공통으로 배우자 연이 쉽지 않다. 자기 고집과 자존심이 강하여 트러블이 자주 생길 수 있는데, 독신으로 사는 경우도 많다. 지지의 수 기운이 사주의 관살이 되는데, 시지나, 월지에 수 기운이 강하다면 평탄한 결혼 생활을 유지할 수 있으며, 남자의 경우는 처를 아끼고 지켜주지만, 기복이 있는데 지장간의 기(己)토 상관의 영향 때문이다. 직업적으로는 양인의 성향으로 무관 직업이나, 오(午)화의 특성으로 연예인, 방송, 무역, 교통, 통신 및 전기, 전자, 조명 등 개인 사업도 유망하다.

(7) 천간합극 및 형충회합파해 원진

- 천간합: 병신합-수(丙辛合水)-합하여 합화가 안 되는 경우가 대부분인데 지지에 수의 세력이 강하면(월지 포함-삼합, 방합의 경우) 합화가 되어 새로운 수가 나올 수 있다.
- 천간극: 천간의 임(壬)수가 병(丙)화를 극한다. 병(丙)화의 입장에서 임(壬)수가

편관이기 때문이다. 임(壬)수도 병(丙)화도 양간이니 스케일이 큰데, 천간은 명주의 드러난 마음, 의지, 욕망, 생각이니 임(壬)수와 병(丙)화의 거리만큼 폭넓게 생각하고 판단한다. 이는 천간이 명주의 마음의 흐름을 의미하기 때문이다.

- 지지합: 오미(午未)합(육합), 삼합-인오술[寅午戌, 용(用)-화(火)의 운동], 방합-사오미[巳午未, 체(體)-화(火)의 운동]
- 지지충: 자오(子午)충, 원진: 축오(丑午)원진(원진이 비교적 약한 편임), 자형: 오오(午午)형
- 지자파: 묘오(卯午)파 - 지지해: 축오(丑午)해

(8) 신축년(2021년) 포함 4년의 운세 팁(Tip)-사주의 핵심은 운을 보는 것이다

병오(丙午) 일주의 병(丙)화 일간은 신축(辛丑)년(2021년)에 축(丑)토에서 새 12운성으로 양지(養地)의 모습이 된다.

절지의 막막함과 태지의 불안한 시기를 지나 양지는 이제 막 출산을 앞둔 아이의 모습이니 힘은 약하지만, 미래에 대한 희망과 기대감이 있다. 독립적인 활동은 어렵고, 배우고 익히면서 생욕대의 시기를 기다려야 한다. 급하게 뛰어나가다간 넘어질 수도 있기 때문이다.

천간으로 들어오는 신(辛)금은 병(丙)화 일간에게 정재가 된다. 천간에 신(辛)금이 들어오면 반대편의 병(丙)화가 약해진다. 병신(丙辛)합의 모습이니 꾸준하게 키워온 식상 활동의 결실과 결과물을 얻을 수 있다.

지지로 들어오는 축(丑)토는 병(丙)화 일간에게 상관인데 일지의 오(午)화와 축오(丑午) 원진의 모습이지만, 조후에 축(丑)토가 좋은 영향을 준다면 원진의 작용은 작을 것이다.

병(丙)화 일간은 2022년에 장생, 2023년에 목욕, 2024년에 관대의 모습으로 점차 상승 운으로 가고 있다. 물론 세운의 상승과 하강은 대운이라는 기준 안에서 살펴야 한다.

병(丙)화의 파트너인 계(癸)수와 화토동법으로 무(戊)토의 12운성은 같이 간다. 정(丁)화의 파트너인 임(壬)수와 화토동법으로 기(己)토의 12운성도 같이 간다. 무더운

여름[병(丙)화]에는 시원한 물[계(癸)수]이 필요하고, 추운 겨울[임(壬)수]에는 보일러[정(丁)화]가 필요한 것과 같은 이치이다.

44) 새로운 정미(丁未) 일주 분석

(1) 자연물상/동물상

정미(丁未) 일주의 물상은 뜨거운 대지 위에 서 있는 양의 물상이고, 황무지에 솟아난 불꽃이다.

천간지지의 열기가 뜨거우니 성격이 급하고 다혈질이다. 『적천수』에서는 정(丁)화는 부드러운 가운데 극제하는 힘이 있고, 정화는 왕(旺)해도 강렬하지 않고 쇠(衰)하여도 궁하지 않다고 했다.

다른 음간도 그렇듯이 정화도 봉사와 헌신하는 기질이 강하다.

(2) 일간일지의 음양오행 및 관계

일간 정(丁)화는 언변이 세련되고, 설득력이 있다. 따뜻하고 인정이 있으며 섬세하다. 촛불과도 관련되니 무속인, 역술가, 종교와 관련이 있으며 직관력과 영감이 뛰어나다.

음간이니 드러나지 않는 모습으로 응축 하강 운동을 하면서 보관, 정리, 단속,

조정하는 역할을 하는데, 화 운동 안에서 음간인 정(丁)화는 양간인 병(丙)화와 음양의 차이로 반대의 운동성을 보여 준다.

(3) 일간 기준 십신 관계-입장을 바꿔서 생각하면 다른 것이 보인다

일지 미(未)토는 십신으로 식신이라고 할 수 있다. 축(丑)토도 식신인데, 오행으로 본다면 같은 식신이다.

하지만 미(未)토는 여름에서 가을로 넘어가는 환절기의 토이고, 축(丑)토는 겨울에서 봄으로 넘어가는 환절기의 토이니 같은 식신이라도 큰 차이가 있다. 미(未)토는 뜨거운 열(熱)토이니 목(木)이 살기가 어렵다. 정(丁)화에게 목은 인성이 되니, 정미(丁未) 일주는 모친과의 인연이 약한 편인데, 물론 사주 내에 수 기운이 있거나 대운에서 수 기운이 들어오면 달라질 수 있다.

미(未)토가 식신인데, 토는 느림이고 정지이다. 목화식신은 빠르게 위로 올라가고, 금수식신의 경우는 빠르게 아래로 내려가니 속도감이 있고 진전이 빠른데, 그에 비해서 토 식상은 느린 편이다. 그러나 느린 만큼 여름과 가을의 중간자로 두루 살필 수 있으니, 발상의 전환이 가능하고 체계, 시스템의 변화로 효율을 높일 수 있다. 정(丁)화의 입장에서 보면 답답하겠지만, 미(未)토의 입장에서 보면 급한 정화의 속도를 조절한다고 생각한다. 대부분의 경우는 일간의 입장에서 십신을 보지만, 때론 상황에 따라 다른 십신의 위치에서 보는 것이 필요하다. 상담자가 물어보고 궁금한 것에 따라서 응용하여 다른 관점에서 보는 것이 고급 스킬이다.

(4) 새 12운성과 새 12신살[체(體)와 용(用)]

정미(丁未) 일주는 새 12운성으로 양지(養地)에 해당하는데 예전의 12운성 포태법은 관대(冠帶)였다.

양지이니 출생신고 전의 배 속의 아이의 형상이고, 사업자는 신고 전의 준비하는 단계이니, 부모와 멘토의 후원이 절대적으로 필요하다. 어질고 순하며 미래에 대한 밝은 꿈으로 가득 차 있지만, 혼자서 뭔가를 추진하고 실행하기엔 무리이다. 후원자의 도움과 철저한 준비과정이 필요하다.

새 12신살로 미(未)토는 해묘미(亥卯未) 삼합 기준으로 화개살이 된다. 양지의 모습처럼 후원자나 멘토의 도움을 받으면서 희망적으로 미래를 준비하는데, 종교, 예술, 학문, 철학 등의 정신적인 분야가 좋겠다. 이러한 분야에서 좋은 스승이 필요하고 후원자가 있다면 대성할 수 있다. 또는 부동산, 물류, 저장, 보관, 정보, 지식 사업도 좋은데, 미(未)토의 기술, 지식, 정보를 축적하는 창고의 성향과 맞물린다.

신살로는 현침살인데, 바늘, 주사, 침 등과 관련이 있다. 보통 신살이 가장 많은 영향을 주는 것이 성격과 직업 쪽인데, 실제로 사주를 보면 그런 경향이 있는 경우가 많다. 현침살이 많은 경우 실제로 간호사나, 간호조무사, 헤어 디자이너, 보석 세공 쪽에서 일하는 경우가 많았다. 머리카락을 뜻하는 을(乙)목이나 묘(卯)목인 경우에도 그러하다. 미(未)토는 자의형상(子意形像)의 맛 미(味)와도 궤를 같이하여 식자재 관리 및 요리 쪽과도 인연이 있다.

'미(未, 8)-정(丁, 4)=4'가 되는데 양의 수이니 그대로 4가 된다.
3, 4가 짝을 이루는데 인묘(寅卯)가 되니 정미(丁未) 일주의 공망은 인묘(寅卯)가 된다.

(5) 새 지장간 분석-일간의 라이프 스타일 분석
정미(丁未) 일주 미(未)토의 지장간은 정(丁)-비견, 을(乙)-편인, 기(己)-식신을 가지고 있는데 천간이 머무는 시간은 한 달을 기준으로 비견(9일), 편인(3일), 식신(18일)이 된다. 정(丁)화는 음간이니 비견과 편인을 반긴다. 남들과 더불어서 함께하는 것을 좋아하고, 편인적 기질도 나와서 눈치가 빠르고, 잔머리를 굴리기도 한다.
일지는 명주의 사생활과 라이프 스타일을 보여 주는데, 식신의 환경에서 편인의 활동을 하고 있다. 식신의 환경이지만, 지장간 중기에 편인이 있어서 식신의 활동이 제약을 받는다.

(6) 배우자, 재물 및 직업 분석
정미(丁未) 일주는 일지 식신의 영향으로 여자는 자식 연은 좋지만, 배우자 연은 좋지 않은 경우가 있다.

7. 육십갑자(六十甲子) 일주 분석- 새로운 육십갑자 일주론을 시작하며

정미(丁未)나, 병오(丙午)처럼 화기가 강한 경우에, 남자는 양기가 충만하여 다양한 이성 관계를 가질 수 있다. 반면에, 여자의 경우는 임자(壬子)나 계해(癸亥)처럼 음기가 많을 경우에 같은 상황이 생겨날 수 있다. 단식판단이며 화기가 강한 경우에 사주의 다른 곳에 수기가 강하다면 해소될 수 있다.

정미(丁未) 일주는 사주 내에 수 기운이 절대적으로 필요하며, 대운으로 결혼과 출산과 관련된 20~30대에 들어오면 길하다. 직업적으로는 지장간의 편인으로 교육 계통, 현침살에 의거하여 의료 계통이나, 디자인, 보석 세공, 일지 식신이고 미(未)토의 영향으로 요식업, 연구직 등과 인연이 있다.

(7) 천간합극 및 형충회합파해 원진

- 천간합: 정임합-목(丁壬合木)-합하여 합화가 안 되는 경우가 대부분인데 지지에 목의 세력이 강하면(월지 포함-삼합, 방합의 경우) 합화가 되어 새로운 목이 나올 수 있다.
- 천간극: 천간의 계(癸)수가 정(丁)화를 극한다. 정(丁)화에게는 계(癸)수가 편관으로 심하게 극하기 때문이다.
  천간은 드러난 마음, 생각, 의지, 욕심, 욕망을 나타내므로 천간에는 충(沖)이 없다. 생각은 고정된 것이 아니라 수시로 움직이고 바뀌기 때문이다. 천간은 오행 운동을 하므로 극(剋)이 존재할 뿐이다.

- 지지합: 오미(午未)합(육합), 삼합-해묘미[亥卯未, 용(用)-목(木)의 운동], 방합-사오미[巳午未, 체(體)-화(火)의 운동]
- 지지충: 축미(丑未)충, 원진: 자미(子未)원진(오리지널 원진), 삼형: 축술미(丑戌未)
- 지지파: 술미(戌未)파 - 지지해: 자미(子未)해

(8) 신축년(2021년) 포함 4년의 운세 팁(Tip)-사주의 핵심은 운을 보는 것이다

정미(丁未) 일주의 정(丁)화 일간은 신축(辛丑)년(2021년)에 축(丑)토에서 새 12운성으로 쇠지(衰地)가 된다.

쇠지는 이제 막 정상에서 내려온 모습으로 여전히 힘이 있으며, 노련미를 갖추고 있다.

천간으로 들어오는 신(辛)금은 정(丁)화 일간에게 편재가 된다. 편재가 들어오니 머릿속이 바빠지고, 활동성이 넓어지며, 분주해진다. 차곡차곡 단계를 밟아 쌓아가는 정재와는 다르게, 편재는 크게 한방으로 벌려는 마음이니 평소에 안 하던 주식이나, 과감하고 공격적인 투자를 할 수 있다. 지지로 들어오는 축(丑)토는 정(丁)화 일간에게 식신이 된다. 일지 미(未)토 식신과 만나 축미(丑未)충, 축미(丑未)형의 모습이 된다. 십신으로는 같은 식신이지만 여름의 미(未)토와 겨울의 축(丑)토가 같을 리가 없다. 형충(刑沖)의 작용이 나타날 수 있는데, 이사, 부서 이동, 이직, 업무 변경, 수술 등 다양한 모습이고, 식신의 충이므로 새로운 취미나 하는 일이 바뀔 수 있다.

정(丁)화 일간은 2022년에 병지, 2023년에 사지, 2024년에 고지(묘지)의 모습으로 점차 하강 운으로 간다. 물론 세운의 상승과 하강은 대운이라는 기준 안에서 살펴야 한다.

정(丁)화 일간은 음간이므로 실내에서, 안에서 드러나지 않게 활동하는 것이 좋다. 정(丁)화는 해자축의 시기에 난로처럼, 가로등처럼, 촛불처럼 겨울을, 어둠을, 작은 공간을 밝히는 중요한 역할을 하니, 계절과 시간과 작은 공간에 따라서 그 능력이 천차만별로 달라질 것이다. 정(丁)화가 원국의 구성이나 대운의 흐름에 따라서 촛불처럼 약할 수도, 용광로처럼 강할 수도 있는 것이다.

상담 중에 정(丁)화 일간분이 자신이 해자축(亥子丑)에 록왕쇠라고 하는데 왜 최근 몇 년 동안 계속 어렵냐고 하소연하셔서, 정(丁)화 일간답게 실내에서, 드러나지 않게, 실속 있게 활동하신 것이 맞냐고 물어보니, 2018년 관대의 시기에 장사가 잘되어 커피숍을 중심가로 옮기고 크게 확장하셨다고 한다. 이는 정(丁)화의 쓰임을 반대로 쓴 것이니 어려운 것은 당연한 일이다. 해자축(亥子丑)의 시기이고, 겨울의 정(丁)화니 작은 공간에서 드러나지 않게, 번화가가 아닌 교외 지역에서, 작고 실속 있게 장사를 했으면 좋았을 것이다. 포지셔닝(12운성)을 벗어나고, 쓰임[정(丁)화의 활동]을 오용한다면 삶에 어지러움이 생긴다.

45) 새로운 무신(戊申) 일주 분석

(1) 자연물상/동물상

무신(戊申) 일주는 산에 묻혀있는 광물의 형상이다. 무(戊)토는 산이고, 신(申)금은 원숭이니 산속의 원숭이다. 결실의 계절인 가을의 원숭이니 먹을 것이 많고 재주가 뛰어나다.

가을 산이니 결실의 계절이지만, 목화의 화려함이 사라진 산이니 쓸쓸하고 고독한 느낌이 있다.

남녀 공통으로 식복이 넉넉하고 식신의 성향으로 널리 베풀고 나누니 타인들의 칭송을 받는 경우가 많다.

(2) 일간일지의 음양오행 및 관계

일간 무(戊)토는 큰 산을 의미하니 많은 동식물을 포용하여 실제적인 스케일은 병(丙)화보다 더 큰 편이다.

병(丙)화가 12시라면, 무(戊)토는 오후 2시의 모습이다. 어느 때가 더 뜨거운지는 다들 지구과학시간에서 배웠을 것이다. 과묵하며 매사에 처신이 공정하니, 신용이 있다. 여자는 애교가 부족하니 결혼이 늦어지는 경우가 많다. 무(戊)토는 변화를 싫어하니 보수적인데, 기(己)토는 더 보수적이다. 자기주장은 안 하지만 자기 주관은 뚜렷하다. 천간에 가장 높은 곳에 위치한 무(戊)토이니 누구나 볼 수 있으므로 공공성(公共性)이 있으며, 음양을 같이 볼 수 있어 중립, 조정, 중재의 능력이 좋다. 판사에 무(戊)토 일간이 많은 것이 그러한 이유 때문이다.

(3) 일간 기준 십신 관계-식신의 종류도 10가지나 된다

일지 신(申)금은 십신으로 식신이라고 할 수 있는데 음양오행에 따라 식신도 10개의 식신이 존재한다.

식신은 내가 생하는 오행에서 음양이 같은 것이다. 내가 생하는 것에서 음양이 같으니 그만큼 에너지 소모가 적게 든다. 같은 조건이라면 상관이 식신보다 에너지 소모가 더 들어가는데 음양이 다르기 때문이다. 남자후배와 술 한잔할 때와 여자후배와 술 한잔할 때 음양이 다른 여자후배에게 더 신경이 많이 쓰이고, 비용도 더 들어간다. 일종의 에너지 소모가 더 심한 것이다.

식상은 내 재능이고 내 표현력인데, 식신은 내가 생하는 것이기 때문에 나를 대변한다.

반면에, 상관은 내가 생하는 것인데 음양이 다르니 겁재를 대변한다. 식신이건, 상관이건 자신을 표현하는 기운인데 원국에 무식상인 사람은 자기 표현력이 약해 자신에 대해 본인도 잘 모르는 경우가 많다. 식신이 나의 의식적인 부분을 표현한다면, 상관은 나도 미처 몰랐던 무의식적인 부분을 표현한다. 다이어트를 시작한다는 친구의 말에 마음속에 있던 "하~! 일주일도 못 가서 포기할걸? 그 이상 가면 내 손에 장을 지진다."라는 말이 무심코 튀어나온다. 무의식 또는 잠재의식 속의 이야기를 꺼내므로 내가 해놓고도 깜짝 놀라게 되고, 당황해서 사과하게 된다. 상관을 가진 사람은 내 안에서 무의식, 잠재의식이 튀어나올 수 있으므로 항상 좋은 생각, 좋은 교양으로 마음을 채워야 한다. 그래야 무심코 튀어나와도 아무 문제가 없고 오히려 칭찬을 받을 수 있다. 허주가 추천하고 싶은 상관을 다스리는 법이다.

(4) 새 12운성과 새 12신살[체(體)와 용(用)]

무신(戊申) 일주는 새 12운성으로 병지(病地)에 해당하는데, 양간이니 기존의 포태법도 병지(病地)로 같다. 식신이 병지에 있으니 잘 베풀고 인정이 많다. 위치상으로 일지이니 내 주변의 가까운 사람들(배우자, 자식, 개인적인 친구와 지인들)이 된다. 월지면 사회적인 베품이고, 년지라면 국가적인 베품이 되는데, 옛날 같으면 국가 위기 시에 앞장서서 의병 활동을 하는 경우가 된다. 년간에 식신이 있다면 더욱 그러한 모습을 보여 준다. 쇠지에서 은퇴하여 현장의 일을 놓고 병지의 시기가 되니 내 몸이 아프게 된다. 내 몸이 아프고 힘드니 남의 입장을 이해하게 되고 동정하게 된다. 동병상련을 느끼는 것이다. 타인과의 공감 능력이 좋으니 요식업, 의류업, 보석상, 상담가, 전문 상품 판매 등 고객과 긴밀한 교감이 필요한 서비스업에 잘 맞는다.

새 12신살로 신(申)금은 신자진(申子辰) 삼합 기준으로 지살이 된다. 병지로서 타인과 공감을 잘하고 소통이 필요한 분야에서 활동하면 좋은데, 지살이니 항상 분주하고 이동이 많은 모습이다. 신(申)금은 인신사해에서 가을을 시작하는 생지에 해당하니, 시작하고 계획하는 것을 잘하고, 지살에 해당하니 주거나 직업의 이동도 있다.

신살로는 무신(戊申)이 고란살인데 본인이나 배우자의 이동이 잦다는 것을 알려 준다. 고독하고 배우자와 떨어져 있게 되어 부부 연이 평탄치 않다. 가을의 사색이니 감성적인 면이 있다. 일지 식신은 문창성이니 사색의 느낌을 글로 잘 표현한다.

'신(申, 9)-무(戊, 5)=4'가 되는데 양의 수이니 그대로 4가 된다.

3, 4가 짝을 이루는데 인묘(寅卯)가 되니 무신(戊申) 일주의 공망은 인묘(寅卯)가 된다.

(5) 새 지장간 분석-일간의 라이프 스타일 분석

무신(戊申) 일주 신(申)금의 지장간은 무(戊)-비견, 임(壬)-편재, 경(庚)-식신을 가지고 있는데 천간이 머문 시간은 한 달을 기준으로 비견(7일), 편재(7일), 식신(16일)이 된다. 무(戊)토는 양간이므로 식재를 반기며 지장간에서 식신생재를 하는 모습이다. 일지는 명주의 사생활과 라이프 스타일을 보여 주는데, 식신의 환경에서 편재의 활동을 하고 있다. 경(庚)금 식신이니 육체적인 식신 활동이 아니라 정신적인 식신 활동으로 편재를 생하는 가까운 모습이다. 식신은 수성의 기운이고, 편재는 공성의 기운이니 서로 좋은 조합이 된다.

(6) 배우자, 재물 및 직업 분석

여자는 일지 식신이고 고란살이라 배우자의 연이 짧으나, 경제적으로는 유복한 경우가 많다.

남자의 경우 식상이 발달하면 애정 표현과 구혼에 적극적인 경우가 많은데, 편재의 성향으로 그 타깃이 한 명에 그치지 않을 경우가 있다. 그리고 배우자가 늙거나, 체중이 늘거나 하는 변화가 있으면 다른 쪽에 눈을 돌리는 경우가 있을 수 있다. 식상은 사랑하고 싶은 마음인데, 그 대상의 변화에 민감하다. 그래도 상관보다는 꾸준함을 가지고 있다. 직업적으로는 역마성 직업도 괜찮아 타향에서 성공하는 경우가 많다. 일지 식신과 병지의 영향으로 고객과 교감을 중시하는 서비스업도 유망하며, 직장보다는 사업 쪽이 유리하다.

(7) 천간합극 및 형충회합파해 원진

- 천간합: 무계합-화(戊癸合火)-합하여 합화가 안 되는 경우가 대부분인데 지지에 화의 세력이 강하면(월지 포함-삼합, 방합의 경우) 합화가 되어 새로운 화가 나올 수 있다.
- 천간극: 천간의 갑(甲)목이 무(戊)토를 극한다. 무(戊)토의 입장에서는 갑(甲)목이 편관이기 때문이다. 무(戊)토는 토극수를 잘하고, 기(己)토는 토생금을 잘한다. 기(己)토 다음에 자연스럽게 경(庚)금으로 이어진다.

- 지지합: 사신(巳申)합(육합), 삼합-신자진[申子辰, 용(用)-수(水)의 운동], 방합-신유술[申酉戌, 체(體)-금(金)의 운동]
- 지지충: 인신(寅申)충, 원진: 묘신(卯申)원진(원진이 약한 모습이다), 삼형: 인신사(寅申巳)
- 지지파: 사신(巳申)파 - 지지해: 신해(申亥)해

무신(戊申) 일주의 무(戊)토 일간은 신축(辛丑)년(2021년)에 축(丑)토에서 새 12운성으로 양지(養地)가 된다.

양지는 이제 막 출산을 앞둔 아이와 같다. 약한 모습이지만 미래에 대한 기대와 희망을 가지고 있다.

천간으로 들어오는 신(辛)금은 무(戊)토 일간에게 상관이 된다. 날카로운 현침 기운의 신(辛)금 상관이 들어오니 직장이나 가정, 개인적으로 말과 경솔한 행동으로 인한 관재구설과 트러블이 있을 수 있다.

지지로 들어오는 축(丑)토는 무(戊)토 일간에게 겁재가 된다. 순간적으로 에너지가 강한 상관과 겁재가 천간지지로 들어오니 공성의 기운이 강해진다. 지지에서는 일지 신(申)금 식신과 축(丑)토 겁재가 만나는 모습이다

겁재가 들어오니 지출이 늘어나는 해가 되기도 한다.

무(戊)토 일간은 2022년에 장생, 2023년에 목욕, 2024년에 관대의 모습으로 점차 상승 운으로 가고 있다. 물론 세운의 상승과 하강은 대운이라는 기준 안에서 살펴야 하는데 주식의 경우 삼성전자가 20년간 우상향으로 갔지만, 그 안에서는 자잘하게 등락이 오르고 내리는 것으로 생각하면 쉽다.

46) 새로운 기유(己酉) 일주 분석

(1) 자연물상/동물상

기유(己酉) 일주는 밭에 있는 닭의 형상이다. 가을 들판에서 먹이를 먹고 있는 닭의 모습이니 풍요롭다. 가을은 풍요의 계절이다. 하늘은 높고 말이 살찌는 천고마비의 계절이다.

가을에 태어난 기유(己酉) 일주는 식록이 풍족하고 베푸는 성정을 지녀서 타인들에게 인기가 많은 편이며 먹을 것, 재물에 대한 여유가 생기니 마음이 조급하지 않고 평안하다. 『명리탐원』에서는 유(酉)금을 산사에 걸려있는 종으로 표현했다. 종이 울리면 천문(天門)과 닿는다고 하였는데, 불교 쪽과 인연이 있으며 기타 종교와도 관련이 있는 일주이다.

(2) 일간일지의 음양오행 및 관계

일간 기(己)토는 논밭의 형상이고 일정한 목적을 위해 조성된 땅이고, 습토이니 목이 좋아한다.

기(己)토는 자의(字意)로 입이 뚫린 모습이라 조리 있게 언변을 사용한다. 생명을 키우는 논밭인데, 모성애적 특성으로 봉사하고 헌신하여 교육 계통이나 상담 관련 일과 인연을 맺는다. 그러나 목적을 위해 조성된 땅이니 분별력이 강해서 까다롭고, 융통성이 떨어지는데 무(戊)토보다 더 보수적이다. 일단 사물을 받아들이는 것에 분별력이 있으며, 의심 많고, 소심하며, 예민하게 받아들인다. 천간에서 음양을 변환하는 역할을 하니 기존의 체계나 시스템의 문제점을 파악하고, 개선하는 발상의 전환을 잘하는 천간이다.

(3) 일간 기준 십신 관계-식신, 원명에 있을 때와 운에서 올 때의 차이는?

일지 유(酉)금은 십신으로 식신이라고 할 수 있다. 식신도 마찬가지로 10개의 식신이 있다.

음양오행에 따라 식신도 달라지며 또한 원국에 있는 식신과 운으로 들어오는 식신이 달라진다.

예를 들어, 신(辛)금 일간이 월지에 자(子)수 식신이 있으면 문창성(文昌星)이 된다. 학문, 글쓰기, 예술 계통에서 탁월한 재능을 보인다. 사주의 원명에 있으니 그러한 것이다. 그런데, 자(子)수가 운으로 온다고 하여 글재주가 좋아지지는 않는다. 운에서 오는 식신은 식신생재처럼 재를 생하는데 쓰거나, 식신대살처럼 편관을 통제하는 데 쓰일 뿐이다. 정(丁)화 일간이 월지에 유(酉)금이 있으면 편재가 되는데, 수치 능력, 공간지각력이 좋아 계산과 운전 실력이 좋은 경우가 많은데, 운으로 유(酉)금이 들어온다고 해서 계산 능력과 운전 실력이 좋아지는 것은 아니라는 의미이다.

(4) 새 12운성과 새 12신살[체(體)와 용(用)]

기유(己酉) 일주는 새 12운성으로 목욕(沐浴)에 해당하는데 음간이니 예전의 12운성 포태법은 생지(生地)였다. 많은 명리 서적에서 목욕을 안 좋게 보는 경향이 있다. 반면에 장생은 힘도 있고 좋게 보는 경우가 대부분인데, 장생 다음에 목욕인데 어찌 이리 평가가 다른 것인가? 이것은 아마도 고전적인 12운성의 평가에서 기인한 것으로 보인다.

목욕은 청소년기를 뜻한다. 질풍노도의 시절이니 변화와 고민도 많고 유행과 유혹도 많은 시기이다. 누구나 그런 시기를 거치고 비로소 관대, 즉, 성인이 된다. 목욕의 시기가 없다면 관대도 없다. 과거에는 좀처럼 통제가 쉽지 않고 유행과 유흥에 민감한 목욕의 시기를 좋지 않게 봤지만, 이 또한 좋고 나쁨이 없는 인생의 시기에 겪어야 할 통과의례일 뿐이다. 자연의 순환과 흐름에 따라 당연히 갓 태어난 장생보다는 청소년기인 목욕이 힘이 더 있다고 본다.

새 12신살로 유(酉)금은 사유축(巳酉丑) 삼합 기준으로 장성살이 된다. 목욕의 청소년 시기처럼 호기심도 많고 배우고 익히면서 장차 사회에서 쓰임을 준비하는 기간인데 장성살이니 힘 있게 쓸 수 있고, 풍류와 멋을 즐길 줄 안다. 신살로 일지 유(酉)금은 욕지도화에 해당하니 도화가 강한 편인데, 문창성이 있으니 학문과 예술적인 재능과 소양이 뛰어나고, 천주살에 해당하니 재물과 식록이 넉넉하며 미식가 기질을 가진다.

'유(酉, 10)-기(己, 6)=4'가 되는데 양의 수이니 그대로 4가 된다.
3, 4가 짝을 이루는데 인묘(寅卯)가 되니 기유(己酉) 일주의 공망은 인묘(寅卯)가 된다.

(5) 새 지장간 분석-일간의 라이프 스타일 분석

기유(己酉) 일주 유(酉)금의 지장간은 경(庚)-상관, 신(辛)-식신, 신(辛)-식신을 가지고 있는데 천간이 머무는 시간은 한 달을 기준으로 상관(10일), 식신(10일), 식신(10일)이 된다. 기(己)토 일간은 음간이지만 지장간이 식신 상관이니 식상의 성향을 드러내며 특히, 식신의 성향이 강하다. 자식을 낳으면 자식에게 목을 매는 경향을 보여 준다. 일지는 명주의 사생활과 라이프 스타일을 보여 주는데, 식신의 환경에서 식신의 활동을 하고 있다. 식신의 신(辛)금은 음간이면서 음 운동을 하니 정신적인 활동을 즐거한다. 학문, 독서, 사색을 좋아하고, 나누고 베품을 잘하는데, 목화와 다르게 이성적이고 합리적이며, 호불호나 지향하는 바에 따라 나누고 기부를 한다. 예를 들어서 사람이 아닌 동물 단체에 정기적인 기부를 한다든가, 외국의 굶는 어린이보다는 국내의 결식 아동에게 기부를 하는 것처럼 보수적인 형태의 나눔과 기부를 하는 경우가 많다.

(6) 배우자, 재물 및 직업 분석

남자는 일지 도화가 있어 유흥을 즐기고, 술, 담배 등 기호식품을 즐기는 경향이 있다.

여자는 자식에게 집착하는 경향이 있고, 배우자 연은 좋다고 보기는 어렵다. 일주만을 봤을 때 배우자 연과 덕이 좋지 않다는 것은 배우자를 선택할 때 다른 사람보다 더 신중하고, 좀 더 살펴서 선택해야 한다는 것을 말해 준다.

일주론을 쓰면서 일주에서의 배우자 연은 좋지 않은데, 나름대로 알콩달콩 잘 사는 부부의 이야기를 댓글로 듣게 되는데 바로 그런 까닭이다. 남녀 공통으로 본인 일주의 배우자 연이 좋지 않다면 더 신중하게 선택하며, 살아가면서 서로 노력하고 더 배려하면 슬기롭게 극복할 수 있을 것이다. 사주는 모든 것이 결정된 운명론이 아니라, 자유의지와 노력, 배려로 인해 어느 정도 개운할 수 있기 때문이다.

직업적으로는 연구 분야(식신의 성향), 의학, 제약 계통[유(酉)금의 성향], 교육 계통[기(己)토와 식신의 성향], 기타 칼 쓰는 직업[요리사, 횟집, 주류업, 조각가, 조경사-유(酉)금의 성향이다.

(7) 천간합극 및 형충회합파해 원진

- 천간합: 갑기합-토(甲己合土)-합하여 합화가 안 되는 경우가 대부분인데 지지에 토의 세력이 강하면(월지 포함-삼합, 방합의 경우) 합화가 되어 새로운 토가 나올 수 있다.
- 천간극: 천간에 을(乙)목이 기(己)토를 극한다. 기(己)토의 입장에서는 을(乙)목이 편관이기 때문이다. 생명을 키우기 위해서는 희생과 아픔이 따르기 마련이다. 기(己)토는 음간이므로 관인비를 잘 받아들이는 경향이 있다.

- 지지합: 진유(辰酉)합(육합), 삼합-사유축[巳酉丑, 용(用)-금(金)의 운동], 방합-신유술[申酉戌, 체(體)-금(金)의 운동]
- 지지충: 묘유(卯酉)충, 원진: 인유(寅酉)원진(원진이 강하다), 자형: 유유(酉酉)형
- 지지파: 자유(子酉)파 - 지지해: 유술(酉戌)해

(8) 신축년(2021년) 포함 4년의 운세 팁(Tip)-사주의 핵심은 운을 보는 것이다

기유(己酉) 일주의 기(己)토 일간은 신축(辛丑)년(2021년)에 축(丑)토에서 새 12운성으로 쇠지(衰地)의 모습이 된다.

쇠지이니 여전히 힘이 있고 노련하며, 매사를 능숙하게 처리하고 조정하지만, 행동력은 떨어지는데 생각보다는 행동이 앞서는 것은 관대(冠帶)의 시기와 서로 비교가 된다.

천간으로 들어오는 신(辛)금은 기(己)토 일간에게 식신이 된다. 지지로 들어오는 축(丑)토는 기(己)토 일간에게 비견이 되는데, 천간에는 식신이, 지지에는 비견이 들어오니 일간이 강해지고, 느긋함과 여유로움이 생긴다. 천간의 을(乙)목, 지지의 묘(卯)목의 편관이 있는 사주라면 건강 쪽이 좋아진다. 식상은 내가 좋아하고 하고 싶은 일을 하니 기분이 좋아지고, 피의 순환이 원활해짐을 의미한다.

기(己)토 일간은 2022년에 병지, 2023년에 사지, 2024년에 고지(묘지)의 모습으로

점차 하강 운으로 가고 있다. 물론 세운의 상승과 하강은 대운이라는 기준 안에서 살펴야 한다.

기(己)토는 음간으로 실내에서, 드러나지 않는 모습으로 응축 하강하면서 쓰면 좋다. 병사묘의 시기엔 정신적인 활동이 강화되니 전문 지식과 기술 단련, 자격증 취득, 학업, 독서, 여행 등으로 보내면 좋다.

대기업들도 일정 시기가 지나면 직원들을 재교육한다. 일하면 이내 비워지고, 비워지면 다시 재교육으로 채워야 오래 간다는 것을 그간의 경험으로 알고 있기 때문이다.

47) 새로운 경술(庚戌) 일주 분석

(1) 자연물상/동물상

경술(庚戌) 일주는 산속에서 캐어낸 철광석의 물상이고, 경(庚)금은 흰색, 술(戌) 토는 개를 뜻하니 백구(白狗)이다.

술(戌)토는 가을에서 겨울로 바뀌는 환절기이고, 경(庚)금은 초가을의 과실을 뜻하니, 봄, 여름에 고생하여 가꾸고 기른 결실을 늦가을에 수확하는 물상이다.

『명리탐원』에서는 경(庚)금을 매에 비유했는데, 매는 목표물을 정하면 집중하고, 목표 달성을 위해서 한길로 매진하는 고도의 집중력과 결단력을 발휘한다. 매사에 민첩하고 카리스마가 넘친다. 한번 목표로 정한 일은 정면돌파를 하며 반드시 해내는 단호함과 냉철함을 가지고 있다. 때로는 남의 말을 듣지 않고 바위처럼 소신을 내세우니 타인들이 혀를 내두르기도 한다.

(2) 일간일지의 음양오행 및 관계

일간 경(庚)금은 여름의 열기를 숙살지기로 제압하여 음 운동으로 이끄는 역할을 하고 있다.

곡식을 수확하는 가을이며, 무쇠나 가공되지 않은 원석에 해당하니 사람이 우직하고 잔머리를 굴리지 않는다. 강직하고, 의리 있고, 순박하며, 결단력이 강하고, 인정이 많다. 만물을 수축시키고 성장을 강제적으로 억제하고 변화시키니, 죽이고 살리는 무관 직업이 잘 어울린다. 조직과 윗사람에 대한 충성심과 동료애가 강하며, 공(公)과 사(私)가 분명하고, 원리원칙을 잘 지킨다. 통솔력, 결단력, 소신, 의협심이 강한데 지나치면 고집불통이 되기도 한다. 조직 내에서 2인자가 적합하니 참모 역할을 잘하며, 기억력이 남다른데 이는 참모와 비서로서 1인자를 보필하기 위한 진화의 결과물이기도 하다. 『적천수』에서는 경(庚)금은 살기(殺氣)를 띠며 강하기로는 최고라고 하고, 수(水)를 얻으면 맑아지고[임(壬)수], 화[火, 정(丁)화]를 얻으면 예리해진다고 표현했다.

(3) 일간 기준 십신 관계–편인의 개그맨이 많은 이유

일지 술(戌)토는 십신으로 편인이라고 할 수 있다. 편인도 10개의 편인이 있으며, 진(辰)토도 십신 구분상으로는 역시 편인이다. 편인의 가장 큰 특징은 의심이다. 정인이 정보를 잘 수용하는 것이 특징이라면, 편인은 의심한다. 생각과 의심이 꼬리에 꼬리를 무는 것은 편인의 숙명과도 같은 것인데 음양의 모습으로 단점이나 장점으로 작용할 수도 있다. 의심이 많으니 눈치가 빠르고 음양이 한쪽으로 치우쳐져 있어 외골수의 기질이 있는데, 제화되지 않으면 지나친 이기주의와 내로남불로 타인과 불화를 경험하며, 외롭고 고독해질 수 있으니 종교와 인연을 갖는 경우가 많다.

정인보다는 편인 쪽이 예술적 재능이 많고, 유머와 재치 및 순발력이 좋은 경우가 많다.

개그맨 중에 편인격을 쓰는 경우가 있는데, 다들 알다시피 개그의 대본을 만들려면 머리가 상당히 좋아야 하고, 대중과의 교감이 필요하다. 자아를 이탈시켜서 자신을 객관화시키는 것을 잘하는데, 그러한 모습들이 시청자들의 사랑을 받는다. 예를 들면 봉숭아 학당의 이창훈 씨가 연기한 '맹구', 심형래 씨가 연기한 '영구' 등이다. 이는 잘 제화되는 케이스이고 그렇지 않으면 자기중심적인 사고방식과 얌체 같은 행동으로 주변의 비난을 받기 쉽고, 말과 행동이 따로 놀며, 내로남불하는 경향이 생겨서 조직을 와해하는 데 큰 몫을 하기도 한다. 기본적으로 실수하지 않으려고 하고, 손해 보지 않으려 하며, 책임지지 않으려는 경향이 강하다.

(4) 새 12운성과 새 12신살[체(體)와 용(用)]

경술(庚戌) 일주는 새 12운성으로 쇠지(衰地)에 해당하는데 양간이니 예전의 12운성 포태법도 쇠지(衰地)로 같다. 쇠지는 일단 노련하다. 산전, 수전을 다 겪은 백전노장이기 때문이다. 제왕 시절보다 힘과 권위는 떨어졌지만, 더 노련해지고, 뻣뻣했던 제왕 시절보다 더 유연해지게 된다. 참을성이 많아지게 되고, 노인의 마음으로 인정 및 동정심도 많으나, 실제로 행동하지는 않는다. 사업을 하는 경우 제왕의 시기는 매출도 높지만, 그에 대한 투자도 많다면 쇠지의 시기가 되면 매출은 제왕의 시기보다 줄지만, 그에 대한 투자나 마케팅 비용이 줄어들어 제왕의 시절보다 실속이 있게 된다.

새 12신살로 술(戌)토는 인오술(寅午戌) 삼합 기준으로 화개살이 된다. 화개살은 진술축미의 고지 글자이므로 저장, 보관, 축적을 잘하는데, 꼭 돈이나 물건만이 아니라 지식, 정보, 기술 등의 축적등도 해당된다. 사회적인 활동을 의미하는 지장간 중기의 글자가 3일에 불과하므로, 말기인 18일의 체를 쓰면서 살아가는 게 현명하다. 가수는 자신이 발표한 노래의 음원료를, 화가는 젊은 시절 왕성하게 그려낸 작품의 판매 금액을, 작가는 저술한 책의 인세를, 건물주나 자본가는 자신이 투자한 자본의 임대료 수입이나 사용료를 받는 모습에 해당되니, 지지에 진술축미가 많은 사람은 이러한 모습으로 살아가는 것이 노후에 유리하다. 사회적 활동을 의미하는 지장간 중기가 3일로 짧기 때문이다.

7. 육십갑자(六十甲子) 일주 분석- 새로운 육십갑자 일주론을 시작하며

신살로 술(戌)토는 홍염살이며 괴강살이다. 여자의 경우 여장부의 기질이 있고, 집안의 가장 역할을 하는 경우가 많다. 목표한 바를 반드시 이루려고 하는 추진력과 행동력이 있으며, 한번 붙으면 반드시 끝장을 보려 하고, 다소 괴팍한 구석도 있다. 최상과 최하를 오고가니 삶에 기복이 있는 편이며, 남자는 처덕이 있으나 홍염살의 영향으로 바람둥이 기질이 있다. 홍염은 천간지지의 글자로 구성되니 도화와 달리 자신의 의지가 동반된다.

'술(戌, 11)-경(庚, 7)=4'이 되는데 양의 수이니 그대로 4가 된다.

3, 4가 짝을 이루는데 인묘(寅卯)가 되니 경술(庚戌) 일주의 공망은 인묘(寅卯)가 된다.

(5) 새 지장간 분석-일간의 라이프 스타일 분석

경술(庚戌) 일주 술(戌)토의 지장간은 신(辛)-겁재, 정(丁)-정관, 무(戊)-편인을 가지고 있는데 천간이 머무는 시간은 한 달을 기준으로 겁재(9일), 정관(3일), 편인(18일)이 된다. 편인이 겁재를 생하니 겁재의 성향이 나오고, 겁재가 정관의 통제를 받고 있어, 여자의 경우 용모가 아름답고 총명하다.

일지는 명주의 사생활과 라이프 스타일을 보여 주는데, 편인의 환경에서 정관의 활동을 하고 있다.

무(戊)토 편인이니 스케일이 작지 않은데 중기에 정관을 가지고 있으니 편인이 정인적인 성향을 가지게 되어 적당히 눈치를 보고, 본인의 이익을 챙기는 것도 적당히 한다. 인정도 많고 의리를 중시한다.

(6) 배우자, 재물 및 직업 분석

배우자 연은 괴강살이라 남녀 공통으로 원만하지는 못하다. 남자는 아내 복이 있지만 홍염살로 인해 바람둥이 기질을 가지고 있다. 여자의 경우는 사회적으로 성공할 수 있지만, 남편이 경제적으로 무능하여 가계를 책임지는 경우가 많다. 술(戌)토는 병(丙)화의 입묘지라서 편관의 남편을 자신의 영역에 가두는 모습이기도 하다. 직업적으로는 경(庚)금과 괴강살의 성향으로 금융, 재정, 칼을 쓰는 직업, 군인, 검찰, 경찰이 유망하며, 편인의 성향으로 문화, 교육, 의료, 법률, 특수 기술이 좋고, 술(戌)토 천문의 영향으로 활인업, 안전, 시스템보안, 경비 분야와도 인연이 있다.

(7) 천간합극 및 형충회합파해 원진

- 천간합: 을경합-금(乙庚合金)-합하여 합화가 안 되는 경우가 대부분인데 지지에 금의 세력이 강하면(월지 포함-삼합, 방합의 경우) 합화가 되어 새로운 금이 생길 수 있다.
- 천간극: 천간의 병(丙)화가 경(庚)금을 극한다. 경(庚)금의 입장에서는 병(丙)화가 편관이 되기 때문이다. 천간에는 오행 운동을 하므로 생극제화로 움직이는데, 생(生)이 좋고 극(剋)이 나쁘다는 이분법적인 논리는 맞지 않는다. 학생들에게 잘한 일에는 칭찬과 상장이, 잘못한 행동에는 꾸중과 벌칙이 따르듯이 생극이 균형 있게 주어졌을 때 한쪽으로 치우치지 않고 잘 성장하게 된다.

- 지지합: 묘술(卯戌)합(육합), 삼합-인오술[寅午戌, 용(用)-화(火)의 운동], 방합-신유술[申酉戌, 체(體)-금(金)의 운동]
- 지지충: 진술(辰戌)충, 원진: 사술(巳戌)원진(원진이 약한 편이다), 삼형: 축술미(丑戌未)
- 지지파: 술미(戌未)파 - 지지해: 유술(酉戌)해

(8) 신축년(2021년) 포함 4년의 운세 팁(Tip)-사주의 핵심은 운을 보는 것이다

경술(庚戌) 일주의 경(庚)금 일간은 신축(辛丑)년(2021년)에 축(丑)토에서 새 12운성으로 고지(庫地) 또는 묘지(墓地)가 된다. 고지(묘지)는 창고처럼, 묘지처럼 작은 공간에 있으라는 자연의 신호와 같다. 재충전의 모습으로 보면 쉽게 이해가 되는데, 사람도, 휴대폰도 쓰고 나면 재충전해야 방전이 되지 않는다.

천간으로 들어오는 신(辛)금은 경(庚)금 일간에게 겁재가 된다. 운으로 겁재가 들어오니 호승심, 경쟁심, 욕심 등이 강해지게 되지만, 일간이 입고되는 해이니 일반적인 경쟁과 욕심은 불리한 모습이다.

무리한 투자나, 과도한 경쟁 및 타인과 대립은 피하는 게 좋다. 겁재인 신(辛)금은 관대이니 경쟁에서 유리함이 적다. 지지로 들어오는 축(丑)토는 경(庚)금 일간에 게 정인이 된다. 고지(묘지)이기도 하니 공부하기 좋은 시기이다. 일지의 술(戌)토 편인과 만나 축술(丑戌)형을 구성하는데, 인성혼잡의 모습으로 나오니 선택과 판단 에 어려움이 있고 이전에 진행하고 결정했던 일들의 변경, 수정, 조정이 있는 모습 이며, 건강의 문제로 치료, 수술 등이 있을 수 있다.

경(庚)금 일간은 2022년에 절지, 2023년에 태지, 2024년에 양지의 모습으로 하강 운의 시기가 된다.

절태양의 시기는 재충전의 시기이며 수성의 시기인데 보이지 않는다는 것을 의 미하니, 타지 근무, 해외 연수, 유학, 군대, 자격증 공부 등을 하면서 보내면 유익할 것이다. 공성의 시기와 수성의 시기를 지키면 삶이 무탈하다.

48) 새로운 신해(辛亥) 일주 분석

(1) 자연물상/동물상

신해(辛亥) 일주는 물에 씻겨 내린 보석이니, 흔히 물방울 다이아몬드라고 부른 다. 깔끔하고 청초한데 보석인 신(辛)금이 해(亥)수를 만나니 '금수쌍청(金水雙淸)'이 라고 한다. 금과 수가 만나서 서로 빛나고 있다는 뜻이고, 물로 보석의 티끌과 먼지를 씻어내어 더욱 빛난나고 하여 '노세주옥(淘洗珠玉)'이라고도 한다. 여자의 경우 피부가 곱고 희며, 미모가 뛰어난 경우가 많고, 머리가 좋다. 연예인 중에는 이미연, 이연희, 배두나 씨가 있다. 예술, 문학 방면에 재능이 있으며, 언변이 뛰어나고, 정세 판단력이 탁월해, 일 처리가 간결하면서, 맺고 끊음이 확실하다. 환경 변화에 잘 적응하고, 다정다감하지만, 바다[해(亥)수]의 상황이 수시로 바뀌듯이 감정 기복도 심한 편이다. 재주가 뛰어나고 고고한 경향이 있으나, 남을 은근히 무시하는 성향으로 인해 종종 타인과의 불화를 경험하기도 한다. 『명리탐원』에서는 신(辛)금을 화려하고 뽐내기를 좋아하는 꿩에 비유했다.

(2) 일간일지의 음양오행 및 관계

일간 신(辛)금은 보석이니 뽐내기를 좋아하고, 섬세하고, 깔끔하며, 냉철하다. 샤프하며, 멋을 부릴 줄 알고, 여자의 경우 공주병의 성향도 가지고 있다. 장식과 화려함을 좋아한다. 그러나 늦가을이라 우수에 잠기고 쓸쓸함도 있지만, 차가운 서릿발로 한없이 좋다가도 틀어지면 단칼에 잘라버리는 결단력과 호불호가 있다. 경(庚)금이 풋과일이라면, 신(辛)금은 잘 익은 과일이라 가지에서 분리되어 하나의 상품으로 나가야 하니, 분리와 단절의 의미가 있다. 차가운 기운이며 매사에 사리가 분명하고 끊고 맺음이 분명한데 대단히 현실적인 사람이며, 이미 완성된 금속이라 겁이 없는데, 일지 상관이라 겁 없고 잘난 척하는 상관 기질과 어우러져 행동하니, 주변에 보이지 않는 적을 많이 만드는 경향이 생긴다.

(3) 일간 기준 십신 관계-금수상관은 수기(秀氣)가 빼어나다

일지 해(亥)수는 십신으로 상관이라고 할 수 있다. 상관은 금수상관과 목화상관이 뛰어난데, 순발력, 행동력 면에서는 목화상관이 낫고 분석력, 통찰력은 금수상관이 낫다. 이는 음양의 차이점으로 생각하면 된다. 상관은 내가 생하는 것으로 음양이 다른 것이다. 식신이 내 안의 의식적인 것을 표출한다면, 상관은 무의식적인 것을 꺼내는 것이고, 음양이 서로 다르니 실로 아이디어 뱅크라고 할 수 있다.

신해(辛亥)는 상관이 특히 강하고 잘 발달해 있는데, 그것은 상관인 임(壬)수가 해(亥)수에서 새 12운성으로 건록이 되기 때문이다. 단순히 일간의 입장에서만 보는 것이 아니라, 다른 십신의 위치나 지장간의 글자가 해당 지지에서 새 12운성으로 어떤 모습인지를 살펴보는 것이 사주간명에 큰 도움이 된다.

창의력, 응용력, 적응력이 뛰어나며, 배짱과 승부욕이 차고 넘친다. 오지랖이 있고, 잘난 체를 하며, 변덕이 심하다. 나(일간)와 같은 오행이지만 음양이 다른 겁재에게 상관은 식신이 된다. 상관은 겁재의 마음을 대변해 주는데, 각 정당과 조직의 대변인 중에 상관을 쓰는 사람이 많은 것은 그런 까닭이다. 남에게 잘 베풀지만 베푼 것을 티 내거나 자랑하므로 베풀고도 좋은 소리를 못 듣는 경우가 많다. 앞서도 말했지만, 상관은 항상 구설수를 조심해야 하는데, 편관은 극도의 자기 절제 및 엄격함과 그 엄격함을 타인에게도 강요하니 구설수에 오르고, 상관은 경거망동과 좌충우돌 및 오지랖으로 인해 구설수에 오르는 경우가 많다. 편관은 예의와 체면을 중시하므로 구설수에 오르면 고민하고 힘들어하지만, 상관은 별로 신경 쓰지 않는다.

(4) 새 12운성과 새 12신살[체(體)와 용(用)]

신해(辛亥) 일주는 새 12운성으로 장생(長生)에 해당하는데 예전의 12운성 포태법은 목욕(沐浴)이었다.

배 속에서 자라나는 아이가 태어나니 본인뿐만 아니라 주변의 환경을 변화시킨다.

양지도 그렇지만 장생도 아직은 힘이 약하여 독자적으로 무언가를 하기에는 부족하니 나를 보호해 주고 후원해 줄 조력자가 필요한 시기이다. 기획력, 아이디어가 뛰어나며 사람이 순하고 어질다. 새롭게 시작하고자 하는 마음이 강하나, 아직 세상의 물정을 잘 모르니 남에게 속기 쉽다.

새 12신살로 해(亥)수는 해묘미(亥卯未) 삼합 기준으로 지살이 되는데, 장생과 지살은 새로운 시작, 새로운 출발, 새로운 변화를 의미하고 그 변화는 긍정적인 측면을 의미한다. 그러한 활동 속에서 움직임이 많다는 것을 알려준다. 신살로 여자는 신해(辛亥)가 고란살이니 남편과의 인연이 원만치 않다. 자식을 낳으면 남편과의 사이가 더 안 좋아지는 경우(득자별부)가 있는 일주이니, 남편은 반드시 육아와 가사를 같이 나누어서 해야 하고, 독박 육아나 산후우울증이 안 생기게 협력해야 한다. 여자는 직장 생활이나 사회생활을 지속하는 것이 오히려 부부 생활에 유리한다.

'해(亥, 12)-신(辛, 8)=4'가 되는데 양의 수이니 그대로 4가 된다.

3, 4가 짝을 이루는데 인묘(寅卯)가 되니 신해(辛亥) 일주의 공망은 인묘(寅卯)가 된다.

(5) 새 지장간 분석-일간의 라이프 스타일 분석

신해(辛亥) 일주 해(亥)수의 지장간은 무(戊)-정인, 갑(甲)-정재, 임(壬)-상관을 가지고 있는데 천간이 머문 시간은 한 달을 기준으로 정인(7일), 정재(7일), 상관(16일)이 된다. 신(辛)금은 음간이니 인성의 조력을 반기는데, 해(亥)수에서 정재 갑(甲)목 역시 장생으로 첫선을 보이고 있고, 임(壬)수 상관이 갑(甲)목 정재를 생해 주는 상관생재의 모습으로 나타난다. 일지는 명주의 사생활과 라이프 스타일을 보여 주는데, 상관의 환경에서 정재의 활동을 하고 있다. 상관은 나의 표현이고, 재능이며, 능력인데 임(壬)수 상관은 깊은 물이고 지혜이니, 지혜롭고 깊은 사고를 통해서 정재(결과물)를 만들어 내고 있다. 새로운 아이디어[갑(甲)목]가 항상 끊임없이 생겨나는 모습이다.

(6) 배우자, 재물 및 직업 분석

배우자 연은 앞서 말한 것처럼 여자의 경우는 좋은 편이 못 된다. 여자의 경우 배우자를 무시하지 않고, 있는 그대로의 모습을 받아들이려는 자세가 필요하다. 상관의 성향으로 자꾸 뜯어고치고 바꾸려는 경향이 강한데, 이것은 배우자에게 부담과 거부감으로 다가올 수 있기 때문이다. 고쳐 쓸 남자보다는 어느 정도 완성된 남자, 존경할 부분이 있는 남자를 만나면 좋다. 미모의 신해(辛亥) 일주의 아내를 둔 남편들은 출산 후 가사와 육아의 절반을 기쁜 마음으로 담당하려는 자세가 필요하다. 여자는 꾸준히 직장 생활 및 사회생활을 하면 좋으며, 사회에서 성공할 가능성이 높으니 경제력의 분담으로 부부 사이가 좋아질 수 있다. 즉, 집에만 있으면 안 된다는 뜻이다.

직업적으로는 해(亥)는 천문이니 철학, 종교, 활인업과 인연이 있다. 역마성 직업도 괜찮고, 상관이니 언론, 교육(강의), 방송 쪽도 유망하다. 상관의 재능을 꽃피울 수 있는 직업에서 성공한다.

상관은 변덕이 심하니 성공을 위해서는 참고 한 우물을 파고 들어가려는 자세가 필요하다. 지속해서 활동하는 분야보다는 프로젝트처럼 단기간에 승부를 거는 직업 쪽에서 잘 맞는다.

(7) 천간합극 및 형충회합파해 원진

- 천간합: 병신합-수(丙辛合水)-합하여 합화가 안 되는 경우가 대부분인데 지지에 수의 세력이 강하면(월지 포함-삼합, 방합의 경우) 합화가 되어 새로운 수가 나올 수 있다.
- 천간극: 천간의 정(丁)화가 신(辛)금을 극한다. 신(辛)금의 기준에서 정(丁)화가 편관이니 일간을 심하게 극하는 모습이다. 신(辛)금은 제련이 필요 없는 완성체이므로, 정(丁)화의 제련은 신(辛)금을 흐물흐물 녹게 만들 수 있으니 좋지 않다.

- 지지합: 인해(寅亥)합(육합), 삼합-해묘미[亥卯未, 용(用)-목(木)의 운동], 방합-해자축 [亥子丑, 체(體)-수(水)의 운동]
- 지지충: 사해(巳亥)충, 원진: 진해(辰亥)원진(원진이 강한 편이다), 자형: 해해(亥亥)형
- 지지파: 인해(寅亥)파 - 지지해: 신해(申亥)해

(8) 신축년(2021년) 포함 4년의 운세 팁(Tip)-사주의 핵심은 운을 보는 것이다

신해(辛亥) 일주의 신(辛)금 일간은 신축(辛丑)년(2021년)에 축(丑)토에서 새 12운성으로 관대(冠帶)로 힘 있는 모습이다.

관대는 이제 막 사회에 진출한 신입사원의 모습과 비슷하다. 힘은 있지만 뻣뻣하고 노련하지 못하니 생각보다 행동이 앞서 일을 그르치는 경우가 많으니 과욕은 금물이다.

천간으로 들어오는 신(辛)금은 신(辛)금 일간에게 비견이 된다. 운으로 비견이 들어오니 일간이 강해지게 된다. 비견은 나와 협력하고 지원해 주는 동료의 모습이고 나의 생각, 의지, 고집의 모습이기도 한데, 축(丑)토에서 관대의 모습이니 어깨

에 더욱 힘이 들어가게 된다. 지지로 들어오는 축(丑)토는 신(辛)금 일간에게 편인이 된다. 일지 해(亥)수 상관과 만나서 지지에서 상관패인의 모습이 된다. 정인의 상관패인은 행동하기 전에 근거와 합리성을 생각한다면, 편인의 상관패인은 행동 후 근거와 합리성을 내세운다.

신(辛)금 일간은 2022년에 건록, 2023년에 제왕, 2024년에 쇠지의 모습으로 맹활약하는 시기이다.

물론 세운의 상승과 하강은 대운이라는 기준 안에서 살펴야 한다.

음간인 신(辛)금은 안에서, 실내에서, 드러나지 않게 상승 확산하는 활동을 하는 것이 좋다. 음이란 보이지 않는다는 것을 의미하기 때문이다. 인묘진(寅卯辰) 봄에는 드러난 갑(甲)목의 기운이 왕성하니 드러나지 않은 신(辛)금의 기운을 놓치기 쉽다. 갑(甲)목과 발맞추어 신(辛)금도 상승 확산하며 커진다. 단지 드러나지 않았을 뿐이다.

49) 새로운 임자(壬子) 일주 분석

(1) 자연물상/동물상

임자(壬子) 일주는 간여지동(干與支同)의 일주이다. 천간도 물이고, 지지도 물이니 사방이 물바다이고, 바다 위에 물결이 출렁거리는 형상이며, 수심을 알 수 없는 깊은 바다를 뜻한다. 간여지동으로 구성된 일주들은 대체로 자기주장 및 자존심이 강하고 고집도 센 편인데, 임자(壬子)일주도 그렇다. 노련하고 노회하게 타당한 논리를 내세우며 자신의 주장을 설득시키려고 한다.

깊은 수심으로 여간해서는 속내를 드러내지 않고, 수 기운답게 침착하고 치밀하게 일을 추진하고 대화를 주도하기 때문에 다른 일주들은 임자 일주를 상대하기가 여간 까다롭지 않다.

그래서 세간에 "너 임자 만났네."라고 쓰는 말의 임자가 임자(壬子)일주를 가리키는 것은 그러한 까닭이다.

자(子)수는 쥐를 뜻하니 강가에 있는 쥐이고, 야행성인 쥐가 한밤을 만나니 자기 세상이다. 번식력이 좋고 다산의 상징이며 도화의 기운이니, 남녀 공통으로 성적인 에너지가 넘친다. 사업보다는 직장 생활이 잘 어울리고 관리자로서 크게 성공할 수 있다.

(2) 일간일지의 음양오행 및 관계

일간 임(壬)수는 큰물이니 조용히 흐르며, 침착하고 과묵하다. 물은 다른 물과도 섞이니 융통성이 좋고, 타인과 시비를 벌이지 않는데, 방해물을 만나면 돌아가거나 넘어가니, 환경 적응력이 좋고 사교성이 좋지만, 깊은 물이니 속내를 알 수가 없다. 작은 물이 들어와도 합치니 포용력이 좋고, 음 중의 음이니 감추고 저장하며 압축하여 작게 만드는 일을 잘한다. 모임을 만들고 운영하는 것을 좋아하니 사교성도 있다. 목화토금을 거쳐온 수(水)이므로 오랜 삶을 살아온 노인이니 생각이 많고 지혜가 있다.

고요하게 정지되어 있는 물이니, 휴식이고, 어둠이고, 정적이며, 죽음을 상징하기도 한다.

(3) 일간 기준 십신 관계-내 안의 도플갱어 '양인'

임자(壬子)의 일지 자(子)수는 양인(陽刃)이라고 할 수 있는데, 양인도 음양과 오행에 따라 10가지가 된다.

양인의 속성은 담대하고, 능수능란하며, 카리스마 넘치는 강한 추진력을 보여 주는데, 자기중심적인 사고방식을 가시고 있으며 힘이 넘치니, 자신감이 충만해 있다. 임자(壬子), 경신(庚申), 갑인(甲寅)처럼 간여지동의 일주를 가진 사람은 일찍 집에서 나와 독립하는 경우가 많다. 부모의 간섭을 귀찮아하므로 대체로 부모와의 관계가 부드럽지 못한 경우가 많다. 겁재가 재성을 겁탈하는데, 양인은 그 정도가 더 강한 편이다. 흔히 4흉신 이라고 말하는 편관, 상관, 양인, 편인 중에 제화가 안 되었을 때, 가장 폐단이 심하게 드러나는 것이 양인이 된다. 주체할 수 없이 강한 힘을 가지고 있기 때문에, 제어가 되지 않는다면 재앙으로 다가올 수 있기 때문이다. 본인의 노력도 중요하겠지만, 사주의 구성도 중요하다. 사주 내에 편관이 있어서 양인대살 하는 것이 최고의 구성이 된다. 양인의 장점인 독립심, 카리스마, 강한 추진력, 과감성, 결단력 등이 제대로 발현될 수 있는 현실과 무대가 중요한데, 난세에는 영웅이 활약하지만, 평화 시대에는 슈퍼 히어로가 필요가 없는 것으로 이해하면 좋겠다.

(4) 새 12운성과 새 12신살[체(體)와 용(用)]

임자(壬子) 일주는 새 12운성으로 제왕(帝旺)에 해당하는데 양간이니 예전의 12운성 포태법도 제왕(帝旺)으로 같다. 무인(戊寅) 일주가 크고 넓은 산에 만물을 포용하는 형상이라면, 임자(壬子) 일주는 크고 넓은 바다를 포용하고 있는 형상이다. 도량이 넓고 인정은 있으나 인덕이 부족하다.

김기림의 시 <바다와 나비>에서 "아무도 그에게 수심(水深)을 일러준 일이 없기에 흰 나비는 도무지 바다가 무섭지 않다"라고 했는데 임자(壬子) 일주를 처음 접했을 때 그 구절이 생각났다. 매사에 경쟁과 투쟁을 통하여 성취를 이루고 일을 추진해가는 성향으로 주위 사람들과 트러블이 생길 수 있지만, 서로 잘 섞이고 노회하게 처리하기도 한다. 부모 형제의 덕을 기대하기 어렵고, 자수성가하는 스타일이다.

새 12신살로 자(子)수는 신자진(申子辰) 삼합 기준으로 장성살이 된다. 제왕처럼 굳건하고 강인하게 전체를 두루 살피면서 부드러운 카리스마로 조직을 이끌어가는 능력이고, 체로도 장성살이니 그러한 지도력과 힘을 가지고 있다. 신살로는 도화살과 홍염살을 가지고 있으니 남녀 공통으로 이성 문제를 경험할 수 있다. 여자의 경우가 더욱 그러한데, 음기가 강하기 때문이다. 반대로 남자의 경우는 양기가 강할 때 그러하다. 강한 양기를 설기하려 하니 다양한 애정사를 경험할 수 있겠다.

'자(子, 1)-임(壬, 9)=-8'이 되는데 음의 수이니 12를 더하면 4가 된다.

3, 4가 짝을 이루는데 인묘(寅卯)가 되니 임자(壬子) 일주의 공망은 인묘(寅卯)가 된다.

(5) 새 지장간 분석-일간의 라이프 스타일 분석

임자(壬子) 일주 자(子)수의 지장간은 임(壬)-비견, 계(癸)-겁재, 계(癸)-겁재를 가지고 있는데 천간이 머무는 시간은 한 달을 기준으로 비견(10일), 겁재(10일), 겁재(10일)가 된다. 지장간이 비견과 겁재로 구성되어 있는데. 일찍 독립하여 자신의 일가를 이루는 경우가 많다. 일지는 명주의 사생활과 라이프 스타일을 보여 주는데, 겁재의 환경에서 겁재, 비견의 활동을 하고 있다. 임(壬)수는 정신적 영역이 극대화되는 구간이니 두뇌 싸움을 즐긴다. 수 기운의 겁재이니, 지적인 영역에서 경쟁을 즐기고, 지는 것에 자존심을 상한다.

항상 자신만만하며 늘 대세를 읽고 있다고 생각한다. 온라인 MMORPG(다중 접속 역할 분담 게임)를 하면서 맹주로 뛸 수도 있겠다.

(6) 배우자, 재물 및 직업 분석

배우자 연은 간여지동의 일주들이 대체로 그렇듯이 좋은 편은 못 된다.

임자(壬子), 경신(庚申), 무진(戊辰), 갑인(甲寅) 등의 양간의 간여지동 일주들은 특히, 배우자의 의견을 잘 들어주고 자신의 주장을 낮추는 노력이 필요하다. 임자(壬子) 일주는 수 기운이 강하므로 트러블이 생겨도 냉전(冷戰) 상태가 되니, 먼저 손을 내미는 것이 중요하다. 그렇게 하는 게 싫다면 혼자 사는 것도 좋을 것이다. 괜히 결혼하여 남의 귀한 딸이나 아들을 고생시킬 수 있기 때문이다. 직업적으로는 앞서 말한 것처럼 조직이나 직장에서 크게 성공할 수 있다. 사업 쪽은 양인의 겁재 현상으로 기복이 심하므로 쉽지 않으니 대기업이나 관공서와 연계하여 하면 무난하다. 무관(武官) 직업이나 물과 관련된 직업, 삭게 집약된 반도체, 생명을 탄생시키는 유전자, 생명공학, 휴식을 의미하는 숙박업이나 유흥 쪽, 즉 밤과 관련된 업종과 인연이 깊다.

(7) 천간합극 및 형충회합파해 원진

- 천간합: 정임합-목(丁壬合木)-합하여 합화가 안 되는 경우가 대부분인데 지지에 목의 세력이 강하면(월지 포함-삼합, 방합의 경우) 합화가 되어 새로운 목이 나올 수 있다.
- 천간극: 천간에 무(戊)토가 임(壬)수를 극한다. 임(壬)수의 입장에서는 무(戊)토가 편관이 되기 때문이다. 둘 다 양간의 글자이니 스케일이 큰데, 서로 먼 거리의 글자이니 생각의 폭이 넓다.
- 지지합: 자축(子丑)합(육합), 삼합-신자진[申子辰, 용(用)-수(水)의 운동], 방합-해자축[亥子丑, 체(體)-수(水)의 운동]
- 지지충: 자오(子午)충. 원진: 자미(子未)원진(오리지널 원진에 해당된다), 상형: 자묘(子卯)형
- 지지파: 자유(子酉)파 - 지지해: 자미(子未)해

(8) 신축년(2021년) 포함 4년의 운세 팁(Tip)-사주의 핵심은 운을 보는 것이다

임자(壬子) 일주의 임(壬)수 일간은 신축(辛丑)년(2021년)에 축(丑)토에서 새 12운성으로 쇠지(衰地)가 된다.

쇠지는 이제 막 정상에서 내려온 모습으로 여전히 힘이 있으며 노련미를 갖추고 있다. 드러난 양에서 활약하던 프로야구 선수가 쇠지에서 은퇴하여 음으로 드러나지 않는 코치나 감독으로 전환하는 것을 연상하시면 좋다.

천간으로 들어오는 신(辛)금은 임(壬)수 일간에게 정인이 된다. 편인이 불규칙하고 예상치 못한 것이라면, 정인은 규칙적이고 예상된 나의 권리, 명예, 명성, 승진, 합격을 의미하니 직장인이라면 승진이나 합격 등에 유리하다. 임(壬)수와 신(辛)금은 서로 좋은 모습이 된다. 지지로 들어오는 축(丑)토는 임(壬)수 일간에게 정관이 된다. 일지의 자(子)수 겁재와 자축(子丑)합의 모습인데 정관 운이 들어와 겁재와

7. 육십갑자(六十甲子) 일주 분석- 새로운 육십갑자 일주론을 시작하며

합을 하니 성질을 죽이고 업무에 따르는 모습이다. 운은 군왕과 같으니 주도권은 정관 축(丑)토에게 있기 때문이다.

임(壬)수 일간은 2022년에 병지, 2023년에 사지, 2024년에 고지(묘지)의 모습으로 점차 하강 운으로 가고 있다. 양 운동의 양간[갑(甲)목, 병(丙)화, 무(戊)토]은 힘이 강해지면 상승 확산하여 외형이 커지는 모습을 보여 주고, 음 운동의 양간[경(庚)금, 임(壬)수]는 힘이 강해지면 하강 응축하여 외형이 작고 단단해지는 모습을 보여주는데, 이 또한 음과 양의 관계이기 때문이다.

50) 새로운 계축(癸丑) 일주 분석

(1) 자연물상/동물상

계축(癸丑) 일주에서 계(癸)수를 『명리탐원』에서는 박쥐에 비유했다. 박쥐라니 무섭고 괴기하게 느껴지겠지만, 사실 박쥐는 벌레 등의 해충을 잡아먹고 사는 모성애가 강한 동물이다. 여린 성정이지만 사회성도 강한 편이다. 축(丑)은 소를 뜻하니 한겨울, 한밤중의 소의 물상이다. 한겨울의 소이니 그 쓰임이 있을 때까지 인내하고 기다려야 한다. 계(癸)수 역시 목을 생하고 목이 성장하는 봄을 기다려야 하니, 천간과 지지가 한마음 한뜻으로 봄을 기다리는 형상이다. 계(癸)수는 음수이고 축(丑)토도 음토라서 참을성 있고 인내심이 강해 마침내 성공하는 대기만성형 지도자의 풍모를 가지고 있다. 계(癸)수도 갑(甲)목을 생하기 위하여 희생하고, 축(丑)토는 인(寅)목을 생하기 위한 배양의 토로써 헌신하니, 교육, 종교, NGO 등에서 활약하는 경우가 많다.

(2) 일간일지의 음양오행 및 관계

일간 계(癸)수를 『삼명통회』에서는 봄비로 표현했다. 흔히 임(壬)수는 강물이나 저수지처럼 고여 있는 물을 뜻하고, 계(癸)수는 흐르는 물을 뜻하는데. 생명을 키우는 깨끗한 생명수이고, 옹달샘이며, 흐르는 계곡물이니 수생목하는 작용을 잘한다. 모성애가 강한 식신적인 성향이 강하게 나오니 베푸는 성정이라 자식에게 목을 매는 경우가 많다. 계(癸)수는 맑은 물이라 다른 환경 요인에 의해서 탁해지기 쉬우니 마음이 여리고 눈물이 많다. 작은 물이니 재치도 있고, 유머러스하며, 명랑하고, 순발력도 좋으나, 잔머리를 굴리기도 한다. 깊은 침잠의 임(壬)수에서 한발 더 나아가 수생목하면서 새 생명을 키우니 활기가 넘친다. 생활력도 강하고, 어려운 환경도 잘 극복하며, 주변의 인맥과 환경을 잘 활용하는 편인데, 그로 인해 간혹 이기적이란 소리를 듣기도 하지만 밉상은 아니다. 한마디로 주변을 활기차게 만드는 분위기메이커의 모습이다.

(3) 일간 기준 십신 관계-편관, 세상의 평화를 지키는 힘

일지 축(丑)토는 편관에 해당한다고 할 수 있다. 편관의 특성상 엄격하고, 자기통제가 강하며, 사물을 예리하게 꿰뚫어보며, 자존심과 명예가 가치 판단의 기준이 된다. 정관과 편관이 비슷한 면이 있지만 가장 큰 차이점은 편관은 소위 '적당히'를 모른다는 것이다. 정관도 자존심과 명예를 중시하지만 남의 이목과 체면을 봐서 적당히 하며 일정 한도 안에서 책임을 지려 하지만, 편관은 자기가 맡은 한도를 넘어서 무한 책임을 진다.

사람을 구하기 위해서 다들 말려도 불길 속으로 뛰어드는 소방관분들이나 부하의 실수로 불발된 수류탄을 껴안고 산화한 강재구 소령, 세월호 참사 때 유해를

7. 육십갑자(六十甲子) 일주 분석- 새로운 육십갑자 일주론을 시작하며

건져내기 위해 수십 번 입수하다가 사망한 잠수사들, 코로나 시국에 불철주야로 방역에 힘쓰는 의료진과 방역 요원들이 그러하다. 세상은 상관들이 바꾸지만, 우리가 누리는 일상의 안정과 평화는 이런 편관들이 지켜준다.

(4) 새 12운성과 새 12신살[체(體)와 용(用)]

계축(癸丑) 일주는 새 12운성으로 양지(養地)에 해당하는데 예전의 12운성 포태법은 관대(冠帶)였다.

음간인 계(癸)수와 양간인 임(壬)수의 역할은 음과 양의 이치로 서로 반대가 되는데, 겨울에 임(壬)수가 맹활약할 때 계(癸)수는 쉬고 있다. 임(壬)수의 절정인 제왕의 시기에, 계(癸)수가 태지가 되고, 임(壬)수가 쇠지에 있을 때, 계(癸)수는 반대편의 양지가 된다. 곧 인(寅)월이 다가오면 장생으로 출생 신고를 하고 본격적인 활동을 시작하게 된다. 계(癸)수는 병(丙)화와 무(戊)토의 좋은 파트너로 드러나지 않는 모습으로 상승 확산한다.

새 12신살로 축(丑)토는 사유축(巳酉丑) 삼합 기준으로 화개살이 된다. 용(用)으로 양지이니 아직은 독립적으로 움직일 때가 아니다. 차분히 준비하고 실력을 키우면서 자신이 활약할 시기를 대비해야 한다. 좋은 선생이나 멘토의 도움이 절실히 필요하다. 체(體)로는 화개살이니 종교, 예술, 학문, 철학, 인문학 등의 정신적인 분야라면 가장 좋다. 또는 수집, 보관, 관리, 저장, 냉동 쪽의 분야도 차선책이 된다. 신살로는 암록(暗祿)이 있는데, 재덕이 좋고 보이지 않는 곳에서 타인의 도움이 있다는 뜻이다. 백호살에 해당하는데 천간지지가 음간의 백호이니 주변에 형충이 없다면 잘 드러나지 않는다.

'축(丑, 2)-계(癸, 10)=-8'이 되는데 음의 수이니 12를 더하면 4가 된다.

3, 4가 짝을 이루는데 인묘(寅卯)가 되니 계축(癸丑) 일주의 공망은 인묘(寅卯)가 된다.

(5) 새 지장간 분석-일간의 라이프 스타일 분석

계축(癸丑) 일주 축(丑)토 지장간은 계(癸)-비견, 신(辛)-편인, 기(己)-편관을 가지고 있는데 천간이 머문 시간은 한 달을 기준으로 비견(9일), 편인(3일), 편관(18일)이 된다. 음간은 관인비를 반기니 비견, 편인, 편관의 성향이 골고루 드러난다. 일지는 명주의 사생활과 라이프 스타일을 보여 주는데, 편관의 환경에서 편인의 활동을 하고 있다. 기(己)토가 편관이니 조정과 중재를 잘한다. 보수적인 성향이 강해 호불호도 강한 편인데, 지장간 중기가 신(辛)금으로 편인이니 학문과 문화, 예술 쪽에 관심이 많다. 일지에 정인과 편인을 두는 사람은 늦은 나이에도 공부를 하는 경우가 많고, 즐겁게 한다. 편관은 자기 절제와 관리를 잘하니 길고 오랜 시간 지속성을 가지고 진행하여 좋은 결실을 보는 경우가 많다.

(6) 배우자, 재물 및 직업 분석

배우자 연은 일지 편관이기도 하고 신살로 백호살이 있어서 다소 트러블이 생길 수 있다. 부담스러운 배우자일 수도 있지만, 병정(丙丁)화 조후가 맞추어지면 어느 정도 원만한 관계를 유지할 수 있다. 직업적으로는 편관이라서 무관 직업이나 화개살이라서 종교, 철학, 학예, 창고업, 냉동보관업, 전당포, 숙박업, 리싸이클링 사업, 중고 명품 취급업과 인연이 있다.

(7) 천간합극 및 형충회합파해 원진

- 천간합: 무계합-화(戊癸合火)-합하여 합화가 안 되는 경우가 대부분인데 지지에 화의 세력이 강하면(월지 포함-삼합, 방합의 경우) 합화가 되어 새로운 화가 나올 수 있다.
- 천간극: 천간의 기(己)토가 계(癸)수를 극한다. 계(癸)수의 입장에서는 기(己)토가 편관이기 때문이다. 음간과 음간의 만남이니 그 극함은 심하지 않다.

- 지지합: 자축(子丑)합(육합), 삼합-사유축[巳酉丑, 용(用)-금(金)의 운동], 방합-해자축[亥子丑, 체(體)-수(水)의 운동]
- 지지충: 축미(丑未)충, 원진: 축오(丑午)원진(원진이 약한 편이다), 삼형: 축술미(丑戌未)
- 지지파: 축진(丑辰)파 - 지지해: 축오(丑午)해

(8) 신축년(2021년) 포함 4년의 운세 팁(Tip)-사주의 핵심은 운을 보는 것이다

계축(癸丑) 일주의 계(癸)수 일간은 신축(辛丑)년(2021년)에 축(丑)토에서 새 12운성으로 양지(養地)가 된다. 장차 태어날 세상에 대한 희망과 기대감이 있지만 아직은 독립적인 활동이 어려운 시기이다. 10달을 다 채우고 나오는 것이 건강과 성장에 좋겠다.

천간으로 들어오는 신(辛)금은 계(癸)수 일간에게 편인이 된다. 직장 내의 승진, 시험에서의 합격, 부동산의 매매, 거래, 계약의 운이 있을 수 있는데, 정인이 예정된 것이라면, 편인은 예기치 않은 부동산 매매나 거래, 계약, 조건부 승진, 부정기 시험, 조건부 합격일 수 있다. 계획에 없던 시험이나 자격증을 취득하려는 모습으로 나타나기도 한다. 지지로 들어오는 축(丑)토는 계(癸)수 일간에게 편관이 된다. 일지 축(丑)토와 만나는데 축(丑)토 편관의 기운이 강해지게 된다. 승진, 명예, 업무가 중대되고, 책임감이 커지는 모습인데 이에 따라 스트레스도 커지는 모습이다.

계(癸)수 일간은 2022년에 장생, 2023년에 목욕, 2024년에 관대의 모습으로 상승운의 시기가 된다.

물론 세운의 흐름은 더 큰 환경인 대운의 흐름 속에서 살펴야 한다.

계(癸)수는 사오미(巳午未) 여름철에 병(丙)화, 무(戊)토와 더불어 록왕쇠로 맹활약하는 음간이다.

하지만 음간이니 드러나지 않은 모습으로 있어야 한다. 사주의 감명에는 정확한 원칙이 있어야 하는데 양간[갑(甲)목, 병(丙)화, 무(戊)토, 경(庚)금, 임(壬)수]은 밖에서 드러난 모습으로 활동하며, 음간[을(乙)목, 정(丁)화, 기(己)토, 신(辛)금, 계(癸)수]은 안에서, 드러나지 않은 모습으로 활동해야 한다. 안과 밖의 역할이 뒤바뀌면 오히려 록왕쇠의 시기가 더 힘들 수 있을 것이다.

51) 새로운 갑인(甲寅) 일주 분석

(1) 자연물상/동물상

갑인(甲寅) 일주는 천간과 지지가 같은 목으로 간여지동으로 구성되어 있다.

『삼명통회』에 따르면 갑(甲)목을 우레에 비유했다. 하늘에서 내리치는 천둥이니 대체로 목소리가 크고 시원시원한 스타일이 많다. 또한, 『계의신결』에서는 여우에 비유했는데, 수구초심(首丘初心)에서 보듯이 귀소본능이 강한 동물이다.

갑(甲)목도 나무고, 인(寅)목도 나무니 큰 산림이 펼쳐져 있는 형상이다. 자기주장이 강하고 자존심도 강한데 천간지지 모두 양간이라서 더욱 그렇다. 소신이 뚜렷하여 자기 뜻대로 밀어붙이니 타인과 트러블이 생길 수 있다. 화 기운을 보면 특히 좋고, 목의 기운이 많으니 경(庚)금이 있어서 가지치기를 해준다면 동량지목으로 크게 쓰일 수 있다. 시작을 잘하고 추진력도 좋으나 마무리가 약하니, 갑(甲)목 일간들은 무슨 일을 시작하면 포기하지 않고 마무리하는 자세가 필요하고, 갑(甲)목 일간의 자녀를 둔 부모는 그런 습관을 어릴 때부터 길러주면 좋다. 팔자도 무섭지만, 습관 역시 무섭기 때문이다.

(2) 일간일지의 음양오행 및 관계

갑인(甲寅)은 천간지지가 새롭게 시작하는 기운이니 새로운 사람을 만나고, 새로운 것을 배우고, 새로운 아이디어를 구상하는 것에 해당한다. 기획력과 추진력이 좋고, 위로 상승 확산하는 기운이니 지지의 힘을 받아서 거침이 없다. 소신과 자존심이 강하니 리더의 기질이 있고, 적극적이다. 남자 갑(甲)목 일간은 흙이 없으면 살 수 없으니 토(土, 재물과 여자)에 집착한다. 바람둥이 기질이 있지만, 아내에게 의지한다. 갑(甲)목은 양목이라, 이상을 추구하니 현실감이 부족하다. 갑(甲)목, 병(丙)화, 무(戊)토의 양간들은 밖의 활동은 잘하나 집에서는 잘 못하거나 안 하는 경우가 많으니 사회와 가정의 활동에 균형을 잡는 것이 중요하다. 가정과 직장 역시 음과 양의 모습이기 때문이다.

(3) 일간 기준 십신 관계-일주 간여지동(물상결합)의 의미는?

일지 인(寅)목은 비견으로 볼 수 있는데 비견도 10개의 비견이 존재한다. 천간의 갑(甲)목과 비슷한 인(寅)목이라 시작과 기획을 잘하고, 추진력이 엄청나다. 간여지동이라고 하기도 하고, 물상결합이라고도 하는데 엄청난 파워를 보여 준다. 천간은 마음이고 지지는 현실이라 간여지동(물상결합)이 되면 마음속의 생각이 현실에서 이루어지는 형태라서 매사에 자신감이 넘치게 된다. 뜻하는 바가 현실에서 된다는 것이 물상결합의 요체이다. 원명에서 재성이 물상결합되어 있으면 돈을 벌고 싶은 마음이 현실에서도 이루어져 큰돈을 벌게 되고, 인성이 물상결합되어 있으면 공무원 시험 등 큰 시험에 합격하거나 직장인인 경우 승진하며 승승장구하는 경우가 많다. 천간에는 재성이 있는데, 지지에 없으면 돈을 취하고 싶은 마음만 있고 현실에서 안 되는 경우이다. 그런데 대운으로 재성 운이 들어오면 뜻하는 바를 이룰 수 있으니 운에서 물상결합이 된다. 평소에 그런 마음으로 많이 노력했다면 대운으로 들어올 때 큰 결실을 얻을 수 있고, 상심하고 좌절하여 자포자기했다면 대운으로 들어올 때 작은 결실만을 얻을 뿐이다.

(4) 새 12운성과 새 12신살[체(體)와 용(用)]

갑인(甲寅) 일주는 새 12운성으로 건록(建祿)에 해당하는데 양간이니 예전의 12운성 포태법도 건록(建祿)으로 같다. 최고의 자리 제왕의 지위에 오르기 전에 검증과 통과의례로 인해 어려움을 경험하는데 선출직에 출마한 사람이 검증을 받거나, 장관이나 큰 기관의 수장이 되려는 사람이 경험하는 청문회 등이 그런 사례다.

새 12신살로 인(寅)목은 인오술(寅午戌) 삼합 기준으로 지살이 된다. 간여지동의 일주로 건록이고, 동물상으로는 인(寅)목이 호랑이인데 원래 호랑이는 큰 영역에서 활동하는 동물이다. 양간의 지살이니 주거및 이동이 많아서 객지 생활을 하는 경우가 많다. 신살로 갑인(甲寅)은 고란살에 해당한다. 외롭게 독수공방을 하지 않으려면 배우자를 배려하는 것이 현명할 것이다.

'인(寅, 3)-갑(甲, 1)=2'가 되는데 양의 수이니 그대로 2가 된다.
1, 2가 짝을 이루는데 자축(子丑)이 되니 갑인(甲寅) 일주의 공망은 자축(子丑)이 된다.

(5) 새 지장간 분석-일간의 라이프 스타일 분석

갑인(甲寅) 일주 인(寅)목의 지장간은 무(戊)-편재, 병(丙)-식신, 갑(甲)-비견을 가지고 있는데 천간이 머무는 시간은 한 달을 기준으로 편재(7일), 식신(7일), 비견(16일)이 된다. 갑(甲)목은 양간이니 식재를 추구하므로 식신과 재성이 잘 드러난다. 지장간에서 병(丙)화 식신이 무(戊)토 편재를 식신생재하고 있다. 일지는 명주의 사생활과 라이프 스타일을 보여 주는데, 비견의 환경에서 식신 성향이 잘 나타나고 있다. 갑(甲)목 비견이니 친구와 어울려서 함께 도모하는 것을 좋아하는데 양간의 비견이라 밖에서 드러난 모습으로 활동하는 것을 좋아한다.

화끈한 병(丙)화 식신의 활동을 하고 있으니, 친구들과 밖에서 스포츠, 등산, 익스트림 스포츠 등을 즐길 수 있다.

(6) 배우자, 재물 및 직업 분석

일주가 간여지동이니 일주만으로는 남녀 공통으로 좋다고 볼 수 없다. 어린이같은 고집을 부리곤 한다. 여자는 고란살도 해당하여 더욱 그렇다. 그러나 사주내에 경신(庚辛)금이 있어서 무성한 목의 가지를 쳐준다면 부부생활을 잘할 수 있다. 간여지동이지만 목은 기본적으로 선하고 어질며, 일지 식신의 베푸는 경향이 있어서 다른 간여지동에 비해 부부 사이가 썩 나쁘지 않다. 직업적으로는 역마성 직업, 지장간 병화 식신의 성향으로 연예인, 예술, 문화, 통신, 전기, 전자, 조명 쪽도 좋고, 인(寅)목의 성정으로 교육 및 육영 사업도 좋으며, 직장 생활보다는 사업 쪽이 더 잘 맞는다.

(7) 천간합극 및 형충회합파해 원진

- 천간합: 갑기합-토(甲己合土)-합하여 합화가 안 되는 경우가 대부분인데 지지에 토의 세력이 강하면(월지 포함-삼합, 방합의 경우) 합화가 되어 새로운 토가 나올 수 있다.

  대운에서 합화가 되는 기운이 오면 큰 성취를 이루지만, 세운이나 월운으로 온다면 때때로 소확행(소소하지만 확실한 행복)을 누릴 수 있겠다.

- 천간극: 천간의 경(庚)금이 갑(甲)목을 극한다. 갑(甲)목의 입장에서는 경(庚)금이 편관이기 때문이다. 편관도 음과 양, 긍정과 부정의 의미를 포함하고 있는데, 잘 제화되어 쓰면 높은 고관대작으로 올라가 만인을 진두지휘하는 권한을 가지지만, 잘못 쓰면 늘 타인에게 눌려있고 눈치를 보면서 주눅이 들어 살아가기도 한다. 양날의 검과 같으니 칼자루를 잡을지, 칼날을 잡을지는 본인에게 달려있다.

- 지지합: 인해(寅亥)합(육합), 삼합-인오술[寅午戌, 용(用)-화(火)의 운동], 방합-인묘진[寅卯辰, 체(體)-목(木)의 운동]
- 지지충: 인신(寅申)충, 원진: 인유(寅酉)원진(원진이 강한 편이다), 삼형: 인신사(寅申巳)
- 지지파: 인해(寅亥)파 - 지지해: 인사(寅巳)해

(8) 신축년(2021년) 포함 4년의 운세 팁(Tip)−사주의 핵심은 운을 보는 것이다

갑인(甲寅) 일주의 갑(甲)목 일간은 신축(辛丑)년(2021년)에 축(丑)토에서 새 12운성으로 관대(冠帶)로 힘 있는 모습이다.

패기는 넘치지만 노련미는 떨어진다. 의욕은 앞서지만 미숙한 점이 많다.

시행착오로 어려움은 있지만, 그 모든 과정이 록왕쇠로 가기 위한 과정이니 참고 인내해야 한다.

천간으로 들어오는 신(辛)금은 갑(甲)목 일간에게 정관이 된다. 운으로 정관이 들어오니 입학, 취업 등에 유리하고, 식장인이라면 적절한 임무와 보직이 주어지는 모습이 된다.

지지로 들어오는 축(丑)토는 갑(甲)목 일간에게 정재가 된다. 일지의 인(寅)목 비견과 만나 인축(寅丑) 암합의 모습이 되는데 내가 기획하고 추진하는 일의 결과물이 만들어지는 모습이다. 축(丑)토는 인(寅)목을 생해 주기 때문이다.

갑(甲)목 일간은 2022년에 건록, 2023년에 제왕, 2024년에 쇠지의 모습으로 맹활약하는 시기가 된다. 물론 세운의 상승과 하강은 대운이라는 기준 안에서 살펴야 한다. 갑(甲)목이 맹활약을 하는 인묘진(寅卯辰) 봄이 찾아온 것이다. 본격적인 공성의 시기이니 움츠렸던 가슴을 펴고 활약하면 좋다.

52) 새로운 을묘(乙卯) 일주 분석

(1) 자연물상/동물상

을묘(乙卯) 일주의 물상은 풀밭에서 노니는 토끼의 물상이다. 또한, 을(乙)목도 풀이고, 묘(卯)목도 풀에 비유되니 천간지지에 펼쳐진 넓은 초원의 풍경을 보여 준다. 대초원에서 뛰노는 토끼이니 활기차고 명랑하며, 평화로운 모습이나, 은근히 고집이 강하고 자존심도 강해 자기주장을 끈질기게 밀어붙인다.

을묘(乙卯)는 간여지동의 일주이고 또한 물상결합된 일주이지만 갑인(甲寅)과는 다르다. 갑(甲)목이 인(寅)월에서 건록으로 주도권을 잡고 힘있게 쓰지만, 을(乙)목은 묘(卯)월에서 태지이니 지지의 비겁들의 협력과 도움이 필요하기 때문이다. 밖에서는 다정하나 집에서는 냉담한 경우가 있는데, 묘(卯)목의 물상과 성향이 그러하니 배우자 연도 좋은 편이 못 된다.

(2) 일간일지의 음양오행 및 관계

일간 을(乙)목은 음목이니 실속파이고, 현실적이며, 용의주도한 면이 있다. 음목이지만 양 운동 속에 있으니 을(乙)목도 식재를 추구한다. 우선으로 관인비를 선호하고, 차선으로 식재를 추구한다. 넝쿨처럼 엉켜있으니 조직 내에서 화합하고 친화력이 좋지만, 반면에 변덕이나 변절도 많다. 갑(甲)목과 다르게 약하니 강한 세력에 종(從) 하는 경향이 있다. 『적천수』에 따르면 갑(甲)목이 을(乙)목을 만나면 부정적인 면이 있으나, 을(乙)목이 갑(甲)목을 보면 등라계갑이라고 하여 대체로 좋다고 했는데, 아마도 양간과 음간의 관계에서 좀 더 세련되고 노련하여 실속 면에서 유리하기 때문인 것 같다. 음간들은 명분은 양간에게 양보하고 실리를 챙기는 경우가 많다.

(3) 일간 기준 십신 관계–심층 분석 그것을 알고 싶다(비견과 겁재)

일지 묘(卯)목은 비견이라고 할 수 있다. 십신은 천간끼리의 관계로 정해지며 지지와는 상관이 없다.

보통 일간을 기준으로 정하고 나이, 결혼 유무에 따라 월간(미혼 시절)이나 년간(초년)이 기준이 되기도 한다. 비견은 음양과 오행에 따라서 그 성향이 달라진다. 비견은 어깨를 나란히 한다는 뜻인데, 사주에 비견이 많으면 경쟁심도 강하고 협동도 잘한다. 나와 같은 부류와 함께한다는 뜻이니 매사에 자신감이 넘친다. 동일하게 나누고 분배하여 배분을 잘한다. 조직이나 모임에서 총무 역할을 헌신적으로 하는 경우가 많은데, 남들이 생각지도 못한 과한 봉사로 놀라게 하기도 한다. 그러나 사람이 쓰는 에너지는 총량이 정해져 있으니 밖에서 너무 많은 에너지를 쏟고 들어오면 안에서는 귀찮아한다. 직업이 요리사인 남편이 집에서 요리를 잘 안 하려는 이유와도 같다.

목화(木火)의 비겁은 목과 화의 성향대로 친구, 지인들과 어울리는 것을 좋아하고 밖으로 싸돌아다닌다.

어린이고 청년이라, 아직 세상 무서운 것을 모르니 지인에게 사기를 당하거나 금전 대여, 보증을 섰다가 곤경을 겪기도 한다. 동업과 협업하는 것을 좋아한다. 어린아이, 청년의 고집과 주장이니 주변 사람들이 볼 때, '왜 저리 철이 없나?' 그런 생각이 들 수도 있겠다.

토(土)의 비겁은 목화(木火)의 연장으로 친구, 지인들과 어울리는 것을 좋아하는데, 항상 이들 사이에서 중재하고 조정하려고 한다. 많은 무리가 어울려 다니면 항상 그 내부에서 트러블이 생기는데, 이를 중재하는 것을 좋아한다. 함께하는 이들의 신망을 얻게 되는데, 토는 만물을 키우고 음양과 계절의 중간이니 사람들이 많이 따르고 포용력이 있다.

금수(金水)의 비겁은 목화만큼이나 친구, 지인과 어울리는 것을 좋아하지는 않는다. 금수는 중년이고 노년이고, 매운 생강처럼 오랜 세월을 경험했으니 노련하다. 자기 생각이 항상 맞다고 생각하니 자기주장과 고집, 자존심이 강한데, 타인의 의견을 철부지 어린아이의 생각이라고 치부하고 무시해버리니 주변인들과 불화가 생길 수 있다. 섞이지 않는 금(金) 비겁이 특히 그렇고, 섞이는 수(水) 비겁은 덜하다.

(4) 새 12운성과 새 12신살[체(體)와 용(用)]

을묘(乙卯) 일주는 새 12운성으로 태지(胎地)에 해당하는데 예전의 12운성 포태법은 건록(建祿)이었다.

태지는 절지에서 육체 없이 떠돌던 혼이 음과 양이 만나 잉태되어 배 속에서 자라는 형상이다. 손 하나 까딱 안 하고 모친으로부터 내려오는 모든 것을 받아먹으니 이기적이고 자기중심적이나, 세상 물정을 모르는 태아라서 악의는 없다. 남에게 손쉽게 속임을 당하기 쉽고, 태지는 남녀의 구별이 모호함을 뜻하니 이성에 대해 숙맥인 경우가 많다. 을묘(乙卯) 일주의 경우 새 12운성의 태지와 기존의 건록과는 잘 구별되는 구간이니 스스로 어디에 해당하는지 생각해 보길 바란다. 태지의 반대편에는 제왕이 있으니 음의 영역인 정신적인 분야에서 최강자가 될 수 있다.

　새 12신살로 묘(卯)목은 해묘미(亥卯未) 삼합 기준으로 장성살이 된다.

　태지의 모습이니 육체적인 활동보다는 정신적인 활동을 잘할 수 있다. 독립적인 사업보다는 조직의 보호를 받으면서 정신적인 능력을 키우고 펼친다면 그것을 장성살처럼 강하게 쓸 수가 있다. 태지를 가진 사람 중에 참모, 전략가, 책사가 많은 것은 그러한 점을 대변한다.

　신살로 묘(卯)는 왕지의 글자로 도화에 해당한다. 남녀 공통으로 이성 문제와 유흥으로 인한 곤경을 겪기도 한다. 일지 현침살도 있어서 언변이 날카롭고 뾰족한 기구를 잘 다룬다. 을(乙)목도 그렇고, 묘(卯)목도 풀이고, 신체로는 머리카락에 해당하니 헤어 디자이너가 많은 일주이다.

　묘(卯, 4)-을(乙, 2)=2가 되는데 양의 수이니 그대로 2가 된다.

　1, 2가 짝을 이루는데 자축(子丑)이 되니 을묘(乙卯) 일주의 공망은 자축(子丑)이 된다.

(5) 새 지장간 분석-일간의 라이프 스타일 분석

　을묘(乙卯) 일주 묘(卯)목의 지장간은 갑(甲)-겁재, 을(乙)-비견, 을(乙)-비견을 가지고 있는데 천간이 머문 시간은 한 달을 기준으로 겁재(10일), 비견(10일), 비견(10일)이 된다. 을(乙)목 일간은 관인비를 선호하니 겁재와 비견의 성향이 나타난다. 일지는 명주의 사생활과 라이프 스타일을 보여 주는데, 비견의 환경에서 비견의 활동을 하고 있다. 을(乙)목은 활발하고 환경 적응력이 뛰어나니, 주변에 늘 지인들과 함께하고 분주하며 활기가 넘치는 성향을 가진다.

(6) 배우자, 재물 및 직업 분석

　일지 묘(卯)목은 비견인데 간여지동은 대부분 배우자 연이 좋은 편이 못 된다. 밖에서는 잘하고 인기가 많은데 집에 들어와서는 냉랭한 경우가 많다. 일지 묘(卯)목을 가진 사람은 밖에서 하는 것의 절반 이상만 집에서 하면 사랑받을 수 있음을 유념하길 바란다. 비견이 사주 내에서 좋은 역할을 하면 친구처럼 편한 배우자를 얻을 수 있고, 좋지 않은 역할을 한다면 어린이 같은 고집을 부려 배우자를 힘들게 할 수 있다.

직업적으로 헤어 디자이너, 패션, 디스플레이, 뷰티 산업, 스포츠, 무용과 인연이 있고, 교육, 어린이, 장난감, 웹툰, 인테리어 쪽도 관련이 있는데 일지 묘(卯)목의 영향이다. 예술, 교육, 디자인, 가죽세공, 한의학과도 인연이 있는데 이는 일간 을(乙)목의 영향이다.

(7) 천간합극 및 형충회합파해 원진

- 천간합: 을경합-금(乙庚合金)-합하여 합화가 안 되는 경우가 대부분인데 지지에 금의 세력이 강하면(월지 포함-삼합, 방합의 경우) 합화가 되어 새로운 금이 나올 수 있다.
- 천간극: 천간의 신(辛)금이 을(乙)목을 극한다. 을(乙)목의 입장에서는 신(辛)금이 편관이기 때문이다. 편관도, 정관도 나를 통제하고 보호하는 기운을 의미한다. 차이점은 성(城)안에 있을 때 창칼이 밖으로 향해 있으면 정관이고, 창칼이 안으로 향해 있으면 편관이 된다. 외적로부터 나를 보호해 주고 그 안에서 자유로움을 주는가, 아니면 외적보다는 나를 통제하고 억압하며 강압적인가에 포인트가 있다.

- 지지합: 묘술(卯戌)합(육합), 삼합-해묘미[亥卯未, 용(用)-목(木)의 운동], 방합-인묘진 [寅卯辰, 체(體)-목(木)의 운동]
- 지지충: 묘유(卯酉)충, 원진: 묘신(卯申)원진(원진이 약한 편이다), 상형: 자묘(子卯)형
- 지지파: 묘오(卯午)파 - 지지해: 묘진(卯辰)해

(8) 신축년(2021년) 포함 4년의 운세 팁(Tip)-사주의 핵심은 운을 보는 것이다

을해(乙卯) 일주의 을(乙)목 일간은 신축(辛丑)년(2021년)에 축(丑)토에서 새 12운성으로 고지(庫地) 또는 묘지(墓地)가 된다.

고지(묘지)이니 새로운 일을 벌이지 말고 수성의 모습으로 전문 기술을 연마하거나 공부, 자격증, 내부 업무 등을 하면서 보내면 좋다.

천간으로 들어오는 신(辛)금은 을(乙)목 일간에게 편관이 된다. 편관 운이 들어오

7. 육십갑자(六十甲子) 일주 분석- 새로운 육십갑자 일주론을 시작하며

니 정신적인 스트레스가 있는 모습이고, 일이 많아지며, 승진 등을 할 수 있다. 지지로 들어오는 축(丑)토는 을(乙)목 일간에게 편재가 된다. 편관과 편재가 들어온 해이니 상당히 바빠지고 욕심도 커지게 된다. 심하면 건강을 해칠 수 있는데 재생살의 모습이기 때문이다. 천간지지로 공성의 기운이 들어오는데, 축(丑)은 환절기이고 계절의 코너 길과 같으니 주의하고 살펴야한다.

을(乙)목 일간은 2022년에 절지, 2023년에 태지, 2024년에 양지의 모습으로 가장 약해지는 시기가 된다. 물론 세운의 상승과 하강은 대운이라는 기준 안에서 살펴야 한다. 절태양은 보이지 않음을 의미한다. 휴대폰도 낮에 잘 쓰고 난 후에 집에 들어가서는 충전을 해야 다시 잘 쓸 수 있다. 충전을 충분히 안 하면 중요한 순간에 방전되어 블랙아웃이 될 수도 있는데, 블랙아웃은 단지 휴대폰만의 문제는 아닐 것이다.

53) 새로운 병진(丙辰) 일주 분석

(1) 자연물상/동물상

병진(丙辰) 일주는 태양 아래에 있는 용(龍)이고, 구름 뒤에 숨은 태양처럼 전면에 드러나지는 않지만, 뒤에서 전체를 설계하는 숨은 실력자이다. 보이지 않는 곳에서 암중 활약하니 자신의 약점이 드러나지 않고 처세가 능수능란하여 어려움을 피해간다. 공적 기관, 공무원 등 국가 기관에서도 기획 쪽 부서에서 일하면 능력을 발휘할 수 있다. 실리와 명분 사이를 균형 있게 조율하여 식록이 두터운 일주이고, 지혜와 수완이 뛰어난 숨은 실력가가 많다. 진(辰)토는 물상으로 용(龍)인데, 태양 아래에 있는 드러난 용이니 현재의 상황이 만족스럽지 않다.

(2) 일간일지의 음양오행 및 관계

일간 병(丙)화는 양 중의 양이다. 적극적이고, 정열적이며, 허풍도 있고, 호언장담하는 버릇이 있다. 무모한 확장으로 인해 어려움을 겪을 수도 있다. 병(丙)화는 태양이니 권위적이고, 일방적이지만, 예의가 바르고, 솔직하며, 비밀이 없다. 공명심과 출세욕이 강하니, 사교적이고, 매사에 활기차고 의욕적이다.

끊임없이 확산하고 분열하니 외형은 커지지만, 부피가 커진 만큼 밀도는 낮아지고, 중심지는 텅 비게 되어 실속 면에서는 떨어진다. 병(丙)화를 가진 일주는 종교와는 큰 인연이 없지만, 정(丁)화는 종교, 무속, 명리학 등 활인업과 깊은 관련을 가지는데, 이는 태양과 촛불의 속성을 반영한다. 병(丙)화는 세상을 구석구석 비추니 범죄 수사나 비위 조사, 감찰과도 관련이 있다. 병(丙)화 엄마 VS 정(丁)화 엄마를 통해서 병정(丙丁)화를 비교해 보도록 하겠다.

병(丙)화 엄마는 그야말로 태양이고 빛이다. 빛을 목에게 보내준다.

그 빛의 방향을 따라서 목은 자란다. 간접적이다. 더디지만 스스로 그 빛을 따라서 움직일 수 있게 해 준다. 아이가 스스로 숟가락질을 하고, 양말을 신고, 양치질을 할 수 있게 가르쳐 주고, 자기 스스로 할 수 있는가를 지켜봐 준다. 마치 중천에 떠 있는 태양처럼 말이다. 때론 매정하게 보일 수도 있고, 다소 권위적일 수도 있다. 정(丁)화 엄마처럼 따뜻하지는 않지만, 태양이 만물을 골고루 비추듯이 차별하지도 않는다.

정(丁)화 엄마는 그야말로 온기고 열이다. 열을 목에게 보내준다.

그 열의 강도에 따라서 목은 도움을 받기도 하고(조후), 때론 너무도 강한 열에 물기가 말라 시들기도 한다. 정(丁)화의 엄마는 정이 많고 목에게 헌신한다. 직접적으로 아이를 도와주려고 한다. 늦은 나이에도 밥을 먹여주기도 하고, 양말을 신겨 주기도 하며, 양치질을 시켜준다. 아이가 스스로 하는 것을 지켜보니 왠지 안쓰럽고 답답하기까지 하다. 그래서 직접적이며 따뜻하다. 알뜰살뜰 챙겨주는 모습이 보기에는 좋지만, 아이의 성장은 더디게 된다. 정(丁)화 엄마의 보호를 벗어나면 아이는 스스로 할 수 있는 일이 없게 된다. 즉, 엄마의 도움 없이는 아무것도 못 하는 아이가 될 수도 있다. 병(丙)화의 성향과 정(丁)화의 성향을 아이의 나이와 성장 속도에 맞추어 조율하는 것이 중요할 것이다.

(3) 일간 기준 십신 관계-식신, 그대를 자유롭게 하리라

일지 진(辰)토는 십신으로 식신이라고 할 수 있다. 10개의 식신이 있으니 음양오행의 성향에 따라서 식신의 성향을 대입해 보길 바란다. 진(辰)토는 봄에서 여름으로 넘어가는 환절기의 토이다. 영양분과 습기가 가득하여 갑을(甲乙)목이 좋아하는 토이다. 술(戌)토도 식신이 되는데, 가을에서 겨울로 넘어가는 영양분이 다 빠져나간 메마른 땅이니 같은 식신이라도 차이가 크다. 갑을(甲乙)목 인성이 잘 자라는 토이니, 원국에 인성이 있다면 강한 영향을 미치게 된다.

(4) 새 12운성과 새 12신살[체(體)와 용(用)]

병진(丙辰) 일주는 새 12운성으로 관대(冠帶)에 해당하는데 양간이니 예전의 12운성 포태법도 관대(冠帶)로 같다. 관대는 장생에서 태어난 아이가 목욕에서 교육을 받으며 때를 벗겨서 사모관대를 쓰고 처음으로 사회로 첫발을 디디는 상황을 생각하면 이해하기 쉽다.

입대 영장이 나와 짧게 머리를 깎고 논산 훈련소에 입소하는 신병의 모습!
어렵게 입사시험에 합격하여 넥타이를 메고 첫 출근을 하는 신입사원의 모습!
아이디어를 구상하여 자신만의 첫 매장을 오픈하여 말끔하게 차려입고 첫 고객을 기다리는 모습!

우리 모두는 신병에게, 신입사원에게, 신입 사장에게 박수를 쳐 주고 "파이팅!"을 외치지만, 사실 그 이후에 이들에게 힘든 고생길이 열렸다는 것을 다 알고 있다.

알고 있기 때문에 힘내고 열심히 하라는 뜻의 격려와 박수를 보내는 것이다. 관대를 풀이 바짝 마른다는 고초살(枯草殺)이라고 하는 것에는 그런 이유가 있다.

새 12신살로 진(辰)토는 신자진(申子辰) 삼합 기준으로 화개살이 되는데, 12신살은 사회적인 활동 삼합을 기준으로 보기 때문에 사회적 활동을 안 한다면 12신살의 성향이 나타나지 않는다. 화개살이니 종교, 예술, 철학, 학문 등이나 수집, 보관, 숙박, 정리, 금융 등의 분야에서 관대처럼 힘 있고 의욕이 넘치게 쓸 수 있다. 신살로는 천라지망에 해당한다. 진(辰)토는 관성의 고지에 해당하는데 천라지망으로 엮였으니 수사, 체포, 검거, 수색 등과 관련이 있는 무관 직업 또는, 세무 관련 공직 등이나 철학, 종교, 활인업 쪽도 유망하다. 남자는 술해(戌亥)가, 여자는 진사(辰巳)가 천라지망이 되는데, 너무 어두워도(戌亥), 너무 밝아도(辰巳) 어려움이 있기 마련이다.

'진(辰, 5)-병(丙, 3)=2'가 되는데 양의 수이니 그대로 2가 된다.
1, 2가 짝을 이루는데 자축(子丑)이 되니 병진(丙辰) 일주의 공망은 자축(子丑)이 된다.

(5) 새 지장간 분석-일간의 라이프 스타일 분석
병진(丙辰) 일주 진(辰)토의 지장간은 을(乙)-정인, 계(癸)-정관, 무(戊)-식신을 가지고 있는데 천간이 머무는 시간은 한 달을 기준으로 정인(9일), 정관(3일), 식신(18일)이 된다. 특이하게 정관+식신이 무계(戊癸)합이 되어 있다.
일지는 명주의 사생활과 라이프 스타일을 보여 주는데, 식신의 환경에서 정관의 활동을 하고 있다. 여자의 경우 식신과 정관이 합이 되어있는 식관동림(食官同臨)이라 혼전 임신, 혼외 임신이 생길 수 있다. 남자의 경우 식신이 강력하여 정관을 컨트롤한다. 즉 뛰어난 전문성과 능력을 발휘하면서 직장에서 인정받는 모습이다.

(6) 배우자, 재물 및 직업 분석
병진(丙辰)은 남자는 일지 식신이라서 배우자 연이 좋고 처가와의 관계도 좋다.
여자는 현모양처지만 자녀의 양육에 어려움을 겪는 경우가 많다. 직업적으로는

7. 육십갑자(六十甲子) 일주 분석- 새로운 육십갑자 일주론을 시작하며

비서직, 참모 등 권력과 가까운 보좌 쪽에 재능을 보이고, 무관 직업 및 종교, 철학, 활인업이 유망하고, 병(丙)화의 특성에 따라 조명, 카메라, 전기, 전자, 예술, 방송과도 인연이 있다. 병(丙)화 일간은 스스로 빛나는 일간이라 타인이 만든 종교에는 관심이 덜하지만, 본인이 직접 종교를 만들어 교주가 될 수 있기에 직업 쪽에 종교를 넣었다.

(7) 천간합극 및 형충회합파해 원진

- 천간합: 병신합-수(丙辛合水)-합하여 합화가 안 되는 경우가 대부분인데 지지에 수의 세력이 강하면(월지 포함-삼합, 방합의 경우) 합화가 되어 새로운 수가 나올 수 있다.
- 천간극: 천간의 임(壬)수가 병(丙)화를 극한다. 병(丙)화의 입장에서는 임(壬)수가 편관이 되기 때문이다. 관성은 나 이외의 타인과 세상에 반응하는 성향인데 편관이면 더욱 민감하게 반응하게 된다. 천간에 편관이 있다는 것은 내가 타인을 많이 의식하고 신경 쓴다는 것을 의미한다.

- 지지합: 진유(辰酉)합(육합), 삼합-신자진[申子辰, 용(用)-수(水)의 운동], 방합-인묘진[寅卯辰, 체(體)-목(木)의 운동]
- 지지충: 진술(辰戌)충, 원진: 진해(辰亥)원진(원진이 강한 편임), 자형: 진진(辰辰)형
- 지지파: 축진(丑辰)파 - 지지해: 묘진(卯辰)해

(8) 신축년(2021년) 포함 4년의 운세 팁(Tip)—사주의 핵심은 운을 보는 것이다

병진(丙辰) 일주의 병(丙)화 일간은 신축(辛丑)년(2021년)에 축(丑)토에서 새 12운성으로 양지(養地)가 된다.

양지는 이제 막 출산을 앞둔 태아의 모습이 된다. 현재의 힘은 약하지만, 미래에 대한 희망과 기대를 가질 수 있다.

천간으로 들어오는 신(辛)금은 병(丙)화 일간에게 정재가 된다. 병신(丙辛)합의 모습이다. 정재가 천간으로 들어오니 결실, 결과물, 목표물, 돈에 대한 생각이 많아지고 바빠지게 된다. 운으로 신(辛)이 들어오면 병(丙)화가 약해지니 병신(丙辛)합의

주도권은 신(辛)금이 쥐게 된다. 지지로 들어오는 축(丑)토는 병(丙)화 일간에게 상관이 된다. 일지의 진(辰)토 식신과 축진(丑辰)파의 모습이 되는데, 파(破)는 세대, 가치관, 스타일의 차이에서 오는 갈등으로 볼 수 있다. 식상혼잡의 모습을 보이니 이것저것 일을 벌이고 바빠지는 한 해가 되기도 한다.

병(丙)화 일간에게 2022년에 장생, 2023년에 목욕, 2024년에 관대의 모습으로 상승 운으로 가고 있다.

많은 이들의 축하와 기대 속에 입사해(장생), 업무를 배우고 익히는(목욕) 시기를 거쳐 실전에 뛰어들어 좌충우돌하면서 실무를 진행하는 모습(관대)으로 보면 이해가 쉽다.

54) 새로운 정사(丁巳) 일주 분석

(1) 자연물상/동물상

정사(丁巳) 일주의 물상은 사방이 온통 불바다의 모습이다. 천간지지가 온통 불이다.

화 기운의 물상결합인데, 정(丁)화가 음간이고 사(巳)화는 겁재이니 은근하지만, 황소처럼 질긴 고집을 가진다. 육십갑자에 대표적으로 고집이 강한 일주가 있는데, 정사(丁巳) 일주, 임자(壬子) 일주, 을묘(乙卯) 일주, 경신(庚申) 일주가 그렇다. 『삼명통회』에서는 정(丁)화를 별이라고 표현했고, 『명리탐원』에서는 정(丁)화를 족제비 (밍크)의 물상으로 비유했다. 둘 다 일리가 있다. 족제비는 세련되고 깔끔한데, 정 (丁)화도 그런 성향이 있다. 또한, 별의 형상은 음적인 요소로 영감, 영성이 뛰어남을 의미하는데, 실제로 정(丁)화는 촉이 좋은 사람들이 많아 상담 등의 활인업을 하는 경우가 많다.

(2) 일간일지의 음양오행 및 관계

일간 정(丁)화는 화 운동의 음간으로, 양간인 병(丙)화와 음양의 차이로 인해서 다른 운동을 한다. 병(丙)화가 여름의 대장으로 사오미(巳午未)에서 록왕쇠로 확산 상승 운동을 하면서 화 운동을 키운다면, 정(丁)화는 사오미(巳午未)에서 절태양으로 응축 하강 운동을 하면서 화 운동을 줄이고 마무리한다. 정(丁)화는 화려한 것을 더욱 화려하게 하고 세련되게 한다. 양간이 스케일이 크고 자연미가 있다면, 음간은 스케일은 작지만 세련되고 다듬어진 인공미가 있다. 병(丙)화는 시끌벅적하게 남들이 다 알게 일을 진행하면서 추진력이 강한데, 정(丁)화는 소리소문없이 물밑으로 추진하는 성향이 있다. 즉, 소리 없이 강한 것이 정사(丁巳)일주이다.

(3) 일간 기준 십신 관계-겁재가 강한 남자를 잘 살펴보자

일지 사(巳)화는 십신으로 겁재라고 할 수 있다. 정사(丁巳)일주는 천간과 지지가 같은 오행으로 되어 있어 '간여지동(干與支同)'이라고 한다. 화 기운의 간여지동은 병오(丙午)와 정사(丁巳)가 있는데, 병(丙)화는 오(午)화에서 제왕이고, 정(丁)화는 사 (巳)화에서 절지이니 간여지동이라고 해도 같지 않다.

양간인 병(丙)화는 화끈하고 제왕의 모습으로 독단적으로 리드한다면, 정(丁)화는 은근하고 끈질긴 모습으로 자기 고집을 부리게 된다. 여자가 상관이 강하거나, 남자가 비겁이 강하면 반드시 결혼 생활에서 어려움에 부닥치니 스스로를 제어하고 통제해야 한다. 결혼 적령기의 자녀를 둔 부모라면 상관이 강한 여자나 비겁이 강한 남자에게 자기 아들이나 딸을 결혼시키지 않기 때문이다. 그래도 상관이 많은 여자나 비겁이 많은 남자는 결혼을 잘한다. 타인과의 관계에서 적극적이기 때문이다. 낯선 타인과도 쉽게 친해지며, 거리감이 적다. 또한, 상관은 아름답게 꾸미고 표현하기 때문에 매력이 넘쳐서 그렇고, 비겁은 씩씩하고 박력이 넘쳐 남자답게 대시하니 매력이 있다. 물론 결혼하고 나서는 속았다는 것을 알게 된다. 물론 이것은 상관과 비겁이 제화되지 않은 경우를 말한다. 인성에 의해서 제화된 상관은 현명하고, 관성에 의해서 제화된 비겁은 젠틀하고 의젓하다.

(4) 새 12운성과 새 12신살[체(體)와 용(用)]

정사(丁巳) 일주는 새 12운성으로 절지(絶地)에 해당하는데 예전의 12운성 포태법은 제왕(帝旺)이었다.

절지는 음과 양이 아직 만나지 못해 형체가 없이 혼이 허공을 떠돌고 있는 형상이다. 작은 공간에 갇혀 있는 묘지도 정신적 영역이 극대화되지만, 아예 형체가 없이 혼만 있는 절지만큼은 아니다.

묘지의 시기는 답답하지만, 절지의 시절은 초조하고 불안하기까지 하다. 형체가 없으니 모호하기 때문이다. 절지의 시기가 온다면 차분하게 마음을 가라앉히고 명상이나 공부하면서 보내는 것이 좋다.

일지나 월지에 절지를 가진 분들은 고향을 떠나 타향이나 외국에서 성공하는 경우가 많다. 절지의 반대편은 건록이 되니 타향이나 외국에서는 건록처럼 쓸 수 있는데 <미래소년 코난>의 가사처럼 푸른 바다 저 멀리에서 새 희망이 넘실거릴 수 있기 때문이다. 자유롭게 혼이 유영하니 마음껏 정신적인 세계를 향해 떠나는 것! 멋지지 않은가? 육체와 달리 정신적인 영역에 한계는 없다.

새 12신살로 사(巳)화는 사유축(巳酉丑) 삼합 기준으로 지살이 된다. 절지라 정신적인 영역에서 자유롭게 지살처럼 움직일 수 있다. 생각이 깊고 고차원적이니 정신적인 분야에서 성공할 수 있다.

양 운동의 사(巳)화이니 그 움직임이 드러난 모습이라 실제적인 이동과 움직임을 의미한다.

'사(巳, 6)-정(丁, 4)=2'가 되는데 양의 수이니 그대로 2가 된다.

1, 2가 짝을 이루는데 자축(子丑)이 되니 정사(丁巳) 일주의 공망은 자축(子丑)이

된다.

(5) 새 지장간 분석-일간의 라이프 스타일 분석

정사(丁巳) 일주 사(巳)화의 지장간은 무(戊)-상관, 경(庚)-정재, 병(丙)-겁재를 가지고 있는데 천간이 머문 시간은 한 달 기준으로 상관(7일), 정재(7일), 겁재(16일)이된다. 정(丁)화는 음간이니 겁재를 반긴다. 재성과 겁재가 함께 있으니 욕심이 많고, 겁재가 상관을 잘 생해 주니(겁재의 입장에서는 상관은 식신이 된다) 상관성도 잘드러나게 되어 대담하고, 정재로 인해 꼼꼼하다. 일지는 명주의 사생활과 라이프스타일을 보여 주는데, 겁재의 환경에서 정재의 활동을 하고 있다. 겁재의 성향으로 강한 승부욕과 대담한 척하지만 나름대로 꼼꼼하고 치밀한 구석이 있는데, 병(丙)화 겁재가 경(庚)금 정재를 녹이기 쉽지 않으니 쉽게 승부하지 않는다.

(6) 배우자, 재물 및 직업 분석

간여지동의 일주라 남녀 공통으로 배우자 연은 좋은 편이 못 된다.

사주원국에 강한 화 기운을 제어해 주는 수 기운이 있다면 얘기가 달라지니 참고하길 바란다.

남자의 경우 정사(丁巳) 일주는 화 기운이 강하니 스태미나가 좋아 다양한 이성문제가 생길 수 있고, 반대로 여자의 경우는 화 기운이 강하면 출산이나 부부생활에 어려움을 겪을 수 있다.

직업적으로는 지살, 역마와 관련된 직업, 불과 관련된 직업, 종교, 철학, 활인업과 인연이 있고, 개인 사업 또는, 전문 기술이나 자격증을 가지고 조직 생활을 하는 게 좋다.

자존심이 강하고 자기주관이 뚜렷하여 관성의 일방적인 지시를 받아들이기 힘들기 때문인데 그래도 양간의 간여지동보다는 나은 편이다.

(7) 천간합극 및 형충회합파해 원진

- 천간합: 정임합-목(丁壬合木)-합하여 합화가 안 되는 경우가 대부분인데 지지에
  목의 세력이 강하면(월지 포함-삼합, 방합의 경우) 합화가 되어 새로운 목이 나올
  수 있다.

명리 혁명(The Revolution) 심화 편

- 천간극: 천간에 계(癸)수가 정(丁)화를 극한다. 정(丁)화의 입장에서는 계(癸)수가 편관이기 때문이다. 천간에 운으로 계(癸)수가 들어오면 정(丁)화는 약해진다. 운이 왕이기 때문이다. 천간에 운으로 임(壬)수가 들어오면 역시 정(丁)화는 약해진다. 하나는 극이고 하나는 합인데 어떤 차이가 있을까?

임(壬)수가 들어와 정임(丁壬)합을 구성하면 임(壬)수가 주도권을 잡고 정(丁)화는 임(壬)수를 따라가야 한다. 합의 모습이니 협력하여 정(丁)화가 임(壬)수를 잘 지원하는 모습이 된다.

계(癸)수가 들어오면 역시 주도권을 계(癸)수가 잡지만, 극의 모습이고 편관이니 정(丁)화가 순순히 지원하지 않고 대항하려고 하니 트러블이 생기고 갈등과 고민이 생긴다.

- 지지합: 사신(巳申)합(육합), 삼합-사유축[巳酉丑, 용(用)-금(金)의 운동], 방합-사오미[巳午未, 체(體)-화(火)의 운동]
- 지지충: 사해(巳亥)충, 원진: 사술(巳戌)원진(원진이 약한 편이다), 삼형: 인신사(寅申巳)
- 지지파: 사신(巳申)파 - 지지해: 인사(寅巳)해

(8) 신축년(2021년) 포함 4년의 운세 팁(Tip)-사주의 핵심은 운을 보는 것이다

정사(丁巳) 일주의 정(丁)화 일간은 신축(辛丑)년(2021년)에 축(丑)토에서 새 12운성으로 쇠지(衰地)의 모습이 된다.

이제 막 정상에서 내려온 모습이니 여전히 힘이 있고 노련미가 있다.

경쟁과 투쟁으로 쟁취하기보다는 협의와 조율로 처신하는 모습인데, 축(丑)토는 전환기이고 계절의 코너와 같으니 주변을 살피며 행동에 앞서서 깊게 생각하고 전체를 살피면 좋을 것이다.

천간으로 들어오는 신(辛)금은 정(丁)화 일간에게 편재가 된다. 천간도 마찬가지로 신(辛)금이 들어오면 정(丁)화가 약해지게 된다. 일간이 약해지니 신(辛)금 편재의 영향을 받게 된다. 차곡차곡 쌓아 올리는 정재와 달리, 큰 목표, 큰 결과물, 큰 돈에 대한 생각이 강하게 들게 된다. 지지로 들어오는 축(丑)토는 정(丁)화 일간에게 식신이지만, 일지에 사(巳)화 겁재의 입장에서는 상관이 되니 겁재의 설기가 심해지게 된다. 축(丑)년에는 일간 정(丁)화보다 지지의 사(巳)화 겁재들이 바빠지는 모습이다. 지지의 겁재이니 잘 활용하고 컨트롤하면 좋은 결과를 얻을 수 있다.

정(丁)화 일간은 2022년에 병지, 2023년에 사지, 2024년에 고지(묘지)의 모습으로 점차 하강 운으로 가고 있다. 해자축(亥子丑)의 시기에 맹활약을 한 정(丁)화는, 인묘진(寅卯辰) 병사묘의 시기에 일을 마무리하고 퇴근하는 모습이 된다. 물론 세운의 상승과 하강은 대운이라는 기준 안에서 살펴야 한다.

55) 새로운 무오(戊午) 일주 분석

(1) 자연물상/동물상

무오(戊午) 일주의 일간 무(戊)토는 사막이고 큰 산을 뜻하는데, 일지 오(午)화는 그 아래의 뜨거운 불이니 산 아래의 용암을 뜻한다. 근간에 백두산의 분화에 관해서 의견이 분분한데 1000년 전 발해의 멸망이 백두산의 폭발로 인해서 멸망했다는 설이 있듯이 한 번 폭발하면 그 파괴력은 어마어마할 것이다.

『삼명통회』에서는 무(戊)토를 노을로 표현했다. 맹렬하게 진행했던 목화(木火)의 운동이 무(戊)토에 이르러야 비로소 멈추는네 정적이 맴돌고 일시 정지하는 느낌을 그리 표현했다고 한다. 또한, 무(戊)토는 동물상으로는 곰이 된다. 무덤덤, 무뚝뚝한 경상도 사나이의 느낌이랄까? 곰은 자기를 건드리지만 않으면 온순하듯이 무(戊)토 일간도 건드리지만 않으면 조용하지만 잘못 건드리면 폭발하는데, 무오(戊午) 일주는 내부에 화산까지 가지고 있으니 큰 난리가 나게 된다.

(2) 일간일지의 음양오행 및 관계

일간 무(戊)토는 큰 산을 의미하니 많은 동식물을 포용하여 실제적인 스케일은 병(丙)화보다 더 큰 편이다. 병(丙)화보다도 양의 절정이기 때문이다. 신용이 좋고 과묵하며 매사에 처신이 공정하고 신용이 있다. 여자는 애교가 부족하니 결혼이 늦어지는 경우가 많다. 무(戊)토는 변화를 싫어하니 보수적이다. 기(己)토는 더 보수적이다. 양 운동과 음 운동의 중간에 위치하니 양쪽을 고루 볼 수 있어 기(己)토와 더불어 발상의 전환이 가능하다. 느리지만 제대로 움직이면 효율적으로 쓸 수 있다는 의미이다. 지지의 진술축미(辰戌丑未)도 계절의 중간이니 다양한 경험과 생각으로 기존의 시스템을 변화시킨다.

(3) 일간 기준 십신 관계-양인도 음양오행에 따라 10개의 양인이 있다

일지 오(午)화는 십신으로 양인(陽刃)이라고 할 수 있다. 양인도 음양오행에 따라 10개의 양인이 있다. 강한 무(戊)토의 양인이므로 강건하고, 카리스마가 넘치며, 양의 확산적인 기질이 강하다. 자존심도 강하고, 대담하며, 강한 추진력으로 매사를 밀어붙이니 주변의 불만이 있지만, 신경 쓰지 않는다. 불도저 같은 뚝심으로 밀어붙여서 성과를 내고 결과를 도출한다. 여자의 경우는 여장부 스타일이 많고 왕성한 활동력과 실행력을 가지고 있는 반면에, 남편은 능력이 부실한 경우가 많다. 남녀 공통으로 타인과의 불화를 경험하는 경우가 많으니, 조직 생활보다는 개인 사업을 하는 것이 더 유리하다.

관성에 의해서 제화되고, 식상에 의해 설기된 양인은 인자하고 아량이 넓은, 마치 푸근한 회사 선배같고 마을 이장님 같지만, 이러한 관성의 제화와 식상의 설기가 없는 양인이라면 평소에는 관대하고 너그럽고 타인을 돕지만, 생명의 위기 시에는 양인의 본능이 발동하게 된다.

419

비견도, 겁재도 일간의 생존이 가장 중요하므로 자신의 안위를 우선으로 생각하며 행동하게 된다.

무오(戊午) 일주, 정사(丁巳) 일주, 정미(丁未) 일주 등의 남자들은 양기가 강하고, 반면에 임진(壬辰) 일주, 을축(乙丑) 일주, 계해(癸亥) 일주 등의 여자들은 음기가 강하니 다양한 연애사를 경험할 수 있다.

(4) 새 12운성과 새 12신살[체(體)와 용(用)]-정상에 올랐으면 이제 내려가야 한다

무오(戊午) 일주는 새 12운성으로 제왕(帝旺)에 해당하는데 양간이니 포태법도 제왕(帝旺)으로 같다.

제왕은 실제로 최고의 자리를 뜻하는 것이 아니다. 사람의 사주마다 격이 있다.

사장의 자리까지 오를 수 있는 사람이 있지만, 이사까지, 부장까지, 오랜 시간 만년 과장으로 지내다가 정년퇴직을 하는 경우가 더 많을 것이다. 자신이 최고로 올라갈 수 있는 그 자리가 제왕이다. 그리고 그 사주의 격이 된다. 과장이 자신의 격인 사람이 낙하산으로 이사가 되고, 사장이 된다면 그 역할과 소임을 못 하는 경우가 많으니 힘들게 된다. 오랜 세월 멋진 조연과 씬 스틸러로 빛나는 사람이 욕심을 내서 주연으로 나오다가 망한 경우는 가끔 볼 수 있다(이경규-<남자루떼>, 오달수-<대배우>). 자신이 있어야 할 자리에 있을 때 빛나게 된다.

새 12신살로 오(午)화는 인오술(寅午戌) 삼합 기준으로 장성살이 된다. 체가 고정적이라면 용은 항상 움직이는 모습이다. 움직이는 모습에 따라 체의 모습도 달라진다. 양 운동의 제왕이니 정상의 위치에서 활발하고 적극적인 활동을 하는데, 체로도 장성살이니 그 역할을 감당할 수 있는 그릇이 된다. 다만 자신의 강함을 믿고 너무 오버하거나 주변의 견해를 무시하여 독단적으로 간다면 큰 어려움이 있을 수 있다.

'오(午, 7)-무(戊, 5)=2'가 되는데 양의 수이니 그대로 2가 된다.

1, 2가 짝을 이루는데 자축(子丑)이 되니 무오(戊午) 일주의 공망은 자축(子丑)이 된다.

(5) 새 지장간 분석-일간의 라이프 스타일 분석

무오(戊午) 일주 오(午)화의 지장간은 병(丙)-편인, 기(己)-겁재, 정(丁)-정인을 가지고 있는데 천간이 머문 시간은 한 달을 기준으로 편인(10일), 겁재(9일), 정인(11일)이 된다. 인성이 강하니 학문과 교육과 인연이 깊다.

일지는 명주의 사생활과 라이프 스타일을 보여 주는데, 정인의 환경에서 겁재의 활동을 하고 있다.

정(丁)화 정인이니 학문을 좋아하고 사람이 올곧고 바르지만, 기(己)토 겁재의 성향이 있어서 때론 고집도 부리고 무모하게 도전하기도 하며, 병(丙)화 편인의 성향으로 자기합리화를 한다. 알고 있는 학문과 지식을 자신의 행동을 정당화하기 위한 수단으로 사용하기도 한다.

(6) 배우자, 재물 및 직업 분석

일지 양인이라서 배우자 연은 남녀 모두 원만치 않다. 단식만으로 살펴보면, 양인은 재성을 극하니 남자의 경우 그 처가 힘들어하고 양의 기운이 왕성한지라 밖으로 눈을 돌리기 쉽다. 여자는 걸크러쉬하며 여장부답게 시원시원하나, 반면에 남편이 아내의 기질을 못 이기는 경우가 많아서 부실한 경우가 많다. 남녀 공통으로 강한 화 기운을 제어할 수 있는 수 기운이 원명에 있거나 대운으로 들어온다면 위의 현상들이 순화될 수 있다고 본다. 직업적으로는 일지 정인의 성향으로 학문, 교육, 전문직이 좋고, 오(午)화에 해당하는 통신, 이동, 운송 및 역마성 직업, 양인이니 군인, 경찰, 검찰 등 무관(武官) 직업이나 종교, 철학, 상담 등도 잘 맞는다.

(7) 천간합극 및 형충회합파해 원진

- 천간합: 무계합-화(戊癸合火)-합하여 합화가 안 되는 경우가 대부분인데 지지에 화의 세력이 강하면(월지 포함-삼합, 방합의 경우) 합화가 되어 새로운 화가 나올 수 있다.
- 천간극: 천간의 갑(甲)목이 무(戊)토를 극한다. 무(戊)토의 입장에서는 갑(甲)목이 심하게 극하는 편관이기 때문이다. 그런데 갑(甲)목은 확산 상승 운동을 하고, 무(戊)토 역시 확산 상승 운동의 정점에 있으니 서로 추구하는 바가 같아서 극함이 덜한 편이다.

- 지지합: 오미(午未)합(육합), 삼합-인오술[寅午戌, 용(用)-화(火)의 운동], 방합-사오미 [巳午未, 체(體)-화(火)의 운동]
- 지지충: 자오(子午)충, 원진: 축오(丑午)원진(원진의 기운이 약하다), 자형: 오오(午午)형
- 지지파: 묘오(卯午)파 - 지지해: 축오(丑午)해

(8) 신축년(2021년) 포함 4년의 운세 팁(Tip)-사주의 핵심은 운을 보는 것이다

무오(戊午) 일주의 무(戊)토 일간은 신축(辛丑)년(2021년)에 축(丑)토에서 새 12운성으로 양지(養地)의 모습이 된다.

양지의 모습이니 아직은 힘이 약하지만 봄과 여름을 준비하고 계획하는 시기가 된다. 무(戊)토 역시 상승 확산하는 양간이니 빨리 튀어나오고 싶지만 서두르면 안된다. 시기를 맞추고 준비 기간을 충분히 가질수록 성공 확률이 높아질 것이다.

천간으로 들어오는 신(辛)금은 무(戊)토 일간에게 상관이 된다. 일간이 강하니 상관이 들어오면 잘 쓸 수 있지만, 양날의 검과 같아서 자칫하면 오버하기 쉽다. 지지는 양지의 모습이니 주의하는 게 좋다.

지지로 들어오는 축(丑)토는 겁재가 되는데 천간지지에 상관과 겁재가 만나, 공성의 기운이 강해지므로 시기에 앞서서 튀어나올 수 있다.

무(戊)토 일간은 2022년에 장생, 2023년에 목욕, 2024년에 관대의 모습으로 점차 상승 운으로 가고 있다. 물론 세운의 상승과 하강은 대운이라는 기준 안에서 살펴야 한다.

대운이 사오미(巳午未) 록왕쇠의 시기에 찾아오는 해자축(亥子丑)은 견딜 만하다. 수성의 모습으로 지내면 좋다. 생각보다 2~3년은 금방 지나간다. 그러나 대운이 해자축(亥子丑)인데, 세운으로도 해자축(亥子丑) 절태양의 시기가 찾아온다면 가혹하다 못해 참혹하다. 설상가상이고 엎친 데 덮친 격이 된다. 대운이 바뀌어 절태양으로 흐르면 하던 사업을 접고 새로운 환경의 변화와 대운의 흐름을 따라가야한다. 자연은 바닥을 치면 다시 올라가지만, 사람은 그 바닥이 어딘지 모를뿐더러 바닥 밑에 지하실, 그리고 지하실 밑에는 화염지옥이 기다리고 있을 수도 있기 때

문이다.

56) 새로운 기미(己未) 일주 분석

(1) 자연물상/동물상

기미(己未) 일주의 기(己)토는 보통 논밭으로 비유된다. 반면에 무(戊)토는 큰 산이나 사막에 비유되는데, 큰 산이나 사막은 우리의 삶과 멀리 떨어져 있지만, 논밭은 삶의 터전이고 가까운 곳에 존재한다.

미(未)토는 동물상으로 양(羊), 또는 염소를 뜻한다. 양이나 염소는 순한 듯하지만 생각 외로 고집이 세다. 기(己)토와 미(未)토는 같은 토의 간여지동으로 논밭이 넓게 펼쳐진 모습인데, 일지의 미(未)토는 뜨거운 여름에서 가을로 넘어가는 열기로 가득한 토라서 화끈하고 폭발적인 성향을 가지고 있다. 평소에는 순한 듯 보이는 양이 화가 나면 물불을 가리지 않고 맹렬하게 돌진하는 형상이다. 『적천수』에서 기(己)토는 논밭이라서 목을 키우는 것을 목적으로 하므로 목(木)이 성하는 것을 걱정하지 않고, 목(木)이 왕하는 것을 두려워하지 않는다고 했는데 웬만하면 목은 흔쾌히 수용한다는 뜻이다. 토 일간에게 목은 관살이 되는데, 정관이건, 편관이건 기(己)토가 능히 감당할 수 있다는 뜻이다.

(2) 일간일지의 음양오행 및 관계

일간 기(己)토는 논밭의 형상이고, 일정한 목적을 위해 조성된 땅이며, 습토이니 목이 좋아하고, 기(己)토도 갑을(甲乙)목 모두 반긴다. 기(己)토는 오장육부에서 입에 해당되니 언변이 뛰어나다.

자의(字意)에 따르면 기(己)토의 형상은 입이 벌어진 모습이라 말을 조리 있고 간결하게 잘한다고 했다. 생명을 키우는 논밭이니 모성애적 특성으로 헌신하고 봉사하여 교육 계통이나 활인업 쪽과 인연을 맺는다. 학문에서 기량을 발휘하고 배우고 가르치는 일을 좋아하고, 토생금도 잘하니 식상적 활동도 좋다. 베푸는 일을 잘하니, 인정이 있고 헌신적이다.

그러나 목적을 위해 조성된 땅이니, 분별력이 강해서, 까다롭고 융통성이 없다. 사물을 받아들이는 것에 분별력이 있으며, 의심 많고, 소심하며, 예민하게 받아들인다. 하지만 일단 받아들이면 이를 가꾸고 키우기 위해 봉사하고 헌신한다. 말은 많지 않으나 논리적이고, 조리가 있으며, 품행이 올바르고, 신용이 있고, 성실하다.

(3) 일간 기준 십신 관계–강하고 센 녀석들이 온다: 겁재, 상관, 편재, 편관, 편인

일간 기(己)토에게 일지 미(未)토는 비견이 되는데, 겨울에서 봄으로 가는 축(丑)토 역시 비견이 된다.

같은 십신이지만 미(未)토와 축(丑)토는 여름과 겨울의 토이니 음양 관계라 크게 다른데, 같은 비견으로 보고 감명한다면 큰 오류를 범하게 된다. 사주를 천간지지 중심으로 봐야 하는 이유가 바로 이 때문이다.

비견 계열인 비견-식신-정재-정관-정인은 수성의 기운이며 자의식의 표현이고 안정성, 규칙성, 단계별 상승이라면, 겁재 계열인 겁재-상관-편재-편관-편인은 공성의 기운이며 무의식의 표현이고 불안정성, 변칙성, 단계를 뛰어넘는 의외성이 되니, 겁재 계열의 순간적으로 강한 기운을 발산하는 글자가 원국에 많다면 삶의 기복이 크게 된다. 인생에 파도가 치고 극상과 극하로 출렁거리니 원국의 구성이 좋으면 프로의 삶을 살게 된다. 프로로서 존경받고 명성과 부를 얻을 수는 있지만,

그 과정이 어렵고 힘든 것은 당연하다.

(4) 새 12운성과 새 12신살[체(體)와 용(用)]-새로운 생명의 양지

기미(己未) 일주는 새 12운성으로 양지(養地)에 해당하는데 음간이니 예전의 12운성 포태법은 관대(冠帶)였다.

엄마의 배 속에서 태어날 아이와 같은 양지는 곧 나올 세상에 대한 부푼 꿈을 꾸게 되니 영특하고, 기획력이 좋고, 온순하고, 착하지만 배 속의 아이이니 세상 물정을 모르고, 귀가 얇다. 실행력과 추진력이 떨어지니 혼자서 무언가를 하기에 적합하지 않다. 또한, 음양이 정확히 구분되지 않았으니 이성 문제에 둔한 편이다. 뭔가 일을 벌이더라도 부모와 같은 든든한 후원자가 있어야 한다. 그것은 장생도 마찬가지다.

새 12신살로 미(未)토는 해묘미(亥卯未) 삼합 기준으로 화개살이 된다. 양지의 모습으로 계획하고 준비하며 설계하는데, 화개살의 성향인 학문, 예술, 종교, 활인업을 하면 최선이고, 수집, 보관, 저장, 관리 등의 일을 하면 차선이 된다. 신살로 일지 미(未)토는 암록에 해당하니, 유용한 재능이 있고, 남들이 알지 못하는 선천적인 음덕(陰德)이 있으며, 곤란에 처했을 때 타인의 도움을 받을 수 있다고 한다. 일지 미(未)토는 맛 미(味)와도 연관이 있는데, 요리를 좋아하고 미식가들이 많다고 한다.

미(未, 8)-기(己, 6)=2가 되는데 양의 수이니 그대로 2가 된다.
1, 2가 짝을 이루는데 자축(子丑)이 되니 기미(己未) 일주의 공망은 자축(子丑)이 된다.

(5) 새 지장간 분석-일간의 라이프 스타일 분석

기미(己未) 일주 미(未)토의 지장간은 정(丁)-편인, 을(乙)-편관, 기(己)-비견을 가지고 있는데 천간이 머문 시간은 한 달을 기준으로 편인(9일), 편관(3일), 비견(18일)이 된다. 기(己)토 일간은 음간이라 관인비를 반기는데 지장간이 모두 관인비의 모습이다. 지장간 중기 편관이 편인을 생해 주니 비견과 편인의 성향이 잘 드러난다.

일지는 명주의 사생활과 라이프 스타일을 보여 주는데, 비견의 환경에서 편관 활동을 하고 있다. 기(己)토 비견은 호불호가 강한데 비견이니 친구를 좋아하고 지인들과 교류하지만, 아무나 받아들이지 않고 선별하니 보수적이다. 대신 한번 받아들인 친구나 지인에게는 헌신하는 스타일이다. 비견이니 자기주관도 있고, 고집도 쎈 편인데, 을(乙)목 편관이 이를 조정하는 모습이다. 을(乙)목도, 기(己)토도 응축 하강하는 기운이니 편관이지만 관계가 괜찮은 편이다.

(6) 배우자, 재물 및 직업 분석

간여지동 일주이므로 기본적으로 남녀 배우자 연이 좋은 편은 아니다.

간여지동 일주의 배우자 관계를 좋아지게 하는 비법이 있는데 그것을 오늘 공개하고자 한다.

첫 번째는 배우자에 대한 배려다.

두 번째도 배우자에 대한 배려다.

세 번째가 정말 중요한데, 꼭 실생활에서 실천하길 바란다.

배우자에 대한 진심 어린 배려의 습관화다.(미안해! 고마워! 사랑해!)

직업적으로는 보통 월지를 보고 분석하나 때론 일지와 관련된 활동을 할 수도 있고, 6대운의 월지충 이후 직업, 사회적인 활동에 큰 변화가 있으니, 일지나 시지 쪽의 지장간 중기를 살펴보는 것이 마땅하다. 사회적인 활동과 직업도 근묘화실에 따라 변하기 때문이다.

기(己)토가 키우고 관리하며 교육하니 교사, 비서직, 도서관 사서, 종교, 활인업 쪽도 관련이 있고, 미(未)토는 맛과 관련이 있으니 요리사, 영양사도 좋다. 직장 생활을 하려면 전문 자격증이나 기술을 가지고 하는 것이 좋은데, 비겁이 강해서 관성에 무조건적으로 복종하기 힘들기 때문이다.

(7) 천간합극 및 형충회합파해 원진

- 천간합: 갑기합-토(甲己合土)-합하여 합화가 안 되는 경우가 대부분인데 지지에 토의 세력이 강하면(월지 포함-삼합, 방합의 경우) 합화가 되어 새로운 토가 나올

수 있다.

- 천간극: 천간의 기(己)토를 을(乙)목이 극한다. 기(己)토의 입장에서는 을(乙)목이 편관의 모습이기 때문이다. 천간의 극은 스트레스를 의미하며, 높은 목표 설정과 명예, 권력의 의지로 인해 생기는 경우이다.

- 지지합: 오미(午未)합(육합), 삼합-해묘미[亥卯未, 용(用)-목(木)의 운동], 방합-사오미 [巳午未, 체(體)-화(火)의 운동]
- 지지충: 축미(丑未)충, 원진: 자미(子未)원진(원진이 기운이 강하다), 삼형: 축술미(丑戌未)
- 지지파: 술미(戌未)파 - 지지파: 자미(子未)해

(8) 신축년(2021년) 포함 4년의 운세 팁(Tip)-사주의 핵심은 운을 보는 것이다

기미(己未) 일주의 기(己)토 일간은 신축(辛丑)년(2021년)에 축(丑)토에서 새 12운성으로 쇠지(衰地)의 모습이 된다.

쇠지이니 여전히 힘이 있고, 노련하며, 매사를 능숙하게 처리하고, 조정하는 모습이다. 기축(己丑)과 기미(己未)는 일지가 같은 비견이지만, 기축(己丑)은 인성인 화 기운을 필요로 하고, 기미(己未)는 재성인 수 기운을 필요로 한다.

천간으로 들어오는 신(辛)금은 기(己)토 일간에게 식신이 된다. 운으로 식신이 들어오니 느긋함이 있지만, 호불호가 강하고 까칠한 신(辛)금이며 기(己)토도 그러하니 자신이 좋아하고 심취하는 일에 몰두하기 쉽다.

지지로 들어오는 축(丑)토는 기(己)토 일간에게 비견이 되는데, 일지 미(未)토와 만나 축미(丑未)충, 축미(丑未)형이 된다.

충은 환경의 변화, 형은 그에 따른 조정과 수정을 의미하니, 이사, 전근, 수술, 치료, 송사등 본인과 배우자의 삶에 변화와 조정이 있는 모습이다.

기(己)토 일간은 2022년에 병지, 2023년에 사지, 2024년에 고지(묘지)의 모습으로 점차 하강 운으로 가고 있다. 물론 세운의 상승과 하강은 대운이라는 기준 안에서 살펴야 한다.

봄과 여름에 만물을 키우는 무(戊)토에게 배턴을 넘기고 일을 마무리하면서 퇴근해야 하는 시기이다. 새로운 일을 시작하고 확장하는 것은 좋지 않다. 수성의 시기로 보내는 것이 좋다. 병사묘의 시기이며 관성 세운이니 조직, 직장 속에서 전문 지식과 기술을 단련하거나 자격증 취득, 학업, 독서, 휴가 등으로 보내면 잘 보낼 수 있다.

57) 새로운 경신(庚申) 일주 분석

(1) 자연물상/동물상

경신(庚申) 일주는 철광석 위에 또 철광석이, 바위 위에 또 바위가 올려져 있으니 석탑이다.

그 위세가 당당하다. 또한, 가을철의 원숭이니 먹을 것도 많고, 재주도 많다. 다만 초가을이니 과실이 덜 익었으므로 생각보다 실속이 떨어진다. 편관의 성향인 강제적이고, 엄격하고, 의리 있고, 정이 많은 성향은 오행 중에서 경(庚)금의 성향을 가져와 인간관계를 보는 십신에 적용한 것인데, 가을철 숙살지기의 기질을 보여 준다.

『명리탐원』에서는 경(庚)금을 매에 비유했다. 매는 타깃을 정하면 집중하고, 목표 달성을 위해서 한길로 매진하는 고도의 집중력과 결단력을 발휘한다. 매사에 민첩하고, 카리스마가 넘치며, 한번 목표로 정한 일은 좌고우면하지 않고 무슨 일이 있어도 해내는 단호함과 냉철함을 가지고 있다. 남의 말을 듣지 않고 자기주장대로 행동하고 결정하는 경향이 있어서, 관재구설에 시달릴 수도 있다.

(2) 일간일지의 음양오행 및 관계

일간 경(庚)금은 여름의 열기를 숙살지기로 제압하여 음 운동으로 이끄는 역할을 하고 있다.

곡식을 수확하는 가을이며, 무쇠나 가공되지 않은 원석에 해당하니, 사람이 우직하고 잔머리를 굴리지 않으며, 강직하고, 순박하며, 결단력이 강하다. 경(庚)금은 팽창할 대로 팽창한 만물을 수축시키고, 성장을 강제적으로 억제하고 변화시키니, 죽이고 살리는 무관 직업이 잘 어울린다. 조직과 윗사람에 대한 충성심과 동료애가 강하며, 공과 사가 분명하고 원리원칙을 잘 지킨다. 통솔력, 결단력, 소신, 의협심이 강하며 때로는 고집불통이기도 하다. 두루뭉술한 것을 싫어하고, 일과 생활도 규칙적이고 시스템을 만들어서 효율적으로 처리하려는 성향을 가진다.

(3) 일간 기준 십신 관계-사주에 비견과 겁재가 없다면?

일지 신(申)금은 십신으로 비견이라고 할 수 있다. 비견은 10개의 비견이 있으며, 원명의 비견과 운으로 들어오는 비견으로 보면 11개의 비견으로 세밀하게 구분할 수 있는데 다른 십신에 비하여 구분하기는 쉽지 않다. 원명에 병정(丙丁)화 상관이 있다면 언변이 뛰어나 설단생금의 직업을 가질 수 있으나, 운으로 병정(丙丁)화 상관이 들어온다고 해도 갑자기 언변이 뛰어나게 되지는 않는다는 뜻이다. 운으로 들어온 것과 타고난 것은 다르기 때문이다.

비견은 나와 어깨를 나란히 한다는 뜻이니 나의 동료, 친구, 경쟁자, 동네 사람들, 대중들도 모두 포함된다. 비견은 욕심도 많고 경쟁심도 강하지만, 비교적 욕심보다는 분배와 공정한 경쟁을 좋아한다. 신약한 사주일 경우 지지에 비견이 있으면 좋고, 천간에 있으면 좋고 나쁨이 반반이다.

사주원국에 비견과 겁재가 없다면 외롭거나 왕따가 될 수도 있으며 통솔력과 리더십이 떨어지게 된다. 타인과 부딪치지 않고 살아온 사람이 리더십이 뛰어날 리가 만무하기 때문이다.

(4) 새 12운성과 새 12신살[체(體)와 용(用)]

경신(庚申) 일주는 새 12운성으로 건록(建祿)에 해당한다. 양간이니 예전의 12운성 포태법도 건록(建祿)으로 같다.

건록이니 어쩌면 제왕보다도 괜찮을 수 있다. 어차피 제왕의 자리에 올라가는 그 순간부터 내려올 준비를 해야 하기 때문이다. 건록이니 항상 그 윗 단계의 제왕을 바라보게 된다. 직장인이라면 부장이 임원인 이사를 바라보는 것을 연상하면 좋겠다. 고지가 바로 저긴데, 12운성의 상승 운에서 8부 능선을 넘어서 마지막 정상을 바라보고 있는 심정이랄까? 마음이 조급해지고 회사의 경영진들이 자신을 지켜보고 있다고 생각하니, 군기가 바짝 들고, 긴장이 된다. 실적과 결과물을 내려고 하니 본인뿐만 아니라 부하 직원까지 재촉하게 되어 무리수를 던지게 되고, 그 결과로 곤란하게 되고, 낭패를 겪을 수 있다. 정상에 오르기 전의 마지막 힘든 구간이고 어차피 거쳐야 하는 통과의례이니 힘을 내도록 하자. 그런데 막상 그렇게 정상에 올라가도 오래 머무르기는 힘들 것이다.

새 12신살로 신(申)금은 신자진(申子辰) 삼합 기준으로 지살이 되는데, 건록처럼 힘 있게 추진하고 과감하게 행동하는 것에 따른 이동과 변화로 인해 분주한 모습이다.

신살로 홍염살이 되는데, 초학 분들이 도화살과 홍염살을 잘 구분하지 못하는 것 같아서 이를 설명하고자 한다. 사주 내에 도화살과 홍염살이 많으면 색정이 강하고 이성을 밝히는데, 다소 차이가 있다.

도화살은 홍염살과 달리 신체적으로 건강하고, 성적 능력이 왕성하다는 것을 의미한다. 그러므로 나이가 들면서 서서히 감소하는데, 꽃을 찾아다니는 나비나 벌과 같아서 적극적으로 이성과 유흥을 즐기지만, 그것도 젊었을 때 한때다. 기운이 빠지면 활동성이 줄어드니 도화의 기운이 약해진다. 하지만 홍염살은 파리지옥처럼 매력을 은근하게 발산하여 이성을 끌어들이는 힘이므로 에너지 소모가 적기 때문에 나이가 들어도 여전히 이성 간에 문제가 생기는 경우가 많다. 도화가 지지의 자오묘유(子午卯酉) 왕지의 강성함에서 나오는 매력이라면, 홍염은 경신(庚申)처럼 천간지지의 글자로 정하니 명주의 의지가 들어간 매력이다.

'신(申, 9)-경(庚, 7)=2'가 되는데 양의 수이니 그대로 2가 된다.
1, 2가 짝을 이루는데 자축(子丑)이 되니 경신(庚申) 일주의 공망은 자축(子丑)이 된다.

(5) 새 지장간 분석-일간의 라이프 스타일 분석

경신(庚申) 일주 신(申)금의 지장간은 무(戊)-편인, 임(壬)-식신, 경(庚)-비견을 가지고 있는데 천간이 머문 시간은 한 달을 기준으로 편인(7일), 식신(7일), 비견(16일)이 된다. 비견이 식신을 생하니 식신의 성향과 비견의 성향이 잘 드러난다. 일지는 명주의 사생활과 라이프 스타일을 보여 주는데, 비견의 환경에서 식신의 활동을 하고 있다. 경(庚)금의 비견이고, 음 운동의 비견이라서 정신적으로 식신을 생산하려 노력하지만, 자기중심적인 사고방식이고, 고집도 강해서 타인과 불화를 겪고, 고독해지기 쉽다.

금 특유의 섞이지 못하는 기운의 영향도 크다.

(6) 배우자, 재물 및 직업 분석

배우자 연은 간여지동이라서 쉽지 않겠다. 단식판단이고 사주의 다른 곳에 일간을 극하는 관성이나 일간의 힘을 설기하는 것이 많다면 일지의 비견이 일간의 뿌리가 되어 군건하게 지켜주니 큰 힘이 된다. 비견이 사주에서 좋은 역할을 하는 경우라면, 좋은 친구처럼 편하게 소통하는 반려자, 동반자가 될 수 있으니 오히려 현대사회의 부부관계에 적합할 수도 있다. 궁합을 볼 때 서로의 대운을 보는 것이 중요한데, 남녀의 대운이 사오미(巳午未) 여름과 해자축(亥子丑) 겨울로 반대로 간다면 해로하기가 쉽지 않은데, 이는 서로 다른 환경 속에서 살아가고 있기 때문이다. 봄과 가을도 마찬가지이다. 직업적으로는 경(庚)금의 성향으로 무관 직업이 좋고, 편인의 성향으로 교육, 의료, 법률, 특수 기술쪽도 좋으며, 천간지지 금(金)이 중중하니 금융, 재정, 보험, 회계 및 금속, 기계, 제련, 가공 쪽도 유망하고, 자기 극기와 경쟁이 필요한 스포츠 쪽과도 인연이 있다.

(7) 천간합극 및 형충회합파해 원진

- 천간합: 을경합-금(乙庚合金)-합하여 합화가 안 되는 경우가 대부분인데 지지에 금의 세력이 강하면(월지 포함-삼합, 방합의 경우) 합화가 되어 새로운 금이 나올 수 있다. 업그레이드된 금의 모습이다.
- 천간극: 천간의 병(丙)화가 경(庚)금을 극한다. 경(庚)금의 입장에서는 병(丙)화가 편관이기 때문이다. 경(庚)금도 양간이고, 병(丙)화도 양간이니 서로 만만치 않다. 여름의 대장인 병(丙)화는 굴복을 요구하지만, 가을의 대장인 경(庚)금의 자존심이 강하니 치열한 신경전이 생기게 된다. 더구나 경신(庚申)일주는 지지의 신(申)금이 근(根)이 되어 경(庚)금을 지원하니 더욱 쉽지 않은 모습이다.

- 지지합: 사신(巳申)합(육합), 삼합-신자진[申子辰, 용(用)-수(水)의 운동], 방합-신유술[申酉戌, 체(體)-금(金)의 운동]
- 지지충: 인신(寅申)충, 원진: 묘신(卯申)원진(원진의 기운이 약하다), 삼형: 인신사(寅申巳)
- 지지파: 사신(巳申)파 - 지지해: 신해(申亥)해

(8) 신축년(2021년) 포함 4년의 운세 팁(Tip)-사주의 핵심은 운을 보는 것이다

경신(庚申) 일주의 경(庚)금 일간은 신축(辛丑)년(2021년)에 축(丑)토에서 새 12운성으로 고지(庫地) 또는 묘지(墓地)가 된다.

고지(묘지)는 창고처럼, 묘지처럼 작은 공간에 있으라는 자연의 신호와 같다. 자연을 따르지 않으면 대체로 몸이 아프거나 다쳐서 병실에 있게 되는데, 때로는 천간의 상관, 겁재, 편인, 편재와 조합이 불미하면 불법, 탈법 등으로 인해 구치소나 감옥이 고지(묘지)의 모습이 될 수도 있다.

천간으로 들어오는 신(辛)금은 경(庚)금 일간에게 겁재가 된다. 운으로 겁재가 들어오니 호승심, 경쟁심, 욕심 등이 강해지게 되지만, 입고되는 해이니 일반적인 경쟁과 욕심은 불리한 모습이다. 지지로 들어오는 축(丑)토는 경(庚)금 일간에게 정인이 된다. 고지(묘지)의 모습으로 정인이 들어오니, 공부나 자격증을 취득하면서 내실을 다진다면 가장 좋을 것이다.

경(庚)금 일간은 2022년에 절지, 2023년에 태지, 2024년에 양시의 모습으로 하강운의 시기가 된다.

절태양은 보이지 않는다는 것인데, 나와 관련된 이들, 즉 부모, 형제, 배우자, 자식, 동료, 친구 등의 눈에 보이지 않음을 의미하니, 그러한 모습으로 보내면 좋다. 타지 근무, 해외 파견 및 연수, 유학, 군대, 이사, 자격증 공부 등이 그런 모습이 된다. 물론 세운의 상승과 하강은 대운이라는 기준 안에서 살펴야 한다.

58) 새로운 신유(辛酉) 일주 분석

(1) 자연물상/동물상

신유(辛酉) 일주는 동물상으로 닭인데, 신(辛)금이 흰색이므로 흰 장닭이다. 『명리탐원』에서는 화려한 꿩에 비유하기도 했다. 늦가을의 신(辛)금과 늦가을의 유(酉)금이 만났으니 늦가을의 싸늘함이 천지에 가득한 모습이다. 늦가을 추수이니 먹을 것은 풍족한 일주이나, 천간지지가 칼이고 낫의 형상이라 말로 인한 구설수와 불화가 있을 수 있다. 신유(辛酉)도 간여지동의 일주이니 자기 소신과 주장이 강한데, 늦가을의 고집이니 꺾기가 힘들고 신(辛)금의 기질로 은근히 잘난 척을 잘한다. 한편으로는 금의 성향으로 의리도 있고, 결단력이 강하며, 독립심과 생활력이 강하고, 쉽게 꺾이지 않는 강인한 의지의 소유자이다. 치밀하고 집요하게 목표를 달성하며, 맺고 끊음과 공사(公私)가 분명한 일주이다.

(2) 일간일지의 음양오행 및 관계

영어에 스마트(Smart)란 말이 있다. '똑똑한', '영리한', '깔끔한', '맵시 있는'의 뜻을 가지고 있는데, 바로 신(辛)금이 그러하다. 매사에 정확, 냉정, 깔끔하며, 합리적이고, 이성적인 면이 강하다. 기억력이 좋으며 완성된 보석으로서의 타인에게 그 가치를 인정받고 싶어 하지만, 그렇지 못하면 자존심에 상처를 입게 되고, 오랜 시간이 걸려도 반드시 되갚으려는 경향을 가지게 된다. 경(庚)금이 풋과일의 모습이라면, 신(辛)금은 이미 잘 익어서 떨어지는 과일의 모습으로 분리, 단절, 구분, 차단하려는 기질이 도드라지게 된다.

(3) 일간 기준 십신 관계-차가운 신(辛)금에게는 병(丙)화가 필요하다

일지 유(酉)금은 십신으로 비견이라고 할 수 있다. 유(酉)금은 늦가을이라, 추수가 끝난 대지에는 적막감이 맴도니 쓸쓸하고 고독하다. 비단 신유(辛酉)만이 아니라 유(酉)금을 가진 일주들은 종교(불교) 쪽과 인연이 있다.

인간의 영원히 풀리지 않는 숙제인 고독과 외로움의 해답을 종교에서 찾으려고 한다.

신유(辛酉) 일주는 호불호가 강하고 복수심이 강한데, 비석과 동판에 글자를 새기는 것은 그 의미를 잊지 않으려는 일환으로 경신(庚辛)금은 금속이니 금속에 새긴 내용을 오래 기억하고 각인하니, 금 일간들과 원한을 맺지 않는 것이 좋겠다.

목화(木火)는 순발력이 뛰어나고 암기력도 좋지만, 기억력은 금수(金水)의 기억력에 비해 휘발성이 있다. 목화(木火)는 어린이고, 청년이니 과거의 기억에 연연하기보다는 앞으로의 미래에 대한 것이 중요하지만, 금수(金水)는 중년, 노년이므로 앞날에 대한 생각보다는 과거의 기억을 많이 회상하고 잘 잊지 못한다. 목화(木火)의 여자와 금수(金水)의 남자가 이별하면, 목화의 여자는 금세 잊어버리고 새로운 사랑을 만나지만, 금수의 남자는 추억과 상실감으로 인해 아픔을 딛고 일어나 다시 사랑하는 데 오랜 시간이 걸리는 경우가 많다. 반대라면 더욱 심하다. 가급적이면 좋은 것만 오래 기억하려는 노력이 필요하다. 불행하고, 불쾌하고, 슬픈 기억을 오래 품고 있는 것은 스스로를 망치는 길이다. 대신 고마웠던 기억, 행복했던 기억, 좋았던 추억을 오래 간직하면 좋겠다. 어차피 금 기운이라 기억을 잘하니깐 말이다.

(4) 새 12운성과 새 12신살[체(體)와 용(用)]

신유(辛酉) 일주는 새 12운성으로 태지(胎地)에 해당하는데 예전의 12운성 포태법은 건록(建祿)이었다.

태지는 절지에서 육체 없이 떠돌던 혼이 음과 양이 만나 잉태되어 배 속에서 자라는 형상이다. 막 잉태된 태지의 시기는 티가 나지 않는데, 지하철에 핑크 좌석을 배치하고 임산부에게 임산부를 인증하는 배지를 달게 하는 것은 초기에는 배가 부르지 않아 일반인과 구분이 어렵기 때문이다. 태지의 반대편에는 제왕이 있는데 12운성에서의 음과 양의 모습이 된다. 음과 양은 대등하니 육체적인 활동에서 제왕이 TOP이라면, 정신적인 활동에서의 TOP은 태지가 된다. 태아는 성별을 구분 짓는 이차 성징이 뚜렷하지 않으니 태지를 가진 사람은 이성에 대해 숙맥인 경우가 많다. 아기를 뜻하는 'Baby'에 성별을 부여하지 않은 것은 그런 이유이다.

새 12신살로 유(酉)금은 사유축(巳酉丑) 삼합 기준으로 장성살이 된다. 12운성으로 태지이고, 12신살로 장성살이니 정신적인 분야에서 강하게 쓸 수 있다. 그룹내 깊고 깊은 전략실에서 수뇌부로서 전략을 짜고, 기획을 하며, 마스터 플랜을 진두지휘할 수 있다. 신살로 유(酉)금은 왕지의 글자이니 도화의 성향이 있다. 또한, 유금은 술, 담배, 기호식품으로 통변이 되니 그쪽을 즐기는 경우가 있고, 물상으로 술잔을 의미하니 형충으로 구성되어 있다면 주사(酒邪)가 있는 경우도 있겠다.

'유(酉, 10)-신(辛, 8)=2'가 되는데 양의 수이니 그대로 2가 된다.
1, 2가 짝을 이루는데 자축(子丑)이 되니 신유(辛酉) 일주의 공망은 자축(子丑)이된다.

(5) 새 지장간 분석-일간의 라이프 스타일 분석

신유(辛酉) 일주 유(酉)금의 지장간은 경(庚)-겁재, 신(辛)-비견, 신(辛)-비견을 가지고 있는데 천간이 머문 시간은 한 달을 기준으로 겁재(10일), 비견(10일), 비견(10일)이 된다. 신(辛)금은 음 운동 속의 음간이라서 비겁의 조력을 반기니 비겁 성향이 강하게 나타난다. 일지는 명주의 사생활과 라이프 스타일을 보여 주는데, 비견의 환경에서 비견의 활동을 하고 있다. 비견은 경쟁하고 협동하는 마음인데, 음간이라서 목화처럼 실제로 친구들과 활발하게 움직이지 않을 수도 있다. 시대가 바뀌었다. 정신을 쓰고, 머리를 쓰는 협동과 경쟁도 많다. 음간의 비견, 겁재는 혼자 있어도 혼자 있는 것이 아닐 수 있다. 보이지 않는 실내에서 활동하는 경우가 많은데 혼자 있지만, 실체가 없는 온라인의 세계로 들어가면 무수히 많은 비겁을 만날 수 있기 때문이다.

(6) 배우자, 재물 및 직업 분석

배우자 연은 남자는 비겁이 강하니 처를 극할 수 있고, 여자의 경우는 관성을 밀어내니 남녀 공통으로 배우자와의 관계가 쉽지 않거나 백년해로가 어려운 일주이다. 여자는 가장으로 가계를 책임지는 경우도 많은 편이다. 궁합을 볼 때 서로의 대운이 중요한데 남자는 대운이 비겁운으로 흐르면 재성을 극하니 좋지 않고, 여자는 식상운으로 흐르면 관성을 극하고, 비겁운으로 흐르면 관성에 저항하니 어려움이 있다.

간여지동 일주를 가진 분들은 배우자와의 관계에서 더 세심한 배려와 양보를 하는 것이 좋다. 지금은 아니더라도 한때는 정말 사랑해서 결혼한 하나뿐인 나의 사랑이 아니었던가? 51번째 갑인(甲寅) 일주부터 시작하여 을묘(乙卯), 마지막 계해(癸亥)까지 계속해서 간여지동 일주의 배우자 연을 쓰다 보니 그런 생각이 들었다. 서로 부딪치고 힘들고 짜증 날 때, 처음 결혼할 때의 사랑했던 마음과 설렘을 한 번 떠올려 보길 부탁드린다.

〈아프리카 가나에서 이혼할 때는 결혼식 때 입었던 복장을 입고 와야 이혼을 허락해 준다고 해서
유명해진 페이크 사진이 있는데, 많은 사람이 실제로 믿기도 해서 더욱더 유명해진 사진이다〉

　직업적으로는 금속, 보석 세공, 철거, 재건축이나 금 기운을 잘 쓸 수 있는 무관 직업, 비견 겁재를 잘 활용할 수 있는 자격증 있는 전문직(의사, 치과기공사, 치과의사)이 좋다. 태지이니 조직 속에서 보호받는 것이 좋다. 간여지동이라도 음간이라 뻣뻣함이 덜하니 직장 생활이 좀 더 수월하고 금 기운이라 현실감각이 뛰어나다.

(7) 천간합극 및 형충회합파해 원진

- 천간합: 병신합-수(丙辛合水)-합하여 합화가 안 되는 경우가 대부분인데 지지에 수의 세력이 강하면(월지 포함-삼합, 방합의 경우) 합화가 되어 새로운 수가 나올 수 있다. 여자친구가 있는 남자가 또 여자친구가 생기고, 자격증이 많은 사람이 또 자격증을 따고, 땅이 많은 사람이 또 땅을 사는 것을 생각하면 이해하기 쉽다.

- 천간극: 천간의 정(丁)화가 신(辛)금을 극한다. 신(辛)금의 입장에서는 정(丁)화가 편관이 되기 때문이다. 이미 완성체인 신(辛)금이 정(丁)화의 화 기운을 받으면 녹기 쉽고 본래의 형체를 잃어버리게 된다.

- 지지합: 진유(辰酉)합(육합), 삼합-사유축[巳酉丑, 용(用)-금(金)의 운동], 방합-신유술[申酉戌, 체(體)-금(金)의 운동]

7. 육십갑자(六十甲子) 일주 분석- 새로운 육십갑자 일주론을 시작하며

- 지지충: 묘유(卯酉)충, 원진: 인유(寅酉)원진(원진이 강한 편이다), 자형: 유유(酉酉)형
- 지지파: 자유(子酉)파 - 지지해: 유술(酉戌)해

(8) 신축년(2021년) 포함 4년의 운세 팁(Tip)-사주의 핵심은 운을 보는 것이다

신유(辛酉) 일주의 신(辛)금 일간은 신축(辛丑)년(2021년)에 축(丑)토에서 새 12운성으로 관대(冠帶)가 되니, 힘 있는 모습이다.

관대의 의미는 성년이 되거나 관직에 나갈 때 쓰는 사모관대에서 유래되었다. 의욕이 넘치지만, 경험이 부족하여 시행착오를 겪을 수 있으니 어두운 거리를 희미한 달빛에 의지하여 걷는다는 월살(月殺)에 비유하기도 한다. 희미하니 조심하여 걷고 처신하면 좋을 것이다.

천간으로 들어오는 신(辛)금은 신(辛)금 일간에게 비견이 된다. 비견은 나와 경쟁, 협력하고 지원해 주는 동료의 모습이고, 나의 생각, 의지, 고집의 모습이기도 한데, 축토에서 관대의 모습이니 어깨에 더욱 힘이 들어가게 된다. 지지로 들어오는 축(丑)토는 신(辛)금 일간에게 편인이 된다. 유축(酉丑) 반합의 모습인데, 축(丑)토는 고지(묘지)이고 전환기의 토라 한 박자 호흡을 가다듬으면서 점검하는 게 좋겠다.

신(辛)금 일간은 2022년에 건록, 2023년에 제왕, 2024년에 쇠지의 모습으로 맹활약하는 시기이다.

물론 세운의 상승과 하강은 대운이라는 기준 안에서 살펴야 한다. 음간인 신(辛)금은 안에서, 실내에서, 드러나지 않게 활동하는 것이 좋다. 산사에 있어야 할 스님이 속세로 나와 재물과 인기를 추구하면 낭패를 볼 수 있다.(혜민 스님) 음지에서 타인을 돕고 헌신해야 할 사회운동가가 권력을 추구하면 구설수에 오르고 과거의 행적들이 백일하에 드러나게 된다(정의연의 윤미향 의원).

59) 새로운 임술(壬戌) 일주 분석

(1) 자연물상/동물상

　임술(壬戌) 일주의 임(壬)수는 검은색이고, 술(戌)토는 개이니 까만 개다. 한밤중에 주인의 집을 지키는 개이니 충성스럽고, 책임감이 강한 편인데 하염없이 주인을 기다리고 있으니 처량하기도 하다.

　또한, 산 위의 호수의 물상이다. 하늘에 맞닿아 있으니 영감이 뛰어나다. 고대인들은 술(戌)월이 되면 모든 것이 죽어서 하늘로 올라가고, 하늘에서 상제의 명령을 받아서 해(亥)월에 내려와서, 자(子)월에 잉태하고, 축(丑)월에 배양하여, 인(寅)월에 탄생한다고 봤다. 그래서 술(戌)월과 해(亥)월을 '천문(天門)'이라고 하여 하늘로 올라가고 내려오는 월로 생각했다. 일지 편관으로 무관 직업(군대, 경찰, 검찰) 등이 유망한데, 용맹스럽게 지키고 보호하는 개의 형상이라 술(戌)토는 더욱 그렇다.

　사주의 구성이 잘되어 있으면 무관 직업에서 성공하고, 격이 낮고 구성이 안 좋으면 깡패나 건달의 삶을 살아가기 쉽다. 검사와 마피아는 같은 편관인데, 검사는 낮의 법을 지배하고, 마피아는 밤의 법을 지배할 뿐이다. 둘 다 같은 편관의 환경속에서 긴장하고, 쫓고 쫓기며, 협박하고, 위협하는 등, 서로 악다구니를 쓰면서 살아갈 뿐이다.

7. 육십갑자(六十甲子) 일주 분석- 새로운 육십갑자 일주론을 시작하며

(2) 일간일지의 음양오행 및 관계

일간 임(壬)수는 큰물이니 조용히 흐른다. 침착하고 과묵하다. 물은 다른 물과도 섞이니 융통성이 좋고, 타인과 시비를 벌이지 않는다. 방해물을 만나면 돌아가거나 넘어가니, 환경 적응력이 좋고, 사교성이 있으나, 깊은 물이니 속내를 알 수가 없다. 작은 물이 들어와도 합치니 포용력이 좋고, 음 중의 음이니 감추고, 저장하며, 압축하여 작게 만드는 일을 잘한다.

음간은 보통 양간에 비해서 보수적이다. 확산하고 관계를 넓혀가는 양간에 비해, 수축하고 응축하는 음간은 훨씬 보수적이다. 이에 반해 임(壬)수, 계(癸)수는 훨씬 진보적이고, 새로운 변화를 추구하는데 그것은 수의 기운을 마지막으로 새로운 목의 기운이 생겨나기 때문이다. 이 중에서도 계(癸)수는 더욱 그러한데 봄을 열어가는 식상의 기운을 품고 있기 때문이다.

(3) 일간 기준 십신 관계 – 편관의 원국에 있을 때와 운으로 들어올 때

임술(壬戌)의 일지 술(戌)토는 편관이라고 할 수 있다. 편관은 음양오행에 따라서 10개로 나누어지고, 원명에 있는 편관(타고난-'born', 자연의-'natural')과 운에서 오는 편관(후천적인-'acquired', 학습된-'learned')으로 나누어지니 세분하면 11개의 편관이 된다. 원명에 없는 무관 사주인데 대운으로 편관이 오면 남의 눈을 의식하고, 체면을 차리려 하고, 법과 질서를 잘 지키면서, 안 하던 일을 하기도 한다. 그러다가 대운이 지나가면 다시 무관성으로 되어, 내 멋대로, 내 기분대로 행동하려고 하고, 원래 스타일 대로 돌아가는 경우가 있다. 대운은 10년에 걸쳐서 서서히 오고, 정관, 편관의 관살운이 20년에 걸쳐서 시나브로 오기 때문에 쉽게 체감하기가 어렵다. 사주에 관살이 잘 구성되어 있는데, 대운으로 또다시 관살 운이 오면 중첩된 관살의 영향으로 사람이 매사에 눈치를 보고, 주위를 의식하며, 소심해지게 되는데, 대운으로도 중살, 중관, 관살혼잡의 현상이 생기기 때문이다.

(4) 새 12운성과 새 12신살[체(體)와 용(用)]

임술(壬戌) 일주는 새 12운성으로 관대(冠帶)에 해당하는데 양간이니 예전의 12운성 포태법도 관대(冠帶)로 같다. 일지 술(戌)토는 병(丙)화의 고지(묘지)가 되는데,

병(丙)화와 함께 가는 계(癸)수와 무(戊)토에게도 같이 적용된다.

병(丙)화는 천간 중에서 팽창하고 확장하려는 대표적인 양간인데, 술(戌)토는 이 병(丙)화의 입묘지이니 자기 절제, 자기 통제가 강한 일주라고 할 수 있겠다.

새 12신살로 술(戌)토는 인오술(寅午戌) 삼합 기준으로 화개살이 된다. 관대의 모습(用)으로 신입사원처럼 힘 있고 의욕 넘치게 활동하는데 그것이 화개살(體)이니, 종교, 철학, 인문학, 활인업 등에 쓰면 가장 좋고, 은행, 호텔, 도서관, 물류, 창고, 저장 등으로 쓴다면 차선이 된다.

신살로는 임술(壬戌)은 괴강살에 해당하여 한 성격 하고, 붙으면 끝장을 보려 한다. 또한, 백호살이기도 하다.

괴강이나 백호는 모두 지지가 모두 진술축미로 구성되어 있으니, 각 계절의 토(土)의 모습으로 폭발적인 잠재력을 가진다. 합으로 구성되면 덜하고, 형충이면 괴강과 백호의 성향이 잘 드러나는데 운동선수, 무관 직업, 활인업 등 직업적으로 쓰면 좋은데 지기 싫어하는 프로의 기운이기 때문이다.

술(戌, 11)-임(壬, 9)=2가 되는데 양의 수이니 그대로 2가 된다.

1, 2가 짝을 이루는데 자축(子丑)이 되니 임술(壬戌) 일주의 공망은 자축(子丑)이 된다.

(5) 새 지장간 분석-일간의 라이프 스타일 분석

임술(壬戌) 일주 술(戌)토의 지장간은 신(辛)-정인, 정(丁)-정재, 무(戊)-편관을 가지고 있는데 천간이 머무는 시간은 한 달을 기준으로 정인(9일), 정재(3일), 편관(18일)이 된다. 지장간이 정인, 정재, 편관으로 구성되어 있다.

일지는 명주의 사생활과 라이프 스타일을 보여 주는데, 편관의 환경에서 정재의 활동을 하고 있다. 정재의 활동으로 얻은 재성을 사회적 체면과 위신, 자존심을 세우는 데 쓰고 있으니 실속이 없겠다. 지지에서 재생살이 생겨나는 모습이라 스트레스가 많은 모습인데, 과도한 목표 설정과 욕심은 금물이다.

7. 육십갑자(六十甲子) 일주 분석- 새로운 육십갑자 일주론을 시작하며

(6) 배우자, 재물 및 직업 분석

임술(壬戌)은 괴강살이고 일지 편관이니, 부부의 관계가 좋은 편은 못 된다. 여자는 집안에서 가장의 역할을 하려고 하니 남편과 충돌이 있고, 남편에게 지지 않으려고 하며, 남자는 괴강살과 백호가 함께하니 무관 직업 쪽으로 꾸준히 가면 성공할 수 있다. 지장간에 신(辛)금 정인도 함께하니 높은 자리까지 올라갈 수 있겠다. 직업적으로는 무관 직업(괴강살), 의료업(백호살), 회계 및 금융 업무(고지의 영향), 종교, 문화, 예술, 활인업, 큐레이터, 도서관 사서(화개살) 등과 인연이 있겠다.

(7) 천간합극 및 형충회합파해 원진

- 천간합: 정임합-목(丁壬合木)-합하여 합화가 안 되는 경우가 대부분인데 지지에 목의 세력이 강하면(월지 포함-삼합, 방합의 경우) 합화가 되어 새로운 목이 나올 수 있다.
- 천간극: 천간의 무(戊)토가 임(壬)수를 극한다. 임(壬)수의 입장에서는 무(戊)토가 편관이기 때문이다. 천간의 극은 스트레스를 의미한다. 천간론 에서는 무(戊)토와 임(壬)수가 있으면 태백산맥과 동해바다의 모습으로 좋게 봤는데, 둘 다 양간이니 스케일을 크게 본 것이다. 서로의 기운이 백중세면 좋은 모습이다.

- 지지합: 묘술(卯戌)합(육합), 삼합-인오술[寅午戌, 용(用)-화(火)의 운동], 방합-신유술[申酉戌, 체(體)-금(金)의 운동]
- 지지충: 진술(辰戌)충, 원진: 사술(巳戌)원진(원진이 약한 편이다), 삼형: 축술미(丑戌未)
- 지지파: 술미(戌未)파 - 지지해: 유술(酉戌)해

(8) 신축년(2021년) 포함 4년의 운세 팁(Tip)-사주의 핵심은 운을 보는 것이다

임술(壬戌) 일주의 임(壬)수 일간은 신축(辛丑)년(2021년)에 축(丑)토에서 새 12운성으로 쇠지(衰地)의 모습이다.

제왕의 자리에서 막 내려온 모습으로 여전히 힘이 있고, 노련한 모습인데, 자(子)년 제왕에서 맹활약한 임(壬)수는 축(丑)년에도 여전히 힘이 있지만, 기세가 한풀 꺾인 모습이다.

천간으로 들어오는 신(辛)금은 임(壬)수 일간에게 정인이 된다. 천간의 임(壬)수와 신(辛)금은 가깝고 좋은 관계인데, 정인이 들어오니 취업, 진학, 승진, 합격 등에 유리하게 작용한다. 또는 윗 사람의 간섭이 있을 수도 있다. 지지로 들어오는 축(丑)토는 임(壬)수 일간에게 정관이 된다. 일지 술(戌)토 편관과 만나 축술(丑戌)형의 모습인데, 직장, 업무, 재판 등에서의 조정, 수정, 수리, 수선, 치료 등을 의미한다. 충과 형에서 조정되는 것은 원국의 글자가 된다.

임(壬)수 일간은 2022년에 병지, 2023년에 사지, 2024년에 고지(묘지)의 모습으로 점차 하강 운으로 가고 있다. 물론 세운의 상승과 하강은 대운이라는 기준 안에서 살펴야 한다.

겨울의 대장인 양간 임(壬)수가 힘이 강해지면 세상은 온통 겨울이고, 밤이 되며 만물이 작아지고 응축된다. 허세와 과장이 사라지고, 내실과 실속이 생기는데, 쭉정이와 알곡이 골라지는 시기이다. 기업으로는 구조조정의 시기이며, 경쟁력이 약하고 실속이 없는 자영업자들이 문을 닫게 된다.

인묘진(寅卯辰)으로 봄이 오면 다시 상승, 확산의 기운이 생기는데, 겨울의 구조조정을 이겨낸 기업과 내실과 경쟁력을 갖춘 자영업자들은 기지개를 켜며 빠르게 성장할 수 있을 것이다.

60) 새로운 계해(癸亥) 일주 분석-끝, 그리고 새로운 시작

7. 육십갑자(六十甲子) 일주 분석- 새로운 육십갑자 일주론을 시작하며

(1) 자연물상/동물상

계해(癸亥) 일주는 계(癸)수도 물이고 해(亥)수도 물이니 사방이 온통 물바다이고, 물결치는 물상이며, 끝없이 펼쳐진 바다의 형상이다. 천간지지가 같은 수 기운이니 간여지동 일주이며, 간여지동의 성향으로 고집도 은근히 강하며, 자기주장도 은근히 있다. 같은 간여지동이라고 해도 대 놓고 강하며 당당히 자기주장을 내세우는 양간인 임자(壬子)와는 다르다. 목화금의 간여지동 일주보다는 융통성이 있다. 토(土)와 수(水)는 서로 잘 섞이는 기운으로 조화와 균형을 중시한다. 음양은 상대적이니 임자(壬子)가 상대적으로 계해(癸亥)에 비해 고집과 자기주장이 강하다는 것이지, 병오(丙午)나 경신(庚申)에 비하면 융통성이 있고 타협적이다.

지장간을 보면 뚜렷해지는데 임자(壬子) 일주의 자(子)수의 지장간은 임계계(壬癸癸)로 수 기운만 있어서 타협의 여지가 없지만, 계해(癸亥) 일주의 해(亥)수에는 무갑임(戊甲壬)의 다른 오행이 섞여 있어 타협과 합의의 여지가 있는 것이다. 계해(癸亥) 일주는 강한 수 기운이라서 사주 내 다른 곳에 목화의 기운이 적다면 외롭고 고독할 수가 있는데, 수 기운이 침묵, 휴식, 고요, 한적함, 적막, 죽음을 상징하는 오행이기 때문이다.

(2) 일간일지의 음양오행 및 관계

일간 계(癸)수는 『삼명통회』에서 봄비로 표현했다. 흔히 임(壬)수를 강물이나 저수지처럼 고여 있는 물을 상징하고, 계(癸)수는 흐르는 물을 상징한다. 생명을 키우는 깨끗한 생명수이고, 옹달샘이며, 흐르는 계곡물의 물상이라, 수생목하는 작용을 잘한다. 모성애가 강하고, 식신의 성향이 강하게 나오니 베푸는 성정이라 자식에게 목을 매는 경우가 많다.

계(癸)수는 겨울이면서 봄을 지향하는 이중성을 가지니 소녀의 마음과 같아서 여리고 상처받기 쉽다.

어두움과 밝음이 같이 공존하니 감정 기복이 심한 편이다. 작은 물이니 섬세하고, 재치도 있으며, 식상의 기운이 섞여 있어 발랄하고, 유머러스하며, 명랑하고, 순발력도 좋으나, 때론 잔머리를 굴리기도 한다. 깊은 침잠의 임(壬)수에서 한발 나아가 수생목하면서 새 생명을 키우니 활기가 넘친다. 생활력도 강하고, 어려운 환경도 잘 극복하며, 주변의 인맥과 환경을 잘 활용하는 편이다. 그로 인해 간혹 이기적이란 소리를 듣기도 하지만, 밉상이 아닌 분위기메이커인 경우가 많다.

(3) 일간 기준 십신 관계-겁재, 삶의 끊임없는 경쟁과 투쟁

일지 해(亥)수는 겁재에 해당한다고 할 수 있다. 겁재는 비견에 비해 에너지 소모가 더 많은 십신이다.

식신보다 상관이 그렇고, 정재보다 편재가 그렇듯이 더 많은 에너지가 들어가게 된다.

겁재, 상관, 편재는 활동력도 더 크고, 더 파워풀하다. 비견도 재를 가져가지만, 겁재만큼은 아니다. 사주 내 시주(時柱)에 겁재가 있다면 반드시 말년에 큰 투자나 사기, 대여 등으로 손재수가 있을 수 있다. 그런데 꼭 사기나 투자 실패만을 뜻하는 것이 아니고, 자식을 위한 교육비, 결혼 자금, 주택 구입, 사업 자금 역시 겁재에 해당하는데, 자연은 눈이 없으니 나의 재성이 나가는 기운만을 감지할 뿐이다. 자식을 위한 겁재이니 알면서도 당하고, 기쁘게 받아들이기도 한다.

(4) 새 12운성과 새 12신살[체(體)와 용(用)]

계해(癸亥) 일주는 새 12운성으로 절지(絶地)에 해당하는데 예전의 12운성 포태법은 제왕(帝旺)이었다.

계(癸)수와 임(壬)수는 수 운동에서 음양의 모습으로 서로 역할이 다르기 때문에, 해자축(亥子丑) 겨울에 임(壬)수가 맹활약할 때, 계(癸)수는 쉬고 있다. 임(壬)수가 건록의 시기에, 계(癸)수가 절지가 되고, 임(壬)수가 제왕에 있을 때, 계(癸)수는 태지로 비로소 활동을 시작한다. 사람들이 음과 양은 다르다는 것을 분명히 알고 있고, 수 운동에서 임(壬)수가 양간이고, 계(癸)수가 음간임을 알고 있지만, 오랜 세월 동안 오행 중심의 이론과 통변으로 인해 음양의 차이를 미처 깨닫고 있지 못하고 있으니 안타까운 생각이 든다. 고정관념이라는 것이 이렇게 무섭다.

새 12신살로 해(亥)수는 해묘미(亥卯未) 삼합 기준으로 지살이 된다. 절지의 모습이니 혼과 육체가 끊어진 모습으로 육체적인 활동이 극도로 약해지지만, 반면에

7. 육십갑자(六十甲子) 일주 분석- 새로운 육십갑자 일주론을 시작하며

정신적인 영역이 극대화되는데, 지살이니 활발하게 움직이고 이동하는 모습이다. 실제의 움직임일 수도 있고, 머릿속이 바쁘게 움직이는 모습일 수도 있다. 해(亥)수가 절지이니 먼 타향, 해외에서 성공하는 경우가 많다.

'해(亥, 12)-계(癸, 10)=2'가 되는데 양의 수이니 그대로 2가 된다.

1, 2가 짝을 이루는데 자축(子丑)이 되니 계해(癸亥) 일주의 공망은 자축(子丑)이 된다.

(5) 새 지장간 분석-일간의 라이프 스타일 분석

계해(癸亥) 일주의 해(亥)수 지장간은 무(戊)-정관, 갑(甲)-상관, 임(壬)-겁재를 가지고 있는데 천간이 머무는 시간은 한 달을 기준으로 정관(7일), 상관(7일), 겁재(16일)가 된다. 지장간 내 상관견관 모습이 나오고, 계(癸)수는 음간이라서 겁재를 반기니, 겁재의 성향이 잘 드러난다. 일지는 명주의 사생활과 라이프 스타일을 보여 주는데, 겁재의 환경에서 상관 활동을 하고 있다. 임(壬)수의 겁재이니 두뇌 플레이를 즐기고, 머리 쓰는 게임이나 시합을 즐긴다. 갑(甲)목 상관은 겁재와 음양이 같으므로 나에게는 상관이지만 겁재에게는 식신이 되는데, 일간(비견)을 표현하는 것이 아니라 겁재를 대변하니 오지랖이 넓은 모습이다.

(6) 배우자, 재물 및 직업 분석

여자는 계(癸)수 일간과 해(亥)수의 지장간 무(戊)토 정관과 무계(戊癸)로 반명합을 하고는 있지만, 일지 지장간에서 상관견관을 하고 있어서 배우자 연이 좋다고 볼 수 없다. 남자의 경우도 마찬가지로 일지 겁재라서 재를 극한다. 사주 주변에 화기운이 강하거나, 수 기운을 제어할 수 있는 토 기운이 강하다면 이야기는 달라진다. 비겁이 강하면 재성을 극하는데, 남자는 양의 속성으로 선천적인 바람둥이 기질을 DNA로 가지고 있지만, 여자는 음의 속성으로 여간해서 바람을 피우지 않는다. 바람을 피웠다면 남자의 바람에 맞바람으로 대항하거나, 남성의 유혹에 소극적으로 넘어간 경우이지, 먼저 나서서 적극적으로 하는 경우는 드물다. 여자를 옹호하는 것이 아니라 음양의 속성이 그러하다는 뜻이다.

간여지동 남자 중에 아내를 잘 챙기고 알뜰하게 보살피는 경우를 실제 사주간명에서 보는데, 대부분 사주에서 간여지동의 강한 기운을 제어하거나 실기하는 기운이 갖춰진 경우가 그렇다. 그때는 자기주장이 강하고 강한 신념으로 아내를 챙기니 좋은 관계를 유지하곤 한다.

직업적으로는 역마성 직업과 정신 분야의 전문 기술 및 자격증, 실버산업, 요양 산업, 물과 관련된 사업도 좋다. 겁재가 강해 직장 생활에는 어려움이 있으니, 자기 사업 또는, 전문 자격증이나 전문 기술을 가지고 직장 생활을 하는 게 좋을 것이다. 물론 사주 내에 토 기운의 관성이 강하다면, 신왕관왕(身旺官旺)의 모습으로 직장에서도 높은 자리까지 올라간다.

(7) 천간합극 및 형충회합파해 원진

- 천간합: 무계합-화(戊癸合火)-합하여 합화가 안 되는 경우가 대부분인데 지지에 화의 세력이 강하면(월지 포함-삼합, 방합의 경우) 합화가 되어 새로운 화가 나올 수 있다.
- 천간극: 천간의 기(己)토가 계(癸)수를 극한다. 계(癸)수의 입장에서는 기(己)토 가 편관이 되기 때문이다. 운으로 계(癸)수가 들어오면 일간이 강해지니 기(己) 토의 극함이 약해져서 정관과 같아진다.
  반면에 기(己)토가 들어오면 편관이 강해지니 살(殺)로써 작동할 수 있을 것이다. 천간의 계(癸)수 옆에 편관 기(己)토가 있어도 어떤 글자가 운으로 들어오는가에 따라서 그 극함이 달라진다.

- 지지합: 인해(寅亥)합(육합), 삼합-해묘미[亥卯未, 용(用)-목(木)의 운동], 방합-해자축 [亥子丑, 체(體)-수(水)의 운동]
- 지지충: 사해(巳亥)충, 원진: 진해(辰亥)원진(원진이 강하다), 자형: 해해(亥亥)형
- 지지파: 인해(寅亥)파 - 지지해: 신해(申亥)해

7. 육십갑자(六十甲子) 일주 분석- 새로운 육십갑자 일주론을 시작하며

(8) 신축년(2021년) 포함 4년의 운세 팁(Tip)-사주의 핵심은 운을 보는 것이다

계해(癸亥) 일주의 계(癸)수 일간은 신축(辛丑)년(2021년)의 축(丑)토에서 새 12운성으로 양지(養地)가 된다.

양지는 이제 막 출산을 앞둔 아이의 모습이다. 자체적인 힘이 약하니 부모와 주변의 도움을 받으면서 앞날을 준비하고 계획하는 시기가 된다.

천간으로 들어오는 신(辛)금은 계(癸)수 일간에게 편인이 되는데, 일간이 약하다면 도움을 받을 수 있다.

인성의 의미는 윗사람으로부터 내려받는 모든 것을 의미하는데, 힘이 약하면 정인이건, 편인이건 도움이 되기 때문이다. 반면에 일간이 강하다면 별 도움이 안 되고 방해가 되기도 하는데, 인성은 내가 하고 싶은 것을 하려는 식상을 극하기 때문이다. 지지로 들어오는 축(丑)토는 계(癸)수 일간에게 편관이 된다. 일지 해(亥)수 겁재와 격각이 된다. 방합의 일원인데 왜 격각이 되는 걸까? 역시 지장간을 보면 알 수 있다. 해(亥)수는 체로는 수(水)지만 하는 일은 목(木)의 활동을 하고, 축(丑)토는 체로는 토(土)나 수(水)이지만 하는 일은 금(金)의 활동을 하니 금극목으로 충돌하는 것이다. 격각을 다른 말로 작은 충이라고 하는 이유는 그러하다.

계(癸)수 일간은 2022년에 장생, 2023년에 목욕, 2024년에 관대의 모습으로 점차 상승 운으로 가고 있다. 물론 세운의 상승과 하강은 대운이라는 환경 안에서 살펴야 한다. 음 운동을 하는 중에 음간이니 상승 확산하는 운동을 한다. 음간이니 드러나지 않는 내부에서 활동하는 것이 좋고, 같은 음 운동 속의 음간인 신(辛)금보다 더 확산, 더 상승하게 된다. 격의 고저를 통해서 자신의 분(分)을 알고, 양간과 음간을 통해서 드러남과 감추어짐을 느끼며, 새 12운성을 통해서 내가 현재 있어야 할 곳(포지셔닝)을 인지하고, 십신을 통해서 어느 쪽의 역량을 키울 것인가를 안다면 삶은 자연스럽고 평탄하며 행복할 수 있을 것이다.

육십갑자 일주 분석의 초안은 2019년 3월에 하루에 한 개씩 집필하여 5월에 종료했습니다. 이후 약 1년 6개월이라는 시간이 지난 뒤 수정과 추가할 부분이 생겨나서 새로운 일주 분석이라는 제목으로 다시 쓰게 되었습니다. 새 12운성의 재해석, 새 12신살(일주 기준)의 적용, 혁명적인 근묘화실 관법에 의해서 미혼인 분들의 일주를 월주로 해석, 천간의 극(剋)의 해석 부분, 4년간의 세운 분석 등이 새롭게 추가되었습니다.

일주 분석을 기본 형태로 하여 명리학의 기본적인 이론인 물상론, 음양오행, 십신, 새 12운성, 새 12신살, 공망, 천간합극 및 형충회합파해, 일지 지장간 분석을 통한 라이프 스타일 분석과 4년간의 입체적인 세운 분석 등 종합적인 백과사전 스타일로 집필하게 되었고, 내용 중에 반복된 부분은 중요한 부분이거나 강조를 위해 그대로 쓴 것이니 독자 여러분의 양해를 바랍니다.

『명리 혁명(The Revolution) 심화 편』은 일주 분석을 마지막으로 마치며, 2023년 3월에 출간 예정인 제3부 『명리 혁명 리로드(The Reload)』로 다시 찾아뵙도록 하겠습니다. 『명리 혁명 리로드(The Reload)』는 기존의 명리 이론에 대한 비판과 재해석 및 새로운 대안 제시를 중점으로 저술하였습니다. 근묘화실관법, 새 12운성의 심화 및 임상, 입춘세수와 동지세수의 이론 정립과 실전 임상 사례, 경계시의 정리, 신살의 근거이론 제시 및 십신의 정신분석이론 분석 및 재미있고 유익한 에피소드로 구성될 예정입니다. 앞으로도 많은 기대와 관심 부탁드립니다.

부록

명리 에피소드
(The Episode)

명리학이 우리에게 들려주는 5가지 조언

첫째, 자기 팔자를 남의 팔자와 비교하지 말 것을 조언해 준다.

서로의 사주팔자가 다르니 서로 다른 삶을 살아간다. 이에 좋고 나쁨이 없다. 각자의 팔자에 맞게 살면 행복하다. 자기의 팔자와 다른 삶을 사니 고단하고 힘들어진다. 대기업 회장의 팔자를 부러워할 수는 있지만, 막상 그 위치에 서면 그 무게를 감당해내지 못하고 좌절한다. 사주팔자는 자기 그릇에 맞는 격과 무게를 부여한다.

둘째, 남의 팔자에 간섭하지 말라고 한다.

내가 잘나가고 성공하니 너도 나같이 해 보라는 투의 말은 의미가 없다. 서로의 사주팔자가 다르니 자기에게 맞는 방식이 타인에게도 맞을 수는 없다. 잘 알지 못하면 간섭하지 말고, 잘 알아도 요청하지 않으면 간섭하지 않는 것이 좋겠다. 특히 자식의 팔자에 대해 태어나는 날부터 하나하나 간섭하여 진학, 취직, 결혼까지 간섭하는 부모는 자식의 인생을 망치는 모자멸자(母慈滅子, 모친의 자애로움이 자식을 망친다)임을 명심해야 할 것이다. 부모와 본인의 삶이 달랐듯이, 본인과 자식의 삶은 다르며, 자식의 팔자와 삶은 자식의 것이다.

셋째, 절정에 오르면 반드시 내려가고, 바닥을 치면 반드시 올라간다는 것을 알려준다.

가을철 단풍은 아름답게 보이시만, 사실 늙어 가고 있는 것이다. 실로 아름답게 늙는 것이 쉽지 않다. 사람 역시 절정에 올랐을 때 이내 내려갈 것을 알고 대비한다면, 그 끝이 참으로 아름다울 것이다.

인생이 바닥을 쳤을 때 좌절하거나 포기하지 않고 다시 올라갈 때를 준비한다면, 그 발복은 훨씬 힘차고 아름다울 수 있다. 자정이 지나서 조금씩 아침으로 가고 있지만, 그 어둠은 더욱 짙어져서 많은 사람이 좌절하곤 한다. 믿음을 가지고 아침을 기다리자. 아침은 변치 않는 운명처럼 우리에게 찾아온다.

넷째, 수성의 시기와 공성의 시기를 알려준다.

새 12운성은 실제 사주간명에 꼭 필요한 용(用)이다. 사실 상담자가 소나무이건, 고사리건, 바위이건, 샘물이건 원국에서 타고난 격과 그릇은 크게 바뀌지 않는다. 상담자가 알고 싶은 것은 미래에 자신이 어떻게 살아갈 것인가가 궁금할 뿐이다.

새 12운성의 병, 사, 묘, 절, 태, 양의 시기는 수성의 시기로 섣불리 행동하지 않고 차분하게 준비하고 계획하며, 장생, 목욕, 관대, 건록, 제왕, 쇠는 적극적으로 움직이며 능동적으로 추진할 것을 알려준다. 공성의 시기의 도래이다.

수성의 시기는 특히, 양간 일주들에게는 고통스럽고 자존심이 상하는 기간일 수도 있다. 그러나 그렇다고 해서 고집과 자존심을 내세워서 밀어붙이면 반드시 패가 난다. 경거망동하지 말고, 새로운 이판을 벌이지 말고, 자중하면서, 지나간 세월을 점검하고 독서, 명상, 전문 공부 등을 하며 차분하게 넘겨 보도록 하자. 새로운 공성 시기가 왔을 때 그간 준비한 것이 큰 위력을 발휘할 것이다.

다섯째, 균형 잡힌 삶이 자연이 바라는 삶이라는 것을 알려준다.

사주에 나오는 삼형(三刑), 상형(相刑), 자형(自刑)의 갖가지 형(刑)은 한쪽으로 치우쳐진 삶을 수정하기 위한 자연의 노력이다. 가정을 소홀히 하고 일만 하다 보면 반드시 형이 다가온다. 휴식 없이 일만 몰두하면 자연은 반드시 형(刑)을 가해서 병원에 입원시키게 된다. 한쪽으로 치우쳐진 삶은 그에 따른 수정을 가하게 되어 있다. 자연의 강제적인 형(刑)에 의해서 수정, 개선되기 전에 스스로 개선하고 수정한다면 참으로 자연스럽고 현명하지 않겠는가!

위의 5가지 조언을 잘 실천한다면 우리의 삶이 더욱더 행복해지지 않을까 생각해 본다.

정관의 직업, 편관의 직업

사주 내 편관이 강할 때 많은 역술인이 편관의 직업을 가지라고 한다.

대표적인 편관의 직업은 어떤 것일까? 많이 알고 있는 군인, 경찰, 검찰, 의료업 등 사람의 생사여탈권을 가지고 있고, 엄격한 명령 체계를 가지고 있는 그러한 직업이다. 정관은 책임감 있게 업무에 임하지만, 편관은 무한 책임을 지고 업무에 임한다.

정관의 성향으로 법과 질서, 규칙을 말하지만, 그것은 상부의 지휘 체계 안에서, 자신의 권한 안에서 지키게 된다. 정관의 매뉴얼과 지휘 체계를 벗어난 갑작스러운 상황이나 사태에는 대처하지 못하고 손을 놓고 있게 된다. 매뉴얼에 없기 때문에 자칫 잘못 행동했다가는 본인에게 불이익으로 다가올 수도 있기 때문이다. 비견 계열의 식신, 정재, 정인이 그렇듯이 정관 역시 일신의 안위, 즉 비견의 안위가 가장 중요하다. 그래서 평상시에는 정관이 잘하지만, 급박한 상황에서는 복지부동을 하며 눈치를 보니, 사태를 조기에 진화하지 못해 국민들에게 욕을 먹게 된다.

반면에 겁재 계열의 상관, 편재, 편인이 그렇듯이 편관은 나보다는 항상 타인을 의식하고, 그들의 의사를 대변하는 경우가 많다. 편관은 그와 다르게 평상시에는 기복이 있어서 정관보다 못한 편이지만, 급박한 상황과 사태에는 대처를 잘한다. 매뉴얼에 없지만 스스로 판단을 하고, 결정을 내려서, 사태를 예방하고, 조기에 진화하려고 한다. 상부에서 지시가 내려올 때면 이미 상황 종료가 되기 때문에 선조치, 후 보고를 하려고 한다. 그런데 일반 공무원 같은 정관스러운 직장에서는 이것이 본인에게 큰 손해가 되고 감봉, 견책, 업무 정지, 심하면 파면 등의 불이익으로 다가오게 된다. 조직이 정한 명령 체계를 따르지 않고 독단적으로 행동했다는 이유 때문이다.

이러한 상황은 앞에서 언급한 편관의 직장에서도 적용된다.

〈낭만닥터 김사부〉에서도 김사부(한석규)는 병원의 매뉴얼과 지휘 체계보다는 환자를 살리기 위해 다소 편법적인 방법을 사용하여 상부와 마찰을 빚게 된다.

〈SBS 드라마 '낭만닥터 김사부'〉

〈와일드카드〉라는 형사 영화에서도 형사(정진영)가 매뉴얼에 따르지 않은 총기의 사용으로 인해서 여러 차례 감찰부로 불려가서 조사를 받는 등 고초를 겪게 된다.

두 캐릭터는 대표적인 편관의 캐릭터다.

〈영화 '와일드카드'〉

낭만닥터 김사부는 말한다. "저는 제 환자 꼭 살립니다. 어떤 상황이고, 어띤 순간에도 꼭 살릴 겁니다."

형사 정진영도 그렇게 말한다. "난 말이야, 다시 그러한 순간이 와도 쐈을 거야, 그게 맞거든."

우리 현실에도 낭만닥터 김사부는 존재한다. 이 사부(이국종 교수) 말이다.

정관이 강하면, 편관 성향이 강한 직장에 들어가도 직접 총을 잡거나 메스를 잡지 않고 경찰 사무직이나, 병원 원내 업무를 보게 된다. 편관이 강하면, 구청이나 주민센터에서 일하더라도 급박한 상황이 오면 슈퍼맨처럼 나서서 온몸을 던져 민원을 해결하려고 한다. 이렇듯이 편관이 강한 분들이라면 대민 업무 쪽이나 복지과의 업무를 맡으시는 것이 좋겠다.

정관도, 편관도 중요하다. 정관은 우리의 일상의 소중함과 편의성을 지켜주고, 편관은 위기와 위험에서 우리를 지키기 위해 온몸을 던지고 있다. 둘 다 소중하지만 그래도 편관은 자신에게 닥쳐올 불이익이나 일신의 보신보다는 몸을 아끼지 않고 급박한 상황과 사태에서 스스로 뛰어들어 온몸을 불태우는 무한한 책임감을 보여 주니 개인적으로는 더욱 감사하게 생각한다.

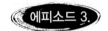

6대운 월지충, 우리는 어떻게 대처해야 할까?

누구나 6대운이 되면 월지충이 구성된다.

다들 걱정이 많고, 어떻게 보내야 할지 걱정하는 경우가 대부분이다.

아는 게 병이라고, 명리를 어느 정도 배우신 분 중에서도 6대운 월지충이 다가오시는 분들은 많이 불안해한다.

월지는 사주팔자의 본부이고, 월지의 계절에 따라서 사주팔자가 운용이 되니 명리학을 다른 말로는 계절학이라고 부르기도 하는데, 그만큼 중요한 자리가 된다. 사회궁을 의미하니, 6대운 월지충이 구성되면 앞으로 사회적인 활동 및 직업, 직장에서의 큰 변화가 찾아온다는 의미다. 충은 월지의 글자와 정반대의 글자가 와서 구성되니, 이전과는 전혀 다른 환경 속에 놓이게 됨을 의미한다.

그러한 의미에서 6대운 월지충에 대해서 살펴보도록 하겠다.

이미 허주는 『명리 혁명(The Revolution) 기초 편』의 '충(冲)은 경쟁력이다' 편에서 미리 대비하고 준비하면 월지충을 남들보다 앞서가는 경쟁력으로 쓸 수 있다고 말씀드렸다.

(1) 직장인의 경우

직장을 다니시는 분들은 대략 월지충이 오는 시기가 정년퇴직 또는, 임금 피크제에 걸리거나 정리 해고가 될 수 있는 시기가 된다. 대략 50세 이후부터 60세 사이에 오기 때문이다.

직장에서 중추적인 역할을 하다가 점차 후배들에게 밀리고 상관의 눈치를 보는 시기가 된다.

10년 대운은 서서히 감지가 되고, 앞으로 변화와 활로를 모색해야 한다는 것을 알려준다.

6대운 월지충이 되었다고 해서 바로 변화가 생기는 것이 아니라, 세운에서 재충(再沖)이나, 원진 등을 구성할 때 그 시기가 된다. 이제는 평생직장의 개념도 사라졌고, 내가 대표가 아닌 이상 언젠가는 떠나야 하는 것이니, 월지충의 대운이 오기 전에 미리 준비해야 하겠다.

관성이 여전히 지지에 흐르고 있다면 자신의 전문성과 경험을 가지고 다른 곳에 재취업하면 좋다. 관성의 기운이 여전한데, 돈을 벌겠다고 퇴직금이나 대출을 받아서 사업하면 흉함이 가득하다. 우리는 그러한 모습을 뉴스나 방송을 통해서 많이 봐 왔다. 특히 관성이 강한 조직(교직, 군대, 공무원)에 계셨던 분이라면 오랜 세월 몸에 배인 관성의 습관으로 인해 서비스업, 유통업 쪽은 특히 불리하다. 예외적으로 사업을 하더라도 관성의 기운을 쓸 수 있는 대기업, 국가기관의 제조 하청 및 조달 업무를 한다면 괜찮다.

식상이 강한데 재성이 흐르거나, 재성이 강한데 식상이 대운으로 흐른다면 개인 사업을 하셔도 무방하다. 대신 6대운 월지충이 오기 전에 미리 연구하고, 창업할 분야에 대한 전문 지식과 시장 조사를 충실하게 하면 좋다. 사주를 떠나서 창업을 짧게 준비하는 분들이 망할 확률이 높다. 짧게는 2년, 길게는 3~4년을 두고 준비하고 계획했다면 성공 가능성을 높일 수 있다. 천간의 글자의 특성을 살펴서 드러나지 않게 작고 실속있게 할지, 드러나고 크고 화려하게 할지 정하면 된다.

식상이 강한데 인성운이 대운으로 들어오는 분들은 제조, 유통, 생산, 판매쪽의 창업보다는 정보, 기술, 컨설팅, 콘텐츠를 활용하고 초기 투자 비용을 최소화시킨 지식 산업, 정보 산업, 콘텐츠 관련 사업이 유망하다.

인성이 강한데 식상 운이 흐르는 경우도 마찬가지이다. 식상이나 재성이 어느 정도 있는데 비겁운이 대운으로 흐른다면 인력을 활용한 프렌차이즈 등 나의 비겁들을 활용한 사업도 좋다. 프렌차이즈, 리쿠르팅, 헤드헌터, 인력을 활용한 영업, 마케팅 조직 등이 괜찮다. 지지에 들어온 비겁들이 나를 위해서 힘차게 뛰어 줄 테니 말이다.

(2) 사업자의 경우

개인 사업자의 경우는 어떨까? 자신이 대표이니 정년퇴직이나, 해고당할 걱정은 없겠다.

그렇지만 사업자의 경우에도 큰 환경의 변화가 온다는 것은 동일하다.

변화에 어떻게 대처해야 할까? 팁(TIP)을 드리겠다.

삼성 그룹은 원래 정미, 제분, 의류 쪽이 주력이었다가, 이건희 회장의 1993년 북경 선언 이후로 스마트폰, 반도체 분야의 IT 사업으로 큰 변화를 주었다. SK는 원래 의류, 자전거, 영상 제작 회사였다가, 1990년대 초 노태우 정권 시기에 통신 분야로 이동하여 현재 1위의 통신 사업 그룹으로 성장했다.

그렇다. 6대운 월지충에서 업종의 변경, 사업의 다각화가 그러한 변화에 대처하는 모습이 된다.

어떤 분야로 변화를 주고, 혁신해야 하는가는 너무 다양한 경우의 수가 있으니 생략하겠다.

참고로 허주는 1년 후에 월지 자(子)수를 충(沖)하는 오(午)화(편관)가 다가오고 있다. 천간에는 병(丙)화(정관)가 온다. 일정한 항로를 따라서 서서히 가까워지고 있음을 느낀다. 허주는 그간 개인 사업(인터넷, 통신분야)을 했으니 직장이나 조직 속에 들어가야 하지만, 사주원국의 지장간에도 화 기운이 한 점 없는 무관성 사주라서 남들에게 쓰이는 것이 용이치 않다. 그래서 대신 스스로 관성을 만들어가고 있다. 카페를 만들고, 블로그를 운영하며, 명리학 관련 사업자를 내고, 허주 명리학회를 추진하고 있다. 그것이 나에게는 관성이 된다. 지지가 사오미(巳午未)의 화(火)의 관성이고, 천간에도 병정(丙丁)화의 관성이 같이 들어오니, 나의 관성은 누구나 볼 수 있는 드러난 관성이 될 것 같다.

변화의 시기에 현실에 안주하면 대운에서 충을 맞고 휘청하게 되어서 몰락하는 기업을 우리는 많이 봐 왔다. 우리는 30년 전 100대 기업 중에서 현재까지 살아남은 기업은 20개도 되지 않는다는 것을 알고 있기 때문이다. 월지층이라는 변화를 앞서서 주도하면 리더가 되고, 마지못해 따라가면 팔로워가 되며, 고집을 부려서 현실에 안주하면 루저가 된다. 가마솥 안의 미지근한 물에 있는 개구리는 가마솥을 뛰쳐나와야 한다. 조금씩 따뜻해지고, 뜨거워지는 심각함을 깨닫지 못한다면 자신도 모르게 솥 속에서 서서히 익어 가게 될 것이다.

여러분은 어떠신가?

리더(Leader)? 팔로워(Follower)? 루저(Loser)? 선택은 여러분의 몫이다.

천간합-두 남자와 한 여자의 사랑 이야기

癸戊戊○

□□□□

무(戊)토 일간인데 월간에 무(戊)토 비견이 또 있는 모습이다. 그리고 시간에 계 (癸)수 정재가 있다.

천간의 비견은 나와 같이 공부하는 친구와 같다. 때로는 100㎡ 달리기의 옆 라인 의 동료 또는 경쟁자와 같다. 서로 치열하게 부딪치고 상대방을 쓰러뜨리지 않으 면 내가 쓰러지는 격투기나 복싱과 같은 겁재와는 다르다. 주로 협력하고 때로는 경쟁하는 모습이 된다. 월간의 무(戊)토 비견은 시간의 계(癸)수 정재와 무계(戊癸) 합을 하고 싶어 하지만 여의치 않다. 일간이 가로막고 있기 때문이다.

두 남자와 한 여자가 있다[계(癸)수-정재, 무(戊)토-일간, 무(戊)토-비견]. 이들 셋은 고 등학교 동창이고 절친들이다. 그리고 두 남자는 여자를 사랑하고 있다. 그리고 여 자도 두 남자를 좋아한다[무계(戊癸)합]. 그래도 두 남자와 결혼할 수는 없으니 여 자는 나[일간 무(戊)토]를 선택하였고 나와 사랑에 빠지게 된다. 다른 한 친구는 아 픔이 있지만 그래도 결혼식에 와서 축하해주고 두 친구의 행복을 빌어준다. 계(癸) 수 여자는 혹시 월간의 비견 무(戊)토와도 사랑에 빠질 수 있을까?

그렇지는 않다. 비견은 겁재와는 다르게 공격성과 쟁취하려는 마음이 약하다. 자신의 친구를 배신하고 자기가 사랑하는 여자를 얻고자 발버둥 치는 것은 겁재이다. 어쩌면 겁재가 자신의 욕망에 충실한 모습일지도 모른다. 하지만 비견은 마음속으로 갈무리하며 실연의 아픔을 달랜다. 친구의 아내 샤롯데를 사랑하게 된 베르테르의 슬픔 같기도 하다.

그냥 그렇게 멀리(시간과 월간 사이)서 바라볼 뿐이고 다가설 수는 없다.

계(癸)수 여자도 그런 월간의 비견 무(戊)토의 마음을 알고 있다. 그래도 인생은 선택이다. 양손에 떡을 쥐고는 아무것도 할 수 없다. 두 남자가 비슷하지만 내가 힘들 때, 내가 필요할 때 곁에 있어 주는 일간 무(戊)토를 선택했고, 자신의 선택이 옳다고 생각한다.

바로 집 앞에 GS25가 있는데 먼 길을 돌아서 세븐 일레븐에 갈 이유는 없다. 편의점의 물건은 대략 비슷하기 때문에 가까운 곳에 있는 편의점이 편하기 때문이다.

사주에는 귀천(貴賤)이 없다

사주에 귀천이 있을까? 누군가는 여전히 사주를 보면서 귀격을 따지고 천격을 따진다.

『자평진전』의 격국용신을 중심으로 보는 역술인들이 그러하다. 『자평진전』은 언제적 책인가? 청나라 시대이니 약 3백 년 전의 시대를 반영한 것이다. 왕족이나 문벌귀족, 벼슬아치들을 귀격으로 보았다.

거기에 나오는 200~300개의 사주 대부분이 그런 신분의 사주이기 때문이다. 높은 벼슬을 하면 귀격으로 보았던 시절이다. 그런데 높은 벼슬을 하면 모두 귀격일까? 개중에는 반란을 획책하거나 뇌물 수수로 목이 달아난 벼슬아치도 있을 것이고, 실제로도 있었다. 그런 것이 귀격일까? 별 의미가 없다. 일반 서민들이나 노비들의 사주는 하나도 없는, 표본이 빈약한 모습이다.

세상의 모든 사람은 소중하다. 세상에 하나밖에 없는 사람이기 때문이다.

생년월일시가 똑같은 사주가 있더라도 모두 다르다. 뭐가 다른가?

그 사람의 부모의 사주가 다르고, 배우자의 사주가 다르며, 자식의 사주가 다르다. 그 의미는 동일한 사주라 하더라도, 서로 다른 환경 속에서 살아간다는 것을 의미한다. 그러니 같은 성향이 있을지라도 같은 인생을 살 리가 없는 법이다.

현대 사회에서 사주를 보며 귀격이니, 천격이니 논하는 것은 사람이 귀한 사람, 천한 사람이 따로 있다는 말과 진배 없다. 여전히 현실 속에서 존재하는 인도의 카스트 신분 제도를 당신은 필요하다고 인정하는 것과 진배없다. 정말 그렇게 생각하는가? 현대를 살아가면서 몇백 년 전의 생각을 품고 있으니 각주구검의 모습과 다를 바 없다.

이런 의견에 누군가 반발할 수도 있다. 현시점에서 약 78억 명의 사람이 살아가는 지구에서 어떻게 그 안에서 천하고 귀함이 없느냐고? 당신의 주장은 비현실적이고, 몽상적인 것이라고 말이다.

그런가? 그렇다면 당신도 78억 인구 중의 하나이니 먼지와 같다. 광활한 우주에서 바라보면 지구는 먼지만큼이나 작아서 보이지도 않는다. 그 안에 사는 당신도 먼지보다 작고, 갠지스강의 모래알처럼 너무 많아 의미가 없다는 뜻이다. 그러나 실제로는 그렇지 않다. 이 지구에서 당신은 오직 한 사람이니 소중하다.

길가에 피어난 풀꽃도 소중하다. 등산로에 굽어진 작은 소나무 하나도 그 존재 가치가 있다. 그러니 당신은 소중하다. 그 자체로 소중하니 귀하고, 천하고를 따지는 것이 무의미하다. 모든 사주는 소중하며, 그러한 사주를 가진 모든 이는 행복할 권리가 있으며, 귀천을 떠나서 한 개체로서 존재하며, 존재함으로써 소중한 것이다. 그렇게 소중한 존재이니 스스로를 존중하고 사랑하며 그러한 마음으로 타인을 존중하고 사랑하면 좋겠다.

타고난 신분과 직업, 권력, 재산에 따른 귀천은 없다. 체(體)로서의 귀천은 존재하지 않는다. 다만 배우고, 느끼며, 선한 본성으로 인격과 품성을 수양하여 나오는 말과 행동을 통한 귀천은 반드시 존재한다. 명리학에서 말하는 용(用)으로서의 개념을 말한다. 광활한 우주 속 먼지처럼 작은 지구 안에서, 수많은 인간 중에서 하나인 당신이 스스로를 먼지처럼 생각한다면, 먼지처럼 살아가면 된다.

하지만 내가 없으면 78억 명의 인간의 존재는 무의미하며, 지구가, 우주가 무슨 소용이 있을까? 내일 아침에 해가 서쪽에서 뜬다 한들 무슨 의미가 있을까?

부처님이 말한 천상천하 유아독존의 의미를 되새겨 보길 권한다.

스스로를 귀하게 생각하지 않는 사람이 어찌 타인을 귀하게 생각하겠는가?
스스로를 사랑하지 않는 사람이 어찌 타인을 사랑할 수 있겠는가?

명리 혁명(The Revolution) 심화 편

여자에게 관살혼잡이 주는 삶의 의미(직업)

　여자의 사주에 정관, 편관이 천간지지에 섞여 있는 것을 관살혼잡이라고 한다.

　역술인들은 관살이 혼잡되어 있으면 대부분 좋지 않게 감명한다. 물론 나 역시 좋게 감명하지는 않는다. 단지 관살이 혼잡되어 있어서 좋지 않다는 것이 아니라, 한 오행과 십신이 많고 강하면 반드시 반대편의 오행이나 십신이 어려움을 겪게 되니 음양의 조화가 깨지기 때문이다.

　여자분에게 정관, 편관은 체(體)로는 남자가 되고, 용(用)으로는 직장이 되는데 오늘은 용(用)에 대해서 먼저 설명해 보기로 하겠다.

戊壬甲□　27세 여명 기혼 대운

□午辰丑　　　　　　　未

　진(辰)월에 태어난 임(壬)수 일간인데 사주 내에 정관과 편관이 많은 모습이다.

　월지 진(辰)토가 편관이고, 년지 축(丑)토가 정관이 된다. 시간에 무(戊)토 편관이 있는데, 진(辰)월에서 관대가 되니 힘이 있는 모습이다. 관살을 남자로 볼 것인가, 직장으로 볼 것인가의 명확한 구분은 없다.

　그리고 나를 통제하고 간섭하면서 보호하려는 관성의 기운은 남자로도, 직장으로도 다 나타날 수 있다. 에너지의 총량은 일정하니 어느 한쪽이 강하다면 다른 한쪽이 덜할 뿐이다.

　이분은 요즘 시대에 비교적 일찍 결혼하셨으니 체(體)로서의 관살혼잡의 모습은 줄어들게 될 것이다. 즉, 기혼이니 대시하고 접근하는 이가 줄어드는 것을 의미한다. 하지만 그 기운이 사라지는 것이 아니니 여전히 상존한다. 남자분들이 많은 직장에서 근무하게 되면 물상대체도 가능하다.

배우자가 있으니 관살혼잡의 모습은 직장, 회사의 모습으로 나타나게 된다.

지지의 축(丑)토와 진(辰)토는 진술축미 환절기의 토이니, 직업적인 변화가 심하다.

월지의 진(辰)토 속에는 무(戊)토 편관이 있는데, 일지 오(午)화 속에서도 기(己)토가 지장간의 중기이니 년지-월지-일지를 보면 정관[기(己)토]-편관[무(戊)토]-정관[기(己)토]로 변화가 심하다는 것을 알 수 있다.

이런 분에게 어떤 조언을 해드리면 좋을까?

본인이 원하건, 원치 않건, 현실에서의 다양한 직업과 직장의 변화가 있음을 주지시켜 드린다.

또한, 한 회사를 오래 다니기가 쉽지 않음을 알려드린다. 그러므로 본인의 주특기가 되는 기술이나 지식, 자격증을 확보하여 실력을 키우는 것이 중요하다는 것을 알려드린다. 그러면 이러한 직업, 직장의 변화에도 자신감을 가지고 대처할 수 있기 때문이다. 실력이 뛰어나고 전문 자격증이 있어도 직장의 변동은 어쩔 수 없다. 그것은 현실 속에서의 모습이기 때문이다.

경험과 실력 없이 이 회사, 저 회사를 떠도는 것도 관살혼잡의 모습이고 능력과 경험이 풍부해 스카우트를 받아서 이 회사, 저 회사로 옮기면서 몸값을 높이는 것 역시 관살혼잡의 모습이다. 어느 쪽을 선택하실 것인지는 본인의 노력과 의지에 달려있다고 말씀드렸다.

"선생님! 숨을 쉴 수가 없어요."

"선생님! 숨을 쉴 수가 없어요."

　그녀의 상담 첫마디가 그 말이었다. 짧은 시간 동안 머릿속에서 많은 생각이 맴돌았다. 음양 운동의 가장 기초적인 모습은 호흡이다. 들이쉬고(陰), 내쉬는(陽) 것을 반복한다. 죽은 사람은 호흡을 하지 않으니 음양 운동도 멈추게 된다. 그녀가 숨을 쉴 수 있게 해 주고 싶었다.

　그녀는 나의 소중한 상담인 이니까…

　이후 이어진 내용은 이혼 관련 상담이 주를 이루었다. 마치 이혼 3종 세트와 같았다. 첫 아이를 낳은 이후부터 이어지는 폭언, 무시, 그리고 상간녀 등, 너무 고통스러워 마음 같아서는 당장 이혼하고 싶지만, 문제가 있었다.

　아이의 양육, 그리고 현실적인 생활비가 문제였다. 이혼 관련 사주 상담을 오래하다 보니 경험과 노하우가 생겼다. 이혼 관련 재산 분할과 양육비, 유책 사유 등에 유리한 서류, 문자, 카톡, 폭언 녹음, 폭행에 따른 진단서 등 충분한 증거를 확보하고, 이웃 사람의 증언도 잘 확보하시길 권해드렸다. 이혼 이후는 냉엄한 현실이기 때문이다. 그리고 이혼 후 어떻게 살아갈 것인가에 관해서 방도를 모색하고, 이혼을 준비하자고 했다. 2년 후에 이혼하기로 마음을 먹으면 같은 현실인데도 마음이 편하다. 희망이 없는 하루와 희망이 보이는 하루는 다르기 때문이다.

○甲○○ (여자) 대운의 흐름
□寅□□   진묘인(辰卯寅)

○辛○庚 (남자) 대운의 흐름
□酉□□   술유신(戌酉申)

일단 두 사람의 사주를 살펴봤다. 일지의 충은 없었다. 인유(寅酉) 원진으로 구성되어 있었다.

원진은 충의 바로 옆자리이니 역시 같이 있기가 쉽지 않다.

충이 맞붙어 싸우는 전쟁이라면, 원진은 지루한 신경전이고 냉전과 같다. 때로는 충이 더 나을 수도 있겠다. 천간은 갑(甲)목과 신(辛)금의 모습이니 나쁘지 않다. 하긴 나쁘기만 했으면 어떻게 결혼했겠는가? 그런데 남자 대운의 천간이 경신(庚辛)으로 흘러가니 금 기운이 너무 강해져서 갑(甲)목이 버티기가 힘든 모습이다. 2020년이 경자(庚子)년이니 세운도 힘든 모습이다. 그러한 운의 흐름은 마치 두 사람 미래의 비극을 예상하는 것 같았다.

남자는 비겁이 강한 편인데, 역시 대운이 비겁운으로 흘러가고 있다.

비겁도 오행에 따라 다르다. 가장 무서운 비겁운이 금 기운이다.

경신(庚辛)금의 살벌함이 있는데, 운으로까지 들어오니 온몸이 살기로 곤두서게 된다.

이혼을 해야 할지, 아니면 아이의 양육과 현실적인 경제력으로 인해 참고 살아야 할지가 상담의 주제였다. 나의 조언을 얼마만큼 받아들일지는 모르지만 그래도 신중에 신중을 기해야 한다.

그리고 조언을 드렸다. 그래도 일말의 미련을 가지고 있는 상담자에게 이혼을 하시는 것이 좋겠다고 말씀드렸다.

앞으로 더 숨을 쉴 수가 없을 만큼 힘들어질 수 있다고….

아이도 중요하고, 현실적인 경제력도 중요하지만, 사람은 일단 살고 봐야 한다고 했다. 결정적인 것은 천간의 극도, 지지의 원진도 아니었다. 두 사람의 대운이 더 큰 문제이다.

대운은 사주원국을 둘러싸고 있는 큰 환경이므로 중요하다. 겨울이 오면 가을 옷은 옷장에 넣고, 겨울옷을 꺼내어 입어야 한다. 멋을 부린다고 늦게까지 가을옷을 걸치는 사람은 감기 몸살이 찾아올 수 있다. 겨울이 왔는데 여름옷을 입고 다니거나, 여름이 왔는데 패딩을 입고 다닌다면, 불편함과 땀띠를 떠나서 사람들의 웃음거리가 될 것이다. 이 두 사람의 큰 환경은 봄과 가을로 반대로 가고 있다.

겨울과 여름만큼의 음양의 차이는 아니지만, 봄과 가을 역시 음양의 관계이니 같이 공존하기가 어렵다. 맹기옥 교수님의 가르침처럼 궁합을 볼 때는 두 사람의 대운이 어떻게 가는지를 살피게 된다.

정반대로 흘러간다면 어려움이 있다. 주말 부부? 해외 출장? 별거? 그런 방법으로 대처하기엔 너무도 오랜 시간이다. 무려 30년을 그럴 수는 없지 않은가?

은퇴 이후 대운이 해자축(亥子丑) 겨울로 흘러가는 남편은 아내와 함께 귀농을 하고 싶어 하지만, 대운이 사오미(巳午未) 여름을 사는 아내는 남편의 귀농을 결사반대하는 것을 주변에서 많이 보거나 들었을 것이다. 결국에는 같이 살 수 없어서 남편은 귀농 생활을, 아내는 도시에서 자녀들과 함께 살게 된다.

그래서 아내가 가끔 밑반찬과 생활용품을 챙겨서 찾아와 "인간아, 왜 이렇게 궁상떨며 사니?" 하기도 한다.

대운이라는 환경은 그러한 것이다. 대도시에 살던 사람이 섬에 오면 답답해하고, 시골에 살던 사람이 대도시에 오면 너무 어지럽고 골치 아파한다. 서로 그럭저럭 잘 살아왔던 부부가 충도, 형도, 원진도 없는데 요즘 따라 왜 그렇게 안 맞고 불편할까 생각이 들면, 서로의 대운의 흐름을 살펴야 한다.

서로의 대운이 여름과 겨울, 봄과 가을의 반대로 흘러가는지를 말이다. 그렇다면 서로 다른 환경 속에서 살아가야 하니, 서울 쥐와 시골 쥐의 우화처럼 어지러움이 있을 것이다.

이번 달 소송에서 이길 수 있을까요?

○辛丁壬　대운 辛　세운 庚　39세 남명
□丑未戌　← 亥　　子

한 회원분이 친구분이 걱정되어 물어보셨다.

"2020년 7월[계미(癸未)월] 소송에서 이길 수 있을까요?"

공무원이시고 소송의 내용은 진급 시험에 관한 건이라고 한다. 다음과 같이 답변해 드렸다.

허주: "어렵지만 소송에서 이기실 것으로 보입니다."

질문자: "왜 그렇게 보셨는지 여쭈어봐도 될까요?"

허주: "일지+월지가 축미(丑未)충, 축미(丑未)형으로 일지 축토와 월지 미토와의 충과 형으로 충돌과 소송을 의미하는 데, 기본적으로 월지가 원국의 본부이고 대장이니 어려운 소송임에는 틀림없습니다. 하지만 대운이 해(亥)수, 세운이 자(子)수로 일지 축(丑)토에게 유리한 환경입니다. 비록 월지지만 대운 앞에서는 힘을 쓸 수 없는데 세운에서도 유리함이 있기 때문입니다.

미(未)토가 충과 형을 받으면 미(未)토에서 여기인 정(丁)화가 개고되어 년간의 임(壬)수와 정임(丁壬)합으로 목의 재성을 만들려고 하니 바라는 결과를 얻을 것으로 보입니다. 진급 문제의 소송이라 월지+일지와의 충돌로 인한 분쟁으로 본 것입니다. 100% 승소하는 모습은 아니지만 대체로 원하는 바를 취하실 것으로 보입니다."

질문자: "아하, 왠지 기각될 것 같았는데, 변호사를 선임하여 항소해서 어렵지 않을까 생각했습니다. 어쨌든 좋은 가능성이라고 전해 줘야겠네요. 결과가 나오면 댓글로 알려드리겠습니다."

허주: "원래 월지가 원국의 대장이니 어려운 싸움입니다. 사주의 모습이 그러하니 어렵게 느껴지지만 우리의 삶에서 종종 그런 모습을 보게 됩니다.
반올림의 삼성 노동자들은 삼성 그룹의 소송과 투쟁으로 얼마나 힘들었습니까? 또한, MBC 해고 기자 및 방송인들의 10년이 넘은 소송과 투쟁은 얼마나 고통스럽고 지루했던가요? 그것이 일지와 월지의 충과 형의 모습입니다. 대부분은 월지(직장, 회사)의 우위로 결정되거나 일지(개인)가 너무 힘들어서 적당한 보상을 받고 마무리합니다. 그래도 신념을 가지고 월지와 끝까지 싸우는데, 운이 따른다면 드물지만 승소할 수 있습니다. 그러나 드물기 때문에 방송에도 나오고, 뉴스에 실립니다.
너무 확대 설명을 했는데, 기본적으로 힘든 소송입니다. 정확히 어떤 상황인지는 모르겠지만 개인이 조직과 한판 붙는다는 것은 불리함이 더 크기 때문입니다. 그래도 대운이, 세운이 좋게 흘러가니 희망을 가지고 기대를 해보게 됩니다. 삼성 반올림 노동자처럼, 오랜 투쟁 끝에 정권교체의 좋은 운을 만나서 복직한 MBC 노조 직원들처럼 말입니다."

질문자: "네. 이분은 엄청 꼼꼼하고… 선생님과 같은 일주시죠? 여하튼 보통 분이 아니라서 아마도 월지의 싸움에서 끝끝내 이길 것이라고 봅니다. 배우자도 보통이 아니고 진취적인 분이라서 둘이 합심해서 제 것으로 만들 것으로 보여요. 좋은 결과가 있었으면 좋겠네요."

허주: "그렇군요, 저와 같은 신축 일주이군요. 지지에 축토의 끈질김이 있습니다. 하하. 그리고 지는 게임을 하기 싫어하는 완벽주의도 있으실 것 같고, 어쨌든 신

㈜금의 정확함과 날카로움, 축(丑)토의 인내와 끈기가 빛을 발하길 기원합니다."

후기

이분의 소송결과가 기다려진다. 공직과의 소송은 아무나 할 수 없으니 아마도 이 소송의 결과와 상관없이 자기 길을 가실 수밖에 없을 것이다. 소송인의 지지대운이 해자축(亥子丑) 식상대운으로 흘러가고 천간도 역시 비견과 임계수의 식상대운으로 흘러가기 때문이다. 소송의 결과는 공직에서는 큰 타격이므로 월지에 불리하게 간다면 큰 보상(재성)으로 합의를 볼 수도 있을 것 같다. 월지에서 투출된 정(丁)화 편관이 시간의 임(壬)수 상관과 정임(丁壬)합이 되어 목을 만들려고 하는데, 대운에 해(亥)수가 들어와 해미(亥未)합이니 목(木)을 만들 가능성이 크기 때문이다. 목은 보상금일 수도 있고, 결과물을 의미한다. 맞건, 틀리건 재판 결과가 나오면 올리도록 하겠다.

※ 2020년 7월 27일(금일), 재판결과 승소를 하였다고 댓글이 달렸습니다. 의뢰하신 분과 승소하신 지인분께 축하를 전해드립니다.

※ 출처: https://cafe.naver.com/saju1379/137373

허주가 시절인연을 믿는 이유

　나는 좋은 운이 사람으로부터 온다고 생각한다. 사주팔자의 글자들과 대운으로 들어오는 글자는 내가 타고날 때부터 가진 기운과 시간의 흐름에 따라서 들어오는 기운을 의미한다.

　내 주변에 나를 힘들게 하는 사람들, 나에게 상처나 아픔을 주고, 나를 경멸하는 사람이 많다면 나쁜 운을 걷고 있다고 생각한다. 내 주변에 좋은 사람들, 나를 위해 주고, 나에게 힘이 되어 주고, 나에게 조언해 주는 사람이 많다면 좋은 운을 걷고 있다고 생각한다.

　내게 많은 가르침을 주신 맹기옥 교수님과 나와 함께 공부하는 홍나겸 선생님을 알게 되고 이분들과 함께한다는 것이 나에게 좋은 운이 흘러가고 있음을 본능적으로 느끼고 있다.

　허주 명리학 카페에 좋은 칼럼을 써주시는 홍나겸 선생님, 딤프나 선생님, 손하정 선생님, 태암 선생님, 그리고 정신적으로 많이 응원해 주시는 탈도사 선생님, 리암 선생님, 평온 선생님 등 실력이 뛰어나고 인성도 좋은 선생님들과 함께한다는 것은 나의 기쁨이다.

　참으로 오묘한 것이 인연이 있으면 에버랜드 인파 속에서도 만나게 되고, 인연이 없다면 같은 버스, 같은 매장, 같은 엘리베이터 안에서도 못 보고 스치게 된다. 마치 영화의 한 장면처럼 그 사람과 인연이 없어서 같은 시간, 같은 공간 속에서도 스치고 지나가게 되고, 때로는 머나먼 타국에서도 우연처럼, 운명처럼 만나게 되는 시절인연을 나는 믿고 있다. 수많은 사주 카페에서 글을 쓰면서도 카페가 있음을, 블로그가 있음을 홍보하지 않은 이유는 해당 카페를 운영하는 선생님들에 대한 예의이기도 하지만, 그러한 시절인연을 믿기 때문이다.

나와 인연이 있다면 한두 개의 칼럼을 보고 좋은 느낌을 받아, 검색하여 찾아오실 것이고, 인연이 아니라면 수백 편을 봐도 그냥 보고 끝날 뿐이다. 누군가가 허주 명리학 카페, 블로그에 오시거나 [명리 혁명]의 책을 구입하여 읽어 본다는 것이 시절인연인 것 같다. 그러한 인연을 소중하게 생각하고 있다. 초기에는 허주 명리학 명리 도서관의 장서와 자료가 미비하여 잠깐 들렀다가 떠날 수도 있지만, 언젠가는 또다시 옛 인연이 문득 떠올라 들르실 것을 믿고 있다. 우연히 다시 방문했을 때, 도서관이 방대한 자료와 영상으로 가득 채워져 있다면 그 인연을 다시 이어갈 것이다.

앞으로도 실력 있고 뛰어난 명리 선생님들을 삼고초려의 마음으로 초빙하여 명리 도서관을 좋은 글과 영상으로 가득 채워갈 것이다. 그 옛날 알렉산더 대왕 시대에 동서양의 지식의 집결체였던 바빌로니아의 대도서관처럼 말이다. 명리에 관한 좋은 글과 좋은 자료로 방대하게 채우는 것, 허주의 바람이며 소망이다. 명리학을 공부하시는 분들이 누구나 찾아와서 방해받지 않고, 자신의 공부와 사유를 할 수 있는 그러한 공간으로 활용하셨으면 좋겠다.

허주는 재성도 없고, 관성도 없지만 식상은 차고 넘칠 만큼 많으니 아낌없이 드리겠다.

많이 받아 가시고, 잘 소화해 본인의 것으로 만드셔서 어려운 사람을 돕는 활인(活人)의 마음으로 널리 잘 활용하시길 기도하겠다.

어쩌면 음양보다도 사랑이 먼저가 아닐까?

내가 너를 사랑했을까?

3년 전에 생일 선물로 받았던 생일목이 부쩍부쩍 크고 있다.

신(辛)금 일간인 내가 가까이 가면 혹 시들거나 다칠까 봐 물만 살짝 주고 멀찍이 떨어져서 지켜본다.

고맙게도, 대견하게도, 비료도 안 주었는데도, 잘 자라주었다.

무재(無財) 사주인 나의 재성은 지지로는 10년 만에 한 번씩 세운으로 온다. 원명에도 없고, 지장간에도, 대운에서도 없기에 반갑고 소중하다.

사랑한다고 말해 주고 싶다. 어쩌면 음양보다도 사랑이 먼저가 아닐까 하는 그런 생각이 든다.

〈생일목을 3년 전에 처음 받았을 때는 이것보다 더 작고 가냘펐다.
좀 자라고 나서 찍은 것이다.〉

478

〈생일목이 3~4개월 만에 많이 자랐다. 대견하다.
날씨가 좋아져서 밖에서 키우기로 했다.〉

〈잘 자라던 생일목 잎의 색깔이 변색되어 전문가에게 물어보니
화분 갈이를 해 주고 흙도 교체하라고 했다. 내가 초보라서 미안하다.〉

〈몇 달 전의 생일목 모습이다. 깃봉을 세워 주었다. 쑥쑥 너무 잘 자라니
원래 을(乙)목이 아니라 갑(甲)목이 아니었나 하는 생각이 든다.^^〉

〈날씨가 많이 추워져서 생일목을 마루에 들여놓았다.
이 아이를 보면 맘이 늘 편하다. 가까이 가지는 않고 멀찍이서 응원한다.〉

명리 혁명(The Revolution) 심화 편

〈미래의 생일목, 나중에 이만큼 자라길 바란다. 사랑한다.〉

_ 참고 문헌 _

맹기옥 저, 『나이스 사주명리 이론편』(2019, 상원문화사, http://cafe.daum.net/sajukongbu)

홍나겸(엘샤다이): 블로그, 교회 언니의 명리학(https://blog.naver.com/hhy711)

정동찬: 네이버 카페, 쉽고 재미있는 사주팔자(https://cafe.naver.com/easyfortune)

탈도사: 네이버 카페, 역학발전소(https://cafe.naver.com/afconsulting)